澜湄国际职业教育培训丛书：通识培训系列

လန်ချန်း–မဲခေါင်နိုင်ငံတကာအသက်မွေးဝမ်းကျောင်းပညာရေးနှင့်လေ့ကျင့်ရေးစာအုပ်တွဲ

အသက်မွေးဝမ်းကြောင်း ကျွမ်းကျင်မှုလေ့ကျင့်ရေးစီးရီး

教育部、外交部中国—东盟教育培训中心建设成果

ပညာရေးဝန်ကြီးဌာန၊ နိုင်ငံခြားရေး ဝန်ကြီးဌာန တရုတ်–အာဆီယံပညာရေး နှင့် လေ့ကျင့်ရေးစင်တာ တည်ဆောက်ရန်ရရှိသောအောင်မြင်မှုများ

外交部澜湄职业教育基地建设成果

နိုင်ငံခြားရေးဝန်ကြီးဌာနလန်ချန်း-မဲခေါင်အသက်မွေးဝမ်းကျောင်းပညာရေးအခြေခံစခန်း တည်ဆောက်ရန်ရရှိသောအောင်မြင်မှုများ

教育部澜湄合作专项基金项目建设成果

လန်ချန်း-မဲခေါင်ပူးပေါင်း ဆောင်ရွက်ရေး အထူးရန်ပုံငွေစီမံကိန်း တည်ဆောက်ရန်ရရှိသောအောင်မြင်မှုများ

国家级教育对外交流项目建设成果

နိုင်ငံတော်အဆင့်ပညာရေးဆိုင်ရာနိုင်ငံခြားဖလှယ်ရေးစီမံကိန်း တည်ဆောက်ရန်ရရှိသောအောင်မြင်မှုများ

澜湄国际合作研究院建设成果

လန်ချန်း-မဲခေါင်နိုင်ငံတကာပူးပေါင်းဆောင်ရွက်မှုသုတေသနဌာန တည်ဆောက်ရန်ရရှိသောအောင်မြင်မှုများ

中国道路交通安全知识

တရုတ်နိုင်ငံယာဉ်အသွားအလာအန္တရာယ်

ကင်းရှင်းရေးဆိုင်ရာ အသိပညာ

董 博 贾望伟 ⊙ 主 编

罗开正 潘晓英 ⊙ 副主编

云南民族大学澜湄国际职业学院 译

YNK 云南科技出版社

·昆明·

图书在版编目（CIP）数据

中国道路交通安全知识 / 董博，贾望伟主编 . -- 昆明：云南科技出版社，2024.1

（澜湄国际职业教育培训丛书 . 通识培训系列）

ISBN 978-7-5587-5493-7

Ⅰ . ①中… Ⅱ . ①董… ②贾… Ⅲ . ①公路运输—交通运输安全—中国—职业教育—教材 Ⅳ . ① U492.8

中国国家版本馆 CIP 数据核字（2023）第 247640 号

中国道路交通安全知识

ZHONGGUO DAOLU JIAOTONG ANQUAN ZHISHI

董 博 贾望伟 主 编

罗开正 潘晓英 副主编

出 版 人：温 翔

策 划：胡凤丽

责任编辑：王首斌

封面设计：金 杰 李富昱

责任校对：秦永红

责任印制：蒋丽芬

书 号：ISBN 978-7-5587-5493-7

印 刷：云南天彩印务包装有限公司

开 本：889mm×1194mm 1/16

印 张：16.25

字 数：566 千字

版 次：2024 年 1 月第 1 版

印 次：2024 年 1 月第 1 次印刷

定 价：100.00 元

出版发行：云南科技出版社

地 址：昆明市环城西路 609 号

电 话：0871-64190886

总 序
စာအုပ်တွဲကျမ်းဦးစကား

打造澜湄国际职业教育　助推澜湄区域合作发展
လန်ချန်း-မဲခေါင်ဒေသတွင်း ပူးပေါင်းဆောင်ရွက်ရေးနှင့်ဖွံ့ဖြိုး တိုးတက်မှုအားဖြည့်ပေးစေရန် လန်ချန်း-မဲခေါင်နိုင်ငံတကာ အသက်မွေးဝမ်းကျောင်းပညာရေး တည်ဆောက်

　　自古以来，澜湄六国山水相连，民胞物与、平等相待、真诚互助、亲如一家。澜湄合作机制的建立，为推动构建新时代澜湄国家命运共同体，促进区域国际经济社会发展，开辟了新的前景。

　　ရှေးပဝေသဏီကာလမှစ၍ လန်ချန်း-မဲခေါင်နိုင်ငံခြောက်နိုင်ငံသည် တောတောင် ရေမြေချင်းဆက်စပ်လျက် ရှိသည်။ ပြည်သူများကြားမှာ ပေါက်ဖော်အဖြစ် သဘောထား ခြင်း၊ ဓလေ့ထုံးစံများ ဆင်တူခြင်း၊ တန်းတူ ညီမျှစွာ ဆက်ဆံခြင်း၊ ရိုးသားစွာ အပြန်အလှန် ကူညီခြင်း၊ မိသားစုကဲ့သို့ ချစ်ခင်ရင်းနှီးခြင်းဖြစ်သည်။ လန်ချန်း-မဲခေါင်ပူးပေါင်းဆောင်ရွက်မှုယန္တရားထူထောင်ခြင်းသည် ခေတ်သစ်တွင်လန်ချန်း-မဲခေါင်နိုင်ငံများ ကံကြမ္မာအသိုက် အဝန်း တည်ဆောက်ခြင်းကို တွန်းအားပေးရန်နှင့် ဒေသတွင်း နိုင်ငံတကာစီးပွားရေးနှင့် လူမှုရေး ဖွံ့ဖြိုးတိုးတက်မှုကို မြှင့်တင်ရန်အတွက် အလားအလာသစ်များကို ဖွင့်လှစ်ပေးခဲ့ ပါသည်။

　　RCEP 的正式生效，将为亚太地区开放合作与发展注入新的动力，亚太地区将成为全球更具发展活力和潜力的地区。尤其是中老铁路的正式通车，进一步展现了中国以高标准、可持续、惠民生为目标，深化澜湄国家务实合作，推动世界经济复苏和区域经济发展。实现人的全面发展，构建澜湄国家命运共同体，已经成为共识。联合国《2030 年可持续发展议程》提出，要帮助发展中国家进行职业教育培训，以大幅增加掌握技术、技能的青年人才。目前，大多数湄公河国家正处于农业国向工业国迈进的关键时期，其中，技术技能人才和管理人才的匮乏，已经成为阻碍其经济社会现代化进程的重要瓶颈。大力发展职业教育，推进澜湄国际职业教育合作，培养各类人才，已经成为湄公河国家经济社会发展的共同需求，是推进澜湄合作的必然选择。

RCEPတရားဝင်အတည်ဖြစ်လာသည်နှင့်အမျှ အာရှပစိဖိတ်ဒေသ၏ တံခါးဖွင့် ပူးပေါင်းဆောင်ရွက်မှု နှင့် ဖွံ့ဖြိုးတိုးတက်မှုကို တွန်းအားအသစ်များ ထိုးသွင်းပေးမည် ဖြစ်ပြီး အာရှပစိဖိတ်ဒေသသည် ကမ္ဘာပေါ် တွင် ပိုမိုဖွံ့ဖြိုးတိုးတက်မှုရှင်သန်စွမ်းအားနှင့်ကိန်းဝပ်စွမ်းအားရှိသောဒေသဖြစ်လာလိမ့်မည်။ အထူးသဖြင့် တရုတ်-လာအို ရထားလမ်း တရားဝင် လမ်းပေါက်လာသည်နှင့်အမျှ တရုတ်နိုင်ငံသည် မြင့်မားသောစံနှုန်းများ၊ ရေရှည်တည်တံ့မှုနှင့် ပြည်သူများ၏ အသက်မွေးဝမ်းကြောင်းအကျိုးပြုရန်ရည်မှန်းချက် အဖြစ်ဆောင်ရွက် ခြင်းဖြင့် လန်ချန်း-မဲခေါင်နိုင်ငံများအကြားလက်တွေ့ကျ သောပူးပေါင်း ဆောင်ရွက်မှုကို နက်ရှိုင်းစွာ မြှင့်တင် ရန်နှင့် ကမ္ဘာ့စီးပွားရေး ပြန်လည်အသက်ဝင်လာရေးနှင့် ဒေသတွင်း စီးပွားရေးဖွံ့ဖြိုးတိုးတက်မှုကို မြှင့်တင်ရန် ဘုံတာဝန်ဖြစ်သည်ကိုပိုမို ပြသခဲ့ပါသည်။ လူသားတို့၏ ဘက်စုံဖွံ့ဖြိုးတိုးတက်မှုကို အကောင်အထည်ဖော် ရန်နှင့် လန်ချန်း-မဲခေါင်နိုင်ငံများကံကြမ္မာအသိုက်အဝန်း တည်ဆောက်ရန်ယေဘုယျသဘောတူညီ ချက် တစ်ရပ် ဖြစ်လာသည်။ ကုလသမဂ္ဂ ၏၂၀၂၃ခုနှစ် ရေရှည်တည်တံ့မှု ဖွံ့ဖြိုးတိုးတက်ရေး အစီအစဉ်သည် အသက်မွေးဝမ်းကျောင်းပညာရေးနှင့် လေ့ကျင့်ရေးဆောင်ရွက်ခြင်းဖြင့် နည်းပညာနဲ့ ကျွမ်းကျင်မှုရှိတဲ့ လူငယ် များကို မြှောက်မြားစွာတိုးလာစေရန်ဖွံ့ဖြိုးဆဲ နိုင်ငံများကို ကူညီပေးမည်ဟု အဆိုပြုခဲ့ပါသည်။ လက်ရှိအချိန် တွင်မဲခေါင်နိုင်ငံ အများစုသည် စိုက်ပျိုးရေးနိုင်ငံမှ စက်မှုနိုင်ငံများသို့ အသွင်ပြောင်းရန် အရေးကြီးသော ကာလ တွင် တည်ရှိနေပါသည်။ ၎င်းတို့တွင် နည်းပညာ၊ တတ်ကျွမ်းမှုဆိုင်ရာလူတော် လူကောင်းများ နှင့် စီမံခန့်ခွဲမှု အရည်အချင်းရှိလူတော်လူကောင်းများနည်းပါးခြင်းကြောင့် ၎င်းတို့၏ စီးပွားရေးနှင့် လူမှုရေးခေတ်မီ တိုးတက်ရေး လုပ်ငန်းစဉ်ကိုအဟန့်အတား ဖြစ်စေသည့် အရေးကြီးသော ပိတ်ဆို့မှုတစ်ခု ဖြစ်လာခဲ့သည်။ အသက်မွေးဝမ်းကျောင်း ပညာရေးကို အားကြိုးမာန်တက် ဖွံ့ဖြိုးတိုးတက်စေခြင်း၊ လန်ချန်း-မဲခေါင် နိုင်ငံတကာ အသက်မွေးဝမ်းကျောင်းပညာရေး ပူးပေါင်းဆောင်ရွက်မှုကို မြှင့်တင်ပေးခြင်းသည် မဲခေါင်နိုင်ငံ များ၏ စီးပွားရေးနှင့် လူမှုရေး ဖွံ့ဖြိုးတိုးတက်မှု၏ ဘုံလိုအပ်ချက် ဖြစ်လာပြီး လန်ချန်း-မဲခေါင် ပူးပေါင်း ဆောင်ရွက်မှုကို မြှင့်တင်ရန် မလွဲမသွေ ရွေးချယ်မှု ဖြစ်လာပါသည်။

当前，我国正进入"加快构建以国内大循环为主体、国内国际双循环相互促进的新发展格局"阶段，区域产业结构转型升级、国内产业融合发展和国际产能合作快速推进，国内外各行业对技术技能人才的需求愈加迫切，职业教育的重要地位和作用甚为凸显。正如习近平总书记指出，"职业教育前途广阔，大有可为"。2022 年 5 月 1 日，国家最新修订的《中华人民共和国职业教育法》正式施行，为加强经济社会高质量发展和澜湄国家经贸交流提供人才支持，推进中国职业教育国际化，进一步夯实了法制基础和政策保障。

လက်ရှိကာလတွင် ကျွန်ုပ်တို့နိုင်ငံသည် " ပြည်တွင်းလှည့်ပတ်မှုကို အဓိကထားပြီး ပြည်တွင်းနှင့် နိုင်ငံတကာလှည့်ပတ်မှုနှစ်ခုအကြားအပြန်အလှန်မြှင့်တင်ခြင်းဖြစ်သောဖွံ့ဖြိုး တိုးတက်မှုပုံစံအသစ်ကို လျင်မြန်စွာတည်ဆောက်ရန် " ဟူသော အဆင့်သို့ ရောက်ရှိ နေပါသည်။ ဒေသဆိုင်ရာ စက်မှုဖွဲ့စည်းပုံ အသွင် ကူးပြောင်းရေးနှင့် အဆင့်မြှင့်တင်ရေး ၊ ပြည်တွင်းစက်မှုလုပ်ငန်းများ ပေါင်းစပ်ဖွဲ့ဖြိုးတိုးတက်ရေးနှင့် နိုင်ငံတကာထုတ်လုပ်မှု စွမ်းရည် ပူးပေါင်းဆောင်ရွက်မှု လျင်မြန်စွာ တိုးတက်လျက်ရှိသည်။ ပြည်တွင်းပြည်ပ နယ်ပယ်ပယ်အသီးသီးတွင် နည်းပညာနှင့် ကျွမ်းကျင်မှုပညာလူတော်လူအကောင်းများ ၏ လိုအပ်ချက်သည် ပို၍ အရေးတကြီး ဖြစ်လာသည်။ အသက်မွေးဝမ်းကျောင်းပညာရေး၏ အရေးကြီးသော အဆင့်အတန်းနှင့် အခန်း ကဏ္ဍသည် ပို၍ ထင်ရှားလာသည်။ အထွေထွေအတွင်းရေးမှူးချုပ် ရှီကျင့်ဖျင်သည် "အသက်မွေးဝမ်းကြောင်း ပညာရေး သည် တောက်ပသောအနာဂတ်နှင့် ကောင်းမွန်သောအလားအလာများရှိသည်" ဟုထောက်ပြခဲ့သည်။ ၂၀၂၂ ခုနှစ် မေလ ၁ ရက်နေ့တွင် နိုင်ငံတော်သည် "တရုတ်ပြည်သူ့သမ္မတနိုင်ငံ၏ အသက်မွေးဝမ်းကျောင်း ပညာရေးဥပဒေ"အား အတည်ပြု ပြဋ္ဌာန်းခဲ့ပြီး အရည်အသွေးမြင့် စီးပွားရေးနှင့် လူမှုရေး ဖွံ့ဖြိုးတိုးတက်မှု အားကောင်းစေရန်၊ လန်ချန်း-မဲခေါင်နိုင်ငံတို့အကြား စီးပွားရေးနှင့် ကူးသန်းရောင်းဝယ်ရေးဆိုင်ရာဖလှယ် ရန်အတွက် လူတော်လူကောင်းများပေးစေရန်နှင့် တရုတ်နိုင်ငံ၏ အသက်မွေးဝမ်း ကျောင်းပညာရေးကို နိုင်ငံတကာပြုခြင်း မြှင့်တင်ပေးစေရန် တရားဥပဒေအခြေခံနှင့် မူဝါဒအာမခံချက်ကို ပိုမိုခိုင်မာအောင် လုပ်ဆောင်ခဲ့ပါသည်။

澜湄国际职业教育是澜湄合作机制及其总体规划的重要部分。云南民族大学紧紧围绕习近平总书记 2015 年考察云南时提出的关于建设"面向南亚东南亚辐射中心"的重要讲话精神，充分发挥面向南亚东南亚的区位优势和开齐开全南亚东南亚 15 种官方语言的学科专业优势，聚焦澜湄职业教育国际合作，从国际教育链、专业链、技术链，向区域产业链、供应链、科技链贯通，深入推动教育开放高质量发展。

လန်ချန်း-မဲခေါင် နိုင်ငံတကာအသက်မွေးဝမ်းကျောင်းပညာရေးသည် လန်ချန်း-မဲခေါင် ပူးပေါင်း ဆောင်ရွက်မှု ယန္တရားနှင့် ၎င်း၏ အထွေထွေစီမံကိန်းရေးဆွဲခြင်း၏ အရေးကြီးသော အစိတ်အပိုင်းတစ်ခု

ဖြစ်သည်။ ယူနန်တိုင်းရင်းသားတက္ကသိုလ်သည် ၂၀၁၅ ခုနှစ်တွင် အထွေထွေအတွင်းရေးမှူးချုပ် ရှီကျင့်ဖျင် ယူနန်သို့လာရောက်လည်ပတ်စဉ် "တောင်အာရှနှင့် အရှေ့တောင်အာရှသို့မျက်နှာမူထားသောဖြာထွက်စင် တာ" တည်ဆောက်ခြင်းနှင့်ပတ်သက်သည့် အရေးကြီးသောမိန့်ခွန်းကိုအခိကားပြီး တောင်အာရှ၊ အရှေ့ တောင်အာရှကို မျက်နှာမူသော ပထဝီဝင်အားသာချက်နှင့် အာရှ၊အရှေ့တောင်အာရှရှိ ရုံးသုံးဘာသာစကား ၁၅ မျိုး၏ ဘာသာရပ်များကို ပြည့်စုံအောင် ဖွင့်လှစ်ထားသော ပညာရပ်အားသာချက်များကို အပြည့်အဝ အသုံးပြုနိုင်သည်။ လန်ချန်း-မဲခေါင်အသက်မွေး ဝမ်းကျောင်း ပညာရေးနိုင်ငံတကာ ပူးပေါင်းဆောင်ရွက်မှု ကို အာရုံစိုက်ပြီး နိုင်ငံတကာ ပညာရေးကွင်းဆက်၊ ပရော်ဖက်ရှင်နယ်ကွင်းဆက်နှင့် နည်းပညာကွင်းဆက်တို့ မှ ဒေသ တွင်းစက်မှုကွင်းဆက်၊ ထောက်ပံ့မှုကွင်းဆက်၊ သိပ္ပံနှင့်နည်းပညာကွင်းဆက်သို့ တဆက်တည်းရှိရန် ဆောင်ရွက်ပြီးပညာရေးဆိုင်ရာတံခါးဖွင့်ပြီးအရည်အသွေးမြင့်မားစွာဖွံ့ဖြိုး တိုးတက်ရန် နက်ရှိုင်းစွာတွန်းအား ပေးမည် ဖြစ်သည်။

在外交部、教育部的关心支持下，云南民族大学相继设立中国—东盟教育培训中心、澜湄职业教育基地、澜湄国际职业学院、澜湄职业教育联盟、澜湄国际合作研究院等教研机构，合成构建集国际化培训、"语言＋专业"本科学历国际教育、区域科技研发等多元一体的澜湄国际职业教育体系，"一校六国"国际办学有序推进，"澜湄职教"影响力不断扩大。2022年的"两会"热议话题，中国的国际职业教育已经形成北有"鲁班工坊"、南有"澜湄职教"的发展态势。

နိုင်ငံခြားရေး ဝန်ကြီးဌာနနှင့် ပညာရေးဝန်ကြီးဌာနတို့၏ စောင့်ရှောက်မှုနှင့်ပံ့ပိုး ကူညီမှုအောက်တွင် ယူနန်တိုင်းရင်းသားတက္ကသိုလ်သည် တရုတ်-အာဆီယံပညာရေး နှင့် လေ့ကျင့်ရေးစင်တာ၊ လန်ချန်း-မဲခေါင် အသက်မွေးဝမ်းကျောင်းပညာရေးအခြေခံစခန်း၊ လန်ချန်း-မဲခေါင် နိုင်ငံတကာအသက်မွေးဝမ်းကျောင်းပညာရေး ကောလိပ်၊ လန်ချန်း-မဲခေါင် အသက်မွေးဝမ်းကျောင်းပညာရေး မဟာမိတ်အဖွဲ့၊ လန်ချန်း-မဲခေါင်နိုင်ငံတကာ ပူးပေါင်း ဆောင်ရွက်မှုသုတေသနအဖွဲ့စသော သင်ကြားရေးနှင့်သုတေသနအဖွဲ့အစည်းများကိုဆက် တိုက်တည်ထောင်ခဲ့ပါသည်။ နိုင်ငံတကာသင်တန်းများ၊ "ဘာသာစကား ＋ ဘာသာရပ်" တက္ကသိုလ်ဘွဲ့ရ နိုင်ငံတကာပညာရေး၊ ဒေသဆိုင်ရာသိပ္ပံနှင့်နည်းပညာသုတေသနနှင့်ဖွံ့ဖြိုး တိုးတက်ရေးစသော ဒေသ ဆိုင်ရာ သိပ္ပံနှင့် နည်းပညာ သုတေသနနှင့် ဖွံ့ဖြိုးတိုးတက်ရေး စသော Multi-integratedဖြစ်သော လန်ချန်း-မဲ ခေါင်အသက်မွေးဝမ်းကျောင်းပညာရေး စနစ်ကို စုပေါင်းတည်ဆောက်မည်ဖြစ်သည်။ "သင်တန်းကျောင်း

တစ်ကျောင်းနှင့်နိုင်ငံခြောက်နိုင်ငံ" ဖြစ်သော နိုင်ငံတကာကျောင်းဖွင့်လုပ်ငန်းစနစ်တကျဆောင်ရွက်ခြင်းဖြင့် "လန်ချန်း-မဲခေါင် အသက်မွေးဝမ်းကျောင်းပညာရေး " ၏ လွှမ်းမိုးမှုသည်အဆက်မပြတ်ကျယ်ပြန့်လာ စေရန်ဖြစ် သည်။ ၂၀၂၂ ခုနှစ် ဆွေးနွေးပွဲနှစ်ခု၏ အဓိကအကြောင်းအရာမှာ တရုတ်နိုင်ငံ၏ နိုင်ငံတကာ သက်မွေးဝမ်းကျောင်းပညာရေးသည် မြောက်ပိုင်းဒေသရှိ "Luban အလုပ်ရုံ" နှင့် တောင်ပိုင်းဒေသရှိ " လန် ချန်း-မဲခေါင် အသက်မွေးဝမ်းကျောင်းပညာရေး" တို့၏ ဖွံ့ဖြိုးတိုးတက်မှုလမ်းကြောင်းကို ဖြစ်ပေါ်စေခဲ့သည်။

澜湄合作成立5年多来，云南民族大学紧紧围绕国家战略，按照学校"民族性、边疆性和国际性"的办学定位，积极发挥自身的独特办学优势，澜湄国际职业教育发展迅猛，成果丰硕。习近平总书记在访问南亚东南亚国家时，多次亲切接见了云南民族大学留学生代表。李克强总理在澜湄合作第二次领导人峰会上，对"澜湄职业教育基地在云南成立，为湄公河五国培养了上万余名专业技术人才"给予了充分肯定。外交部部长王毅在参观澜湄合作5周年成果展时，称赞澜湄职业教育基地项目"接地气、惠民生，真不错"。澜湄职业教育基地建设被列入《澜沧江——湄公河合作五年行动计划（2018—2020年）》和国务院、国家发展改革委、云南省政府的多个发展规划，成为澜湄六国合作重要内容，成功入选教育部澜湄合作专项基金"国家级教育对外合作交流项目"。云南民族大学通过中国—东盟教育培训中心、澜湄职业教育基地，与湄公河国家先后在中国云南的瑞丽、麻栗坡、磨憨、孟连、孟定、沧源、镇康、腾冲等边境口岸，中国（云南）自由贸易实验区昆明片区、德宏片区，以及缅甸、老挝和柬埔寨等开展职业教育合作及职业教育培训，共计培训湄公河国家技术人才4万多人次，为澜湄合作和教育对外交流作出了重要贡献。一度荣获中国—东盟教育培训联盟"2019优秀中国—东盟教育培训中心""2019年优秀培训案例奖"和"2019年最具品牌影响力中心"三大奖项。欧亚、拉美、非洲等国际社会各界人士多次考察云南民族大学澜湄国际职业教育，"澜湄职教"国际品牌日益提升，对澜湄教育合作的发展需求更为迫切。

လန်ချန်း-မဲခေါင် ပူးပေါင်းဆောင်ရွက်မှုကို ငါးနှစ်ကျော် တည်ထောင်ပြီးကတည်းက ယူနန်တိုင်းရင်းသား တက္ကသိုလ်သည်နိုင်ငံတော် မဟာဗျူဟာကို အာရုံစိုက်ခဲ့ပြီး ကျောင်း၏ "လူမျိုး၊ နယ်စပ်နှင့်နိုင်ငံတကာ" ထူးခြား ချက်နှင့်အညီ ကျောင်းဖွင့်သည်။ ကျောင်းဖွင့်ရန် ထူးခြားသောအားသာချက်များကို တက်ကြွစွာ အသုံးပြုခဲ့ ပါသည်။ လန်ချန်း-မဲခေါင် နိုင်ငံတကာအသက်မွေးဝမ်းကျောင်းပညာရေးဖွံ့ဖြိုးတိုးတက်မှုလျင်မြန်လာသည်၊ ရရှိသော အောင်သီးအောင်နံပေါများသည်။ အထွေထွေအတွင်းရေးမှူးချုပ် ရှီကျင့်ဖျင်သည် တောင်အာရှနှင့်

အရှေ့တောင်အာရှနိုင်ငံများသို့ သွားရောက်လည်ပတ်စဉ် ယူနန် တိုင်းရင်းသားတက္ကသိုလ်မှ ပညာတော်သင် ကျောင်းသားကိုယ်စားလှယ်များကို အကြိမ်များစွာအရင်းအနှီး လက်ခံတွေ့ဆုံခဲ့သည်။ ဒုတိယအကြိမ် လန်ချန်း-မဲခေါင်ပူးပေါင်းဆောင်ရွက်ရေး ခေါင်းဆောင်များ ထိပ်သီးအစည်းအဝေးတွင် ဝန်ကြီးချုပ် Li Keqiang သည် "လန်ချန်း-မဲခေါင် အသက် မွေးဝမ်းကျောင်းပညာရေးအခြေခံစခန်းကိုယူနန်ပြည်နယ်တွင်တည်ထောင်ပြီးမဲခေါင် ငါးနိုင်ငံအတွက်ပညာရှင်၁၀၀၀၀ကျော်ကိုပျိုးထောင်ပေးခဲ့သည်"ကိုအပြည့်အဝချီးကျူးခဲ့သည်။နိုင်ငံခြားရေး ဝန်ကြီး Wang Yi သည် လန်ချန်း-မဲခေါင် ပူးပေါင်းဆောင်ရွက်မှု ပဉ္စမနှစ်ပတ်လည်ပွဲကို သွားရောက်ကြည့်ရှု စဉ် လန်ချန်း-မဲခေါင်အသက်မွေးဝမ်းကျောင်း ပညာ သင်ကြားရေးအခြေခံစခန်းပရောဂျက်ကို"အောက်ခြေ အဆင့် နှင့်နီးစပ်သည့်လူတို့၏ စားဝတ်နေရေး အကျိုးပြုခဲ့သည်၊ သိပ်မဆိုးပါဘူး" ဟူ၍ ချီးကျူးခဲ့သည်။ လန်ချန်း-မဲခေါင် သက်မွေးဝမ်းကျောင်းပညာရေး အခြေခံစခန်းကို တည်ဆောက်ရန် "လန်ချန်း-မဲခေါင် ပူးပေါင်းဆောင်ရွက်ရေး ငါးနှစ်စီမံကိန်း (၂၀၁၈-၂၀၂၀)" တွင် ထည့်သွင်းခြင်းခံခဲ့ပြီး နိုင်ငံတော်ကောင်စီ အမျိုးသား ဖွံ့ဖြိုးတိုးတက်ရေးနှင့် ပြုပြင်ပြောင်းလဲရေး ကော်မရှင်နှင့် ယူနန်ပြည်နယ်၏ ဖွံ့ဖြိုးတိုးတက်ရေး စီမံကိန်းများတွင် လည်းထည့်သွင်းခြင်းခံခဲ့ရပါသည်။ ၎င်းသည် လန်ချန်း-မဲခေါင် နိုင်ငံ ခြောက်နိုင်ငံကြား ပူးပေါင်းဆောင်ရွက်မှု၏ အရေးကြီး သော အစိတ်အပိုင်းတစ်ခု ဖြစ်လာပြီး ပညာရေးဝန်ကြီးဌာန၏ လန်ချန်း-မဲခေါင်ပူးပေါင်း ဆောင်ရွက်ရေး အထူးရန်ပုံငွေ၏ "အမျိုးသားပညာရေး နိုင်ငံခြားပူးပေါင်း ဆောင်ရွက်ရေး နှင့် ဖလှယ်ရေးစီမံကိန်း" တွင် ထည့်သွင်းရန် အောင်မြင်စွာ ရွေးချယ်ခံခဲ့ရပါသည်။ ယူနန် တိုင်းရင်းသားများတက္ကသိုလ်သည် တရုတ်-အာဆီယံ ပညာရေးနှင့်လေ့ကျင့်ရေး စင်တာနှင့် ပူးပေါင်းပြီး လန်ချန်း-မဲခေါင် အသက်မွေးဝမ်းကျောင်းပညာရေးအခြေခံစခန်း တို့မှတဆင့် မဲခေါင်နိုင်ငံများနှင့် တရုတ်နိုင်ငံ ယူနန်ပြည်နယ်ရှိရွှေလီ၊မာလီဖော်၊မော်ဟန်း၊မိုင်းလျိုန်၊မိုင်းတင့်၊ချန်းယွင်း၊ကျိုင်ခမ်နှင့်ထိန်ချွန်းစသောနယ်စပ် ဂိတ်ဒေသများမှလွဲ၍ မြန်မာ၊ လာအိုနှင့်ကမ္ဘောဒီးယားနိုင်ငံများ နှင့်လည်းပူးပေါင်းပြီး အသက်မွေးဝမ်းကျောင်း ပညာ ပူးပေါင်းဆောင်ရွက်မှုနှင့်အသက် မွေးဝမ်းကျောင်းပညာ သင်ကြားရေး သင်တန်းများဆောင်ရွက်ခဲ့သည်။ ၎င်းတို့အတွက် ရှေ့ဆင့်နောက်ဆက် လူပေါင်း ၄၀၀၀၀ ကျော်အား သင်တန်းပေးခဲ့ပါသည်။ လန်ချန်း-မဲခေါင် ပူးပေါင်းဆောင်ရွက်မှုနှင့် နိုင်ငံခြားပညာရေး ဖလှယ်ရန်အတွက် အရေးကြီးသော ပွံ့ပိုးကူညီမှုများ ပြုလုပ်ခဲ့ သည်။ တရုတ်-အာဆီယံ ပညာရေးနှင့် လေ့ကျင့်ရေး မဟာမိတ်အဖွဲ့၏" ၂၀၁၉ ခုနှစ်အတွက် အကောင်းဆုံး တရုတ်-အာဆီယံ ပညာရေးနှင့် လေ့ကျင့်ရေးစင်တာ", "၂၀၁၉ အထူးကောင်းမွန်သောသင်တန်းပေး အမှုပုံစံဆု " နှင့် "၂၀၁၉ အမှတ်တံဆိပ်လွှမ်းမိုးမှုအများဆုံးစင်တာ "ဆုများသုံးခု ရရှိခဲ့ဖူးသည်။ ဥရောပတိုက်၊ အာရှတိုက်၊

လက်တင်အမေရိကတိုက်၊အာဖရိကတိုက်စသောနိုင်ငံတကာအသိုင်းအဝိုင်းများသည်ယူနန်တိုင်းရင်းသားတက္ကသိုလ် လန်ချန်း-မဲခေါင်အသက်မွေးဝမ်းကျောင်းပညာရေးကို အကြိမ်ပေါင်းများစွာ လာရောက်လည်ပတ်ခဲ့သည်။ "လန်ချန်း-မဲခေါင် အသက်မွေးဝမ်းကျောင်းပညာရေး" နိုင်ငံတကာအမှတ်တံဆိပ်သည် တနေ့တခြား တိုးမြှင့် လာနေပြီး လန်ချန်း-မဲခေါင် ပညာရေး ပူးပေါင်းဆောင်ရွက်မှု ဖွံ့ဖြိုးတိုးတက်ရေး လိုအပ်ချက်များလည်း ပိုမို အရေးတကြီး ဖြစ်လာပါသည်။

为进一步发挥"澜湄职教"的功能作用，共同助力和推进澜湄国家产业结构升级，加强产业国际合作，进一步培养各类技术技能人才。云南民族大学在澜湄教育培训多年探索的基础上，结合国际职业教育新趋势，联合校内外专家和教师，编著出版"澜湄职教"系列丛书，目前先行出版三大系列。

"လန်ချန်း-မဲခေါင် အသက်မွေးဝမ်းကျောင်းပညာရေး" ၏ အခန်းကဏ္ဍကို ဆက်လက်ပါဝင်စွမ်းဆောင်နိုင် ရန်၊ လန်ချန်း-မဲခေါင်နိုင်ငံများ၏ စက်မှုတည်ဆောက်ပုံ အဆင့်မြှင့်တင်ရေး၊ စက်မှုနိုင်ငံတကာ ပူးပေါင်း ဆောင်ရွက်မှု အားကောင်းလာစေရန်နှင့် နည်းပညာနှင့် ကျွမ်းကျင်မှုစွမ်းရည်များကိုရှိသောလူတော်လူကောင်း များဆက်လက်မွေးမြူ နိုင်ရန် ယူနန်တိုင်းရင်းသားတက္ကသိုလ်မှ လန်ချန်း-မဲခေါင် ပညာရေးနှင့် လေ့ကျင့်ရေး တို့ကို နှစ်ပေါင်းများစွာ လေ့ကျင့် စူးစမ်းမှုအပေါ်အခြေခံ၍ နိုင်ငံတကာ သက်မွေးဝမ်းကျောင်း ပညာရေး လမ်းကြောင်းသစ်နှင့် ပေါင်းစပ်ကာ ကျောင်းတွင်းနှင့် ပြင်ပမှ နည်းပညာရှင်များနှင့် ဆရာ၊ ဆရာမများ နှင့်ပူးပေါင်းကာ လန်ချန်း-မဲခေါင်အသက်မွေးဝမ်းကျောင်းပညာရေး စီးရီးစာအုပ် များကို ပြုစုထုတ်ဝေခဲ့သည်။ လက်ရှိအချိန်တွင် စီးရီးသုံးခုဦးစွာထုတ်ဝေ ပါသည်။

一是"职业技能培训系列（汉缅文对照）"共计5册。该系列按照实用、适用、够用的编写原则，助力湄公河流域培训高技能人才，解决普遍面临的人才短缺、技能培训不匹配等问题，优先选择需求量大、适用性广、实用性强的技术技能，适应培训群体知识水平低、技能不足的现状。其中，《电工基础技术》主要介绍安全用电、常用电工工具及仪表、常用电器常见故障与电动机运行维修等专业知识；《摩托车汽车维修技术》主要介绍摩托车、汽车机电维修、汽车钣金维修和汽车涂装等专业知识；《机动车驾驶技术》主要介绍机动车驾驶理论和实际操作技能，并附有安全警示案例；《蛋鸡养殖技术》主要介绍蛋鸡品种、鸡场建设与设备、鸡的繁育技术、蛋鸡生产、蛋用种鸡生产和蛋鸡保健等内容；《计算机基础技术》主要介绍计算机基础知识、操作系统应用等内容，培养软件开发和办公自动化人才。

ပထမစီးရီးတွင် "အသက်မွေးဝမ်းကြောင်းနည်းပညာ ကျွမ်းကျင်မှုသင်တန်းစီးရီး (တရုတ်-မြန်မာနှစ် ဘာသာ)" တွဲ ၅ တွဲရှိသည်။ ဤစီးရီးသည် လက်တွေ့ကျမှု၊ အသုံးချနိုင်မှု နှင့် လုံလောက်သောအသုံးပြုမှုဆိုင်ရာ အရေးအသားမှုအပေါ် အခြေခံ၍ မဲခေါင်မြစ်ဝှမ်း တွင် ကျွမ်းကျင်သော အရည်အချင်းမြင့်မားသော လူတော် လူကောင်းလေ့ကျင့်ပေးခြင်း၊ အရည်အချင်းရှိသူများရှားပါးမှုနှင့်ကျွမ်းကျင်မှုသင်တန်းများ၏ကိုက်ညီမှုမရှိ ခြင်းပြဿနာများကို ဖြေရှင်းပေးကာ သင်တန်းပေးခြင်းခံရသောလူစုများ၏အသိပညာနိမ့်ပါးခြင်း၊ ကျွမ်းကျင် မှုမလုံလောက်ခြင်းဖြစ်သောလက်ရှိအခြေအနေကိုလိုက်လျောညီထွေဖြစ်အောင် လိုအပ်ချက်များများသော၊ ကျယ်ပြန့်စွာအသုံးချနိုင်သော၊ အသုံးဝင်ကောင်းသောနည်းပညာ တတ်ကျွမ်းမှုများကိုရွေးချယ်ပြီး ဦးစားပေး ဆောင်ရွက်မည်။ ၎င်းတို့အနက် "အခြေခံ လျှပ်စစ်ဆိုင်ရာ နည်းပညာ" စာအုပ်တွင် လျှပ်စစ်ဓာတ်အားဘေး ကင်းစွာအသုံးပြုခြင်း၊ အသုံးများသောလျှပ်စစ် ကိရိယာများနှင့် မီတာများ၊ အသုံးများသောလျှပ်စစ်ကိရိယာ များ ၏အတွေ့များသောချို့ယွင်းချက်များ၊ မော်တော်လည်ပတ်ရန်ပြုပြင်ထိန်းသိမ်းမှုဖြစ်သော ပရော်ဖက်ရှင် နယ် အသိပညာကို အဓိကအားဖြင့်မိတ်ဆက်ပေးပါသည်။ "မော်တော် ဆိုင်ကယ်နှင့် မော်တော်ယာဉ် ပြုပြင် ထိန်းသိမ်းခြင်းနည်းပညာ"စာအုပ်တွင်မော်တော် ဆိုင်ကယ်နှင့် မော်တော်ယာဉ်လျှပ်စစ်စက်ပိုင်းဆိုင်ရာ ထိန်းသိမ်းခြင်းနှင့်ပြုပြင်ခြင်း၊ မော်တော်ယာဉ်၏သတ္တုပြားများအား ထိန်းသိမ်း ပြုပြင်ခြင်းနှင့် မော်တော် ယာဉ်လိမ်ခြင်း သုတ်နည်းပညာများကို အဓိကအားဖြင့်မိတ်ဆက်ပေးပါသည်။ "မော်တော်ယာဉ် မောင်းနှင် ခြင်းနည်းပညာ"စာအုပ်တွင် သဘောတရားနှင့်သီအိုရီများနှင့်လက်တွေ့လေ့ကျင့်သောနည်းပညာ ကျွမ်းကျင်မှု များ၊ ဘေးကင်းရန်သတိပေးအမှုပုံစံများကို အဓိကအားဖြင့် မိတ်ဆက်ပေးပါသည်။ " ၉စားကြက်မွေးမြူရေး နည်းပညာများ" စာအုပ်တွင်၉စားကြက်အမျိုးအစားများ၊ ကြက်ခြံတည်ဆောက်ရေးနှင့်တပ်ဆင်ထား သောပစ္စည်းများ၊ ကြက်၏မျိုးပွားရေး ဆိုင်ရာနည်းပညာ၊ကြက်၉များထုတ်လုပ်ရေး၊၉စားရန်သားဖောက် ကြက်များမွေးမြူထုတ်လုပ်ခြင်း ၊ ၉စားကြက်ကျန်းမာရေးစောင့်ရှောက်မှုများကိုအဓိကအားဖြင့်မိတ်ဆက် ပေး ပါသည်။"ကွန်ပျူတာအခြေခံနည်းပညာများ"စာအုပ်တွင်ကွန်ပျူတာအခြေခံဗဟုသုတ များ၊အဓိက အားဖြင့် အခြေခံကွန်ပျူတာအသိပညာ၊ သြပရေးရှင်းဆစ်စ်တမ် (OS)နှင့်၎င်း ၏အက်ပလီကေးရှင်းများစ သည့်အကြောင်းအရာများကို အဓိကအားဖြင့် မိတ်ဆက်ပေးပါသည်။ ဆော့ဖ်ဝဲလ်ဖွံ့ဖြိုးတိုးတက်ရေးနှင့်ရုံး အလိုအလျောက်စနစ်ဆိုင်ရာစွမ်းရည်ရှိသူများ ကို လေ့ကျင့်ပေးရန်ဆောင်ရွက်သွားမည်။

二是"通识教育培训系列（中缅双语）"共计 6 册。该系列主要满足湄公河流域相关人员 经合法审批到云南沿边地区就业、商务等需求。其中，《云南边境外籍人员中国法律法规学习指南》主要介绍出入境、务工经商、消费购物、婚姻家庭、子女教育和交通安全等中国相关法律法规;《中国道路交通安全知识》主要介绍道路交通的基本知识、道路交通安全常识、中国道路交通法规、典型交通事故案例以及道路交通标识等;《实用汉语日常用语》从涉外人员在中国日常生活、学习、工作和交流交往等汉语使用需要出发，融合云南历史、地理和民族文化特点，提供丰富实用的人文社会知识;《云南省常见疾病传播与预防知识》主要介绍云南沿边地区常见传染性疾病预防控制的个人和社会行为准则，并对疾病的防控进行卫生健康指导;《云南边境地区概况与民族风情》主要介绍云南 8 个沿边州市的人口民族、自然环境、社会文化、经济发展、民族风情等;《瑞丽"一站式培训"实用知识》主要汇编实用汉语、法律法规知识、云南风土人情、常见疾病的传播与预防及道路交通安全等通用知识。

ဒုတိယစီးရီးတွင် " အထွေထွေပညာရေးသင်တန်းစီးရီး(တရုတ်-မြန်မာဘာသာနှစ် မျိုး)"စာအုပ်တွဲ စုစုပေါင်း ၆ တွဲရှိသည်။ ဤစီးရီးသည် တရားဝင်ခွင့်ပြုချက်ရရှိပြီးနောက် ယူနန်နယ်စပ်ဒေသများသို့ သွားရောက်၍အလုပ်အကိုင်နှင့်စီးပွားရေးလုပ်ကိုင်သောမဲခေါင် မြစ်ဝှမ်းရှိ သက်ဆိုင်ရာလူများ၏ လိုအပ်ချက် များကို အဓိကအားဖြင့်အဆင်ပြေအောင် ပေးပါသည်။ ၎င်းတို့အနက်မှ"ယူနန်ပြည်နယ်နယ်စပ်ဒေသတွင် နိုင်ငံခြားသားများတရုတ်ဥပဒေနှင့်ဥပဒေစည်းမျဉ်း များကို လေ့လာရန်လမ်းညွှန်" သည် ပြည်ဝင်ပြည်ထွက်၊ အလုပ်နှင့် စီးပွားရေး၊ စားသုံးရန် ဈေးဝယ်ခြင်း၊ အိမ်ထောင်နှင့် မိသားစု၊ သားသမီးများ၏ ပညာရေးနှင့် ယာဉ် အန္တရာယ်ကင်းရှင်းရေးစသော သက်ဆိုင်ရာတရုတ် ဥပဒေနှင့်စည်းမျဉ်းများအဓိကအားဖြင့် မိတ်ဆက်ပေး ပါသည်။ "တရုတ်နိုင်ငံလမ်းအန္တရာယ်ကင်းရှင်းရန် အသိပညာ"စာအုပ်တွင်လမ်းပန်း ဆက်သွယ်ရေး ဆိုင်ရာ အခြေခံအသိပညာ၊ လမ်းအန္တရာယ်ကင်းရှင်းရေးဗဟုသုတ၊ တရုတ်နိုင်ငံ၏ ယာဉ်လမ်းဆက်သွယ်ရေးဥပဒေ များ၊ ယာဉ်မတော်တဆမှုစံပြဖြစ်ပွားမှုနှင့် လမ်းယာဉ်၏ အမှတ်အသားစသည်များကိုအဓိကအားဖြင့် မိတ် ဆက်ပေးပါသည်။ "လက်တွေ့အသုံးပြုနေ့စဉ် သုံးစကားပြော" စာအုပ်တွင် တရုတ်နိုင်ငံရှိနိုင်ငံခြားသားများ ၏နေ့စဉ် နေထိုင်ခြင်း၊ ပညာသင်ကြားခြင်း၊ အလုပ်လုပ်ခြင်းနှင့်ဖလှယ်ခြင်း၊ ဆက်ဆံရေးပြုလုပ်ရာတွင် တရုတ်စကားသုံးရန်လိုအပ်ချက် အခြေခံ၍ ယူနန်ပြည်နယ်၏ သမိုင်း၊ ပထဝီဝင်နှင့်တိုင်းရင်းသား ယဉ်ကျေးမှု ဝိသေသလက္ခဏာများကို ရောနှောပေါင်းစပ်ကာ ကြွယ်ဝသော၊ လက်တွေ့ကျသော လူသားဝါဒနှင့် လူမှုရေး ဆိုင်ရာ အသိပညာများကို ပေးဆောင်ပါသည်။"ယူနန်ပြည်နယ်တွင်အဖြစ်များ သောရောဂါများကူးစက်ခြင်း နှင့်ကာကွယ်ခြင်းဆိုင်ရာအသိပညာ" တွင်ယူနန်ပြည်နယ်နယ်စပ် ဒေသ များရှိ အဖြစ်များသော ကူးစက်ရောဂါ

များကာကွယ်ထိန်းချုပ် ရေးပြုလုပ်သော ပုဂ္ဂိုလ်ရေးနှင့် လူမှုရေးဆိုင်ရာ ကျင့်ဝတ်များ၊ ရောဂါကာကွယ်ရေး နှင့် ထိန်းချုပ်ရေးအတွက် ကျန်းမာရေး လမ်းညွှန်ချက် ပေးရန်အဓိကအားဖြင့်မိတ်ဆက် ပေးပါသည်။ "ယူ နန်နယ်စပ်ဒေသအကြောင်းအရာ အကျဉ်းချုပ်နှင့်တိုင်းရင်းသားလေ့ထုံးစံ"တွင် ယူနန်ပြည်နယ် နယ်စပ်မြို့ ရှစ်မြို့၏ တိုင်းရင်းသား လူဦးရေ၊ သဘာဝ ပတ်ဝန်းကျင်၊ လူမှုရေးယဉ်ကျေးမှု ၊ စီးပွားရေး ဖွံ့ဖြိုးတိုးတက်မှု၊ တိုင်းရင်းသားလေ့ထုံးစံ များစသည်တို့ကိုအဓိကအားဖြင့်မိတ်ဆက်ပေးပါသည်။"ရွှေလီတစ်နေရာ တည်း တွင်လေ့ကျင့် သင်ကြားရန်လက်တွေ့အသုံးပြုအသိပညာ"တွင် လက်တွေ့ကျသော တရုတ်စကားပြော၊ ဥပဒေ နှင့် စည်းမျဉ်းများအသိပညာ၊ ယူနန် လေ့ထုံးစံများ၊ အဖြစ်များသော ရောဂါများပြန့်ပွားခြင်း နှင့် ကာကွယ်ရေး ၊ လမ်းအန္တရာယ် ကင်းရှင်းရေး စသောအထွေထွေ ဗဟုသုတစုစည်းရန်ရေးသား ပြုစုခဲ့ပါသည်။

三是 "澜湄非遗手工艺" 系列共计 12 册。该系列通过《从 "手" 艺到 "守" 艺——云南少数民族工艺在边疆高校教育中的活态传承》《民族元素创意设计》《民族字体编排设计》《民族建筑装饰设计》《民族品牌形象设计》《民族特色包装设计》《民族服饰创新设计》《民族图案创新设计》《民族金属工艺设计》《民族纤维工艺设计》《民族印染工艺设计》和《民族首饰工艺设计》等澜湄非遗系列教材，加强民族文化沟通和经济合作，增进澜湄区域国家亲、诚、惠、容的新型国际关系。

တတိယစီးရီးတွင် "လန်ချန်း-မဲခေါင် မမြင်နိုင်သော ယဉ်ကျေးမှုအမွေအနှစ် လက်မှုပစ္စည်းများ" စီးရီး စာအုပ်တွင် စုစုပေါင်း ၁၂ တွဲရှိပါသည်။ ၎င်းစီးရီးသည်" '' လက်' အနုပညာမှ "ထိန်းသိမ်း" အနုပညာသို့ —— ယူနန်တိုင်းရင်းသားလူနည်းစုလက်မှုပညာသည် နယ်စပ်ကောလိပ်နှင့် တက္ကသိုလ်များ၏ ပညာရေးတွင် တိုက်ရိုက်သရုပ်ပြအမွေဆက်ခံ"၊ " တိုင်းရင်းသားဒြပ်စင်များ၏ တီထွင်ဖန်တီးမှုဒီဇိုင်"၊ " တိုင်းရင်းသားဖောင့် အပြင်အဆင် ဒီဇိုင်"၊ တိုင်းရင်းသား ဗိသုကာ အလှဆင် ဒီဇိုင်"၊ " အမျိုးသားအမှတ်တံဆိပ်ပုံရိပ်ဒီဇိုင်း၊ " တိုင်းရင်းသားလက္ခဏာရှိထုပ်ပိုးမှုဒီဇိုင်း"၊ "ဆန်းသစ်သော တိုင်းရင်းသားဝတ်စုံဒီဇိုင်"၊ " တိုင်းရင်းသား ဆန်း သစ်တီထွင်သောပုံစံဒီဇိုင်"၊ " တိုင်းရင်းသား သတ္တုလက်ရာ ဒီဇိုင်"၊ "တိုင်းရင်းသားဖိုက်ဘာ လက်မှုပညာ ဒီဇိုင်"၊ "တိုင်းရင်းသား ပုံနှိပ်ခြင်းနှင့် ဆေးဆိုးခြင်း လက်မှုပညာ ဒီဇိုင်း "နှင့် "တိုင်းရင်းသားလက်ဝတ်ရတနာဒီဇိုင် " စသည်တို့ မမြင်နိုင်သော ယဉ်ကျေးမှုအမွေအနှစ်ဆိုင်ရာ ကျောင်းသုံးစာအုပ်စီးရီးများ မှတဆင့်အမျိုးသား ယဉ်ကျေးမှု ဆက်သွယ်ရေးနှင့် စီးပွားရေး ပူးပေါင်းဆောင်ရွက်မှုများ အားကောင်းလာစေရန်နှင့် လန်ချန်း-မဲခေါင် ဒေသရှိ နိုင်ငံများအကြား ချစ်ခင်ရင်းနှီးမှု၊ ရိုးသားမှုအပြန်အလှန်အကျိုးရှိ မှုနှင့် အားလုံးပါဝင်နိုင်မှု အမျိုး

အစားသစ် နိုင်ငံတကာဆက်ဆံရေးကိုမြှင့်တင်စေရန် ဆောင်ရွက်ပါသည်။

经过多年的教育培训实践,"澜湄职教"初步显示了其独特的特点。一是服务职业教育培训的国际化。根据澜湄合作教育需求,形成了以产学联动、校企融合、学用相促、工学一体的培养方式,打造语言文化、法律法规和业务技能综合集成教学模式。二是注重培训基地建设的差异化。云南民族大学根据基地所在区位资源禀赋和产业类型,制订"一国一策、一地一策"建设方案,探索不同基地的差异化发展路径。三是适应培训方式多样化。基地培训课程结合国内外产业布局及企业需求,采用双语教学、慕课教学、周末培训和晚间培训等形式,服务各类培训需求。四是加强教育培训信息化。"澜湄职教"依托云南民族大学课程云平台,整合澜湄职业教育联盟教学资源,不断推进教育培训的云端化、在线化,有效应对新冠肺炎影响,开展多空间跨区域教育培训。

နှစ်ပေါင်းများစွာ ပညာရေးနှင့် လေ့ကျင့်မှု လက်တွေ့လုပ်ဆောင်ခြင်းဖြင့် " လန်ချန်း-မဲခေါင် အသက်မွေးဝမ်းကျောင်းပညာရေး" သည် ၎င်း၏ ထူးခြားသော လက္ခဏာများကို ကနဦးတွင်ပြသခဲ့သည်။ ပထမအချက်မှာ အသက်မွေးဝမ်းကျောင်းပညာရေးနှင့်လေ့ကျင့်ရေး များကို နိုင်ငံတကာသို့ ကူးပြောင်း ဆောင်ရွက်သွားရန်ဖြစ်သည်။ လန်ချန်း-မဲခေါင် ပူးပေါင်းဆောင်ရွက်မှု၏ ပညာရေးဆိုင်ရာလိုအပ်ချက်များအရ စက်မှု-တက္ကသိုလ်ချိတ်ဆက်မှု၊ ကျောင်း-လုပ်ငန်းပေါင်းစပ်မှု၊ သင်ယူမှုနှင့်အသုံးချမှုအပြန်အလှန်မြှင့်တင်ရေး နှင့် အလုပ်နှင့် သင်ယူမှုပေါင်းစပ်ခြင်းဆိုင်ရာ လေ့ကျင့်မှုပုံစံကို ဖွဲ့စည်းထားသည်။ ဘာသာစကားယဉ်ကျေးမှု၊ ဥပဒေနှင့်စည်းမျဉ်းစည်းကမ်းများနှင့်လုပ်ငန်းကျွမ်းကျင်မှုဆိုင်ရာပြည့်စုံပြီး ပေါင်းစပ်သင်ကြားမှုပုံစံကို ဖန်တီး ပါသည်။ ဒုတိယအချက်မှာ လေ့ကျင့်ရေးအခြေခံစခန်းတည်ဆောက်ရန် ကွဲပြားမှုကို အာရုံစိုက်ရမည်။ ယူနန် တိုင်းရင်း သားတက္ကသိုလ်သည် အခြေခံစခန်းတည်နေရာ၏ အရင်းအမြစ်ထောက်ပံ့မှုနှင့်လုပ်ငန်း အမျိုးအစား အရ နိုင်ငံတစ်ခု မူဝါဒတစ်ခုနှင့် ဒေသတစ်ခုမူဝါဒတစ်ခုဖြစ်သောတည်ဆောက် ရေးအစီအစဉ်ကို ရေးဆွဲခဲ့ပြီး မတူညီသောအခြေခံစခန်းများ၏ ကွဲပြားသောဖွံ့ဖြိုးတိုးတက် မူလမ်းကြောင်းများကို စူးစမ်းလေ့လာခဲ့သည်။ တတိယအချက်မှာလေ့ကျင့်ရေးနည်းလမ်း များ ကွဲပြားခြင်းနှင့် လိုက်လျောညီထွေဖြစ်အောင် ဆောင်ရွက် ခြင်းဖြစ်သည်။ အခြေခံစခန်းလေ့ကျင့်ရေးသင်တန်းသည်ပြည်တွင်းနှင့်ပြည်ပစက်မှုလက်မှုအခင်းအကျင်း နှင့် လုပ်ငန်းလိုအပ်ချက်များကို ပေါင်းစပ်ထားပြီး ဘာသာစကားနှစ်မျိုးသင်ကြားမှု၊ MOOC သင်ကြားမှု၊ စနေ

တနင်္ဂနွေပိတ်ရက်သင်တန်းနှင့် ညသင်တန်းလေ့ကျင့်ရေးနည်းလမ်း ဖြင့်လေ့ကျင့်ရေးလိုအပ်ချက် အမျိုးမျိုး ကို ဆောင်ရွက်ပေးခြင်းဖြစ်သည်။ စတုတ္ထ အချက်မှာ ပညာရေးနှင့် လေ့ကျင့်ရေးဆိုင်ရာ အချက်အလက် များကိုအားကောင်းစေရန် ဖြစ်သည်။ "လန်ချန်း-မဲခေါင် အသက်မွေးဝမ်းကျောင်းပညာရေး" သည်ယူနန် တိုင်းရင်းသား တက္ကသိုလ် ၏ cloud platformမှိခိုထားပြီးလန်ချန်း-မဲခေါင်နိုင်ငံတကာအသက်မွေးဝမ်း ကျောင်းပညာရေး မဟာမိတ်အဖွဲ့ ၏ သင်ကြားရေးအရင်းအမြစ်များကို ပေါင်းစပ်ကာ ကပ်ရောဂါအသစ်၏ အကျိုးသက်ရောက်မှုကို ထိရောက်စွာတုံ့ပြန်ဆောင်ရွက်ပေးရန် cloud-based နှင့် online ပေါ်တွင် ပညာရေး လေ့ကျင့်မှု တို့ကို စဉ်ဆက်မပြတ် မြှင့်တင်ပေးကာ နယ်ပယ်ပေါင်းစုံနှင့် ဖြတ်ကျော်ဒေသပေါင်းစုံ ပညာရေးနှင့် လေ့ကျင့်ဆောင်ရွက်သွားမည်။

今后, 云南民族大学将紧跟澜湄合作需求, 积极服务畅通区域经济大循环, 全面完善"澜湄职教"教育培训体系, 不断探索新理念、新成果、新模式。一是根据中国职业技术资格标准, 合作开发澜湄国家经济社会发展急需的技术技能人才培养课程体系。二是发挥云南民族大学和澜湄职业教育联盟专业力量和平台优势, 建设澜湄国际职业教育培训教学标准和课程标准。三是根据中国在海外项目所需产品技术标准和服务标准, 开发符合项目国官方语言需要的规范性、项目化教材体系。我们希望本系列丛书的出版, 能进一步将"澜湄职教"打造成国际职业教育合作的典范, 为推进澜湄合作贡献"民大智慧"。

အနာဂတ်တွင် ယူနန်တိုင်းရင်းသား တက္ကသိုလ်သည် လန်ချန်း-မဲခေါင်ပူးပေါင်း ဆောင်ရွက်မှု၏ လိုအပ်ချက်များကို အမိကအလိုက်ဆောင်ရွက်သွားမည်ဖြစ်ပြီး ဒေသတွင်း စီးပွားရေးလည်ပတ်မှု ချောမွေ့ စေရေး၊ "လန်ချန်း-မဲခေါင်အသက်မွေးဝမ်းကျောင်းပညာ ရေး" လေ့ကျင့်ရေးစနစ်အားဘက်စုံကောင်းမွန် အောင်ဆောင်ရွက်သွားမည်ဖြစ်ပြီး အယူ အဆသစ်များ၊ အောင်မြင်မှုအသစ်များနှင့် မော်ဒယ်အသစ်များ ကို အဆက်မပြတ် စူးစမ်းလေ့လာသွားမည်။ ပထမအချက်မှာ တရုတ်နိုင်ငံ၏ အသက်မွေးဝမ်းကြောင်းနှင့် နည်းပညာဆိုင်ရာ အရည်အချင်း စံနှုန်းများနှင့်အညီ လန်ချန်း-မဲခေါင် နိုင်ငံများ၏ စီးပွားရေးနှင့် လူမှုရေး ဖွံ့ဖြိုးတိုးတက်မှုအတွက် အရေးတကြီးလိုအပ်နေသော နည်းပညာနှင့် ကျွမ်းကျင်သော ဝန်ထမ်းလေ့ကျင့် ရေးသင်ရိုးညွှန်းတမ်းစနစ်အားပူးပေါင်းဖော်ထုတ်သွား မည်ဖြစ်သည်။ ဒုတိယအချက်မှာ ယူနန်တိုင်းရင်းသား တက္ကသိုလ်နှင့် လန်ချန်း-မဲခေါင် နိုင်ငံတကာအသက်မွေးဝမ်းကျောင်းပညာရေး မဟာမိတ်အဖွဲ့ တို့၏ပရော့ ဖက်ရှင်နယ် ခွန်အားနှင့် ပလက်ဖောင်း အားသာချက်များအားအသုံးပြုပြီးလန်ချန်း-မဲခေါင်အသက် မွေး

ဝမ်းကျောင်း ပညာရေးနှင့် လေ့ကျင့်ရေး သင်ကြားမှု စံနှုန်းများနှင့်သင်ရိုး ညွှန်းတမ်း စံနှုန်းများ တည်ဆောက် ရန်ဆောင်ရွက်သွားမည်။ တတိယအချက်မှာတရုတ်နိုင်ငံ ၏ ပြည်ပပရောဂျက်များအတွက် လိုအပ်သော ထုတ်ကုန်နည်းပညာဆိုင်ရာစံချိန်စံညွှန်းများ နှင့်ဝန်ဆောင်မှုစံနှုန်းများအရပပရောဂျက်နိုင်ငံ၏တရားဝင် ဘာသာစကား၏လိုအပ်ချက်များ နှင့်ကိုက်ညီသောထုတ်ကုန်နည်းပညာစံနှုန်းများနှင့်အညီပရောဂျက်နိုင်ငံ၏ တရားဝင်ရုံးသုံး ဘာသာစကား ၏လိုအပ်ချက်များနှင့်ကိုက်ညီသည့် စံပြုပရောဂျက်အခြေခံ သင်ထောက်ကူ ပစ္စည်းစနစ်တစ်ခုကို ဖွံ့ဖြိုးတိုးတက်စေရန်ဖော်ထုတ်ဆောင်ရွက်သွားမည်။ ၍စာအုပ်များ ထုတ်ဝေခြင်းသည် " လန်ချန်း-မဲခေါင် အသက်မွေးဝမ်းကျောင်းပညာရေး " ကို နိုင်ငံတကာ အသက်မွေးဝမ်းကျောင်း ပညာရေး ပူးပေါင်းဆောင်ရွက်မှု စံနမူနာအဖြစ် ပိုမိုဖြစ်စေနိုင်ကာ လန်ချန်း-မဲခေါင် ပူးပေါင်းဆောင်ရွက်မှု မြှင့်တင်ရေး အတွက်တိုင်းရင်းသား တက္ကသိုလ်၏ ဉာဏ်ပညာကို အထောက်အကူ ဖြစ်စေမည်ဟု မျှော်လင့်ပါသည်။

澜湄职业教育联盟理事长、云南省教育国际交流协会副会长、

云南民族大学副校长、澜湄国际合作研究院院长、博士、研究员　段钢

2022 年 5 月

လန်ချန်း-မဲခေါင်အသက်မွေးဝမ်းကျောင်းပညာရေး မဟာမိတ်အဖွဲ့ ဥက္ကဋ္ဌ

ယူနန်ပြည်နယ်ပညာရေးနိုင်ငံတကာဖလှယ်ရေးအသင်း ဒုတိယဥက္ကဋ္ဌ

ယူနန်တိုင်းရင်းသား တက္ကသိုလ် ဒုတိယကျောင်းအုပ်ကြီး

လန်ချန်း-မဲခေါင်နိုင်ငံတကာပူးပေါင်း ဆောင်ရွက်မှုသုတေသနအဖွဲ့ ဥက္ကဋ္ဌ

ဒေါက်တာ၊ သုတေသီ ဒွမ်ဂန်

၂၀၂၂ခုနှစ်မေလ

前 言

အမှာစာ

　　《中国道路交通安全知识》是澜湄国际职业教育培训丛书通识教育培训系列中、缅双语读本之一，专门为在云南边境地区外籍务工、经商等人员而编写。针对外籍劳务、经商人员文化层次较低的特点，本书以简单易读、图文并茂的方式简明扼要地介绍了中国道路交通安全知识，主要包括道路交通的基本知识、道路交通安全常识、中国道路交通法规、典型交通事故案例以及道路交通标识等。本书中的法律法规是依据《中华人民共和国道路交通安全法》（2021年修订）最新版编写的。

　　"တရုတ်နိုင်ငံ ယာဉ်အသွားအလာ အသိပညာပညာရေးနှင့် လေ့ကျင့်ရေးစာအုပ်တွဲ အထွေထွေလေ့ကျင့်ရေးစီးရီးထဲမှ တရုတ်-မြန်မာဘာသာနှစ်မျိုးဖတ်စာ အနက်မှ တစ်အုပ် ဖြစ်ပါသည်။ ယူနန် နယ်စပ်ဒေသရှိ နိုင်ငံခြားလုပ်သားများနှင့် စီးပွားရေး လုပ်ကိုင်သူများအတွက်ရေးသားပြုစု ခဲ့ပါ သည်။ နိုင်ငံခြား လုပ်သားများနှင့် စီးပွားရေးလုပ်ကိုင်သူ များ၏ပညာအဆင့်အတန်းသိပ်မမြင့်ခြင်းဖြစ်သောထူးခြားချက် များနှင့်အညီ ၄င်းစာအုပ်သည် ဖတ်ရှု ရလွယ်ကူသော၊ ရုပ်ပုံများနှင့်စာသားများ ပါသောပုံစံဖြင့် တရုတ်နိုင်ငံ ယာဉ်အသွားအလာ အန္တရာယ်ကင်းရှင်းရေးဆိုင်ရာ အသိပညာကို အကျဉ်းချုံးမိတ်ဆက်ပေးပြီး ၄င်းတွင်အမိကအားဖြင့်ယာဉ် အသွားအလာဆိုင်ရာ အခြေခံအသိပညာ၊ ယာဉ်အသွားအလားအန္တရာယ် ကင်းရှင်းရေးဆိုင်ရာ သာမန်အသိ ၊ တရုတ်နိုင်ငံယာဉ်အသွားအလာတရား ဥပဒေ များနှင့် စည်းမျဉ်းများ၊ ပုံမှန်ယာဉ်မတော်တဆအမှုပုံစံများ နှင့် လမ်းစည်းကမ်းဆိုင်ရာ သင်္ကေတဆိုင်းဘုတ် များ စသည်တို့ပါဝင်သည်။ ဤ စာအုပ်ပါ ဥပဒေများနှင့် စည်းမျဉ်းများကို ＂တရုတ်ပြည်သူ့သမ္မတနိုင်ငံ ယာဉ်အသွားအလာအန္တရာယ်ကင်းရှင်းရေးဥပဒေ＂ （၂၀၂၁ခုနှစ် တွင်ပြန်လည် ပြင်ဆင်ထားခြင်း) ၏နောက်ဆုံး ထုတ်ဝေမှုအပေါ် အခြေခံ၍ ပြုစုထားပါ သည်။

通过学习本书，使外籍跨境务工、经商人员能掌握中国的道路交通知识，在工作、生活中无论行走、乘车、骑车、驾车都能安全地上下班，减少交通安全事故，快乐地生活。

ဤစာအုပ်ကို လေ့လာခြင်းအားဖြင့် နယ်စပ်ဖြတ်ကျော်လုပ်သားများနှင့် စီးပွားရေးလုပ်ကိုင်သူများ သည် တရုတ်နိုင်ငံ၏ယာဉ်အသွားအလာအန္တရာယ် ကင်းရှင်းရေးဆိုင်ရာ အသိပညာများ ကို ကျွမ်းကျင်ပိုင်နိုင် စေသည်။ ၎င်းတို့ကို အလုပ်နဲ့ ဘဝတွင် လမ်းလျှောက်ခြင်း၊ ကားစီးခြင်း၊ စက်ဘီးစီးခြင်း ပင်သော်လည်း၊ ကား မောင်းခြင်းပင်သော်လည်း အလုပ်ဆင်းအလုပ်တက်ရန် ဘေးကင်းလုံခြုံစွာ သွားလာ စေနိုင်ကြသည်။ ယာဉ် မတော်တဆမှုများကို လျှော့နည်းပြီး ပျော်ရွှင်စွာနေထိုင်နိုင်ကြသည်။

序 言

နိဒါန်း

生命至上，安全出行

အသက်ပထမဦးဆုံးထား၊ အန္တရာယ်ကင်းစွာ ခရီးသွား

一个人无论从出生到成长，还是从学习到工作，一切活动的载体都是生命。中国古人说："皮之不存，毛将焉附？"两千多年前儒家就提出将人的生命放在核心地位，认为生命是人类一切创造活动的基础。因此，生命权是人的最基本权力。

လူ့တစ်ဦးသည် မွေးဖွားခြင်းမှကြီးပွားခြင်းသို့ ဖြစ်စေ သို့မဟုတ် စာသင်ယူခြင်းမှအလုပ်လုပ်ခြင်းသို့ ဖြစ်စေလှုပ်ရှားမှုအားလုံး၏သယ်ဆောင် ခြင်းအရာဝတ္ထုသည် အသက်ပင်ဖြစ်သည်။ တရုတ် ရှေးဟောင်းလူမျိုးမှ "အရေပြားမရှိရင် ဆံပင်ကို ဘယ်လို တွယ်ကပ်နိုင်ရမလဲ။"ဟူ၍ဆိုခဲ့သည်။ လွန်ခဲ့သောနှစ်ပေါင်း ၂၀၀၀ ကျော် မှ ကွန်ဖြူးရှပ်အယူဝါဒသည် လူသားတို့၏ အသက်ကို အမာခံထားရန် အဆိုပြုခဲ့ပြီး အသက်သည် လူသားတို့၏ ဖန်တီးမှုဆိုင်ရာလုပ်ဆောင်ချက်အားလုံး၏အခြေခံအုတ်မြစ် ဖြစ်သည်ဟု ယုံကြည်ခဲ့သည်။ ထို့ကြောင့် အသက်ရှင်သန်ခွင့်သည် အခြေခံအကျဆုံး လူ့အခွင့် အရေး ဖြစ်သည်။

根据《2020 年世界卫生组织全球主要死亡原因统计分析报告》[1] 统计，在低收入国家中道路伤害死亡排第 7 位，在中等收入国家排第 10 位。2000—2016 年，尽管在用机动车数量不断增加，但因道路交通伤害造成的总死亡率相对保持稳定，其中 2016 年约为每 10 万人中 18 人死亡。在全球范围内，2016 年全球道路交通事故造成 135 万人死亡，5000 万人受伤。全球一半以上的道路交通死亡发生在行人、自行车骑行人和摩托车骑行人当中。有数据显示，除了酒驾醉驾、"三超一疲劳"等违法违规行为以外，一些不文明、不规范的驾驶行为也严重威胁着道路安全。

"၂၀၂၀ခုနှစ် ကမ္ဘာ့ကုန်သွယ်ရေးအဖွဲ့(WTO) ကမ္ဘာ့ပေါ်တွင် သေဆုံးရခြင်း ၏ အဓိကအကြောင်းရင်းများ ကို ကိန်းဂဏန်းလေ့လာသုံးသပ်ချက်အစီရင်ခံ စာ" [1] အရ စာရင်းကောက်ယူပြီး ဝင်ငွေနည်းနိုင်ငံများတွင် ယာဉ်မတော်တဆမှု ကြောင့် သေဆုံးမှု အဆင့် ၇ဆင့်၊ အလယ်အလတ် ဝင်ငွေရှိသော နိုင်ငံများတွင် အဆင့် ၁ဝဆင့်ထားရှိပါသည်။ ၂၀၀၀ ခုနှစ်မှ ၂၀၁၆ ခုနှစ်ကာလအတွင်း စက်တပ်ယာဉ်အသုံးပြုနေမှုအဆက်မပြတ် များပြားလာသော်လည်း ယာဉ် မတော်တဆမှုကြောင့် သေဆုံးမှုနှုန်းမှာ တည်ငြိမ်နေသေးသောကြောင့် ၎င်းတို့ အနက်မှ ၂၀၁၆ ခုနှစ်တွင် လူတစ်သိန်းလျှင် ၁၈ ဦးခန့် သေဆုံးခဲ့သည်။ ကမ္ဘာတစ်ဝှမ်းတွင် ၂၀၁၆ခုနှစ်အတွင်း ယာဉ် မတော်တဆမှုကြောင့် လူပေါင်း ၁.၃၅ သန်းသေဆုံးပြီး ၅၀ သန်းဒဏ်ရာရရှိခဲ့သည်။ တစ်ကမ္ဘာလုံးတွင် ယာဉ် မတော်တဆမှုကြောင့် သေဆုံးမှု ထက်ဝက်ကျော်သည် လမ်းသွားလမ်း လာများ၊ စက်ဘီးစီးသူများနှင့် မော်တော်ဆိုင်ကယ်စီးသူများကြားတွင်ဖြစ်ပွား သည်။ အချို့သော ဒေတာများအရ အရက်မူးပြီး ကားမောင်း ခြင်းနှင့် "လွန်တင်ခြင်းသုံးခုနှင့် ပင်ပန်းနွမ်းနယ်ခြင်းတခု"ဆိုသော အရှိန်လွန်ခြင်း၊ ခရီးသည်ပိုတင်ခြင်း၊ ဝန်ပို တင်ခြင်းနှင့် ပင်ပန်းနွမ်းနယ်ခြင်း ကဲ့သို့သော ဥပဒေနှင့် စည်းမျဉ်းစည်းကမ်းများကို ချိုးဖောက်သောအပြုအမူ များအပြင် အချို့သော စည်းကမ်းမဲ့ နှင့် မမှန်သော မောင်းနှင်မှု အပြုအမူများသည် လမ်းဘေးလုံခြုံရေးကို ပြင်းထန်စွာ ခြိမ်းခြောက်နေပါသည်။

为弘扬法治精神，倡导文明行车，平安出行，推动营造安全的道路交通环境，我们倡议牢固树立"生命至上，安全出行"的交通安全驾驶理念。遵守交通规则、安全文明出行，保障自己及他人的生命财产安全，是我们每个人应尽的责任与义务。

တရားဥပဒေစိုးမိုးရေး စိတ်ဓာတ်ကို ရှေ့တန်းတင်ရန်အတွက် ယဉ်ကျေးစွာ မောင်းနှင်ခြင်း၊ ဘေးကင်း လုံခြုံစွာသွားလာနိုင်ခြင်းကိုအဆိုပြု သည်။ ဘေးကင်းလုံခြုံသောလမ်းအသွားအလာပတ်ဝန်းကျင်ကို ဖန်တီး တွန်းဆော်ရန်ဆောင်ရွက်ရမည်။ "အသက်မထမဦးဆုံးထား၊ ယာဉ်အန္တရာယ် ကင်းစွာ ခရီးသွားခြင်း" ၏ ယာဉ် အန္တရာယ်ကင်းရှင်းရေးမောင်းနှင်မှုသဘော တရားကို အခိုင်အမာ ချမှတ်ရန် ကျွန်ုပ်တို့ အဆိုပြုပါသည်။ ယာဉ် ယာဉ်စည်းကမ်းများကို လိုက်နာရန်၊ လုံခြုံစွာနှင့်ယဉ်ကျေးစွာ ခရီးထွက်ရန်မိမိကိုယ်ကိုနှင့် အခြားသူများ၏ အသက်နှင့်ပိုင်ဆိုင်မှုများ ကာကွယ်စောင့်ရှောက် ရန် ကျွန်ုပ်တို့တစ်ဦးစီ၏ တာဝန်နှင့် ဝတ္တရားဖြစ်သည်။

目　录
မာတိကာ

အခန်း(၂) လုံခြုံရေးဆိုင်ရာ ဗဟုသုတအပိုင်း

အကိုးအကားစာတမ်း

第一章　基本知识篇

အခန်း(၁)　အခြေခံဗဟုသုတအပိုင်း

一、道路和道路交通

၁။ လမ်းနှင့် လမ်းအသွားအလာ

道路是指城乡各种公路，城市里的大小街道、人行天桥、地下通道、慢车道、快车道、公交车专用车道、人行道、盲道，包括广场、停车场等。道路从词义上讲就是供各种无轨车辆和行人通行的基础设施；按其使用特点分为公路、城市道路、乡村道路、厂矿道路、林业道路、竞赛道路、汽车试验道路、车间通道以及学校道路等。道路交通简称"交通"，车辆和行人在道路上的流动和滞留，有时还包括停放车辆。企业对人的流动服务和对货物的移动、储存，则称为"运输"，如旅客运输、货物运输、公路运输、铁路运输、航空运输、水路运输等。以上两者总称"交通运输"或"交通与运输"，在中国也常简称为"交通"或"运输"。道路交通，简单地讲就是人和车辆在道路上的活动。道路交通就是由人、车、路三者构成的有机组合[2]。

လမ်းများသည် မြို့ပြနှင့်ကျေးလက်ဒေသများရှိ လမ်းအမျိုးမျိုးကို ဆိုလို သည်။ မြို့ထဲမှ လမ်းကြီး လမ်းငယ်များ၊ လူသွားလမ်းကူးတံတားများ၊ မြေအောက် လူသွားလမ်းများ၊ အနေးယာဉ်သွားလမ်းများ၊ အမြန်ယာဉ်သွား လမ်းများ။ ဘတ်စ်ကားသီးသန့်လိုင်းများ၊ လူသွားလမ်းများ၊ မျက်မမြင်များ သွားလမ်းများ ပလာဇာများနှင့် ယာဉ်ပါကင်များစသည်များ ပါဝင်သည်။ လမ်းသည် စကားလုံး၏အဓိပ္ပါယ်မှရှင်းပြမည်ဆို လျှင် သံလမ်းမဲ့ယာဉ်အမျိုး မျိုး နှင့် လူသွားလူလာ များဖြတ်သန်းသွားလာနိုင်ရေးအတွက်ဖြစ်သောအခြေ အဆောက်အအုံဖြစ်သည်။ ၎င်း၏အသုံးပြုမှုဝိသေသလက္ခဏာများ အရ ကားလမ်းများ မြို့ပြလမ်းများ ၊ ကျေးလက်လမ်းများ စက်ရုံနှင့် မိုင်းလမ်းများ၊ သစ်တောလမ်းများ၊ ပြိုင်ပွဲလမ်းများ၊ မော်တော်ယာဉ်

စမ်းသပ် လမ်းများ၊ အလုပ်ရှိလမ်းများနှင့် ကျောင်းလမ်းများဟူ၍ ပိုင်းခြားထားသည်။ လမ်းအသွားအလာ ကို "လမ်းပန်းဆက်သွယ်ရေး"ဟုအတိုကောက်အမည်ခေါ်သည်။ ယာဉ်များနှင့် လမ်းသွားလမ်းလာများလမ်း ပေါ်တွင်သွားလာလှုပ်ရှားခြင်း နှင့် ရပ်တန့်ခြင်းတွင် တစ်ခါတစ်ရံယာဉ်များ ရပ်နားခြင်း လည်း ပါဝင်သည်။ စီးပွားရေးလုပ်ငန်းမှ လူများအတွက် ရွှေ့လျားဝန်ဆောင်မှုများနှင့် ကုန်စည်များ ရွှေ့လျားမှုနှင့် သိုလှောင်မှုကို "သယ်ယူပို့ဆောင်ရေး"ဟုခေါ်သည်။ဥပမာအားဖြင့်ခရီးသည်တင်ပို့ဆောင်ရေး၊ကုန်တင်သယ်ယူပို့ဆောင်ရေး၊ ကားလမ်းသယ်ယူ ပို့ဆောင်ရေး ၊ မီးရထား သယ်ယူပို့ဆောင်ရေး ၊ လေကြောင်းသယ်ယူ ပို့ဆောင်ရေး၊ ရေလမ်းသယ်ယူပို့ဆောင်ရေးစသည်များ ဖြစ်သည်။ အထက်ပါနှစ်ခုစလုံးကို "လမ်းပန်းဆက်သွယ်ရေး" သို့မဟုတ် "လမ်းပန်းဆက်သွယ်ရေးနှင့်သယ်ယူပို့ဆောင်ရေး" ဟုခြုံ၍ခေါ်သည်။ ၎င်းကို တရုတ်နိုင်ငံတွင်" လမ်းပန်းဆက်သွယ်ရေး" သို့မဟုတ် "သယ်ယူပို့ဆောင်ရေး" ဟုလည်းအတိုကောက်အမည်ခေါ်လေ့ရှိသည် ။ရိုးရိုးရှင်းရှင်းပြောရမည်ဆိုလျှင် လမ်းအသွားအလာကို လူများနှင့် ယာဉ်များလမ်းပေါ်တွင် လုပ်နေသည့် လှုပ်ရှားမှုပင်ဖြစ်သည်။ လမ်းအသွားအလာသည် လူများ၊ ယာဉ်များနှင့် လမ်းများဖွဲ့စည်းထားသောတပေါင်းတ စည်းတည်းခွဲ၍မရသောအစိတ်အပိုင်းဖြစ်သည် [2]။

二、车辆
၂။ ယာဉ်

"车辆"是"车"与车的单位"辆"的总称，是指机动车和非机动车。所谓车，是指陆地上通过轮子转动而移动的交通工具；所谓辆，来源于古代对车的计量方法。那时的车一般是两个车轮，故车一乘即称一两，后来才写作辆。由此可见，车辆的本义是指本身没有动力的车，用马来牵引叫马车，用人来拉或推叫人力车。随着科学技术的发展，又有了用蒸汽机来牵引的汽车等等。这时车辆的概念已经悄悄起了变化，成为所有车的统称。

"ယာဉ်သာရထား" သည် "ယာဉ်"နှင့်ယာဉ်၏ ယူနစ်"စီး"ကိုခြုံ၍ခေါ်သည်။ စက်တပ်ယာဉ်နှင့်စက်မဲ့ယာဉ် များကိုဆိုလိုသည်။ ဆိုလိုသောယာဉ်များသည် ကုန်းမြေပေါ်တွင် ဘီးများဖြင့်လှည့်၍ သယ်ယူပို့ဆောင်ရေး ကိရိယာများဖြစ် သည်။ စီးဆိုသည်မှာ ရှေးခေတ်ယာဉ်အရေအတွက်ကို တိုင်းတာရန် အသုံးပြုသော နည်းလမ်း မှ ဆင်းသက်လာသည်။ ထိုအချိန်မှယာဉ်သည် ယေဘုယျအားဖြင့် ဘီးနှစ်ဘီးပါသောကြောင့် ယာဉ်တစ်စီးကို တရုတ်လို တစ်လျှန်ဟုခေါ်သည်။ နောက်ပိုင်းတွင် ယာဉ်နှင့်လျှန်ပေါင်းစပ်ပြီး ယာဉ်သာရထား အဖြစ် ရေးခဲ့ သည်။ ၎င်းအချက်ကိုကြည့်ခြင်းအားဖြင့် ယာဉ်၏မူလအစမိဖွယ်မှာပါဝါမရှိသောယာဉ် ကို ဆိုလို၍ မြင်းဖြင့်

ဆွဲရန် မြင်းလှည်းဟုခေါ်ပြီး လူဖြင့်ဆွဲရန် သို့မဟုတ် တွန်းရန် ဆိုက်ကား ဟုခေါ်သည်။သိပ္ပံနှင့်နည်းပညာများ ဖွံ့ဖြိုးတိုးတက်လာသည်နှင့်အမျှရေနွေးငွေ့အင်ဂျင်များ ကို ဆွဲယူအသုံးပြုသည့် မော်တော်ယာဉ်စသည်များ လည်း ရှိလာပါသည်။ ယခုအချိန်တွင် ယာဉ်သာရထား ၏ယေဘုယျအယူအဆသည် တိတ်တဆိတ် ပြောင်းလဲသွားကာ ၎င်းသည် ယာဉ်အားလုံးအတွက် ဘုံအမည်ဖြစ်လာသည်။

“机动车”是指以动力装置驱动或者牵引，上道路行驶的供交通参与者乘用或用于运送货物以及进行工程专项作业的轮式车辆。

“စပ်တပ်ယဉ်” ဆိုသည်မှာ ပါဝါကိရိယာဖြင့် မောင်းနှင်ရန် သို့မဟုတ် ဆွဲယူမောင်းနှင်ရန် လမ်းပေါ်သို့ တက်ပြီးမောင်းနှင်သောလမ်းပန်းဆက်သွယ် ရေး ပါဝင်သူများစီးရန်အတွက်၊ သို့မဟုတ် ကုန်စည်ပို့ဆောင်ရန်နှင့် အင်ဂျင်နီယာ အထူးလုပ်ငန်းလုပ်ဆောင်ရန်အတွက်ဘီးပုံစံပါသော ယာဉ်သာရထား များကို ဆိုလိုသည်။

“非机动车”是指以人力或者畜力驱动，上道路行驶的交通工具，以及虽有动力装置驱动，但设计最高时速、空车质量、外型尺寸符合有关国家标准的残疾人机动轮椅车、电动自行车等交通工具。

“စက်မဲ့ယာဉ်”ဆိုသည်မှာ လူ့အင်အား သို့မဟုတ်တိရစ္ဆာန်အင်အား ဖြင့် မောင်းနှင်ပြီး လမ်းပေါ်သို့တက်၍ ခုတ်မောင်းသည့်လမ်းပန်းဆက်သွယ်ရေး ကိရိယာနှင့် မောင်းနှင်ရန် ပါဝါစက်တပ်ဆင်မှုရှိ သော်လည် အမြင့်ဆုံးမြန်နှုန်း၊ ဗလာကားဒြပ်ထု၊ အသွင်အပြင်၏အရွယ်အစားများဒီဇိုင်ခြင်းသည် နိုင်ငံ၏ သက်ဆိုင်ရာ စံနှုန်းများနှင့်ကိုက်ညီသောမသန်စွမ်းသူများအတွက် မော်တော် ဘီးတပ်ကုလားထိုင်များ၊ လျှပ်စစ်စက်ဘီးများစ သောပို့ဆောင်ဆက်သွယ်ရေး ကိရိယာများဆိုလိုသည်။

三、机动车驾驶人
၃။ စက်တပ်ယဉ် မောင်းနှင်သူ

驾驶以动力装置驱动或者牵引，上道路行驶的供人员乘用或者用于运送物品以及进行工程专项作业的轮式车辆的人。俗称“开车的人”“驾驶人”。申请机动车驾驶证，应当符合国务院公安部门规定的驾驶许可条件，经考试合格后，由公安机关交通管理部门发给相应类别的机动车驾驶证。

ပါဝါကိရိယာဖြင့် မောင်းနှင်ရန် သို့မဟုတ် ဆွဲယူမောင်းနှင်ရန် လမ်းပေါ်သို့ တက်ပြီးခုတ်မောင်းနှင်သော ခရီးသည်စီးရန်၊ သို့မဟုတ်ကုန်စည်သယ်ယူ ပို့ဆောင်ရန်နှင့် အထူးအင်ဂျင်နီယာလုပ်ငန်းများအတွက်

လုပ်ဆောင်ရန်ဖြစ်နေသောဘီးပုံစံပါသော ယာဉ်သာရထားများမောင်းနှင်သောသူများကို "ယာဉ် မောင်း သောသူ"၊ "မောင်းနှင်သူ"ဟူ၍လူအများခေါ်ဆိုသည်။ စက်တပ်ယာဉ် ယာဉ်မောင်းလိုင်စင် လျှောက်ထား ရာတွင် နိုင်ငံတော် ကောင်စီ သက်ဆိုင်ရာပြည်သူ့လုံခြုံရေးဌာနမှ သတ်မှတ်ထားသည့် ယာဉ်မောင်းလိုင်စင် အခြေအနေများနှင့် ကိုက်ညီပြီး စာမေးပွဲဖြေ အောင်မြင်ပြီးနောက် သက်ဆိုင်ရာ ပြည်သူ့လုံခြုံရေးဌာနရှိ လမ်းပန်းဆက်သွယ်ရေးစီမံခန့်ခွဲမှုရုံးရှိအဖွဲ့အစည်းများမှ အမျိုးအစားအဆင့်များနှင့်အလိုက် စက်တပ်ယာဉ် ယာဉ်မောင်းလိုင်စင်ထုတ်ပေး မည်ဖြစ်ပါသည်။

四、道路的划分
၄။ လမ်းအဆင့် ပိုင်းခြားခြင်း

国家道路分为：国家公路、省公路、县公路、乡公路、专用公路等。

နိုင်ငံတော်၏လမ်းအဆင့်များပိုင်းခြားခြင်း။ နိုင်ငံတော်ကားလမ်းများ၊ ပြည်နယ်ကားလမ်းများ၊ ခရိုင်ကား လမ်းများ၊ ကျေးရွာအုပ်စုကားလမ်းများနှင့် သီးသန့်ကားလမ်းများဟူ၍ ပိုင်းခြားထားသည်။

（一）国家公路简称国道（G）

(က) နိုင်ငံတော်ကားလမ်းကို နိုင်ငံတော်ပိုင်ကုန်းလမ်း(G) ဟု အတိုကောက် အမည်ခေါ် ခြင်း

国道指在国家干线网中，具有全国性的政治、经济和国防意义的主要干线公路，包括重要 的国际公路，国防公路，连接首都与各省、自治区、直辖市核心的公路，连接各大经济中心、 港站枢纽、商品生产基地和战略要地的公路。

နိုင်ငံတော်ပိုင်ကုန်းလမ်းဆိုသည်မှာ နိုင်ငံတော်အဓိကလမ်းမကြီးလိုင်း များထဲတွင် တစ်နိုင်ငံလုံးရှိ နိုင်ငံရေး၊ စီးပွားရေးနှင့် နိုင်ငံတော် ကာကွယ်ရေး ဆိုင်ရာအရေးပါသော အဓိကလမ်းမကြီးကို ဆိုလိုသည်ဖြစ်ပြီး မြို့တော်နှင့် ချိတ်ဆက် ထားသော ပြည်နယ်များ ကိုယ်ပိုင်အုပ်ချုပ်ခွင့်ရဒေသများ၊ ဗဟိုမှတိုက်ရိုက်အုပ်ချုပ် သောမြို့များ၏မြို့တော်များမှ ကားလမ်းများ၊ အဓိက စီးပွား ရေးစင်တာကြီးများ၊ အချက်အချာကျသော ဆိပ်ကမ်းနှင့်ဘူတာရုံများ၊ ကုန်စည် ထုတ်လုပ် ရေးစခန်းများနှင့် မဟာဗျူဟာတည်နေရာများကို ချိတ်ဆက် ထား သော ကားလမ်း များ ပါဝင်ပါသည်။

（二）省公路简称省道（S）

(ခ) ပြည်နယ်ကားလမ်းကို ပြည်နယ်အဆင့်ကုန်းလမ်း(S)ဟု အတိုကောက် အမည်ခေါ် ခြင်း

省道是指具有全省（自治区、直辖市）政治、经济意义，并由省（自治区、直辖市）公路主管部门负责修建、养护和管理的公路干线。

ပြည်နယ်အဆင့်ကားလမ်း ဆိုသည်မှာ ပြည်နယ်တစ်ခုလုံး (ကိုယ်ပိုင်အုပ်ချုပ် ခွင့် ရဒေသ၊ ဗဟိုမှ တိုက်ရိုက်အုပ်ချုပ်သော မြို့) တွင် နိုင်ငံရေးနှင့် စီးပွားရေး ဆိုင်ရာကဏ္ဍများအရေးကြီးဖြစ်ပြီး ပြည်နယ်(ကိုယ်ပိုင်အုပ်ချုပ်ခွင့်ရဒေသ၊ ဗဟိုမှ တိုက်ရိုက်အုပ်ချုပ်သော မြို့) မှကားလမ်းတာဝန်ယူစီမံခန့်ခွဲရေး ဌာနသည် တည်ဆောက်ခြင်း၊ ပြုပြင်ထိန်းသိမ်းခြင်းနှင့် စီမံခန့်ခွဲခြင်းတာဝန်ဆောင်ရွက်မည့်အဓိက လမ်းမကြီး လိုင်း များကိုဆိုလိုသည်။

（三）县公路简称县道（X）

(ဂ) မြို့နယ်ကားလမ်းကိုမြို့နယ်အဆင့်ကုန်းလမ်း(X) ဟု အတိုကောက် အမည်ခေါ် ခြင်း

县道是指具有全县政治、经济意义，连接县城和县域内主要乡（镇）、主要商品生产和集散地的公路，以及不属于国道、省道的县际间公路。县道由县（市、区）公路主管部门负责修建、养护和管理。

မြို့နယ်အဆင့်ကားလမ်း ဆိုသည်မှာ ခရိုင်တစ်ခုလုံး တွင် နိုင်ငံရေးနှင့် စီးပွားရေး ဆိုင်ရာကဏ္ဍများ အရေးကြီးဖြစ်ပြီး ခရိုင်မြို့နှင့်ခရိုင်အတွင်းရှိ အဓိကကျေးရွာအုပ်စု(ကျေးရွာအုပ်စုအဆင့်မြို့)များ၊ အဓိက ကုန်စည် ထုတ်လုပ်ရေးနှင့် ဖြန့်ဖြူးရောင်းဝယ်ရေးနေရာရှိ ကားလမ်းများနှင့် နိုင်ငံတော်ပိုင်ကားလမ်းနှင့် ပြည်နယ်အဆင့်ကားလမ်မဟုတ်သောခရိုင်များ အကြား ရှိကားလမ်း များဆိုလိုသည်။ ခရိုင်ပိုင်ကားလမ်းများ ကို ခရိုင်နှင့်မြို့ကားလမ်းတာဝန်ယူ စီမံခန့်ခွဲရေးဌာနမှအထက်ဖော်ပြပါကားလမ်း များကို တည်ဆောက်ခြင်း၊ ပြုပြင်ထိန်းသိမ်းခြင်းနှင့်စီမံခန့်ခွဲခြင်းဆိုင်ရာ အလုပ်ကို တာဝန်ယူဆောင်ရွက်ပါသည်။

（四）乡公路简称乡道（Y）

(ဃ) ကျေးရွာအုပ်စုကားလမ်းကိုကျေးရွာအုပ်စုအဆင့်ကုန်းလမ်း(Y) ဟု အတိုကောက် အမည်ခေါ် ခြင်း

乡道是指主要为乡（镇）村经济、文化、行政服务的公路，以及不属于县道以上公路的乡与乡之间及乡与外部联络的公路。乡道由乡人民政府负责修建、养护和管理。

ကျေးရွာအုပ်စုပိုင်ကားလမ်းဆိုသည်မှာ အဓိကအားဖြင့်ကျေးရွာအုပ်စု (ကျေးရွာအုပ်စုအဆင့်မြို့)များ ၏ ကျေးလက်စီးပွားရေး၊ ယဉ်ကျေးမှုနှင့် အုပ်ချုပ်ရေးဆိုင်ရာ ဝန်ဆောင်မှုများအတွက်ကားလမ်းများနှင့် ခရိုင်ယ်ပိုင် အဆင့်အထက်ကားလမ်းများမဟုတ်သောကျေးရွာအုပ်စုများအကြားနှင့်ပြင်ပဘက်နှင့်ဆက်သွယ် သောကားလမ်းများကိုဆိုလိုသည်။ကျေးရွာအုပ်စုအဆင့် ကားလမ်းများကို တည်ဆောက်ရန်၊ ပြုပြင်

ထိန်းသိမ်းရန်နှင့်စီမံခန့်ခွဲရန် အလုပ်ကို ပြည်သူ့အစိုးရမှ တာဝန်ယူဆောင်ရွက်သည်။

（五）专用公路（Z）

(c) သီးသန့်ကားလမ်း(Z)

专用公路是指专供或主要供厂矿、林区、农场、油田、旅游区、军事要地等与外部联系的公路。专用公路由专用单位负责修建、养护和管理。也可委托当地公路部门修建、养护和管理。

သီးသန့်ကားလမ်းများဆိုသည်မှာ စက်ရုံများနှင့် မိုင်များ၊ သစ်တော နယ်မြေများ၊ စိုက်ပျိုးခြံများ၊ ရေနံ မြေများ၊ ခရီးသွားနေရာ များနှင့် စစ်ဘက်ဆိုင်ရာ အရေးကြီးသောနေရာများ စသည်များ သီးသန့် အတွက် သို့မဟုတ် အဓိကအတွက် ပြင်ပဘက်နှင့်ဆက်သွယ်ရန် ကားလမ်းများဆိုလို သည်။ သီးသန့်သုံးကားလမ်းများ ကို သီးသန့်သုံးဌာနများမှ တည်ဆောက်ခြင်း၊ ပြုပြင်ထိန်းသိမ်းခြင်းနှင့် စီမံခန့်ခွဲခြင်းများတာဝန်ယူဆောင်ရွက် သည်။ တည်ဆောက်ရန်၊ ပြုပြင်ထိန်းသိမ်းရန်နှင့် စီမံခန့်ခွဲရန်ဒေသခံကားလမ်း ဆိုင်ရာဌာနသို့လည်း တာဝန် လွှဲအပ်ပေးနိုင်ပါသည်။

道路分为农村道路及城市道路，城市道路划分为机动车道、非机动车道和人行道，机动车、非机动车、行人实行分道通行。没有划分机动车道、非机动车道和人行道的，机动车在道路中间通行，非机动车和行人靠道路右侧通行。

လမ်းများကို ကျေးလက်လမ်းနှင့် မြို့ပြလမ်းများ ပိုင်းခြားထားပါသည်။ မြို့ပြလမ်းများကို စက်တပ်ယာဉ် သွားလမ်း၊ စက်မဲ့ယာဉ်သွားလမ်းနှင့် လမ်းသွားလမ်းများခွဲခြားထားပြီး စက်တပ်ယာဉ်များ၊ စက်မဲ့ယာဉ်များနှင့် လမ်းသွားလမ်းလာများသည် ပိုင်းခြားထားသောလမ်းများအတိုင်း ဖြတ်သန်း သွားလာရန် ဆောင်ရွက်ရမည်။ စက်တပ်ယာဉ်သွားလမ်းများ၊ စက်မဲ့ယာဉ် သွားလမ်းများနှင့် လူသွားလူလာ သွားလမ်းများ ပိုင်းခြားခြင်းမရှိ လျှင် စက်တပ်ယာဉ်သည် ကားလမ်းအလယ် တွင် ဖြတ်သန်းသွားလာရမည်ဖြစ်ပြီး စက်မဲ့ယာဉ်များနှင့်လမ်း သွားလမ်းလာ များသည် လမ်း၏ညာဘက်ခြမ်းတွင် ဖြတ်သန်းသွားလာရမည်ဖြစ်သည်။

1. 机动车道和非机动车道

(၁) စက်တပ်ယာဉ်သွားလမ်းနှင့်စက်မဲ့ယာဉ်သွားလမ်း

机动车道分为快车道和慢车道，非机动车道是供自行车、三轮车等非机动车通行的慢车道。

စက်တပ်ယာဉ်သွားလမ်းတွင် အမြန်ယာဉ်သွားလမ်းနှင့်အနေးယာဉ်သွားလမ်းပိုင်းခြားထားပါသည်။ စက်မဲ့ယာဉ်သွားလမ်းသည် စက်ဘီးများ၊ သုံးဘီး ကားများစသော စက်မဲ့ယာဉ်များအတွက် ဖြတ်သန်းသွားလာသောအနေးယာဉ် သွားလမ်းဖြစ်သည်။

2. 人行道

(၂) လူသွားလမ်း

行人出行时要走人行道，没有人行道的地方要靠路边行走。

လမ်းသွားလမ်းလာများသည် အပြင်ထွက်ရာတွင် လူသွားလမ်းတွင် လမ်းလျှောက်ရမည်ဖြစ်ပြီး လူသွားလမ်းမရှိသောနေရာတွင် လမ်းဘေးသို့ ကပ်၍လျှောက်သွားရမည်။

3. 盲道

(၃) မျက်မမြင်များသွားလမ်း

盲道是指引盲人安全行走用的道路，如图 1-1。要树立帮扶残疾人和助人为乐的好品德，主动为盲人提供便利，清除盲道上的障碍，让盲人走一条真正无障碍的道路。

မျက်မမြင်များသွားလမ်းသည် မျက်မမြင်များကို ဘေးကင်းစွာသွားလာ ရန် လမ်းပြပေးသောလမ်း ဖြစ်သည်။ ပုံ ၁-၁တွင်ပြထားသည့်အတိုင်းဖြစ် သည်။ လူတို့သည် မသန်စွမ်းသူများကို ကူညီပေးခြင်းနှင့် အခြား သူများကို လိုလားစွာ ကူညီပေးခြင်း စသည့် အကျင့်စာရိတ္တကောင်းအားပြုစုပျိုးထောင် သင့်ပြီး မျက်မမြင်များ အတွက် အဆင်ပြေစေရန်တက်ကြွစွာဆောင်ရွက် ပြီးမျက်မမြင် များသွားလမ်းပေါ်ရှိ အတားအဆီးများကို ရှင်းလင်းကာ မျက်မမြင်များကို အမှန်တကယ်အတားအဆီးကင်းစင်သောလမ်းတစ်လမ်း ပေါ်တွင် လျှောက် နိုင်စေရန်ဆောင်ရွက်ရမည်။

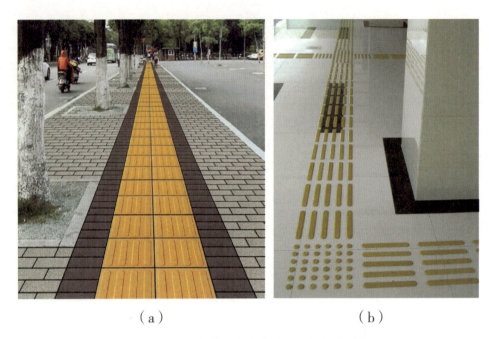

（a） （b）

图 1-1 盲道（a. 室外盲道，b. 室内盲道）

ပုံ၁-၁ မျက်မမြင်များသွားလမ်း(က။ လဟာပြင် မျက်မမြင်သွားလမ်း၊ ခ။ မိုးလုံလေလုံမျက်မမြင် သွားလမ်း)

　　城市道路分类：根据道路在城市道路系统中的地位和交通功能，分为：快速路、主干路、次干路、支路等。

　　မြို့ပြလမ်း အမျိုးအစား ခွဲခြားခြင်း။ လမ်းကို မြို့ပြလမ်းစနစ်တွင် တည်ရှိ သောအဆင့်အတန်းနှင့် သယ်ယူ ပို့ဆောင်ရေး လုပ်ဆောင်ချက် အရ အမြန်လမ်း၊ အဓိကလမ်းမကြီး၊ သာမညလမ်းမကြီး၊ လမ်းသွယ် များပိုင်းခြား ထားသည်။

五、交通信号
၅။ ယာဉ်သွားယာဉ်လာအချက်ပြ

（一）交通标志

(က) လမ်းစည်းကမ်း ဆိုင်းဘုတ်များ

　　交通标志是道路的交通语言。道路交通标志是用图形、符号、颜色和文字传递道路上特定信息，用于管理交通的安全设施。

　　လမ်းစည်းကမ်း ဆိုင်းဘုတ်များသည် လမ်းများ ၏လမ်းကြောင်းသုံး ဘာသာစကား ဖြစ်သည်။ လမ်း အသွားအလာ ဆိုင်းဘုတ်များသည် ဂရပ်ဖစ်များ၊ သင်္ကေတများ၊ အရောင်များနှင့် စကားလုံးများဖြင့် လမ်း ပေါ် ရှိ တိကျသော သတင်းအချက်အလက်များကို ပေးပို့ရန်နှင့် ယာဉ်ကြောကို စီမံခန့်ခွဲရန်အတွက် အသုံးပြု

သည့် ဘေးကင်းရေးအဆောက်အအုံများဖြစ် သည်။

交通标志包括图形、符号、文字等，是用来管制、警告、指示、禁止、引导交通的重要设施，是"永不下岗的警察"。它们时时刻刻提醒驾驶人怎样开车才安全，告知行人怎样走路才安全。

လမ်းစည်းကမ်း ဆိုင်းဘုတ်များတွင် ဂရပ်ဖစ်များ၊ သင်္ကေတများ၊ စကားလုံးများ စသည်များ ပါဝင်ပြီး ယာဉ်ကြောကို ထိန်းချုပ်ခြင်း၊ သတိပေးခြင်း၊ ညွှန်ကြားခြင်း၊ တားမြစ်ခြင်းနှင့် လမ်းပြခြင်းများအတွက် အရေးကြီးသော အဆောက်အဦများဖြစ်သည်။ "�‌ဘယ်သော အခါမှ အလုပ် ထုတ်ခြင်း မရှိ သောရဲများ" ဖြစ်သည်။ ၎င်းတို့သည် အန္တရာယ်ကင်းအောင် ဘယ်လိုမောင်းရမနည်းဟု ယာဉ်မောင်းများအား အမြဲသတိပေး ပြီးအန္တရာယ် ကင်းအောင် ဘယ်လို လမ်းလျှောက် ရမနည်းဟု လမ်းသွားလမ်းလာများကို ပြောပြပေးသည်။

（二）道路交通标线

(ခ) ယာဉ်သွားယာဉ်လာဆိုင်ရာအမှတ်အသားမျဉ်းများ

道路交通标线是指在道路的路面上用线条、箭头、文字、立面标记、突起路标和轮廓标等向交通参与者传递引导、限制、警告等交通信息的标识。其作用是管制和引导交通，可以与标志配合使用，也可以单独使用。这些标线作用很大，有的是让司机按标线方向行驶；有的是让司机提高警惕、防备防范或采取应变措施的标线，不同的标线有不同的作用。

ယာဉ်သွားယာဉ်လာဆိုင်ရာအမှတ်အသားမျဉ်းများဆိုသည်မှာ လမ်းပေါ်တွင် မျဉ်းကြောင်းများ၊ မြှားဦး ပုံများ၊ စာလုံးများ၊ မတ်ရပ်အမှတ်အသားများ၊ ခုံးထွက်လမ်းဆိုင်းဘုတ်များနှင့် ပုံကြမ်းအမှတ်အသားစသည် များဖြင့် ယာဉ် အသွားအလာပါဝင်သူများကို လမ်းပြခြင်း၊ ကန့်သတ်ခြင်းနှင့်သတိပေးခြင်း စသည်များဖြစ် သော ယာဉ်အသွားအလာ သတင်းအချက်အလက်၏ ဆိုင်းဘုတ်များပေးပို့ခြင်းဆိုလိုသည်။ ၎င်း၏အကျိုး သက်ရောက်မှုသည် ယာဉ် အသွားအလာကို ထိန်းချုပ်ရန်နှင့် လမ်းပြရန်ဖြစ်ပြီး ဆိုင်းဘုတ်များ သို့မဟုတ် တစ်ခုတည်းဖြင့် တွဲဖက်အသုံးပြုနိုင်ပါသည်။ ဤအမှတ်အသားမျဉ်း များသည် အလွန်အသုံးဝင်ပြီး အချို့မှ ယာဉ်မောင်းအားအမှတ်အသား များ ဆီသို့ ဦးတည်မောင်းနှင်စေခြင်း၊ အချို့ကား ယာဉ်မောင်းများ သတိထား ရန်၊ ကြိုတင်ကာကွယ်ရန် သို့မဟုတ် အရေးပေါ်အစီအမံများပြုလုပ်ရန်ဖြစ်သော အမှတ်အသားလိုင်များ ဖြစ် ပြီးမျဉ်းများ အမှတ်အသားပြုထားသည်။မတူညီသောအမှတ်အသားမျဉ်း များသည် လုပ်ဆောင်မှု မတူညီပါ။

道路中间较长的黄色或白色直线，如图1-2，叫"车道中心线"。它是用来分隔来往车辆，使它们互不干扰。中心线两侧的白色虚线，叫"车道分界线"，它规定机动车在机动车道上行驶。非机动车在非机动车道上行驶。在路口四周有一条白线是"停止线"。红灯亮时，各种车辆应该停在这条线内。

လမ်းအလယ်တည့်တည့်တွင် ပိုရှည်သောအဝါရောင် သို့မဟုတ် အဖြူ ရောင်မျဉ်းကြောင်းကို "ယာဉ် သွားလမ်းဗဟိုလိုင်း" ဟုခေါ်သည်။ ပုံ၁-၂ တွင် ပြထားသည့်အတိုင်းဖြစ်သည်။ ၎င်းသည် ဖြတ်သန်းသွားလာနေ သော ယာဉ်များ ကို အချင်းချင်း အနှောင့်အယှက်မဖြစ်စေရန် ခွဲခြားအသုံးပြုသည်။ ဗဟိုလိုင်း၏ဘေးနှစ်ဘက် စလုံးရှိ အဖြူရောင်မျဉ်းပြတ်များကို"ယာဉ်သွား လမ်းနယ် နိမိတ်များ" ဟုခေါ်သည်။ ၎င်းသည် စက်တပ်ယာဉ် များကို စက်တပ်ယာဉ်သွားလမ်းပေါ်တွင် မောင်းနှင်ရန်၊စက်မဲ့ယာဉ်ကိုစက်မဲ့ယာဉ် သွားလမ်း ပေါ်တွင်မောင်း နှင်ရန်သတ်မှတ်ထားသည်။လမ်းဆုံဘေးပတ်လည် တွင် မျဉ်းဖြူ ကြောင်းတစ်ကြောင်းစီရှိပြီး၎င်းကို "ရပ်တန့် လိုင်း" ဖြစ်သည်။ မီးနီဖွင့်ထားချိန်တွင် ယာဉ်အမျိုးအစားအားလုံးသည် ဤမျဉ်းအတွင်း ရပ်တန့်သင့်သည်။

图 1-2 黄色道路中心线
ပုံ၁-၂ အဝါရောင် ယာဉ်သွားလမ်းဗဟိုလိုင်း

1. 白色虚线

(၁) အဖြူရောင်မျဉ်းပြတ်။

画于路段中时，用以分隔同向行驶的交通流或作为行车安全距离识别线。画于路口时，用以引导车辆行驶。

လမ်းအပိုင်းပေါ်တွင်ရေးဆွဲသည့်အခါ တူညီသော ဦးတည်ချက် အသွားအလာစီးဆင်းမှုကို သီးခြားရန် သို့မဟုတ် မျဉ်း အဖြစ် အသုံးပြုသည်။ လမ်းဆုံပေါ်တွင်ရေးဆွဲသည့်အခါ လမ်းပြရန်အတွက် အသုံးပြုသည်။

2. 白色实线

(၂) အဖြူရောင်ပကတိမျဉ်း။

画于路段中时，用以分隔同向行驶的机动车和非机动车，或指示车行道的边缘，如图 1-3。

画于路口时，可用作导向车道线或停止线。

လမ်းအပိုင်းပေါ်တွင်ရေးဆွဲသည့်အခါ ဦးတည်ချက် တူညီသော စက်တပ်ယာဉ်များနှင့်စက်မဲ့ယာဉ်များ သီးခြားရန် သို့မဟုတ်ယာဉ်သွားလမ်းအစွန်းကို ညွှန်ပြသည်။ ပုံ-၃တွင်ပြထားသည့် အတိုင်းဖြစ်သည်။ ဦး တည်ချက်ပြရန် ယာဉ်သွားလမ်းလိုင်းသို့မဟုတ် ရပ်တန့်လိုင်းများအဖြစ် အသုံးပြုနိုင်သည်။

图 1-3 白色道路中心线

ပုံ၁-၃ အဖြူ၊ရောင်ယာဉ်သွားလမ်ဗဟိုလိုင်း

3. 黄色虚线

(၃) အဝါရောင်မျဉ်းပြတ်။

画于路段中时，用以分隔对向行驶的交通流；画于路侧或缘石上时，用以禁止车辆长时在 路边停放。

လမ်းအပိုင်းပေါ်တွင်ရေးဆွဲသည့်အခါဆန့်ကျင်ဘက်သို့ မောင်းနှင်သော အသွားအလာစီးဆင်းမှုကို သီးခြားရန် အသုံးပြုသည်။ လမ်းဘေးဘက်တွင် သို့မဟုတ်အစွန်းကျောက်တွင် ရေးဆွဲ သည့်အခါ လမ်းဘေး ဘက်တွင် အချိန်ကြာကြာ ရပ်နားခြင်းကို တားမြစ်ရန် အသုံးပြုသည်။

4. 黄色实线

(၄) အဝါရောင်ပကတိမျဉ်း။

画于路段中时，用以分隔对向行驶的交通流；画于路侧或缘石上时，用以禁止车辆长时或 临时在路边停放。

လမ်းအပိုင်းပေါ်တွင်ရေးဆွဲသည့်အခါ ဆန့်ကျင်ဘက်ဦးတည်ရာ မောင်းနှင်သော အသွားအလာစီးဆင်း မှုကို သီးခြားရန် သီးခြားရန် အသုံးပြုသည်။ လမ်းဘေးဘက်တွင်သို့မဟုတ်အစွန်းကျောက် တွင် ရေးဆွဲ သည့်အခါ လမ်းဘေးဘက်တွင် အချိန်ကြာကြာရပ်နားခြင်းသို့ မဟုတ် ယာယီ ရပ်နားခြင်းကို တားမြစ်ရန် အသုံးပြုသည်။

5. 双白虚线

(၅) အဖြူ‌ရောင်မျဉ်းပြတ်ကြောင်းနှစ်ကြောင်း။

画于路口时，作为减速让行线；画于路段中时，作为行车方向随时间改变之可变车道线。

လမ်းဆုံပေါ်တွင်ရေးဆွဲ သည့်အခါ လမ်းပေးရန် အရှိန်လျှော့မျဉ်းကြောင်းဖြစ်သည်။ လမ်းအပိုင်း ပေါ် တွင်ရေးဆွဲသည့်အခါ မောင်းနှင်သော ဦးတည်ရာကို အချိန်နှင့်အမျှ ပြောင်းလဲရန်ဖြစ်သော ပြောင်းလဲနိုင် သော ယာဉ်သွားလမ်းလိုင်းဖြစ်သည်။

6. 双黄实线

(၆) အဝါ‌ရောင်ပကတိမျဉ်းကြောင်းနှစ်ကြောင်း။

画于路段中时，用以分隔对向行驶的交通流。

လမ်းအပိုင်းပေါ်တွင် ရေးဆွဲသည့်အခါ ဆန့်ကျင်ဘက်ဦးတည်ရာမောင်းနှင်သော အသွားအလာ စီးဆင်းမှု ကို သီးခြားရန်အသုံးပြုသည်။

7. 黄色虚实线

(၇) အဝါ‌ရောင်မျဉ်ပြတ်နှင့်ပကတိမျဉ်း။

画于路段中时，用以分隔对向行驶的交通流；黄色实线一侧禁止车辆超车、跨越或回转，黄色虚线一侧在保证安全的情况下准许车辆超车、跨越或回转。

လမ်းအပိုင်းပေါ်တွင်ရေးဆွဲသည့် အခါ ဆန့်ကျင်ဘက်ဦးတည်ရာမောင်းနှင်သော အသွားအလာ စီးဆင်း မှုကို သီးခြားရန်အသုံးပြုသည်။ အဝါရောင်ပကတိမျဉ်းကြောင်းတစ်ဘက်တွင် ယာဉ်ကျော်တက်ခြင်း၊ ဖြတ် ကျော်ခြင်း သို့မဟုတ် ကွေ့ခြင်း မပြုရ။ အဝါရောင်မျဉ်းပြတ်တစ်ဘက်တွင် လုံခြုံရေးအခြေအနေအောက်မှာ ယာဉ်ကို ကျော်တက်ရန်၊ ဖြတ်ကူးရန် သို့မဟုတ် ကွေ့ရန် ခွင့်ပြုပါသည်။

8. 双白实线

(၈) အဖြူ‌ရောင်ပကတိမျဉ်းကြောင်းနှစ်ကြောင်း။

画于路口时，作为停车让行线。

လမ်းဆုံပေါ်တွင်ရေးဆွဲ သည့်အခါ ယာဉ်ရပ်တန့်ပြီးလမ်းပေးမျဉ်းကြောင်းဖြစ်သည်။

9. 横过街道的人行横道线

(၉) လမ်းတစ်ဘက်သို့ဖြတ်ကူးသောလူသွားမျဉ်းကြားလိုင်း။

人行横道线也叫斑马线，是人们过马路的"安全线"，在人行横道线上，行人有优先通行权，车辆要让行人先通行。

လူသွားမျဉ်း ကြားလိုင်းသည် လူးကူးမျဉ်းကြားလိုင်းဟုလည်းခေါ်သည်။လမ်းဖြတ်ကူးသူ များ အတွက် " ဘေးကင်းရေးမျဉ်းများ " ဖြစ်သည်။ လူကူးမျဉ်းကြားတွင် လမ်းသွားလမ်းလာများသည် ဦးစွာလမ်းကူးခွင့်ရှိပြီး ယာဉ်များသည် လမ်းသွားလမ်းလာများကို ဦးစွာဖြတ်သန်းခွင့်ပေးရမည်ဖြစ်သည်။

（三）交通信号

(ဂ) ယာဉ်အသွားအလားအချက်ပြများ

路口是道路的咽喉，四面八方的交通流汇集到这里，经过分流后再各奔东西。人流、车流既要安全通过，又要快捷方便，交通信号就起到调节指挥的作用。

လမ်းဆုံသည် လမ်း၏လည်ချောင်းဖြစ်ပြီး အရပ်ရပ်မှယာဉ်သွား ယာဉ်လာစီးဆင်းမှုသည် ဤနေရာတွင် စုဝေးကာလမ်းကြောင်းများပြောင်း လဲပြီးနောက်ကိုယ့်ခရီးကိုယ်ပြန်လည်မောင်းနှင်သွားပါသည်။လူသွားလူလာ စီးဆင်းမှုနှင့်ယာဉ်သွားယာဉ်လာစီးဆင်းမှုလုံခြုံစွာဖြတ်သန်းသွားရုံသာမကမြန်ဆန် အဆင်ပြေ စေရမည်။ လမ်း စည်းကမ်း အချက်ပြများသည် ထိန်းညှိခြင်းနှင့် အမိန့်ပေးခြင်း၏ အခန်းကဏ္ဍတွင်ပါဝင်ပါသည်။

1. 交通指挥信号灯

(၁) ယာဉ်သွားယာဉ်လာအမိန့်ပေးရန်အချက်ပြမီး

交通信号灯按颜色分为红灯、绿灯、黄灯。

ယာဉ်သွားယာဉ်လာအချက်ပြမီးကို ၎င်းတို့၏အရောင်အလိုက် အနီ၊ အစိမ်းနှင့် အဝါဟူ၍ ခွဲခြား ထားသည်။

（1）绿灯亮时，准许车辆、行人通行，但转弯的车辆不准妨碍直行的车辆和被放行的车辆通行。

(ကက) မီးစိမ်းပြသည့်အခါ ယာဉ်များနှင့် လမ်းသွားလမ်းလာများကို ဖြတ်သန်းခွင့် ပြုထားသော်လည်း အကွေ့အကောက်များပြုသည့်ယာဉ်များ သည် ဖြောင့်တန်းသွားသောယာဉ်များနှင့်ဖြတ်တန်းခွင့်ခံရသောယာဉ် များကို အနှောင့်အယှက်မပေးစေရပါ။

（2）黄灯亮时，不准车辆、行人通行，但已越过停车线的车辆和进入人行横道线的行人，可以继续通行。

(ခခ) အဝါရောင်မီးပြသည့်အချိန်တွင် ယာဉ်များနှင့်လမ်းသွားလမ်းလာ များကို ဖြတ်သန်းခွင့်မပြု သော်လည်း ယာဉ်ရပ်လိုင်းအား ဖြတ်ကျော်ခဲ့သော ယာဉ်များ နှင့်လူကူးမျဉ်းကြားအတွင်းသို့ ဝင်ရောက်လာ

သောလမ်းသွား လမ်းလာ များကို ဆက်လက်ဖြတ်သန်းသွားနိုင်ပါသည်။

（3）红灯亮时，不准车辆、行人通行。

(၈) မီးနီပြသည့်အချိန်တွင် ယာဉ်များနှင့် လမ်းသွားလမ်းလာများကို ဖြတ်သန်းခွင့်မပြုရပါ။

（4）绿色箭头灯亮时，准许车辆按箭头所指方向通行。

(၉၉) အစိမ်းရောင်မြှားဦးပုံမီးပြသည့်အချိန်တွင် ယာဉ်များသည် မြှားဦးပုံပြသည့်ဦးတည်ရာအတိုင်း ဖြတ်သန်းခွင့်ရှိသည်။

（5）黄灯闪烁时，车辆、行人须在确保安全的原则下通行。

(၁၀) အဝါရောင်မီး မှိတ်တုတ်သည့်အချိန်တွင် ယာဉ်များနှင့် လမ်းသွားလမ်းလာများသည် ဘေးကင်း လုံခြုံမှု နီယာမ အောက်တွင် ဖြတ်သန်းရမည်။

2. 交通指挥手势信号

(၂) အသွားအလာအမိန့်ပေးရန် လက်အချက်ပြ

车辆和行人遇有灯光信号、交通标志或交通标线与交通警察的指挥不一致时，应服从交通警察的指挥。[3] 交通警察指挥手势信号分为 8 种，分别是：停止、直行、左转弯、左转弯待转、右转弯、变道、减速慢行、示意车辆靠边停车。

ယာဉ်များနှင့် လမ်းသွားလမ်းလာများသည် အချက်ပြမီးသို့မဟုတ် လမ်းအမှတ်အသားမျဉ်းနှင့်ယာဉ်ထိန်း ရဲများပြသည့်အမိန့်မကိုက်ညီသည်ကိုတွေ့ရှိလျှင် ယာဉ်ထိန်းရဲ၏ပြသည့်အမိန့်များကို လိုက်နာသင့်သည်။ [3] ယာဉ်ထိန်းရဲ အမိန့်ပေးရန်လက်အချက်ပြတွင် အချက် ၈ချက်ရှိသည်။ ၎င်းတို့သည် ရပ်တန့်ခြင်း၊ တည့်တည့် သွားခြင်း၊ ဘယ်ဘက်ကွေ့ခြင်း၊ ဘယ်ဘက်ကွေ့ရန်စောင့်ခြင်း၊ ညာဘက်ကွေ့ခြင်း၊ယာဉ်သွားလမ်း ပြောင်း ခြင်း၊ အရှိန်လျှော့မောင်းနှင်ခြင်း၊ လမ်းဘေးသို့ကပ်၍ရပ်တန့်ရန် ယာဉ်ကိုအချက်ပြ ပေးခြင်းစသည်များ ဖြစ်သည်။

（1）停止信号

(ကက) ရပ်တန့်ရန် အချက်ပြ

左臂向上直伸，手掌向前，不准前方车辆通行；右臂同时向左前方摆动时，车辆须靠边停车，如图 1-4。

ဘယ်ဘက်လက်မောင်သည် အပေါ်သို့ မတ်ဆန့်ကာ လက်ဖဝါးများမှ ရှေ့သို့ဆန့်လျှင် ၎င်း၏ရှေ့မှယာဉ် များကို ဖြတ်တန်းခွင့်မရပါဟုဆိုလိုသည်။ ညာဘက်လက်မောင်းသည် တစ်ချိန်တည်း ရှေ့ဘယ်ဘက်သို့ ယမ်း

ခါလျှင် ယာဉ်သည် ဘေးဘက်ကပ်၍ရပ်တန့်သွားရမည်ဖြစ်သည်ဟုဆိုလိုသည်။ ပုံ၁-၄တွင်ပြထားသည့် အတိုင်းဖြစ်သည်။

图 1–4　停止信号手势

ပုံ၁-၄ ရပ်တန့်ခြင်းအချက်ပြလက်ဟန်

（2）直行信号

(ခ ခ) တည့်တည့်သွားအချက်ပြ

右臂（向右）、左臂（向左）平伸，手掌向前，准许左右两方直行的车辆通行；各方右转弯的车辆在不妨碍被放行的车辆通行的情况下，可以通行，如图 1–5。

ညာဘက်လက်မောင်း (ညာဘက်သို့)၊ ဘယ်ဘက်လက်မောင်း (ဘယ်ဘက်သို့) ကို ညီညာစွာ ဆန့်တန်းထားပြီး လက်ဖဝါးကို ရှေ့သို့ ဆန့်လျှင် ဘယ်ညာနှစ်ဘက်သို့ ဖြောင့်မတ်စွာဖြတ်သွားသော ယာဉ်များကို သွားခွင့်ပြု သည် ဟုဆိုလိုသည်။ အရပ်ရပ်မှညာဘက်ကွေ့ ယာဉ်များသည် ဖြတ်သွားခွင့်ရရှိသောယာဉ်များကို အနှောက်အယှက်မပေးသည့်အခြေအနေ အောက်တွင် ဖြတ်တန်းသွားနိုင်သည်။။ ပုံ၁-၅တွင် ပြထားသည့် အတိုင်း ဖြစ်သည်။

图 1-5　直行信号手势

ပုံ၁-၅ တည့်တည့်သွားအချက်ပြလက်ဟန်

（3）左转弯信号

(၁၁) ဘယ်ဘက်ကွေ့အချက်ပြ

右手在上，左手在下，左手从下垂状态开始摆动，与右手成45°，为左转弯信号。示意可向左转弯行驶，如图1-6。

ညာဘက်လက်သည် အပေါ်သို့ထားခြင်း၊ ဘယ်ဘက်လက်သည် အောက်သို့ထားပြီး ဘယ်ဘက်လက် ကို အောက်စိုက်သောအခြေအနေ မှစတင်၍ ယမ်းခါပြီးညာဘက်လက်နှင့် ၄၅ ဒီဂရီထောင့်ကို ဖြစ်လျှင်ဘယ် ဘက်သို့ ကွေ့၍ဖြတ်တန်းသွားနိုင်သည်ဟုဆိုလိုသည်။ ပုံ၁-၆ တွင် ပြထားသည့်အတိုင်း ဖြစ်သည်။

图 1-6　左转弯信号手势

ပုံ၁-၆ ဘယ်ဘက်ကွေ့အချက်ပြလက်ဟန်

（4）左转弯待转信号

(ယယ) ဘယ်ဘက်သို့ကွေ့ရန် စောင့်နေသောအချက်ပြ

左转弯待转就是左手上下摆动，右手处于下垂状态。注意，此动作只有一只手在一侧动，如图 1-7。

ဘယ်ဘက်သို့ကွေ့ရန် စောင့်နေခြင်းဆိုသည်မှာ ဘယ်ဘက်လက်သည် အထက်အောက် ယမ်းခါပြီး ညာဘက်လက်မှ အောက်စိုက်သောအခြေအနေ တည်နေသည်ဖြစ်သည်။ သတိထားရမည့်အချက်မှာ ၄င်း ပြုမူလှုပ်ရှားမှုအတွက် လက်တစ်ဖက်တည်းသာမှ တစ်ဖက်တွင် လှုပ်သည်ဖြစ်သည်။ ပုံ၁-၇တွင်ပြထားသည့် အတိုင်းဖြစ်သည်။

图 1-7 左转弯待转信号手势

ပုံ၁-၇ ဘယ်ဘက်သို့ကွေ့ရန် စောင့်နေခြင်းအချက်ပြလက်ဟန်

（5）右转弯信号

(cc) ညာဘက်ကွေ့အချက်ပြ

左手在上，右手在下，右手从下垂状态开始摆动，与左手成45°，为右转弯信号。示意可向右转弯行驶，如图 1-8。

ဘယ်ဘက်လက်သည် အပေါ်သို့ထားခြင်း၊ ညာဘက်လက်သည် အောက် သို့ ထားပြီး ညာဘက်လက်သည် အောက်စိုက်သောအခြေအနေမှစတင်၍ ယမ်းခါ ပြီး ဘယ်ဘက်လက်နှင့် ၄၅ ဒီဂရီ ထောင့်ဖြစ်လျှင် ညာဘက် ကွေ့အချက်ပြ ဖြစ် သည်။ ညာဘက်ကွေ့နိုင်ရန် အချက်ပြသည်။ ပုံ၁-၈တွင် ပြထားသည့်အတိုင်းဖြစ်သည်။

图 1-8　右转弯信号手势

ပုံ၁-၈　ညာဘက်ကွေ့အချက်ပြလက်ဟန်

（6）变道信号

(၈၈) လမ်းကြောင်းပြောင်းရန်အချက်ပြ

左手下垂，右手举平、水平摆动，就像扇风一样，如图 1-9。

ဘယ်ဘက်လက်သည် အောက်စိုက်ချထား၍ ညာဘက်လက်သည် ညီညာစွာမြှောက်၍ လေတိုက်အောင်
ယပ်ခတ်ပေးသကဲ့သို့အလျားလိုက် ယမ်းခါသည်။ ပုံ၁-၉တွင်ပြထားသည့်အတိုင်းဖြစ်သည်။

图 1-9　变道信号手势

ပုံ၁-၉　ယာဉ်သွားလမ်းအချက်ပြလက်ဟန်

（7）减速慢行信号

(ဆဆ) အရှိန်လျှော့ဖြည်းဖြည်းမောင်းရန် အချက်ပြ

左手下垂，右手举平、上下摆动；掌心向下，像叮嘱小孩一样。注意：由上往下压的动作
就是提醒你减速度，如图 1-10。

ဘယ်ဘက်လက်သည် အောက်စိုက်ချထားပြီးညာဘက်လက်မှ ညီညာစွာ မြှောက်၍ ကလေးများအား

အမှာစကားမှာလိုက်သည်ကဲ့သို့ လက်ဖဝါးမှ အောက်သို့ချရန်ဖြစ်သည်။ သတိထားရန်လိုအပ်သည်မှာ အပေါ်မှအောက်သို့ ဖိနေသောပြုမူဆိုသည်မှာ ခင်ဗျားအားနှေးကွေးစေရန်ဆိုလိုသည်။ ပုံ၁-၁၀တွင် ပြထားသည့်အတိုင်း ဖြစ်သည်။

图 1-10　减速慢行信号手势

ပုံ၁-၁၀ အရှိန်လျှော့ဖြည်းဖြည်းမောင်းရန် အချက်ပြလက်ဟန်

（8）示意车辆靠边停车信号

(၉၉) ဘေးဘက်သို့ကပ်၍ရပ်နားရန်ပေးသောအချက်ပြ

左手在上个，右手在下，成"K"型，右手搭配向前的摆动。注意：一只手会举得高于头顶，如图 1-11。

ဘယ်ဘက်လက်သည် အပေါ်သို့ထားသည်၊ ညာဘက်လက်သည် အောက်ဘက်သို့ထား၍ K ပုံသဏ္ဌာန် ဖြစ်ပြီး ညာဘက်လက်နှင့်တွဲပြီး ရှေ့သို့ယမ်းခါသည်။ သတိထားရမည့်အချက်မှာ လက်တစ်ဖက်ကို ဦးခေါင်းထက် မြင့်ပြီးမြှောက်ပါမည်။ ပုံ ၁-၁ တွင်ပြထားသည့်အတိုင်း ဖြစ်သည်။

图 1-11　示意车辆靠边停车信号手势

ပုံ၁-၁၁ ဘေးဘက်သို့ကပ်၍ရပ်နားရန်ပေးသောအချက်ပြလက်ဟန်

六、过街设施

၆။ လမ်းကူးအဆောက်အအုံ

行人过街设施包括人行道、步行街以及人行横道、人行天桥、人行地道、人行空中连廊、地下街等设施。其中，人行横道称为平面过街方式；人行天桥、人行地道、人行空中连廊、人行地下街称为立体过街方式。

လူသွားလူလာများလမ်းကူးအဆောက်အအုံများတွင် လူသွားလမ်းများ၊ လူသွားဈေးလမ်းများနှင့် လူကူး မျဉ်းကြားများ၊ လူသွားလမ်းကူးတံတားများ၊ လူသွားဥမင်လှိုဏ်ခေါင်းများ၊ ကောင်းကင်တွင် ချိတ်ဆက်ထား သောလူသွား စကြံများ၊ မြေအောက်ဈေးများစသောအဆောက်အအုံများပါဝင်သည်။ ၎င်းတို့ အနက် လူကူး မျဉ်းကြားများကို ပြင်ညီလမ်းကူးပုံစံဟုခေါ်သည်။ လူသွား လမ်းကူးတံတားများ၊ လူသွားဥမင်လှိုဏ်ခေါင်းများ၊ ကောင်းကင်တွင် ချိတ်ဆက်ထားသောလူသွား စကြံများ၊ လူသွားမြေအောက်ဈေးများ စသည်များ ကိုထုပုံ လမ်းကူးပုံစံဟုခေါ်သည်။

（一）过街天桥和地下过街通道

(က) လမ်းကူးတံတားနှင့်မြေအောက်လမ်းကူးလူသွားလမ်း

过街天桥和地下过街通道是行人横过马路的安全通道，如图 1-12。

လမ်းကူးတံတားများနှင့်မြေအောက်လမ်းကူးလူသွားလမ်းများသည် လူသွားလူလာများလမ်းကူးရန်လုံခြုံ သောလူသွားလမ်းဖြစ်သည်။ ပုံ၁-၁၂တွင်ပြထားသည့်အတိုင်းဖြစ်သည်။

繁华的都市，宽阔的街道上车来车往，道路中心设置了一条长长的隔离护栏。没有"斑马线"，要横过街道怎么办呢？我们在街道上看到了一座座过街天桥和一条条地下通道，都是让行人安全横过街道的通道。

သာယာဝပြောသောမြို့ကြီးတွင်၊ လမ်းမကျယ်ကြီးပေါ်တွင် ယာဉ်သွား ယာဉ်လာများရှိပြီး ကားလမ်း၏ အလယ်တွင် အလွန်ရှည်လျားသော အကာအကွယ်သံတိုင်သံတန်းများတပ်ဆင်ထားသည်။ "လူကူးမျဉ်းကြား "မရှိ၊ လမ်းကူးလိုလျှင် ဘယ်လိုလုပ်ရမည်နည်း။ ကျွန်ုပ်တို့သည် လမ်းကူးတံတား တစ်ချောင်းပြီးတစ်ချောင်း၊ မြေအောက်လူသွားလမ်းတစ်လမ်းပြီးတစ်လမ်းကိုလမ်းပေါ်တွင် တွေ့မြင်ခဲ့သည်။ ၎င်းတို့ အားလုံးသည် လမ်း သွားလမ်းလာ များကို ဘေးကင်းစွာလမ်းကူးနိုင်စေမည် လူသွားလမ်းများဖြစ်သည်။

图 1-12　云南省昆明市小花园人行天桥

ပုံ-၁၂ ယူနန်ပြည်နယ်ကူမင်းမြို့ရှိဥယျာဉ်ငယ်လူကူးတံတား

（二）交通隔离设施

(ခ) လမ်းအသွားအလာအကာအကွယ်အဆောက်အအုံများ

交通隔离设施指的是城市街道上的隔离护栏、隔离墩和街心绿化带。目的是为了把机动车、非机动车和行人严格分开，各行其道，避免发生车与车或人与车碰撞的交通事故。

လမ်းအသွားအလာကာကွယ်ရန်အဆောက်အအုံဆိုသည်မှာမြို့လမ်းမပေါ် ရှိအကာအကွယ်တန်းများ၊မြို့လယ်ရှိစိမ်းလန်းစိုပြေစေသောနယ်မြေများဆိုလိုသည်။ ရည်ရွယ်ချက်မှာ ယာဉ်နှင့်ယာဉ်များကြား ယာဉ်တိုက်မှုများနှင့် လူနှင့်ယာဉ်တိုက်မှုကဲ့သို့သော ယာဉ်မတော်တဆမှုများကို ရှောင်ရှားစေရန် စက်တပ်ယာဉ်များ၊ စက်မဲ့ယာဉ်များနှင့် လမ်းသွားလမ်းလာများကို တင်းကြပ်စွာ ခွဲခြားကာ မိမိသွားလမ်းလာလမ်းအတိုင်းသွားလာရန်ဖြစ်သည်။

七、立交桥

၃။ မိုးပျံတံတား

立交桥全称为"立体交叉桥"是指在两条以上的交叉道路交汇处建立的上下分层、多方向互不相扰的现代化桥梁，包括立体交叉工程中的下沉式隧道，主要作用是使各个方向的车辆不受路口上的红绿灯管制而快速通过，如图 1-13。立交桥是现代交通的重要标志，它是使城市交通有序、畅通、安全的大动脉。

မိုးပျံတံတား၏ အမည်အပြည့်အစုံမှာ "ထပ်ပိုး ကြက်ခြေခတ်တံတား" ဖြစ်သည်။ ၎င်းဆိုသည်မှာ နှစ်လမ်း

သို့မဟုတ် ထို့ထက်ပိုသော လမ်းဆုံ ဆုံရာနေတွင် အပေါ် နှင့်အောက်အထပ်ခွဲခြင်း၊ လမ်းကြောင်းပေါင်းစုံများ အကြား အနောက်အယှက်မပေးစေသော ခေတ်မီတံတားကို တည်ဆောက်ရန် ဆိုလိုသည်။ ၎င်းတို့တွင် ထုပုံ ကြက်ခြေခတ် အင်ဂျင်နီယာပညာထဲမှနှစ်မြှုပ်ပုံစံ ယာဉ်လမ်းလိုက်ခေါင်း ပါဝင်ပြီး အဓိကလုပ်ဆောင်ချက်မှာလမ်းကြောင်း ပေါင်းစုံမှ သွားလာသောယာဉ်များကို လမ်းဆုံရှိ မီးပွိုင့်မီးများထိန်းချုပ် မှု ခံရခြင်းမရှိဘဲ အမြန်ဖြတ်သန်းသွားစေရန် ဖြစ်သည်။ ပုံ -၁၃တွင်ပြထားသည့် အတိုင်းဖြစ်သည်။ မိုးပျံတံတား သည် ခေတ်မီလမ်းပန်းဆက်သွယ်ရေး၏ အရေးကြီးသော လက္ခဏာဖြစ်ပြီး၎င်းသည်မြို့ပြအသွားအလာကို စနစ်တကျ၊ ချောမွေ့လုံခြုံစေသည့် ပင်မလမ်းမကြီးဖြစ်သည်။

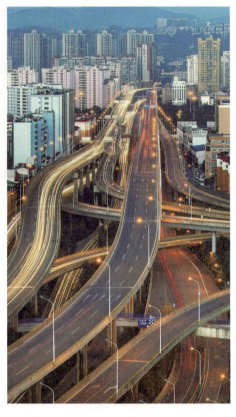

图 1–13 云南省昆明市小庄立交桥

ပုံ-၁၃ ယူနန်ပြည်နယ်ကူမင်းမြို့ရှောင်ကျွန်မိုးပျံတံတား

八、环岛

၈။ အဝိုင်းပတ်လမ်း

环岛也称环形交通，是交通节点的一种特殊形式，属于平面道路交叉。环形交叉由环形车道和一个中心岛组成，这种设置使得从任何一个方向而来的交通流量进入环岛后，均需以环岛的中心圈以单一方向旋转行驶，直至转向所需的行驶方向而离开。因为它不需要信号灯、减少了交通冲突点、提高了交通安全系数、造价比高架桥便宜等原因，通常认为环形交通优于十字交叉。环岛能有效地减少交通事故的发生。

အဝိုင်းပတ်လမ်းကို အဝိုင်းပတ်ယာဉ်သွားယာဉ်လာလည်းခေါ်ဝေါ်သည်။ ၎င်းသည် လမ်းပန်းဆက်သွယ်ရေး ၏အရေးကြီးသောအစိတ်အပိုင်းမှ အထူး ပုံစံ တစ်ခုဖြစ်ပြီးမြေညီလမ်းဆုံလမ်းခွဲဖြစ်သည်။ အဝိုင်းပတ်လမ်း လမ်းဆုံ တွင် အဝိုင်းယာဉ်သွားလမ်းတစ်လမ်းနှင့် ဗဟိုကျွန်းဖြင့်ဖွဲ့စည်းထားသည်။ ၤျတပ်ဆင်မှုၚ်သည် မည်သည့်လမ်းကြောင်းမှ လာသောယာဉ်သွားယာဉ်လာ စီးဆင်းမှု အဝိုင်းပတ်လမ်းအတွင်းသို့ ဝင်ရောက်ပြီး နောက် ၎င်းတို့အားလုံး သည် အဝိုင်းပတ်လမ်း၏ဗဟိုစက်ဝိုင်းနှင့် ဦးတည်ချက်တစ်ခုတည်းတွင် လှည့်ရန်

လိုအပ်ပြီးအလိုရှိသော ခရီးလမ်းကြောင်းသို့ လှည့်သွားသည်အထိ မောင်းနှင်ထွက်ခွာနိုင်သည်။ အချက်ပြမီး များ မလိုအပ်ခြင်း၊ ယာဉ်အသွား အလာ ပဋိပက္ခဖြစ်နှုန်းများကို လျှော့ချပေးခြင်း၊ ယာဉ်အန္တရာယ်ကင်းရှင်း ရေး ပိုမိုကောင်းမွန်လာပြီး တည်ဆောက်ရန်ကုန်ကျစရိတ်သည် အပေါ်ဆောက် ထားသောတံတားထက် ဈေးသက်သာ သောကြောင့် ယေဘုယျအားဖြင့် အဝိုင်းလမ်းသွားလမ်းလား များသည် ကြက်ခြေခတ်ထက် ပို ကောင်းသည်ဟု ယူဆထားပါသည်။ အဝိုင်းပတ်လမ်းများသည် ယာဉ်မတော်တဆဖြစ်ပွားမှုကို ထိရောက်စွာ လျှော့ချနိုင်သည်။

环形路一般有 4 个入口和 4 个出口（或者更多），交规规定：机动车进、出环形路口时，出路口的先行。这是为了避免环岛内堵车，如图 1–14 和 1–15。

အဝိုင်းပတ်လမ်းများတွင် ယေဘုယျအားဖြင့် ဝင်ပေါက် ၄ ခုနှင့် ထွက်ပေါက်၄ ခု (သို့မဟုတ် ထို့ထက်ပို၍) ရှိသည်။ လမ်းစည်းကမ်းသတ်မှတ် ချက်တွင် စက်တပ်ယာဉ်သည် အဝိုင်းပတ်လမ်းထဲသို့ဝင်ခြင်း သို့မဟုတ် ထွက်သည့်အခါ လမ်းဆုံမှ ထွက်သည့်ယာဉ်သည် ဦးစွာသွားပါသည်။ ဤသည်မှာ အဝိုင်းပတ်လမ်းအတွင်း ယာဉ်ကြောပိတ်ဆို့မှု မဖြစ်စေရန် ဖြစ် သည်။ ပုံ-၁၄နှင့်ပုံ-၁၅ တွင် ပြထားသည့်အတိုင်းဖြစ်သည်။

图 1–14　环岛标志
ပုံ-၁၄ အဝိုင်းပတ်လမ်း ဆိုင်းဘုတ်

图 1–15　环岛鸟瞰图
ပုံ-၁၅ အဝိုင်းပတ်လမ်း၏ ဝေဟင်မြင်ကွင်း

九、电子警察
၉။ အီလက်ထရွန်းနစ်ရဲ

人们都看到过交通警察在马路上指挥交通。可是，你们是否看到过马路上还有一种"警察"不分昼夜，不知"疲倦"地工作，它们是谁呢？它们又是怎么工作的呢？这就是现代高科技应用在交通管理上的"电子警察"，也叫"电子眼"，如图1-16和图1-17。它是电子监控系统，用来监视马路上的交通情况，比如闯红灯、超速行驶、行人翻越护栏等违反交通法律、法规的行为都能被"电子警察"看到，只要在电脑上轻轻一点，违法人和车辆就会清楚地显示出来。"电子警察"工作认真负责，不讲情面，它能自动监测，自动照相，自动传输。凡经"电子警察"抓到的违法人，最后都要接受相应处罚。

ယာဉ်ထိန်းရဲများလမ်းမပေါ်တွင် လမ်းသွားလမ်းလာများအတွက် ညွှန်ပြ နေသည်ကိုလူများမြင်ဖူးကြမှာ ပါ။ သို့သော် လမ်းမပေါ်တွင် နေ့ရော ညပါ "မောပန်း"မသိသောအလုပ်လုပ်နေသော "ရဲ" တစ်မျိုးကို ခင်ဗျားတို့ မြင်ဖူးပါ သလား။ သူတို့မှ ဘယ်သူများဖြစ်သနည်း။ သူတို့ဘယ်လိုအလုပ်လုပ် ပါသနည်း။ ၎င်းတို့သည် ခေတ်မီ နည်းပညာမြင့် ယာဉ်ကြောအသွားအလာ စီမံခန့်ခွဲမှုတွင် အသုံးပြုသည့် "အီလက်ထရွန်းနစ်ရဲ"ဖြစ်သည်။ "အီလက်ထရွန်းနစ်မျက်လုံး" ဟုလည်း ခေါ်သည်။ ပုံ ၁-၁၆ နှင့် ၁-၁၇တွင်ပြထားသည့်အတိုင်းဖြစ်သည်။ ၎င်းသည် အီလက်ထရွန်းနစ် မော်နီတာစနစ်ဖြစ်သည်။ လမ်းမပေါ်တွင် ယာဉ်အသွားအလာအခြေအနေကို ကြပ်မကြည့်ရှုရန်အသုံးပြုသည်။ ဥပမာအားဖြင့် မီးနီဖြတ်မောင်းခြင်း၊ သတ်မှတ်အရှိန်ကျော်သွားခြင်း၊ လမ်း သွားလမ်းလာများလမ်းဘေးသံတိုင်သံ တန်းများကျော်တက်ခြင်းစသည့်လမ်းပန်းဆက်သွယ်ရေးဆိုင်ရာ ဥပဒေများနှင့်စည်းမျဉ်းများဖောက်ဖျက်မှုများကို "အီလက်ထရွန်းနစ်ရဲ"မှတွေ့မြင် နိုင်သည်။ ကွန်ပျူတာကို အသာလေးတစ်ချက်နှိပ်ရုံဖြင့် ပြစ်မှုကျူးလွန်သူနှင့် ၎င်း၏ ယာဉ်ကိုရှင်းရှင်းလင်းလင်းပြသထားနိုင်သည်။ " အီလက်ထရွန်းနစ်ရဲ" သည် အလုပ်အတွက်တာဝန်သိစွာ ဂရုတစိုက်လုပ်ပြီး စာနာစိတ်မရှိပေ။ ၎င်းသည် အလိုအလျောက် မော်နီတာလုပ်ခြင်း၊ အလိုအလျောက် ဓာတ်ပုံရိုက်ခြင်းနှင့် အလိုအလျောက် ပေးပို့ခြင်းများ ပြုလုပ်နိုင်သည်။ "အီလက်ထရွန်းနစ်ရဲ"မှ ဖမ်းမိသောပြစ်မှုကျူးလွန်သူအားလုံးကို နောက်ဆုံး တွင်အရေးယူ ခံရပါမည်။

图 1-16 定向电子眼

ပုံ-၁၆ ဦးတည်ရာအီလက်ထရွန်းနစ်မျက်လုံ

图 1-17 可旋转式电子眼

ပုံ-၁၇ လှည့်နိုင်သော အီလက်ထရွန်းနစ်မျက်လုံး

十、报警电话

၁၀။ သတင်းပေးတိုင်ကြားရေးဖုန်း

为了方便群众应对一些紧急情况，中国统一设有一些紧急求助电话，如"110"——

报警电话、"119"——火警电话、"120"——急救电话、"999"——红十字会的急救电话、"122"——交通报警电话、"112"紧急呼叫中心。这些电话都是免费拨打的。

အချို့သော အရေးပေါ်အခြေအနေများကို တုံ့ပြန်ရာတွင် အများပြည်သူ အဆင်ပြေချောမွေ့စေရန်၊ တရုတ်နိုင်ငံသည် အရေးပေါ်ဖုန်းခေါ်ဆိုမှုအချို့ကို တပေါင်းတစည်းတည်းချမှတ်ထားသည်။ ဥပမာအားဖြင့် ရဲ တပ်ဖွဲ့၁၁၀ ၊ မီးသတ် ၁၁၉ ၊ အရေးပေါ်အသက်ကယ်၁၂၀၊ ကြက်ခြေနီအသင်းအရေးပေါ် အသက်ကယ်၉၉၉ ၊ ယာဉ်အသွားအလာသတင်းပေးတိုင်ကြားရေး၁၂၂ အရေးပေါ် ဖုန်းခေါ်ဆိုမှုစင်တာ၁၁၂စသည်များဖြစ်သည်။ ၍ခေါ်ဆိုမှုများသည် အခမဲ့ဖြစ်သည်။

"110"——负责处理刑事、治安案件、紧急危难求助（迷路等）。

ဖုန်းနံပါတ် ၁၁၀။ ရာဇဝတ်မှုများ၊ ပြည်သူ့လုံခြုံရေးအမှုအခင်းများ၊ ဒုက္ခရောက်အရေးပေါ်အကူအညီ တောင်းမှုများ (မျက်စိလည်လမ်းမှားခြင်း) စသည်များအတွက်ဖြေရှင်းပေးရန် တာဝန်ယူသည်။

"120"——紧急医疗救援中心。遇到突发病，需要紧急送到医院，可以拨打"120"，讲明白病人发病的症状，如果知道病人得的是什么病，也要跟医院讲明，医院的急救车会以最快的速度前来提供帮助。

ဖုန်းနံပါတ်၁၂၀။ အရေးပေါ်ဆေးဘက်ဆိုင်ရာ ကယ်ဆယ်ရေးစင်တာဖြစ် သည်။ ရုတ်တရက်ဖျားနေလျှင် ဆေးရုံသို့ အရေးပေါ်အမြန်ပို့ရန် လိုအပ်မည်ဆိုလျှင်၁၂၀ ကိုခေါ်ဆိုနိုင်သည်။ ဖုန်းပြောနေစဉ် လူနာ၏ရောဂါ လက္ခဏာများ ကို လွယ်အောင်သိရန်ရှင်းပြရမည်။အကယ်၍ လူနာမှာ ဘယ်လိုရောဂါရှိသည် ဆိုသည် သိလျှင် ဆေးရုံကို ရှင်းအောင်ပြောရမည်။ ဆေးရုံမှ လူနာတင်ယာဉ်သည် တတ်နိုင်သမျှ မြန်မြန်လာကူညီပေးမယ်။

"122"——交通事故处理。

ဖုန်းနံပါတ်၁၂၂။ ယာဉ်မတော်တဆမှု ဖြေရှင်းရန်ဆောင်ရွက်သည်။

"119"——火灾隐患举报、火灾救援、技术援助（如车祸、人员被困等）、化学援助（化学物质泄露等）、生物援助（病虫害等）。

ဖုန်းနံပါတ်၁၁၉။ မီးဘေးအန္တရာယ်သတင်းပို့ခြင်း၊ မီးဘေးကယ်ဆယ်ရေး၊ နည်းပညာ အကူအညီပေး ခြင်း (ဥပမာအားဖြင့် ယာဉ်မတော်တဆမှု၊ လူများပိတ်မိနေခြင်း စသည်များ)၊ ဓာတုအကူအညီပေးခြင်း (ဓာတုပစ္စည်းများ ယိုစိမ့်မှု စသည်များ)၊ ဇီဝဆိုင်ရာအကူအညီပေးခြင်းများ (ရောဂါနှင့် ဖျက်ပိုးအန္တရာယ် စသည်များ) ဖြစ်သည်။

中国公安局已对"110""120""122""119"四个电话平台建立了一个联动机制。当遇到重大灾祸时，拨打其中一个号码即可得到帮助，但是报案人要注意说清楚需要何种救助。如被歹徒打伤时，拨打"110"报警后，除说明案情外，还可根据自己的伤势要求救护车前来。

တရုတ်ပြည်သူ့လုံခြုံရေးဌာနသည် ၁၁၀၊ ၁၂၀၊ ၁၂၂ နှင့် ၁၁၉ တယ်လီဖုန်းပလပ်ဖောင်းလေးခုအတွက် ချိတ်ဆက်မှုယန္တရားတစ်ခုကို ထူထောင် ထားသည်။ ကြီးမားစွာဘေးအန္တရာယ် ကျရောက်သောအခါ ၄င်းနံပါတ်များထဲမှ တစ်ခုကို ခေါ်ဆိုလျှင် အကူအညီရယူနိုင်ပါသည်။ သို့သော်လည်း သတင်းပေးသူသည် မည်သို့သော အကူအညီ လိုအပ် ကြောင်းကို ရှင်းရှင်းလင်းလင်း ဖော်ပြရန် ဂရုပြုသင့်သည်။ အကယ်၍ သင်သည် လူဆိုးဂိုဏ်းကြောင့် ထိခိုက်ဒဏ်ရာရလျှင်၁၁၀သို့ ဖုန်းခေါ်ဆိုပြီး ရဲကိုခေါ်ပါ။အမှုကို ရှင်းပြပေးသည့်အပြင် ကိုယ့်ဒဏ်ရာအလိုက် လူနာတင်ယာဉ်တစ်စီးကိုလည်းတောင်းဆိုနိုင် ပါသည်။

十一、文明交通行动计划

၁၁။ ယဉ်ကျေးသောလမ်းပန်းဆက်သွယ်ရေးလုပ်ဆောင်ချက် အစီအစဉ်

文明交通行动计划主题为"关爱生命，文明出行"。

ယဉ်ကျေးသောလမ်းပန်းဆက်သွယ်ရေး လုပ်ဆောင်ချက်အစီအစဉ် ၏ ဆောင်ပုဒ်မှာ "အသက်ကို ပြုစု စောင့်ရှောက်ခြင်း၊ ယဉ်ကျေးစွာခရီးသွားလာ ခြင်း" ဖြစ်သည်။

倡导六大文明交通行为：机动车礼让斑马线、机动车按序排队通行、机动车有序停放、文明使用车灯、行人和非机动车各行其道、行人和非机动车过街遵守信号等。

ယဉ်ကျေးသောလမ်းပန်းဆက်သွယ်ရေဆိုင်ရာ အပြုအမူခြောက်ချက်ကို အဆိုပြုချက်။ စက်တပ်ယာဉ်များမှ လူကူးမျဉ်းကျား ဖြတ်ကူးသောလူများကို ဦးစားပေးခြင်း၊ စက်တပ်ယဉ်များအစဉ်အလိုက် တန်းစီပြီး ဖြတ်သန်း သွားခြင်း၊ စက်တပ်ယာဉ်များ စနစ်တကျ ရပ်နားခြင်း၊ မီးရောင်များကို ယဉ်ကျေးစွာ အသုံးပြုခြင်း၊ လမ်းသွားလမ်းလာများနှင့်စက်မဲ့ယာဉ်များ ကိုယ့်လမ်းကြောင်းကို ကိုယ်သွားခြင်း၊ လမ်းသွားလမ်းလာများ နှင့် စက်မဲ့ယာဉ်များ လမ်းဖြတ်ကူးရန် လမ်းစည်းကမ်းအချက်ပြမှုကို လိုက်နာခြင်းစသည့် ယဉ်ကျေးသော လမ်းပန်းဆက်သွယ်ရေဆိုင်ရာ အပြုအမူများကို အားသွန်ခွန်စိုက်တိုက်တွန်းအားပေးခြင်းလုပ်ဆောင်ရမည်။

摒弃六大交通陋习：机动车随意变更车道、占用应急车道、开车打手机、不系安全带、驾乘摩托车不戴头盔、行人过街跨越设施等。

မကောင်းသည့် အသွားအလာ အကျင့်ခြောက်ပါးကိုဖယ်ရှားခြင်း။ စက်တပ်ယာဉ်များစိတ်ကြိုက်သလို ယာဉ်သွားလမ်းပြောင်းခြင်း၊ အရေးပေါ် ယာဉ်သွားလမ်းကို သိမ်းပိုက်ခြင်း၊ ယာဉ်မောင်းနှင်ရင်းဖုန်းပြော

ခြင်း၊ ထိုင်ခုံခါးပတ်မပတ်ခြင်း၊မော်တော်ဆိုင်ကယ်မောင်းခြင်းနှင့် စီးခြင်းဦးထုပ် မ ဆောင်းခြင်း ၊ လမ်းသွား လမ်းလာများလမ်းဖြတ်ကူးရန်အဆောက်အအုံ အလျားကူးခြင်းစသည့်မကောင်းသည့် အသွားအလာအကျင့် များကို သတိ ရှိရှိပြုပြင်ရမည်။

抵制六大危险驾驶行为: 酒后驾驶、超速行驶、疲劳行驶、闯红灯、强行超车、超员和超载等。

အန္တရာယ်ရှိမောင်းနှင်ခြင်း အမူအကျင့် ခြောက်ခုကို ဟန့်တားခြင်း။ အရက်သေစာသောက်ပြီး ယာဉ်မောင်းခြင်း၊ သတ်မှတ်အရှိန်ကျော်သွားခြင်း၊ ပင်ပန်းနွမ်းနယ်မောင်းနှင်ခြင်း၊ မီးနီဖြတ်မောင်းခြင်း၊ အတင်းအကြပ် ကျော်တက်ခြင်း၊ ခရီးသည်ပိုတင်ခြင်းနှင့် တန်ပိုတင်ခြင်း ကဲ့သို့သော အန္တရာယ်ရှိသော မောင်း နှင်ခြင်း အပြုအမူများကို ပြတ်သားစွာ ဟန့်တား ရမည်။

完善六类道路安全及管理设施: 城市过街安全设施、路口渠化设施、出行引导与指路设施、道路车速控制设施、农村公路基本安全设施、施工道路交通组织与安全设施。

လမ်းအန္တရာယ်ကင်းရှင်းရေးနှင့် စီမံခန့်ခွဲရေးဆိုင်ရာပစ္စည်းများနှင့် အဆောက် အအုံများ ခြောက်မျိုး အား ပြည့်စုံကောင်းမွန်အောင်ဆောင်ရွက် ခြင်း။ မြို့ပြ လမ်းဖြတ်ကူးရန် ဘေးကင်းရေးဆိုင်ရာပစ္စည်းများ နှင့်အဆောက် အအုံများ၊ လမ်းဆုံလမ်းကြောင်းခွဲခြင်းဆိုင်ရာ ပစ္စည်းများနှင့်အဆောက်အအုံ များ၊ ခရီးသွား လမ်းညွှန်မှုနှင့် လမ်းညွှန်မှုဆိုင်ရာပစ္စည်းများနှင့်အဆောက်အအုံ များ၊ လမ်းအမြန်နှုန်းထိန်းချုပ်သည့် ပစ္စည်း များနှင့်အဆောက်အအုံများ၊ ကျေးလက်လမ်းများအတွက် အခြေခံဘေးကင်းရေးဆိုင်ရာပစ္စည်းများနှင့် အဆောက် အအုံများ၊ ဆောက်လုပ်ရေးစည်းရုံးခြင်းနှင့် လုံခြုံရေးဆိုင်ရာ ပစ္စည်းများနှင့်အဆောက် အအုံများ ကိုပိုမိုတိုးတက်ကောင်းမွန်အောင် လုပ်ဆောင်ရမည်။

十二、超速行驶的记分规定
၁၂။ သတ်မှတ်အရှိန်ကျော်သွားကြောင့်အမှတ်လျှော့ရန်စည်းမျဉ်းများ

超速行驶是严重的交通违法行为之一，危险系数高，一旦发生事故造成的后果极其严重，是近年来全国公安交管部门重点整治的严重交通违法行为。公安部第 123 号令对超速驾驶制定了严格的记分规定。一是超速驾驶一次记 12 分的情形有: 驾驶中型以上载客载货汽车、校车、危险物品运输车辆在高速公路、城市快速路上行驶超过规定时速 20% 以上或者在高速路、城市快速路以外的道路上行驶超过规定时速 50% 以上; 驾驶其他机动车行驶超过规定时速 50% 以上的。二是一次记6分的情形有：驾驶中型以上载客载货汽车、校车、危险物品运输车辆在高速公路、城市快速路上行驶超过规定时速未达 20% 的；驾驶中型以上载客载货汽车、校车、危险物品运输车辆在高速公路、城市快速路以外的道路上行驶或者驾驶其他机动车行驶超过规定时速 20% 以上未达到 50% 的。三是一次性记3分的情形有：驾驶中型以上载客载货汽车、危险物品运输车辆在高速公路、城市快速路以外的道路上行驶或者驾驶其他机动车行驶超过规定时速未达 20% 的。

သတ်မှတ်အရှိန်ကျော်သွားခြင်းသည် ပြင်းထန်သောယာဉ်အသွားအလားချိုးဖောက်မှုအပြုအမူများထဲမှတစ်ခုဖြစ်သည်။ အန္တရာယ် ဖြစ်နိုင်ခြေအချက် မြင့်မားသည်။ ယာဉ်မတော်တဆမှုတစ်ခုဖြစ်ပွားသည်နှင့် ဆိုးကျိုးအဆက်များမှာ အလွန်ပြင်းထန်ပါသည်။ ၎င်းသည် မကြာသေးမီနှစ်များအတွင်း ပြည်သူ့လုံခြုံရေး ယာဉ်ထိန်းဌာနများမှ ပြုပြင်ရန် အတွက်အဓိကထား လုပ်ဆောင်သည့် ပြင်းထန်သောယာဉ်အသွား အလာ ချိုးဖောက်မှုအပြုအမူ များဖြစ်သည်။ ပြည်သူ့လုံခြုံရေး ဝန်ကြီးဌာန၏ အမိန့်အမှတ် ၁၂၃ အရ သတ်မှတ် အရှိန် ကျော်သွားခြင်းအတွက် တင်းကျပ်သောအမှတ်ပေးစည်းမျဉ်း များချမှတ်ထား သည်။ ပထမတစ်ချက်မှာသတ်မှတ်အရှိန် ကျော်သွားလျှင် တစ်ခါ တည်းအမှတ်၁၂မှတ်လျှော့ပေးခြင်းအခြေအနေမျိုးများအောက် ဖော် ပြပါ အတိုင်းရှိခြင်း။ အလတ်စားနှင့်အထက်သောခရီးသည်တင်မော်တော် ယာဉ်များ၊ ကျောင်းယာဉ်များ၊ အန္တရာယ်ရှိသော ကုန်စည်ပို့ဆောင်ရေးယာဉ် များ ကို အမြန် မောင်းလမ်းမကြီးနှင့်မြို့တွင်းအမြန်လမ်းပေါ်တွင် သတ်မှတ် ထားသော အမြန်နှုန်း ထက်၂၀%ထက်ကျော်လွန်မောင်းနှင်ခြင်းသို့မဟုတ် အမြန်မောင်း လမ်းမကြီး နှင့်မြို့တွင်းအမြန်လမ်းမှလွဲ၍အပြင်ဘက်ရှိလမ်းများ တွင်သတ်မှတ် ထားသော အမြန်နှုန်း ၅၀% ထက်ပို၍ မောင်းနှင် ခြင်းပါဝင်သည်။ အခြား စက်တပ်ယာဉ်များကို သတ်မှတ်ထားသည့် အရှိန်၏ ၅၀% ထက် ကျော် ၍မောင်းနှင်ခြင်းဖြစ်သည်။ ဒုတိယအချက်မှာ တစ်ခါတည်း အမှတ်၆မှတ်လျှော့ပေးခြင်းအခြေအနေမျိုးများ အောက်ဖော်ပြပါအတိုင်းရှိခြင်း ။ အလတ်စား အထက်ခရီးသည်တင်၊ ကုန်စည်တင် မော်တော်ယာဉ် များ၊ ကျောင်းယာဉ်များ၊ အန္တရာယ်ရှိသော ကုန်စည် ပို့ဆောင်ရေးယာဉ်များကို အမြန်လမ်းမကြီး၊ မြို့တွင်းအမြန် လမ်းတွင် သတ်မှတ်ထားသည့် အရှိန်၂၀ရာခိုင်နှုန်းထက်မကျော်လွန်၍မောင်းနှင်ခြင်းဖြစ် သည်။ အလတ်စား အထက်ခရီးသည်တင်၊ ကုန်စည်တင်မော်တော်ယာဉ် များ၊ ကျောင်းယာဉ်များ၊ အန္တရာယ်ရှိသော ကုန်စည် ပို့ဆောင်ရေးယာဉ်များ ကိုအမြန်မောင်း လမ်းမကြီး နှင့်မြို့တွင်းအမြန်လမ်းမှလွဲ၍အပြင်ဘက်ရှိ လမ်းများ တွင် မောင်းနှင်ခြင်း သို့မဟုတ် အခြား စက်တပ်ယာဉ်များကို သတ်မှတ်ထားသော အရှိန်နှုန်း ၂၀% ထက်ကျော်

လွန်သော်လည်း ၅၀%ထက်မကျော်လွန်၍မောင်းနှင်ခြင်းပါဝင် သည်။ တတိယအချက်မှာတစ်ခါတည်းတွင် အမှတ်၃မှတ်လျှော့ပေးသော အခြေအနေမျိုးများ အောက်ဖော်ပါအတိုင်းရှိခြင်း။ အလတ်စားအထက်ခရီး သည် တင်၊ ကုန်တင်မော်တော်ယာဉ်များ၊ အန္တရာယ်ရှိသောကုန်စည် ပို့ဆောင်ရေးယာဉ်များကို အမြန်မောင်း လမ်းမကြီးနှင့်မြို့တွင်းအမြန်လမ်း မှလွဲ၍ အပြင်ဘက်ရှိ လမ်းပေါ်တွင် မောင်းနှင်ခြင်း သို့မဟုတ် အခြား စက် တပ်ယာဉ်များကို သတ်မှတ်ထားသော အရှိန်နှုန်းကျော်လွန် သော်လည်း၂၀%ထက်မကျော်လွန်၍မောင်းနှင် ခြင်းဖြစ် သည်။

第二章　安全常识篇

အခန်း(၂)　လုံခြုံရေးဆိုင်ရာ ဗဟုသုတအပိုင်း

一、城市开车注意事项
၁။ မြို့တွင်းယာဉ်မောင်းရန် သတိထားရမည့်ကိစ္စရပ်များ

城市中道路情况复杂，车流、人流众多，且人流、车流的运动不定向性强，因此需要重视城市开车的道路安全。树立文明行车理念，创造和谐的交通环境是每个人的责任和义务。

မြို့တွင်းလမ်းအခြေအနေသည် ရှုပ်ထွေးပြီးလူသွားလူလာစီးဆင်းမှု များပြားပြီး လူနှင့်ယာဉ်များစီးဆင်း မှု သွားလာရေးမှာဦးတည်ချက်သိပ်မရှိ သောကြောင့် မြို့ပြမောင်းနှင်ရာတွင် လမ်းအန္တရာယ်ကင်းရှင်းရေး ကို အထူးဂရုပြုရန် လိုအပ်ပါသည်။ ယဉ်ကျေးသော မောင်းနှင်မှု သဘောတရားကို ထူထောင်ပြီး သင့်မြတ် သာယာသောယာဉ်အသွားအလာ ပတ်ဝန်းကျင်ကို ဖန်တီးရန် လူတိုင်း၏ တာဝန်နှင့်ဝတ္တရားများဖြစ်သည်။

（一）行车至人行横道时应礼让行人

(က) လူကူးမျဉ်းကြားသို့ မောင်းနှင်သည့်အခါ လမ်းသွားလမ်းလာများ အား ဦးစားလမ်းပေး

驾驶人行车到人行横道之前应减速，并注意观察，做到礼让行人。驾驶人若不遵守以上规则，不仅会侵犯了行人的路权（"路权"，即交通参与者的权利，是交通参与者根据交通法规的规定，在一定的时间和空间内在道路上进行道路交通活动的权利。路权可分为上路行驶权、通行权、先行权、占用权等）而且很容易引发交通事故。[4]

ယာဉ်မောင်းသည် လူကူးမျဉ်းကြားသို့မရောက်ခင် အရှိန်လျှော့ရန် မောင်းနှင်သင့်ပြီးကြည့်ရှုအကဲခတ် ရန်ဂရုပြုကာ လမ်းသွားလမ်းလာများ ကို ယဉ်ကျေးစွာလမ်းပေးသည်။ ယာဉ်မောင်းသည် အထက်ဖော်ပြ ပါစည်းကမ်း များကို မလိုက်နာလျှင် လမ်းသွားလမ်းလာများ၏လမ်းမှန်ခွင့်ကို("လမ်းမှန် ခွင့်" ဆိုသည်မှာ0

လမ်းပန်းဆက်သွယ်ရေးပါဝင်သူများ၏အခွင့်အရေးဆိုလို သည်။ လမ်းပန်းဆက်သွယ်ရေးပါဝင်သူများသည် လမ်းစည်းမျဉ်းများ၏ သတ်မှတ် ချက်အရ တစ်စုံတစ်ခုသော အချိန်နှင့် နေရာအတွင်း လမ်းများပေါ်တွင် လမ်းသွားလာမှုဆိုင်ရာ လှုပ်ရှားသည့်အခွင့်အရေး ဖြစ်သည်။ လမ်းမှန်ခွင့်မှာ ယာဉ်လမ်းတွင်မောင်းနှင်ခွင့်၊ ဖြတ်သန်းခွင့်၊ ဦးစွာသွားခွင့်၊ သိမ်းပိုက်ခွင့်စသည်များခွဲခြားထားသည်) ချိုးဖောက် ရုံသာမက မတော်တဆ ထိခိုက်သေဆုံးမှု အလွယ်တကူ ဖြစ်စေနိုင်သည်[4]။

（二）通过路口注意观察箭头灯

(ခ) လမ်းဆုံကို ဖြတ်သန်းသွားသည့်အခါ မြှားမီးများကို ကြည့်ရှုအကဲခတ်

城市中的很多路口都安装了箭头信号灯，也可以将它们归为红绿灯。在通过路口时应正确识别箭头的指向和颜色，否则容易走错方向或者闯红灯，造成交通拥堵或者引发交通事故。识别箭头灯时，应秉持"红灯停，绿灯行"的原则，依照信号灯发出的指示信号通行。

မြို့တွင်းရှိ လမ်းဆုံများစွာတွင် မြှားပုံအချက်ပြမီးများကို တပ်ဆင်ထားပြီး ၎င်းတို့ကို မီးပွိုင့်အမျိုးအစာ အဖြစ်လည်း ခွဲခြားနိုင်သည်။ လမ်းဆုံကို ဖြတ်သွားသည့်အခါ မြှားဦး၏ ဦးတည်ရာနှင့် အရောင်ကို မှန်ကန်စွာ ခွဲခြားသတ်မှတ်သင့်သည်၊ သို့မဟုတ်လျှင် လမ်းမှားသို့ သွားစေရန်၊ သို့မဟုတ် မီးနီကိုဖြတ်၍ မောင်းနှင်စေရန် လွယ်ကူပြီးယာဉ်ကြောပိတ်ဆို့မှုသို့မဟုတ်ယာဉ်မတော်တဆမှုများကိုဖြစ်စေပါသည်။မြှားအချက်ပြမီးများကို ခွဲခြားသတ်မှတ်သည့်အခါ "မီးနီရပ်၊ မီးစိမ်းသွား" ဟူသော နိယာမကို လိုက်နာပြီး အချက်ပြမီးမှပြပေးခဲ့သည့် ဖြတ်သန်းအချက်ပြအတိုင်း မောင်းနှင်သင့်သည်။

（三）转弯时应提前选择好车道

(ဂ) အကွေ့ ကွေ့ သည့်အခါ ယာဉ်သွားလမ်းကို ကြိုတင်ရွေးချယ်

在行车即将通过路口时，应提前观察路口车道指示牌，并且在临近路口时观察车道中间的指示箭头判断是否选择正确。倘若没有提前进行选择，当到达路口时，发现自己走错了车道，在慌乱中连续跨越多条车道并道，容易造成交通拥堵或发生交通事故。

မောင်းနှင်နေသောယာဉ်သည် လမ်းဆုံကို ဖြတ်သွားတော့မည်ဆိုလျှင် လမ်းဆုံရှိ လမ်းညွှန်ဆိုင်းဘုတ် များကို ကြိုတင် ကြည့်ရှုအကဲခတ်ပြီး လမ်းဆုံအနီးသို့ ချဉ်းကပ်သည့်အခါယာဉ်သွားလမ်းအလယ်၏လမ်း ညွှန်မြှားဦး ကို ရွေးချယ်ခြင်းမှန်ကန်မှုရှိမရှိ ကြည့်ရှုစစ်ဆေးသင့်သည်။ ကြိုမရွေးချယ် ထားပါဆိုလျှင် လမ်းဆုံ ကိုရောက်တဲ့အခါ ယာဉ်သွားလမ်းမှားနေသည်ကိုတွေ့ရှိလျှင် ပျာလောင်ခတ်ခြင်းနှင့်ယာဉ်သွားလမ်းများစွာကို

ဆက်တိုက်ဖြတ်ကျော် ပြီး ယာဉ်သွားလမ်းနှင့်ပေါင်းစည်းရန်ပြုလုပ်လျှင် ယာဉ်ကြောပိတ်ဆို့မှု သို့မဟုတ် ယာဉ်မတော်တဆမှုများကို အလွယ်တကူဖြစ်စေနိုင်ပါသည်။

一般情况下，假如行车人需要左转，在选择车道时应靠最左边的车道行车。在设有左转待转区的路口左转弯时，要记住：看到直行信号灯绿灯亮时才能进入待转区域；行车人需要直行时，在选择车道时应靠中间的车道行车；需要右转时，在选择车道时应靠最右边的车道行车。

ပုံမှန်အခြေအနေအောက်တွင် ယာဉ်မောင်းသည် ဘယ်ဘက်သို့ကွေ့ရန် လိုအပ်လျှင် ယာဉ်သွားလမ်း ရွေးချယ်ရာတွင် ဘယ်ဘက်ဆုံးရှိယာဉ်သွားလမ်းသို့ကပ်၍မောင်းနှင်သင့်သည်။ ဘယ်ဘက်ကွေ့ရန် စောင့်ဆိုင်း နေရာ စီစဉ် ထားရှိသည့်လမ်း ဆုံတွင်ဘယ်ဘက်ကွေ့သည့်အခါ မှတ်ထားရမည့်အချက် များမှာ တည့်တည့် သွား အချက်ပြမီး အစိမ်းရောင်ပြနေသည်ကိုတွေ့ရှိမှသာ ဘယ်ဘက်ကွေ့ရန် စောင့်ဆိုင်းနေရာသို့ဝင်ရောက် နိုင်သည်။ ယာဉ်မောင်း သည် တည့်တည့် သွားရန်လိုအပ်လျှင် ယာဉ်သွားလမ်းရွေးချယ်ရာတွင် အလယ်ရှိ ယာဉ်သွားလမ်းသို့ ကပ်၍ မောင်းနှင်သင့်သည်။ညာဘက်ကွေ့ လိုအပ်လျှင်ယာဉ်သွားလမ်း ရွေးချယ်ရာ တွင် ညာဘက်ဆုံးယာဉ်သွားလမ်းသို့ ကပ်၍ မောင်းနှင်သင့်သည်။

（四）行车时不占用公交车道

(ဃ) ယာဉ်မောင်းနှင်နေစဉ် ဘတ်စ်ကားသွားလမ်းမသိမ်းပိုက်

在城市中行车时，要注意辨识车道的指示标识，不随意行驶至公交车道内；遇到交通拥挤的情况，也不可驶入公交车道，或者使用公交车道进行超车。

မြို့တွင်း ယာဉ်မောင်းနေစဉ် ယာဉ်သွားလမ်း၏လမ်းညွှန်အမှတ်အသား နှင့် ဆိုင်းဘုတ်များကိုခွဲခြား သတ်မှတ်ရန်ဂရုစိုက်ရမည်။ ဘတ်စ်ကားသွားလမ်း အတွင်းသို့စိတ်ကြိုက်သလိုမဝင်ရောက်ပေ။ ယာဉ်ကြော ပိတ်ဆို့မှုအခြေအနေ ကိုကြုံတွေ့စေကာမူ ဘတ်စ်ကားသွားလမ်းအတွင်းသို့လည်းမဝင်ရောက် ပေ။ သို့မဟုတ် ဘတ်စ်ကားသွားလမ်းကို အသုံးပြုပြီး ကျော်တက်ရန်မပြုလုပ် ပါ။

此外，在城市中行车时，不要紧跟公交车。因为公交车庞大的外型不利于行车人观察路况或交通指示灯，容易发生剐蹭或追尾等交通事故。

ထို့အပြင် မြို့ထဲမှာ ယာဉ်မောင်းနေစဉ် ဘတ်စ်ကားနှင့်နီးကပ်စွာ နောက်မလိုက်ပါနှင့်။ ဘတ်စ်ကား ကိုယ်ထည်ကြီးမားသောကြောင့် လမ်းသွား လမ်းလာများအတွက် လမ်းအခြေအနေ သို့မဟုတ်လမ်းစည်းကမ်း အချက်ပြမီး ကြည့်ရှုအကဲခတ်ရန်အဆင်မပြေပါဖြစ်ပြီး ပွတ်မိခြင်းသို့မဟုတ် နောက်မှဝင် တိုက် မိခြင်းကဲ့သို့

သော ယာဉ်မတော်တဆမှုများ ဖြစ်ပွားရန် လွယ်ကူ စေသည်။

（五）与前车保持安全的行车距离

(c) ရှေ့ယာဉ်နှင့် ဘေးကင်းစွာ မောင်းနှင်သည့် အကွာအဝေးကိုထား

在跟车行驶时应与前车保持安全距离，精力集中，做好随时减速或停车的准备。这样即使前车制动灯不亮或突然横滑、甩尾时，也能有时间和空间从容应对。

ယာဉ်နောက်လိုက်နေစဉ် ရှေ့ယာဉ်နှင့် ဘေးကင်းသောအကွာအဝေးကို ထားရှိသင့်ကာ အာရုံစူးစိုက်ပြီး အချိန်မရွေး အရှိန်လျှော့ရန် သို့မဟုတ် ရပ်ရန် ပြင်ဆင်ထားရမည်။ ဤနည်းအားဖြင့် ရှေ့ယာဉ်၏ဘရိတ်မီး သည် မလင်းသော်လည်း၊ သို့မဟုတ် ယာဉ်ရုတ်တရက် ဘေးတိုက်လျှောခြင်းနှင့် အမြီးကို လှုန်ခြင်းဖြစ်နေစဉ် အေးအေးဆေးဆေး ကိုင်တွယ်ဖြေရှင်းရန် အချိန်နှင့် နေရာလည်းရ ရှိနိုင်သည်။

在城市中行驶时，应特别注意出租车，一旦前方出租车因上、下客靠边骤停，容易发生追尾事故。

မြို့တွင်း မောင်းနှင်နေစဉ် တက္ကစီများကို အထူးသတိထားသင့်ပါသည်။ ခရီးသည်များ ယာဉ်ဆင်းရန် ရှေ့မှ တက္ကစီသည် ရုတ်တရက်ဘေးကပ်၍ ရပ်တန့်သွားလျှင် ယာဉ်နောက်မှဝင် တိုက်မှုများဖြစ်ပွားရန်လွယ်ကူစေ နိုင် သည်။

（六）行车时不频繁变更车道

(၈) ယာဉ်မောင်းနေစဉ် ယာဉ်သွားလမ်းများကို မကြာခဏပြောင်းရန် မပြုလုပ်

在车流多的道路上频繁变更车道容易造成交通堵塞，且容易发生追尾、剐蹭等交通事故。因此在变道前一定要观察后视镜，在车流少且路况良好时可以转头进行观察。当确认行驶条件满足变道要求时，应提前3秒开启转向灯提醒周围车辆，方可变道，切忌随意变道。

ယာဉ်စီးဆင်းမှုများသော လမ်းမကြီးပေါ်တွင် မကြာခဏယာဉ်သွားလမ်း ပြောင်းခြင်းသည် ယာဉ်ကြော ပိတ်ဆို့မှုကို အလွယ်တကူ ဖြစ်စေနိုင်ပြီး ယာဉ်နောက်မှဝင်တိုက်မိခြင်း၊ ပွတ်မိခြင်းစသည်များဖြစ်သောယာဉ် မတော် တဆမှု များ အလွယ်တကူ ဖြစ်စေနိုင်ပါသည်။ ထို့ကြောင့်ယာဉ်သွားလမ်း မပြောင်းခင် နောက်ကြည့်မှန် ကိုသေချာကြည့်ရှုပြီးယာဉ်သွားလာရေးစီးဆင်း မှု နည်းပြီးလမ်းအခြေအနေ ကောင်းမွန်သည့်အခါတွင် ဦးခေါင်းကိုလှည့်၍ အကဲခတ်ကြည့်ရှုရန်ပြုလုပ်ပါ။ မောင်းနှင်မှုအခြေအနေများသည် ယာဉ်သွား လမ်း ပြောင်းလဲခြင်းဆိုင်ရာ လိုအပ်ချက်များနှင့်ကိုက်ညီကြောင်းအတည်ပြု သော အခါ၊ ပတ်ဝန်းကျင်ရှိ ယာဉ်များ

ကို သတ်ပေးရန်ကွေ့အချက်ပြမီးကို ၃ စက္ကန့်ကြိုတင်ဖွင့်ပြီးမှ ယာဉ်သွားလမ်းပြောင်းနိုင်ပါသည်။ စိတ်ကြိုက်
သလို ယာဉ်သွားလမ်းပြောင်းကိုလုံးဝမပြုလုပ်ရပါ။

（七）各行其道，保持良好的行车秩序

(ဆ) ကိုယ့်လမ်းကို ကိုယ်သွားပြီး ကောင်းမွန်သောစည်းကမ်းတကျ မောင်းနှင်မှုကိုစောင့်ထိန်း

在城市道路上行车，要学会正确选择车道。车速快走快车道，车速慢走慢车道，不要占用
非机动车道和人行道，注意礼让，各行其道，文明有序行车。倘若不在规定的车道上行车，容
易造成交通拥堵，甚至引发交通事故。遇到交通拥堵时要保持好良好的心态，耐心排队等候，
按顺序通行，养成"宁停三分，不抢一秒"的良好行车习惯。

မြို့တွင်းလမ်းများပေါ်တွင် မောင်းနှင်နေစဉ် မှန်ကန်သောယာဉ်သွားလမ်းကို ရွေးချယ်တတ်ရန် သင်ယူရ
မည်။ အရှိန်မြန်လျှင်အမြန်ယာဉ်သွားလမ်းတွင် မောင်းနှင်ပြီး အရှိန်နှေးလျှင် အနှေးယာဉ်သွားလမ်းတွင်မောင်း
နှင်ပါသည်။ စက်မဲ့ယာဉ်သွားလမ်းများနှင့်လူသွားလမ်းများကိုမသိမ်းပိုက်ပါနှင့်။ ယဉ်ကျေး စွာ လမ်းပေးခြင်း
ကို ဂရုစိုက်ပြုပြီးကိုယ့်လမ်းကိုယ်သွားပါ။ယဉ်ကျေးစွာ စနစ်တကျ မောင်းနှင်ပါ ။ သတ်မှတ်ထားသောယာဉ်
သွားလမ်းများတွင် မမောင်းနှင်လျှင် ယာဉ်ကြောပိတ်ဆို့မှုကို အလွယ်တကူဖြစ်စေပြီး ယာဉ်မတော်တဆမှုများ
ပင် ဖြစ်စေသည်။ ယာဉ်ကြောပိတ်ဆို့မှုကိုကြုံတွေ့ရသောအခါတွင် စိတ်သဘောထားကောင်းအောင်ထားပြီး
စိတ်ရှည်ရှည်ဖြင့် တန်းစီစောင့်ဆိုင်းကာစနစ်တကျဖြတ်သန်းပြီး "တစ်စက္ကန့်ကိုလုယူသည်ထက် သုံးစက္ကန့်ခန့်
ရပ်သည်မှပိုကောင်းသည် " ဟူသောမောင်းနှင်မှုအလေ့အကျင့် ကောင်းကို မွေးမြူ||ထားသင့်သည်။

其次，在设有应急车道的道路上行车，切不可占用应急车道。若前方发生交通事故，占用
应急车道会阻碍救援车辆行驶，延误事故处理和人员抢救时间。

ဒုတိယအနေဖြင့် အရေးပေါ်ယာဉ်သွားလမ်းထားရှိသည့်လမ်းပေါ်တွင် မောင်းနှင် နေစဉ် အရေးပေါ်ယာဉ်
သွားလမ်းကိုသိမ်းပိုက်ခြင်းလုံးဝမပြုလုပ်ရ ပါ။ အကယ်၍ရှေ့တွင် ယာဉ်မတော်တဆမှုဖြစ်ပွားလျှင်အရေး
ပေါ်ယာဉ်သွား လမ်းကို သိမ်းပိုက်ခြင်းသည် ကယ်ဆယ်ရေးယာဉ်များ မောင်းနှင်မှုကို အဟန့်အတားဖြစ်စေ
ပြီး ယာဉ်မတော်တဆမှုများအားဖြေရှင်းကိုင်တွယ်ရန် နှင့် ဝန်ထမ်းများ ကယ်ဆယ်ရန် အချိန်ကြန့်ကြာစေမည်
ဖြစ်သည်။

此外，有些路段为了缓解局部交通拥堵而设置了单行道，在行车过程中，驾驶人应仔细辨
别道路属性。一旦误入单行道逆向行驶，不但对自身安全非常不利，还会造成交通堵塞，并受
到公安机关的处罚。

ထို့အပြင် တစ်စိတ်တပိုင်းယာဉ်ကြောပိတ်ဆို့မှုကို သက်သာစေရန် တစ်လမ်းမောင်းလမ်းများ ကိုလည်း စီစဉ်ထားခဲ့သည်။ မောင်းနှင်ရာတွင် ယာဉ်မောင်းများသည် လမ်းဂုဏ်သတ္တိများများကို ဂရုတစိုက်ခွဲခြား သတ်မှတ် ထားသင့်သည်။ တစ်လမ်းမောင်းလမ်းကို မှားယွင်းဝင်ရောက်လျှင် ဆန့်ကျင်ဘက်သို့ မောင်းနှင် လိုက်သည်နှင့်ကိုယ့်၏ လုံခြုံရေးကိုထိခိုက် စေရုံသာမက ယာဉ်ကြောပိတ်ဆို့မှုကိုလည်း ဖြစ်စေပြီးပြည်သူ့ လုံခြုံရေး ဌာန၏သက်ဆိုင်ရာအရေးယူခြင်းခံရစေသည်။

（八）右转时注意避让行人和非机动车

(၈) ညာဘက်ကွေ့နေစဉ် လမ်းသွားလမ်းလာများနှင့် စက်မဲ့ယာဉ်များကို ရှောင်ရန်သတိထား

在城市道路行驶需要右转时，应提前开启右转向灯，减速行驶，注意观察行人和非机动车道中车辆的动向，发现有行人或者非机动车时要及时减速或停车礼让。

မြို့တွင်းလမ်းများပေါ်တွင် မောင်းနှင်နေစဉ် ညာဘက်ကွေ့ရန်လိုအပ်လျှင် ညာဘက်ကွေ့အချက်ပြမီးကို ကြိုတင်ဖွင့်ထားပြီး အရှိန်လျှော့မောင်းနှင်သင့်သည်။ လမ်းသွားလမ်းလာများ နှင့် စက်မဲ့ယာဉ်သွားလမ်းတွင် ယာဉ်များ၏ လှုပ်ရှားမှုကို သတိပြုကာလမ်းသွားလမ်းလာများသို့မဟုတ်စက်မဲ့ယာဉ်များ တွေ့ရှိလျှင်အချိန်မီ အရှိန်လျှော့ရန်သို့မဟုတ်ရပ်တန့်ပြီးယဉ်ကျေးစွာလမ်းပေးရန်ပြုလုပ်ရမည်။

（九）正确驶入、驶出主辅路

(၉) အဓိကလမ်းမကြီးနှင့် ဘေးလမ်းများကို မှန်ကန်စွာ ဝင်/ထွက်

很多驾驶人对城市道路不熟悉的，经常会因为发现主辅道出、入口的时间过晚，而在主辅路出入口附近突然变道、强行加塞，造成该路口处交通堵塞，影响主辅路的正常通行，甚至引发追尾、剐蹭等交通事故，如图 2-1。

မြို့ပြလမ်းများကို မသိကျွမ်းသော ယာဉ်မောင်းအများစုသည် အဓိက လမ်းမကြီးနှင့် ဘေးလမ်းများ၏ ဝင်ပေါက်ထွက်ပေါက်များတွေ့ရှိသော အချိန်နောက်ကျခြင်းသည်ကိုမကြာခဏဖြစ်ပွားသည့်အတွက်ကြောင့် အဓိက လမ်းမကြီးနှင့် ဘေးလမ်းများ၏ဝင်ပေါက်ထွက်ပေါက်လမ်းဆုံအနီးနားတွင် ရုတ်တရက် လမ်းပြောင်း ခြင်း၊ ဇွတ်တိုးရှုညပ်ဝင်လာခြင်းကြောင့်လမ်းဆုံ တွင်ယာဉ်ကြောပိတ်ဆို့မှုကို ဖြစ်စေပြီး အဓိကလမ်းမ ကြီးနှင့်ဘေးလမ်းများ ပုံမှန်သွားလာရန်ထိခိုက်စေနိုင်ပါသည်။ယာဉ်နောက်မှဝင်တိုက်မိခြင်းနှင့်ပွတ်တိုက် မိ ခြင်းစသည့်ယာဉ်မတော်တဆမှုများပင် ဖြစ်စေနိုင်သည်။ ပုံ၂-၁ တွင် ပြထားသည့်အတိုင်း ဖြစ်သာည်။

图 2-1 辅道提示标志

ပုံ၂-၁ ဘေးလမ်းသတိပေးဆိုင်းဘုတ်

在城市道路行驶，要注意观察交通标志，从主路出辅路时要提前靠右行驶；从辅路进入主路时要提前靠左行驶。当前方车辆较多时，要依次排队，有序通行，不加塞、不抢行。由辅路进入主路的车辆要让主路上的车辆优先通行。

မြို့တွင်းလမ်းများပေါ်တွင် မောင်းနှင်နေစဉ် ယာဉ်အသွားအလာ ဆိုင်းဘုတ်များကို အကဲခတ်ကြည့်ရှုကာ အဓိကလမ်းမကြီးမှ ဘေးလမ်းသို့ ထွက်သည့်အခါ ညာဘက်သို့ကြိုတင်ဘေးကပ်၍မောင်းနှင် ရမည်၊ ဘေးလမ်းမှ အဓိကလမ်းမကြီးသို့ ဝင်ရောက်သည့်အခါ ဘယ်ဘက်သို့ ကြိုတင်ဘေးကပ်၍မောင်းနှင်ရမည်။ ရှေ့တွင် ယာဉ်အစီးရေများစွာရှိနေလျှင် အစဉ်အလိုက်တန်းစီပြီး စနစ်တကျဖြတ်သန်းရမည်။ ညှပ်ဝင်ရန်နှင့်ဦးအောင် သွားရန်မပြုလုပ်ပါ။ ဘေးလမ်းမှ အဓိကလမ်းမကြီးသို့ ဝင်ရောက်သည့် ယာဉ်များသည် အဓိကလမ်းမ ကြီးပေါ်ရှိ ယာဉ်များကို ဦးစားလမ်းပေးရမည်။

（十）通过立交桥前看标志

(ည) ဖလိုင်းအိုဖာတံတား မဖြတ်ခင် ဆိုင်းဘုတ်ကိုကြည့်

驾驶在不熟悉的多方向立交桥上时，驾驶人经常会找不到出入口或选错出入口。在这种情况下，驾驶人如果停车或逆行寻找出口，会影响其他车辆通行，甚至引发交通事故，如图 2-2。

မသိကျွမ်းသော လမ်းကြောင်းပေါင်းစုံ ဖလိုင်းအိုဖာတံတားပေါ် မောင်းနှင်နေစဉ် ယာဉ်မောင်းများသည် ဝင်ပေါက် သို့မဟုတ် ထွက်ပေါက်ကို ရှာမတွေ့နိုင် သို့မဟုတ် မှားယွင်းရွေးချယ်မိတတ်သည်။ ၍အခြေအနေ

တွင် ယာဉ်မောင်းသည် ထွက်ပေါက်ရှာရန် ယာဉ်တန်းရပ်ခြင်း သို့မဟုတ် လမ်းကြောင်းပြန်မောင်ခြင်းပြုလုပ် လျှင် ၎င်းသည် အခြားယာဉ်များ၏ ဖြတ်သန်းမှုကို အနှောက်အယှက်ပေးစေပြီးယာဉ်မတော်တဆမှုပင်ဖြစ် စေနိုင် သည်။ ပုံ ၂-၂ တွင်ပြထားသည့်အတိုင်း ဖြစ်သည်။

图 2-2　立交桥与高速路口标志指示牌

ပုံ၂-၂ ဖလိုင်းအိုဖာတံတားနှင့်အမြန်မောင်းလမ်းမကြီးလမ်းဆုံရှိလမ်းညွှန်ဆိုင်းဘုတ်

　　驾驶在多方向立交桥上时，要提前靠右行驶，仔细观察路标，按标志指示的线路行驶并正确选择出口驶出，如图 2-3。一旦错过出口，不要直接掉头或倒回路口，可选择下一出口驶出，再绕行至正确的路线。

　　လမ်းကြောင်းပေါင်းစုံ ဖလိုင်းအိုဖာတံတားပေါ်တွင် မောင်းနှင်နေစဉ် ညာဘက်သို့ ကြိုတင်ကပ်၍ မောင်းနှင်ပြီး လမ်းညွှန်ဆိုင်းဘုတ်များကို ဂရုတစိုက် ကြည့်ရှုရမည်။လမ်းညွှန်ဆိုင်းဘုတ်များပြထားသည့် လမ်းကြောင်း အတိုင်း မောင်းနှင်ပြီး ထွက်ပေါက်ကို မှန်ကန်စွာ ရွေးချယ်ရမည်။ ပုံ ၂-၃ တွင် ပြထားသည့် အတိုင်းဖြစ်သည်။ ထွက်ပေါက်ကိုမှားအောင်ကျော်သွားလိုက်လျှင် ၎င်းကွေ့ကိုတိုက်ရိုက်မကွေ့ပါနှင့်၊သို့မဟုတ် လမ်းဆုံကို နောက်ပြန်မလှည့်ပါနှင့်၊ ဆင်းရန် နောက်ထွက်ပေါက်တစ်ခုကို ရွေးချယ်ပြီး တံတားအောက်လမ်း တွင်လှည့်မောင်း၍လမ်းကြောင်းမှန်သို့ မောင်းနှင်နိုင်ပါသည်။

图 2-3　立交桥标志指示牌

ပုံ၂-၃ ဖလိုင်းအိုဖာတံတား လမ်းညွှန်ဆိုင်ဘုတ်များ

（十一）减速停车要多提示后车

(၂၄) အရှိန်လျှော့ယာဉ်ရပ်လိုက်လျှင် နောက်မှယာဉ်ကိုများစွာသတိပေး

驾驶人在行车过程中突然刹车或紧急停车，容易使后车驾驶人来不及刹车，从而造成连环追尾事故。因此，在减速或停车之前，先轻踏一下制动踏板，提示后车即将减速或停车，以防止其制动不及时而发生追尾事故。

ယာဉ်မောင်းသည် မောင်းနှင်နေစဉ်အတွင်း ရုတ်တရက် ဘရိတ်အုပ်ခြင်း သို့မဟုတ် အရေးပေါ်ရပ်တန့်ခြင်းပြုလုပ်လျှင် နောက်မှယာဉ်မောင်းသည် ဘရိတ်အလွန်နောက်ကျလျှင် ယင်းကြောင့် ယာဉ်များနောက်မှ ဆက်တိုက် ဝင်တိုက်မှုများဖြစ်စေပါသည်။ ထို့ကြောင့် ၄င်းကို ဘရိတ်အုပ်ရန်အချိန်မမီ ကြောင့် နောက်မှဝင် တိုက်မှုကာကွယ်ရန် အရှိန်လျှော့ခြင်းသို့မဟုတ်ယာဉ် ရပ်တန့်ခြင်းမပြုလုပ်ခင် ဘရိတ်ခြေနင်းကို အသာလေး အရင်နင်းပြီးအရှိန် လျှော့တော့မည်သို့မဟုတ်ယာဉ်ရပ်တန့်တော့မည်ဆိုသည်ကို နောက်ယာဉ်ကို သိတိပေး ရန်ပြုလုပ်ရမည်။

（十二）遵守道路限时规定 [4]

(၂၅) ယာဉ်လမ်းအချိန်ကန့်သတ်ချက်ကို လိုက်နာ [4]

城市道路有很多限时禁行路段，通行时要注意观察主标志下方的辅助标志标明的限时区间，遵守限时规定。严禁在限制时间范围内通行、转弯、掉头，如图 2-4 和 2-5。

မြို့ပြလမ်းများတွင် အသွားအလားတားမြစ်ရန် အချိန်ကန့်သတ်ထား သော လမ်းအပိုင်းများစွာရှိသည်။ ဖြတ်သန်းသွားသည့်အခါ ပင်မဆိုင်းဘုတ် အောက်ရှိ အရန်ဆိုင်းဘုတ်မှ ညွှန်ပြထားသည့် အချိန်ကန့်သတ် ကြားကာလကို အာရုံစိုက်ကြည့်ရှုရမည်။ အချိန်ကန့်သတ်ထားသော စည်းကမ်းများကို လိုက်နာ၍ကန့်သတ် ထားသောအချိန်ပိုင်းအတွင်းတွင် ဖြတ်သန်းခြင်း၊ အကွေ့ ကွေ့ခြင်း၊ ယာဉ်ခေါင်းလှည့်ကွေ့ခြင်းများကိုလုံးဝမ ပြုရပါ။ ပုံ၂-၄ နှင့် ၂-၅တွင်ပြထားသည့်အတိုင်း ဖြစ်သည်။

图 2-4 车辆限行限时标志牌

ပုံ၂-၄ ယာဉ်သွားလာရန် အချိန်ကန့်သတ်သောဆိုင်ဘုတ်

图 2-5 道路限时

ပုံ၂-၅ ယာဉ်သွားလာရန်အချိန်ကန့်သတ်ချက်

（十三）正确选择掉头地点

(၁၃) ယာဉ်ခေါင်းလှည့်ကွေ့ရန်နေရာကို မှန်အောင်ရွေးချယ်

在城市道路行车时，在人行横道、禁止左转路口或越过道路中心黄色实线掉头，会阻碍其他车辆通行，造成交通拥堵，同时还会因此而违法受到记分和罚款的处罚。即使在允许掉头的路口或路段也不得随意掉头，应注意避让其他车辆，避免安全隐患。

မြို့တွင်းလမ်းများပေါ်တွင် မောင်းနှင်နေစဉ် လူကူးမျဉ်းကြား၊ ဘယ်ဘက် မကွေ့ရသောလမ်းဆုံများ သို့မဟုတ် လမ်းလယ်ရှိအဝါရောင်ပကတိမျဉ်းများ ဖြစ်သောနေရာများတွင်ဂယ်ကွေ့လျှင်အခြားယာဉ် များ ဖြတ်သန်းသွားလာမှု ကို ဟန့်တားစေပြီး ယာဉ်ကြောပိတ်ဆို့မှုကိုဖြစ်စေ ပါသည်။ တစ်ချိန်တည်း မှာပင်၎င်း အတွက်စည်းကမ်းဖောက်ဖျက်ကြောင့် အမှတ်ပေးခြင်းနှင့်ဒဏ်ငွေ များ ပေးခြင်းဖြစ်သောအရေးယူမှုကိုခံ ရပါသည်။ ဂယ်ကွေ့ခွင့်ပြုထားသည့် လမ်းဆုံ သို့မဟုတ် လမ်းအပိုင်းတွင် စိတ်ကြိုက်သလိုဂယ်ကွေ့ပြီး အခြားယာဉ်များကို ရှောင်ရန် ဂရုမစိုက်လျှင်ပင် ဘေးကင်းလုံခြုံရေး အန္တရာယ်များလည်း ရှိပါသည်။

在城市道路选择掉头地点安全掉头非常重要。未设置"禁止掉头（左转弯）"标志、标线或指示灯的地点或路口，或有明确标志的路口、都可以掉头。掉头时要严格遵守相关规定，同时注意避让其他车辆和行人。

ဂယ်ကွေ့ကို ဘေးကင်းစွာကွေ့ရန် မြို့တွင်းလမ်းများပေါ် ရှိ ဂယ်ကွေ့ နေရာကို ရွေးချယ်ရန် အလွန် အရေးကြီးပါသည်။ "ဂယ်ကွေ့ မကွေ့ရ (ဘယ်ဘက်ကွေ့)" ဆိုင်းဘုတ်များ၊ အမှတ်အသားမျဉ်းများ သို့မဟုတ် အချက်ပြမီးများမထားရှိသည့်နေရာများ သို့မဟုတ်လမ်းဆုံများတွင်၊ သို့မဟုတ် ဆိုင်းဘုတ်များသေချာထားရှိ သည့် လမ်းဆုံများတွင် ဂယ်ကွေ့ ခြင်းကိုလုံးဝ ကွေ့နိုင်သည်။ ဂယ်ကွေ့လျှင် သက်ဆိုင်ရာ စည်းကမ်းများ ကို တင်းကျပ်စွာ လိုက်နာရမည်ဖြစ်ပြီး တစ်ချိန်တည်းတွင် အခြားယာဉ်များနှင့် လမ်းသွားလမ်းလာများကို ရှောင်ရှားရန် အထူးဂရုပြုရမည်ဖြစ်သည်။

（十四）选择正确的车辆停放位置

(၁၄) မှန်ကန်သော ယာဉ်ရပ်နားရာနေရာကို ရွေးချယ်

在城市中应选择停车场或允许停放车辆的地点有序停车。在划有车位的路边，要按顺行方向靠右侧停车，且应将车辆正确停放到车位内。在路边短时间临时停车时，驾驶人不可远离车辆，妨碍正常交通时应迅速驶离。

မြို့ပြတွင်းတွင် ယာဉ်ရပ်နားရန် နေရာများ သို့မဟုတ်ယာဉ်ရပ်ရန် ခွင့်ပြု သည် နေရာများကိုရွေးချယ်

ပြီး စနစ်တကျရပ်နားသင့်သည်။ လမ်းဘေး ထားရှိသည့်ယာဉ်ပါကင်နေရာများတွင် ရပ်နားလျှင် သတ်မှတ် ထားသော ညာဘက် ခြမ်းရှေ့သို့ဦးတည်ရာအလိုက်ညာဘက်ကပ်၍ရပ်ထားသင့်ပြီး ယာဉ်ရပ်နားသည့်နေရာ အတွင်း ရပ်နားသင့်ပါသည်။ လမ်းဘေး၌အချိန်တို အတွင်း ခေတ္တရပ်နားထားသည့်အခါ ယာဉ်မောင်းသည် ယာဉ်နှင့်ဝေအောင် မကွာနှင့် ပိုမှန်ယာဉ်ကြောများ အနှောင့်အယှက်ဖြစ်သည့်အခါ လျင်မြန်စွာ မောင်း ထွက် သွားသင့်ပါသည်။

（十五）其他注意事项

(က) သတိထားရမည့်အခြားကိစ္စရပ်များ

1. 不在居民小区内鸣笛。

(၁) လူနေရပ်ကွက်များတွင် ဟွန်းတီးခြင်းမပြုရ။

2. 胡同、窄巷中行车时要预防危险，仔细观察，缓慢通行。

(၂) လမ်းကြားနှင့် ကျဉ်းမြောင်းသော လမ်းကြားများတွင် မောင်းနှင်နေစဉ် အန္တရာယ်ကို ကြိုတင်ကာ ကွယ်ရန် ဂရုတစိုက်စောင့်ကြည့်ပြီးနေးကွေး စွာဖြတ်သန်း သွားရမည်။

3. 爱护城市环境，不向车窗外扔垃圾。

(၃) မြို့ပြပတ်ဝန်းကျင်ကိုကာကွယ်ထိန်းသိမ်းရန် ယာဉ်ပြတင်းပေါက်မှ အပြင်သို့ အမှိုက်မပစ်ပါနှင့်။

4. 轻微事故要快速解决，若双方不能协商解决应及时报警，避免造成交通拥堵。若造成严重交通拥堵同样会受到处罚。

အသေးစား မတော်တဆမှုများအတွက် အမြန်ဖြေရှင်းသင့်ပါသည်။ အကယ်၍ နှစ်ဦးနှစ်ဖက် ညှိနှိုင်း မှုဖြင့် မပြေလည်လျှင်ယာဉ်ကြောပိတ်ဆို့မှု ကို ရှောင်ရှားနိုင်ရန် ရဲဌာနသို့ အချိန်မီ သတင်းပို့သင့်ပါသည်။ ပြင်းထန်သော ယာဉ်ကြောပိတ်ဆို့မှုကို ဖြစ်စေလာလျှင် ပြစ်ဒဏ်များကိုလည်း ခံရပါသည်။

二、在乡村道路上行车时要注意的几种人
၂။ ကျေးလက်လမ်းများပေါ်တွင် မောင်းနှင်ရန် သတိထားရမည့်လူ အမျိုးအစား များ

（一）乡村道路上行车时要特别注意以下几种行人

(က) ကျေးလက်လမ်းများပေါ်တွင် မောင်းနှင်ရန် အောက်ဖော်ပြပါ လမ်းသွားလမ်းလာ အမျိုးအစားများ ကို အထူး သတိထား

乡村道路路面质量较差，且人行道、非机动车道与机动车道没有明显的界线，再加上一些行人缺乏交通安全常识，驾驶人稍有疏忽，就会发生事故。为此，在乡村道路上行车要特别注意以下几种行人。[5]

ကျေးလက်လမ်းမှ လမ်းမျက်နှာပြင်သည် အရှည်အသွေးညံ့ဖျင်းပြီး လူသွားလမ်းများ၊ စက်မွဲယာဉ်သွားလမ်းများနှင့် စက်တပ်ယာဉ်သွားလမ်းများ တွင် ရှင်းလင်းပြတ်သားသောစည်းမျဉ်းမရှိပေ။ လမ်းသွားလမ်းလာ အချို့မှာ ယာဉ်အန္တရာယ်ကင်းရှင်းရေး အသိပညာ နည်းပါးခြင်းကြောင့် ယာဉ်မောင်းများ အနည်းငယ် ပေါ့ဆလျှင် ယာဉ်မတော်တဆမှုများ ဖြစ်ပွားနိုင်သည်။ ထို့ကြောင့် ကျေးလက်လမ်းများပေါ်တွင် မောင်းနှင်သည့်အခါ အောက်ဖော်ပြပါ လမ်းသွားလမ်းလာများကို အထူးသတိထားသင့်ပါသည်[5]။

1. 注意拖儿带女的行人

(၁) ကလေးများစွာနှင့်လမ်းသွားလမ်းလာများကို သတိထား

一个成年人带着几个小孩行走，当路面上没有车时，小孩会比较分散，一旦见到或听到来车，小孩会迅速向成年人的方向跑，而成年人为保护小孩，也会向小孩的方向跑，最后往往会在路中间相遇并做短暂停留，如图 2-6。对这种行人，既要注意那些表现比较犹豫的小孩，也要注意成年人。另外，小孩在路上行走时常常追逐嬉闹，对此要格外注意，以防他们互相追逐而窜入路中。

အရွယ်ရောက်ပြီးသူသည် ကလေးများစွာနှင့် လမ်းလျှောက်နေစဉ် လမ်းပေါ်တွင် ယာဉ်မရှိလျှင် ကလေး ငယ်များ ပြန့်ကျဲသွားတတ်ပါသည်။ ယာဉ်များချင်းကပ်လာသည်ကို မြင်လျှင်ကလေးများသည် လူကြီးများ ၏ ဦးတည်ရာသို့ လျင်မြန်စွာ ပြေးသွားတတ်သည်။ ကလေးများကိုကာကွယ်ရန် အတွက် အရွယ်ရောက်ပြီး သူများသည်လည်း ကလေးငယ်များဆီသို့ပြေးသွား တတ်သည်။ နောက်ဆုံးတွင် လမ်းလယ်တွင် ဆုံကြလေ့ ရှိပြီးခဏရပ်နား တတ်သည်။ ပုံ၂-၆တွင်ပြထားသည့်အတိုင်း ဖြစ်သည်။ ဤကဲ့သို့သော လမ်းသွားလမ်းလာ များအတွက်ချီတုံချတုံဖြစ်နေသော ကလေးများကိုသာမက လူကြီးများအတွက်ပါသတိထားရမည်။ ထို့အပြင် ကလေးများသည် လမ်းပေါ်တွင် လျှောက်သွားသည့်အခါ ပြေးလွှားခုန်လွှားတတ်လေ့ရှိ သောကြောင့် ၎င်းတို့ အချင်းချင်း လိုက်၍ လမ်းအလယ်သို့ ပြေးဝင်ခြင်း ကာကွယ်ရန် ဤကဲ့သို့အကြောင်းအရာကို အထူးသတိထား ရမည်။

图 2-6　拖儿带女的行人

ပုံ၂-၆ ကလေးများစွာနှင့်လမ်းသွားလမ်းလာများ

2. 注意撑雨伞、穿雨衣或大衣的行人

(၂) ထီးကိုင်သော၊ မိုးကာအင်္ကျီ သို့မဟုတ် ကုတ်အသော်ဝတ်နေသော လမ်းသွားလမ်းလာများကို သတိထား

雨天撑雨伞、穿雨衣的行人，听觉和视觉都会受到影响，不能及时发现和避让机动车。对此驾驶人应加强观察，多鸣号，并从路中间缓慢通过。严寒和风雪天，行人穿戴较厚，行动不便，一心赶路，对机车不太留心，驾驶人应多鸣号，从其一侧缓行通过。通过时要考虑到道路的湿滑状况，防止车辆侧滑或行人滑倒而发生事故。

မိုးရာသီတွင် ထီးများကိုင်ဆောင်သော၊ မိုးကာအင်္ကျီများဝတ်ဆင် ထားသည့် လမ်းသွားလမ်းလာ များသည် ၎င်းတို့၏ အကြားအာရုံနှင့် အမြင်အာရုံကို ထိခိုက်တတ်ကာ စက်တပ်ယာဉ်များကို အချိန်မီ မသိရှိ နိုင်ခြင်း နှင့်မရှောင်လွှဲနိုင်ခြင်းဖြစ်သည်။ ယင်းနှင့်ပတ်သက်၍ ယာဉ်မောင်းများသည် ပိုအကဲခတ်ကြည့်ရှုရန်၊ ပိုဟွန်းတီးရန်ပြုလုပ်သင့်သည်ဖြစ်ပြီး လမ်းအလယ် တွင်ဖြည်းညှင်းစွာဖြတ်သန်းသင့်သည်။ အေးမြလှသော၊ လေတိုက်နှင်းကျ သောနေ့တွင် လမ်းသွားလမ်းလာများသည် ထူထဲသောအဝတ်အစားများ ဝတ်ဆင်ကြပြီး သွားလာရခက်ခဲ၍ လမ်းပေါ်တွင် မော်တော်ယာဉ်များကို ဂရုမစိုက်ကြသောကြောင့် ယာဉ်မောင်းသည် ပိုဟွန်း တီးပြီးငွင်း၏ဘေးဘက်မှ ဖြည်းညှင်းစွာဖြတ်သွားသင့်သည်။ ဘေးဘက်သို့ချော်ခြင်း သို့မဟုတ် လမ်းသွား လမ်းလာများချော်ကျခြင်းကြောင့် ဖြစ်ပွားစေသော ယာဉ်မတော် တဆမှု များကို ကာကွယ်ရန် ဖြတ်သန်းသွား ချိန်တွင်လမ်းစိုခြင်းချော်ခြင်း အခြေအနေများကို ထည့်သွင်းစဉ်းစားရမည်။

3. 注意突然横穿公路的行人

(၃) ရုတ်တရက် လမ်းဖြတ်ကူးသောလူများကို သတိထား

乡村道路两侧没有隔离栏，因此行人可随意横穿公路，这对行车安全有极大的危险性，如图 2-7。当发现有人横穿公路时，驾驶人应立即采取制动措施，同时判断行人横穿的速度和机动车可以避让的空间。避让横穿公路的行人时，应将方向盘朝行人奔跑的出发点转动，从行人身后缓慢通过。要格外注意是否有人突然从路边小道拐入横穿公路，当发现有上述情况时，要采取措施减速慢行通过。

ကျေးလက်လမ်း၏ဘေးနှစ်ဘက်တွင်အကာအကွယ်တန်းများမရှိသောကြောင့်လမ်းသွားလမ်းလာများသည် စိတ်ကြိုက်သလိုဖြတ်ကူးသွာလာနိုင် သည်။ ယင်းသည်မှာ ယာဉ်မောင်းနှင်ရန်အတွက်အလွန်အန္တရာယ်များပါသည်။ ပုံ၂-၇တွင်ပြထားသည့်အတိုင်းဖြစ်သည်။ လမ်းဖြတ်ကူးသူအား တွေ့ရှိလျှင် ယာဉ်မောင်းသည် ချက်ချင်းဘရိတ်အုပ်ရမည်။ တစ်ချိန်တည်းမှာပင်လမ်းဖြတ် ကူးသူ၏အရှိန်နှင့် စက်တပ် ယာဉ် ရှောင်နိုင်သည့်နေရာကိုအကဲဖြတ်ရမည်။ လမ်းဖြတ်ကူးသူကိုရှောင်ဖယ်ပေးနေစဉ် စတီယာရင်ဘီးကို လမ်းဖြတ်သူ ခရီစထွက်ရာအရပ်ဆီသို့ ကွေ့ကာဝင်း၏နောက်ဘက်တွင် ဖြည်းညှင်းစွာ ဖြတ်သန်းပါ။ လမ်း သွားလမ်းလာများယာဉ်လမ်းဖြတ်ကူးရန် ရုတ်တရက် လမ်းမြောင်လမ်းမှကွေ့၍ယာဉ်လမ်းသို့ဝင်ရောက်ခြင်း ရှိမရှိအထူးသတိထား ရမည်။ အထက်ဖော်ပြပါအခြေအနေမျိုးတွေ့ရှိလျှင် အရှိန်လျှော့လုပ်ဆောင် ချက် ကို ပြုလုပ်ပြီး ဖြည်းညှင်းစွာဖြတ်သန်းသွားရမည်။

图 2-7　横穿公路的行人

ပုံ၂-၇ လမ်းဖြတ်ကူးနေသောလမ်းသွားလမ်းလာများ

4. 注意推拉人力车的行人

(၄) ဆိုက်ကား တွန်းဆွဲနေသည့်လမ်းသွားလမ်းလာများကိုသတိထား

乡村道路上推拉人力车的行人，体力消耗较大，往往控制不住行进路线。遇到这类行人时应注意避让，与其保持一定的距离，以防发生意外。

ကျေးလက်လမ်းများပေါ်တွင် ဆိုက်ကားတွန်းဆွဲသည့်လမ်းသွားလမ်းလာ များသည် ကာယအားအင်များစွာ သုံးစွဲကြပြီး ခရီးသွားလမ်းကြောင်းကို မကြာခဏ မထိန်းချုပ်နိုင်ပေ။ ထိုသို့သော လမ်းသွားလမ်းလာများနှင့် ကြုံတွေ့ရသောအခါတွင် ၎င်းတို့ကို ရှောင်ရှားသင့်သည်။ ပွတ်တိုက်မိပြီး မတော်တဆမှုများကို ကာကွယ်ရန် ၎င်းတို့နှင့် အတည်တကျ အကွာအဝေးကို ထားရှိရမည်။

5. 赶牲畜的行人

(၅) တိရစ္ဆာန်မောင်းသောလမ်းသွားလမ်းလာများ

乡村道路上常有人放养或赶牲畜，如图 2-8。牲畜见到机动车容易发生骚动，放牧人为保护牲畜往往会冲到路中驱赶，而不顾自身的安危。当遇到这种情况时，首先注意不要用鸣号的方式驱赶牲畜，以防牲畜受惊。其次驾驶人要时刻注意人和牲畜，并主动降低车速，随时做好停车的准备，这样才能确保人畜安全。

ကျေးလက်လမ်းများပေါ်တွင် လူများသည် နွားများ သို့မဟုတ် တိရစ္ဆာန် များကို မောင်းနှင်ရန်မကြာခဏ တွေ့ရှိသည်။ ပုံ၂-၈တွင် ပြထားသည့်အတိုင်း ဖြစ်သည်။ တိရစ္ဆာန်များသည် စက်တပ်ယာဉ်များကိုမြင်ရသောအခါတွင် လှုပ်ရှားမှုများလွယ်ကူစွာဖြစ်တတ်ပြီး နွားကျောင်းသားများသည် မိမိ၏ ဘေးအန္တရာယ်များ မထားပင် ၎င်းတို့၏တိရစ္ဆာန်များကိုကာကွယ်ရန် လမ်းပေါ် သို့ ပြေးပြီးမောင်းလေ့ရှိကြသည်။ ဤကဲ့သို့သော အခြေအနေကိုကြုံတွေ့လျှင် ပထမအနေဖြင့်တိရစ္ဆာန်များကို ထိတ်လန့်မှုမဖြစ်စေရန်အသံမြင့်ဟွန်းတီးခြင်းဖြင့် တိရစ္ဆာန်များကို မောင်းထုတ်ခြင်းမပြုရန် သတိထားရမည်။ ဒုတိယ အနေဖြင့် ယာဉ်မောင်းများသည် လူနှင့်တိရစ္ဆာန်များကိုအမြဲသတိထားပြီး ဘာသာအလျောက် အရှိန်လျှော့ချ ရမည်။ အချိန်မရွေးယာဉ်ရပ်ရန် အဆင်သင့် ပြုရမည်။ ဤကဲ့သို့လုပ်မှသာ လူနှင့်တိရစ္ဆာန်များ၏ဘေးကင်းမှုကို အာမခံ နိုင်သည်။

图 2-8 公路上赶牲畜的人

ပုံ၂-၈ လမ်းမှာ တိရစ္ဆာန်များမောင်းနေသောသူ

6. 注意骑自行车的行人

(၆) စက်ဘီးစီးသူများကို သတိထား

乡村道路上骑自行车的人，尤其是载着重物的自行车会因行驶不稳，失去平衡而跌倒。当遇到这种情况时，驾驶人要提前鸣喇叭，观察骑车人动态。如果自行车行驶平稳，则可与其保持较大的距离通过；如果自行车行驶不稳，应制动减速，缓慢地从离自行车较远的地方通过。通过时要用眼睛余光和后视镜观察，一有情况，应立即停车。

ကျေးလက်လမ်းများပေါ်တွင် စက်ဘီးစီးသူများသည် အထူးသဖြင့် လေးလံသော ဝန်တင်များရှိသည့် စက်ဘီးများသည် မတည်မငြိမ်မောင်းနှင်မှု နှင့် ဟန်ချက်ပျက်ခြင်းကြောင့်လိမ့်ကျတတ်သည်။ ဤကဲ့သို့သော အခြေအနေ ကြုံတွေ့လျှင် ယာဉ်မောင်းသည် ဟွန်းကို စောစွာတီးပြီး စက်ဘီးစီးသူ၏ အခြေအနေကို ကြည့်ရှု အကဲခတ်ရမည်။ အကယ်၍စက်ဘီသည် ချောမွေ့စွာ စီးနင်းနေသည်ဆိုလျှင် ၎င်းနှင့်ကြီးမားသောအကွာ အဝေးကို ကွာဝေးပြီး ဖြည်းညှင်းစွာ ဖြတ်သွားနိုင်သည်။ အကယ်၍ စက်ဘီးသည် ကွေ့ကောက်ပြီး စီးနင်း နေသည်ဆိုလျှင် အရှိန်လျှော့ဘရိတ်အုပ်ပြီးစက်ဘီးနှင့် ဝေးသည့်နေရာ တွင်ဖြည်းညှင်းစွာ ဖြတ်သွားပါ။ ဖြတ်သွားသည့်အခါ မျက်လုံးမပျောက်ကွယ် သေးသောမြင်ကွင်းနှင့် နောက်ကြည့်မှန်ကို အသုံးပြု၍ကြည့်ရှု အကဲခတ်ပြီး အခြေအနေတစ်ခုခုရှိလျှင် ယာဉ်ကို ချက်ချင်းရပ်ရန်ပြုလုပ်ရမည်။

7. 注意躲避灰尘和泥水的行人

(၇) ဖုန်မှုန့်များနှင့် ရွှံ့များရှောင်ရှားသော လမ်းသွားလမ်းလာများကို သတိထား

机动车行驶在土质路面的道路上，会造成扬尘或泥水四溅，有时行人为了躲避机动车这些尘土或泥水，往往会在机动车驶近时，突然跑向路的另一边。遇到这种行人，重点是预防，要特别注意观察风向和行人，尽量减速以减少扬尘，避开水洼，鸣号提醒行人注意，稳住方向缓慢通过。

စက်တပ်ယာဉ်များသည် မြေလမ်းပေါ်တွင် မောင်းနှင်နေစဉ် ဖုန်မှုန့်များ သို့မဟုတ် ရွှံ့ရေများ ပတ်ပတ်လည်သို့ လွင့်စဉ်တတ်ပါသည်။ တစ်ခါတစ်ရံတွင် လမ်းသွားလမ်းလာများသည်စက်တပ်ယာဉ်၏ ဖုန်မှုန့်များ သို့မဟုတ်ရွှံ့ရေများ ကို ရှောင်ရှားရန်အတွက် စက်တပ်ယာဉ်မှ အနီးသို့ ချဉ်းကပ်လာသောအခါတွင် ရုတ်တရက်လမ်း၏အခြားတစ်ဘက်သို့ ပြေးသွားတတ်ပါသည်။ ယင်းသို့ လမ်းသွားလမ်းလာများနှင့် ကြုံတွေ့ ရလျှင် ကြိုတင်ကာကွယ်ရန် အမိကထားဆောင်ရွက်၍ လေဦးတည်ချရာနှင့် လမ်းသွားလမ်းလာများအား အထူးဂရုပြု၍ ဖုန်မှုန့်များ လျော့နည်းစေရန်နှင့်ဗွက်အိုင်များ ရှောင်ရှားစေရန် တတ်နိုင်သမျှ အရှိန်လျှော့ရမည်။ လမ်းသွားလမ်းလာများကို သတိပေးရန် ဟွန်းများတီးကာစတီယာရင်ကိုတည်ငြိမ်အောင်ကိုင်ဆောင်ထားပြီး ဖြတ်သန်းသွားရမည်။

8. 注意聋、哑、盲行人

(၈) နားမကြားသူ၊ ဆွံ့အသူနှင့်မျက်မမြင်သူများဖြစ်သော လမ်းသွား လမ်းလာ များကို သတိထား

遇到聋、哑、盲行人，要谨慎小心，根据具体情况作适当处理。遇到鸣号时毫无反应的行人，就应考虑可能是听觉失灵者，要提前减速，从其身旁较宽一侧缓行避让通过。盲人的听觉一般都很灵，通常听到机车响声就急忙避让，但往往是欲避却不敢迈步。遇此情况，应观察判断视情况通过，不要鸣号不止，以免盲人无所适从而发生危险。必要时可下车搀扶盲人离开危险区，然后再驾车通过。

နားမကြား၊ ဆွံ့အ၊ မျက်မမြင်များကြုံတွေ့လျှင် သတိကြီးစွာထားပြီး တိကျထားသော အခြေအနေအရ သင့်လျော်စွာဆောင်ရွက်ရမည်။ ဟွန်းတီး ခြင်းကို တုံ့ပြန်မှုမရှိသော လမ်းသွားလမ်းလာတစ်ဦးနှင့် ကြုံတွေ့ရ လျှင် အကြားအာရုံပျက်ယွင်းသူဖြစ်နိုင်ခြေကို ဆင်ခြင်သင့်ပြီး တတ်နိုင်သမျှအရှိန် လျှော့ကာ ၎င်းတို့အနား မှ ပိုကျယ်သောဘက်သို့ ဖြည်းညှင်းစွာ ဖြတ်သွားသင့်သည်။ မျက်မမြင်သူများသည် အများအားဖြင့်အကြား အာရုံ ကောင်းမွန်လေ့ရှိပြီး အများအားဖြင့် မော်တော်ယာဉ်အသံကြားသောအခါ ကမန်းကတန်း ရှောင် ချင်သော်လည်း ခြေတစ်လှမ်းမှ မတက်ရဲပေ။ ၎င်းအခြေအနေမျိုးကို ကြုံတွေ့လျှင် ကြည့်ရှုအကဲခတ်ပြီး အခြေအနေအလိုက်ဖြတ်သန်းသွားပါ။ မျက်မမြင်များအတွက် အန္တရာယ်မဖြစ်စေရန်သတိပြု ဆင်ခြင် သုံးသပ်

သင့်ပြီး ဟွန်းမတီးပါနှင့်။ လိုအပ်လျှင် ကားပေါ်မှ ဆင်းပြီး မျက်မမြင်ကိုကူညီပြီး အန္တရာယ်ရှိနေရာမှ ထွက်ခွာ သွားပြီးမှ ဖြတ်မောင်းသွားသည်။

9. 注意精神失常的行人

(၉) စိတ်ရောဂါရှိသောလမ်းသွားလမ်းလာများကိုသတိထား

有些精神失常的人，往往在路上毫无规则地游荡，有时手舞足蹈地拦阻机动车，甚至横卧在道路上。遇到这种人，应该设法低速绕行。精神失常的人与机车缠闹时，驾驶人应关闭驾驶室，让车处在随时起步状态，待病人离开后再起步行驶。

စိတ်ရောဂါရှိသူအချို့သည် လမ်းပေါ်တွင် စည်းကမ်းလုံးဝမရှိ၍ လည့်လည်လမ်းလျှောက်တတ်သည်။ တစ်ခါတစ်ရံ ခြေလက်ညွှတ်ကွေး ဆန့်တန်း၍ကခုန်ပြီး စက်တပ်ယာဉ်များကိုတားဆီးသည်။ လမ်းပေါ်တွင် ပင် လဲလျောင်းနေတတ်သည်။ ထိုကဲ့သို့သော လူနာနှင့် ကြုံတွေ့ရသောအခါတွင် အရှိန်နှေးခြင်းဖြင့်ကြိုးစား ရှောင်ဖယ်ဖြတ်သွားသင့်သည်။ စိတ်ရောဂါရှိသူ သည်မော်တော်ယာဉ် နှင့်ရောထွေးမိသောအခါ ယာဉ်မောင်း သည် ယာဉ်မောင်းခန်းကို ပိတ်ကာ ယာဉ်ကို အချိန်မရွေးစတင်မည့်အခြေအနေကို တည်နေ၍ လူနာထွက်သွား ပြီးနောက် စတင်မောင်းနှင်သင့်သည်။

10. 注意顾物忘却安全的行人

(၁၀)ကျသွားသောပစ္စည်းကိုကောက်ရန်ဘေးကင်းမှုပင်မသိသောလမ်းသွားလမ်းလာများသတိထား

有些行人将东西掉在道路上，为尽快捡回失物，而不顾机动车临近和自身的安全。对于这些行人，驾驶人既要看人，也要看物，降低车速，避让物品，并随时做好停车的准备，以保证安全。

လမ်းသွားလမ်းလာအချို့သည် ပစ္စည်းများကို လမ်းမပေါ်သို့ကျသွားပြီး ၎င်းပျောက်ဆုံးသွားသောပစ္စည်း ကို အမြန်ဆုံးပြန်လည်ကောက်ယူရရှိစေရန် နီးကပ်စွာမောင်းနှင်လာသောစက်တပ်ယာဉ်နှင့်ကိုယ့်လုံခြုံရေးကို ဂရုမစိုက်ဘဲ ဖြစ်သည်။ ယင်းကဲ့သို့လမ်းသွားလမ်းလာများအတွက် ယာဉ်မောင်း သည်လူကိုကြည့်ရမည်၊ ပစ္စည်းကိုလည်းကြည့်ရမည် ။ အရှိန်လျှော့ပြီးပစ္စည်းကိုရှောင် ဖယ်ပြီး လုံခြုံရေးအတွက် အချိန်မရွေး ယာဉ် ရပ်ရန် ပြင်ဆင်ထားရမည်။

11. 注意沉思的行人

(၁၁) စဉ်းစားခန်းဝင်နေသောလမ်းသွားလမ်းလာများကိုသတိထား

陷入沉思的行人，对车辆的行驶声、喇叭声毫不留意。遇到这种行人时要加强观察，减速鸣号，缓行绕过并尽可能地保持较大的安全距离。

စည်းစားခန်းဝင်နေသောလမ်းသွားလမ်းလာများသည် မော်တော်ယာဉ်၏ မောင်းနှင်သံနှင့် ဟွန်းသံများကို လုံးဝဂရုမစိုက်ဘဲ။ ဤကဲ့သို့လမ်းသွားလမ်းလာ များ ကိုကြုံတွေ့လျှင် ပိုအကဲခတ်ကြည့်ရှုရမည်။ အရှိန်လျှော့ ခြင်းနှင့်ဟွန်းတီး ခြင်းပြုလုပ်၍ ဖြည်းဖြည်းချင်းရှောင်ဖယ်ပြီး တတ်နိုင်သမျှ ဘေးကင်းသည့် အကွာအဝေးကို ထိန်းထားရမည်။

（二）针对非机动车的注意事项

(ခ) စက်မဲ့ယာဉ်များအတွက် သတိထားရမည့်ကိစ္စရပ်များ

1. 上下班、节假日、娱乐场散场时，车多人多，秩序混乱。有的非机动车在机动车道上与汽车抢道竞驶或两车并驶，有的非机动车骑车人边说边行，注意力分散，这些动作容易发生碰撞而突然跌倒。

(၁) ရုံးတက်ရုံးဆင်းချိန်၊ ရုံးပိတ်ရက်များနှင့်ကာစီနိုရုံများပြီးသည့်အချိန် တွင် ယာဉ်နှင့်လူများပြား ပြီး ဖရိုဖရဲ ဖြစ်နေသည်။ အချို့သော စက်မဲ့ယာဉ်များသည် စက်တပ်ယာဉ်သွားလမ်းတွင် မော်တော်ယာ ဉ်များနှင့်သွားလမ်း လုယူပြီး ပြိုင်ဆိုင်မောင်းနှင်ကြခြင်း၊ သို့မဟုတ်ယာဉ်နှစ်စီးဘေးချင်းကပ် မောင်းနှင် ခြင်း ပြုလုပ်သည်။ အချို့သောစက်မဲ့ယာဉ်စီးသူများသည်စကားပြောရင်းစီးရင်းနှင့်ပြုလုပ်ပြီး အာရုံပျံ့လွင့် စေသည်။

防范措施：首先要减速，然后耐心地尾随行驶，不可与其并列行驶，切勿突然制动停车，以防后面的车辆碰撞。

ကြိုတင်ကာကွယ်မှုလုပ်ဆောင်ချက်များ။ ရှေးဦးစွာအရှိန်လျှော့ရမည်။ထို့နောက်စိတ်ရှည်စွာ၄င်း ကိုနောက်လိုက်မောင်းနှင်ရမည်။ ၄င်းနှင့်ဘေးချင်းကပ် လျက် မောင်းနှင်ရန်မပြုလုပ်ရ။ နောက်မှယာဉ်ဝင် တိုက်မိခြင်းကို ကာကွယ်ရန် ရုတ်တရက် ဘရိတ်ကိုအုပ်ရန်လုံးဝမပြုရ။

2. 当遇到非机动车迎面而来、横穿机动车道或在道路中心线处等待过马路的情况时，驾驶人首先应减速，然后扩大与骑车者的横向距离。会车时，若发觉骑车者惊慌失措、车辆晃动时，应立即停车，待其镇定后再视情况通过。

(၂) စက်မဲ့ယာဉ်တစ်စီးဆီးရှ၍မောင်းလားခြင်း၊ စက်တပ်ယာဉ် သွားလမ်းကို ဖြတ်ကျော်ခြင်း၊ သို့မဟုတ် လမ်း၏အလယ် ဗဟိုမျဉ်းပေါ်တွင် လမ်းဖြတ်ကူးရန် စောင့်ဆိုင်းခြင်းစသည့်အခြေအနေများကြုံတွေ့လျှင် ယာဉ်မောင်းသည် ဦးစွာအရှိန်လျှော့ပြီး ယာဉ်စီးသူနှင့် အလျားအကွာအဝေးကို တိုးချဲ့သင့်သည်။ ယာဉ်နှင့်

ကြုံတွေ့နေစဉ် ယာဉ်စီးသူသည် ထိတ်လန့်ချောက်ချားနေခြင်း၊ လက်ကိုင်ဘား တုန်လှုပ်နေခြင်းကိုတွေ့ရှိလျှင် ချက်ချင်း ရပ်တန့်ပြီး ၄င်းစိတ်တည်ငြိမ်အောင် စောင့်ပြီး အခြေအနေအရဖြတ်သွား သင့်သည်။

3. 雨雪天道路湿滑，非机动车不易控制，随时都有滑倒的危险。此时若与非机动车并行，一定要减速慢行，并特别注意自行车的动向，与其保持一定的安全距离，集中精力，仔细观察，谨慎操作。

(၃) မိုးရွာခြင်းနှင့် နှင်းကျခြင်းဖြစ်သည့်နေ့တွင် လမ်းများသည် စိုရွှဲ ချောကြောင့် စက်မဲ့ယဉ်များကို ထိန်းချုပ်ရခက်ပြီး အချိန်မရွေး ချော်နိုင်သည့် အန္တရာယ်ရှိပါသည်။ ယခုအချိန်တွင် စက်မဲ့ယာဉ်များနှင့်အပြိုင် မောင်းနှင်နေ လျှင်အရှိန်လျှော့ပြီးနှေးကွေးစွာမောင်းနှင်ရမည်ဖြစ်ပြီးစက်ဘီး၏လှုပ်ရှားမှုကို အထူးဂရုပြုရ မည်။ ၎င်းနှင့် ဘေးကင်းသော အကွာအဝေးကိုထားရှိခြင်း၊ အာရုံစူးစိုက်ခြင်း၊ အကဲခတ်သေချာကြည့်ရှုခြင်း နှင့် သတိဖြင့်လုပ်ဆောင်ခြင်း ဆောင်ရွက်ရမည်။

4. 针对特殊情况要观察车道左面和被超车的右前方有无自行车，以防超车后，左、右两侧的自行车突然横穿车道。

(၄) အထူးအခြေအနေများအတွက် ယာဉ်သွားလမ်းဘယ်ဘက်နှင့် ကျော်တက် ခြင်းခံရသော ညာဘက် ရှေ့တွင် စက်ဘီးများရှိမရှိအကဲခတ် ကြည့်ရှုရမည်။ ယင်းကဲ့သို့လုပ်ခြင်းသည် ဘယ်ဘက်နှင့်ညာဘက်ဘေး တွင် ရှိစက်ဘီးများသည် ရုတ်တရက် ယာဉ်သွားလမ်းကိုဖြတ်ကူးခြင်းကာကွယ်ရန်ဖြစ်သည်။

三、行人交通安全常识
၃။ လမ်းသွားလမ်းလာများ၏လုံခြုံရေးဆိုင်ရာ ဗဟုသုတ

（一）上路行走时

(က) ခရီးထွက်လမ်းလျှောက်နေစဉ်

1. 应在人行道内行走，没有人行道的，靠路右边行走。

(၁) လူသွားလမ်းအတွင်းလျှောက်သင့်သည်။ လူသွားလမ်းမရှိလျှင်လမ်းညာဘက်သို့ကပ်၍လမ်းလျှောက် သင့်သည်။

2. 横过道路时，在人行道内通过，没有人行道的，要先左右观望，注意避让来往车辆，在确保安全的前提下直行通过。不在车辆临近时突然横穿道路。

(၂) လမ်းဖြတ်ကူးနေစဉ် လူသွားလမ်းအတွင်းတွင်ဖြတ်သွားရမည်။ လူသွားလမ်းမရှိလျှင် ရှေ့ဦးစွာ ဘယ်

ဘက်ညာဘက်စောင့်ကြည့်ပြီး သွားလာ မည့်ယာဉ်များကို ရှောင်ရှားရန် အာရုံစိုက်ပြီး ဘေးကင်းကြောင်း သေချာမှ တည့်တည့်ဖြတ်သွား နိုင်သည်။ ယာဉ်ချဉ်းကပ်လာသောအခါ ရုတ်တရက် လမ်းဖြတ်ကူးခြင်း မပြု ပါနှင့်။

有红绿灯信号的路口，行人应按照交通信号灯指示，红灯停绿灯行。

မီးပွိုင့်များထားရှိသည့်လမ်းဆုံများတွင် လမ်းသွားလမ်းလာများသည် လမ်းစည်းကမ်းအချက်ပြမီး၏ညွှန် ပြသည့်အတိုင်း မီးနီ ရပ်၊ မီးစိမ်းသွားရမည်။

有人行过街天桥的或地下通道的路口，行人要走人行过街天桥或地下通道，不得翻越车行道隔离护栏。

လမ်းသွားလမ်းလာများသည် လူကူးတံတား သို့မဟုတ်မြေအောက် လမ်းဆုံ ရှိလျှင် လူကူးတံတားတွင် သို့မဟုတ်မြေအောက်လမ်းတွင် လျှောက် ရမည်။ ယာဉ်သွားလမ်း၏အကာအရံသံတိုင်သံတန်းများကို ကျော် တက်ခြင်း မပြုရပါ။

3. 行人不得踩踏交通隔离设施。

(၃) လမ်းသွားလမ်းလာများသည် လမ်းအကာအရံပစ္စည်းများနှင့် အဆောက်အအုံများကိုမနင်းရပါ။

4. 行人不得在道路上扒车、追车、强行拦车和向车辆扔抛杂物。

(၄) လမ်းသွားလမ်းလာများသည် လမ်းမပေါ်တွင် ယာဉ်ဖမ်းကိုင်ခြင်း၊ ယာဉ်နောက်လိုက်ခြင်း၊ယာဉ်များ ကိုအတင်းရပ်ခိုင်းခြင်းနှင့်ယာဉ်ထဲသို့ပစ္စည်းများ ကို ပစ်ချခြင်းများ မပြုလုပ်ရပါ။

5. 儿童在道路上行走时，要有成年人带领，不准在街道上嬉戏、打闹。

(၅) ကလေးများ လမ်းပေါ်တွင် လမ်းလျှောက်နေစဉ် လူကြီးများမှ ဦးဆောင်ရမည်ဖြစ်ပြီး လမ်းပေါ်တွင် မြူးတူးစွာကစားခြင်း၊ ဆူပူနောက်ပြောင် ခြင်းမဆော့ရပါ။

（二）出门乘车时

(ခ) အပြင်ထွက်ရန်ယာဉ်စီးနေစဉ်

1. 应在站台或指定地点依次等车，待车停稳后，先下后上。不要在禁止停车的地方等车及拦车。

(၁) ပလက်ဖောင်း သို့မဟုတ် သတ်မှတ်ထားသောနေရာ၌ ယာဉ်များကို အစဉ်လိုက်စောင့်ဆိုင်းသင့်ပြီး ယာဉ်တည်ငြိမ်စွာရပ်တန့်ပြီးနောက် ဦးစွာယာဉ် ပေါ် မှဆင်းပြီးမှ ယာဉ်ပေါ်သို့ တက်ကြပါ။ ယာဉ်ရပ်နားရန် တားမြစ်ထားသည့် နေရာများတွင် ယာဉ်များကို စောင့်ဆိုင်းခြင်းနှင့်ယာဉ်များကိုရပ်ခိုင်းခြင်း မပြုပါနှင့်။

2. 不在车道上拦车或乘车。

（၂） ယာဉ်သွားလမ်းပေါ်တွင် ယာဉ်ကိုရပ်ခိုင်းခြင်း၊ ယာဉ်စီးခြင်းမပြုပါနှင့်။

3. 不攀爬正在行驶或未停稳的车辆。

（၃） မောင်းနှင်နေသော သို့မဟုတ် တည်ငြိမ်အောင်မရပ်နေသေးသော ယာဉ်များကို မဖမ်းတက်ပါနှင့်

4. 不带易燃、易爆及危险物品上车。

（၄） မီးလောင်လွယ်သော သို့မဟုတ်ပေါက်ကွဲစေတတ်သောအန္တရာယ်ရှိ ပစ္စည်းများကို ယာဉ်ပေါ်သို့ ယူဆောင်လာခြင်းမပြုပါနှင့်။

5. 车辆行驶中，乘客不要将身体的任何部位伸出车外，不向车外乱抛杂物。

（၅） ယာဉ်ပြေးဆွဲနေချိန်တွင် ခရီးသည်များသည် ကိုယ်ထည်၏မည်သည့် အစိတ်အပိုင်းကိုမဆို ယာဉ် အပြင်ဘက်တွင်မထားနှင့်။ ယာဉ်အပြင်ဘက်သို့ ပစ္စည်း များမစွန့်ပစ်ပါနှင့်။

6. 不乘坐"超员车""带病车"和非法营运车、低速载货汽车、拖拉机等。

"လူပိုတင်ယာဉ်များ"၊ "ချွတ်ယွင်းမှုရှိသောယာဉ်များ"နှင့် တရားမဝင် လည်ပတ်နေသောယာဉ်များ၊ မြန် နှုန်းနိမ့်ကုန်စည်တင်ယာဉ်များ၊ ထော်လာဂျီ များစသည်တို့ကို မစီးပါနှင့်။

（三）骑自行车上路行驶时

（၈） ခရီးထွက်ရန် စက်ဘီးစီးနေစဉ်

1. 检查车闸、车铃等安全设备是否完好有效，确保骑车安全。

（၁） ဘရိတ်နှင့် ခေါင်းလောင်းကဲ့သို့သော ဘေးကင်းရေး ကိရိယာများသည် စက်ဘီးစီးခြင်း၏ ဘေးကင်း စေရန်အတွက် ကောင်းမွန်ပြီး ထိရောက်မှုရှိမရှိ စစ်ဆေးပါ။

2. 不满十二周岁的儿童，不准骑车上路。

（၂） အသက်၁၂ နှစ်အောက် ကလေးများကို လမ်းပေါ်တွင် စီးနှင်းခွင့်မပြုပါ။

3. 骑车不准带人，但在配置了安全座椅的情况下，可带一名学龄前儿童，在通过十字路口 时应下车推行。

（၃） စက်ဘီးစီးနေစဉ် လူဆောင်ခွင့်မပြုသော်လည်း ဘေးကင်းလုံခြုံသော ထိုင်ခုံတပ်ဆင်ထားလျှင် မူကြို ကလေးတစ်ယောက်ဆောင်နိုင်သည်ဖြစ်ပြီး လမ်းဆုံဖြတ်သွားသည့်အခါ စက်ဘီးမှဆင်းပြီးစက်ဘီးကိုတွန်း ရင်းဖြတ်သွား သင့် သည်။

4. 不闯红灯，不逆向骑行。

（၄）မီးနီဖြတ်မမောင်းပါနှင့် ၊ဆန့်ကျင်ဘက်သို့ မစီးပါနှင့်။

5. 转弯时要减速慢行，向后瞭望，伸手示意，不要猛转方向。

（၅） အကွေ့. ကွေ့နေစဉ် အရှိန်လျှော့ပြီး နေးကွေ့စွာသွားပြီး နောက်သို့ပြန်ကြည့်၊ လက်ကိုဆန့်ကာဦး တည်ရာကိုပြုန်းစားကြီးမလှည့်ပါနှင့်။

6. 骑车时不要双手离把，不攀扶其他车辆，不在道路上互相追逐、打闹、扶身并行。

（၆） စက်ဘီးစီးနေစဉ် လက်နှစ်ဘက်ကို လက်ကိုင်မှ မလွှတ်ပါနှင့်၊ အခြားယာဉ်များကို မကိုင်ဆွဲပါနှင့်၊ လမ်းပေါ်တွင်အချင်းချင်းပြေးလွှာခုန်လွှာ မလုပ်နှင့်၊ အချင်းချင်းဆူပူနောက်ပြောင်ခြင်း၊ အချင်းချင်းခန္ဓာကိုယ် ထောက်ကာ ယှဉ်တွဲ၍ သွား ခြင်းမပြုပါနှင့်။

7. 通过有行车道的路口时，在确保安全的情况下，推车通过。

（၇） ယာဉ်သွားလမ်း၏လမ်းဆုံကို ဖြတ်သွားနေစဉ်လုံခြုံရေးသေချာ သောအခြေအနေအောက်တွင် စက်ဘီးကိုတွန်းရင်းဖြတ်သွား သင့် သည်။

（四）开车行驶时

（ဃ) ယာဉ်မောင်းနှင်နေစဉ်

1. 携带驾驶证、行驶证、检查合格标志、保险标志。

（၁） ယာဉ်လိုင်စင်၊ ယာဉ်မောင်းလိုင်စင်၊ စစ်ဆေးရေးစံကိုက်အမှတ် အသား၊ အာမခံအမှတ်အသားများကို ယူ့ဆောင်ရမည်။

2. 车辆各行其道，在没有划分快、慢车道的路上靠右边行驶。

（၂） ယာဉ်များသည် ကိုယ့်လမ်းကိုယ်သွားကာ အမြန်လမ်းနှင့် အနေးလမ်းများခွဲခြားခြင်းမရှိသည့်လမ်း ပေါ်တွင် ညာဘက်သို့ကပ်၍မောင်းနှင် သွားပါ။

3. 严禁无证驾驶及酒后驾驶机动车。

（၃） ယာဉ်လိုင်စင်မရှိဘဲ မောင်းနှင်ခြင်းနှင့် အရက်သေစာသောက်ပြီး စက်တပ်ယာဉ်မောင်းနှင်ခြင်းတို့ကို တင်းကျပ်စွာ တားမြစ်ထားသည်။

4. 不闯灯、不越线、不逆行、不斜穿、不乱停、不开"三超""三无"车（"三超"即超载、超员、超速；"三无"即无驾驶证、行车证和车辆号牌）。

（၄） မီးနီဖြတ်မောင်းခြင်းမပြု၊ မျဉ်းမဖြတ်၊ လမ်းပြောင်းပြန်မောင်းခြင်း မပြု၊ စောင်း၍ဖြတ်မကူး၊ ကြိုက် ရာ ရပ်လိုက်ခြင်းမပြု၊ "ကျော်လွန်ခြင်း သုံးခု"နှင့် "သုံးခုမရှိ"ယာဉ်မမောင်းပါ။ ("ကျော်လွန်ခြင်းသုံးခု" ဆိုသည်

မှာ အရှိန်ကျော်လွန်ခြင်း၊လူတင်ကျော်လွန်းခြင်း၊ဝန်တင်ကျော်လွန်ခြင်းဆိုလိုသည်။ "သုံးခုမရှိ" ဆိုသည်မှာ ယာဉ်မောင်းလိုင်စင်မရှိ၊ ယာဉ်လိုင်စင်မရှိနှင့် ယာဉ်နံပါတ်ပြားမရှိဆိုလိုသည်။)

5. 不在禁行区开车。

(၅) ကန့်သတ်နယ်မြေများတွင် ယာဉ်မမောင်းပါ။

6. 不在禁鸣喇叭区域内鸣笛。

(၆) ဟွန်းတီးခြင်းကန့်သတ်နယ်မြေများတွင်ဟွန်းမတီးပါ။

7. 遵守交通法规，服从交警指挥。

(၇) လမ်းစည်းမျဉ်းစည်းကမ်းကို လိုက်နာပြီး ယာဉ်ထိန်းရဲများ၏ ညွှန်ကြားချက်ကိုနာခံသည်။

四、乘坐公共交通工具安全知识
၃။ ပြည်သူ့ပို့ဆောင်ဆက်သွယ်ရေးကိရိယာစီးရန်လုံခြုံရေးဆိုင်ရာဗဟုသုတ

（一）乘坐机动车

(က) စက်တပ်ယာဉ်စီးခြင်း

汽车、电车等机动车，是人们最常用的交通工具，为保证乘坐安全，应注意以下几点：

မော်တော်ယာဉ်နှင့်ထရမ်ယာဉ်ကဲ့သို့သော စက်တပ်ယာဉ်များသည် လူတို့အသုံးအများဆုံး သယ်ယူ ပို့ဆောင်ရေးကိရိယာဖြစ်သည်။ စီးနင်းရာတွင် ဘေးကင်းစေရန်အတွက် အောက်ပါအချက်များကိုသတိထား သင့်သည်။

1. 乘坐公共汽（电）车时，要排队候车，按先后顺序上车，不要拥挤。上、下车均应等车 停稳以后，先下后上，不要争抢。

(၁) ဘတ်စ်ကား (လျှပ်စစ်) စီးသည့်အချိန်တွင် တန်းစီစောင့်ဆိုင်းရမည် ဖြစ်ပြီးယာဉ်ပေါ်တက်ရန် အစဉ် အလိုက်စနစ်တကျလုပ်ဆောင်ရမည်။ လူ ကြိတ်ကြိတ်မတိုးနှင့်။ ယာဉ်တက်ယာဉ်ဆင်းချိန်တွင် ယာဉ်တည်ငြိမ် ရပ်တန့် ပြီး နောက်ယာဉ်ပေါ်ရှိသည့်လူအရင်ဆင်းပြီးမှယာဉ်ပေါ်တက်ပါ။သူ့ထက်ငါဦးမလုပ်ပါနှင့်။

2. 不得把汽油、爆竹等易燃易爆的危险品带入车内。

(၂) ဓာတ်ဆီနှင့် မီးရှူးမီးပန်းကဲ့သို့သော မီးလောင်လွယ်သော၊ ပေါက်ကွဲလွယ်သော အန္တရာယ်ရှိသော ကုန်ပစ္စည်းများကို ကားထဲသို့ယူဆောင် လာခြင်း မပြုပါနှင့်။

3. 乘车时不要把头、手、胳膊伸出车窗外，以免被对面来车或路边的树木等刮伤；也不要向车窗外乱扔杂物，以免伤及他人。

(၃) ယာဉ်စီးသည့်ချိန်တွင် မျက်နှာချင်းဆိုင်လာသည့်ယာဉ်များသို့မဟုတ် လမ်းဘေးသစ်ပင်များမှ ခြစ် မိဒဏ်ရာရသည်ကိုရှောင်ရှားရန် ခေါင်း၊ လက်၊ လက်မောင်းများကို ပြတင်းပေါက်အပြင်တွင်မထားပါနှင့်။ သူများကို ထိခိုက်ခြင်းရှောင်ရှားရန် ယာဉ်ပြတင်းပေါက်မှ ပစ္စည်းများ မစွန့်ပစ်ပါနှင့်။

4. 乘车时要坐稳扶好，没有座位时，要双脚自然分开，侧向站立，手应握紧扶手，以免车辆紧急刹车时摔倒受伤。

(၄) ယာဉ်စီးသည့်အချိန်တွင် တည်ငြိမ်စွာထိုင်ခြင်းနှင့် လက်တန်းကို တင်းကြပ်စွာကိုင်ထားခြင်းပြုလုပ် သင့်သည်။ ထိုင်ခုံမရှိလျှင် အရေးပေါ်အခြေ အနေမှာ ယာဉ်ဘရိတ်အုပ်သည်နှင့်လိမ့်ကျဒဏ်ရာရခြင်းကို ရှောင်ရှားရန် ခြေနှစ်ဘက် သဘာဝအတိုင်း ခွဲထား၍ဘေးတိုက်ရပ်သင့်ပါသည်။

5. 乘坐小轿车、微型客车时，在前排乘坐时应系好安全带。

(၅) ဆီဒင်ယာဉ်သို့မဟုတ် မီနီဘတ်စ်စီးသည့်အချိန်တွင် ရှေ့တန်းတွင် စီးလျှင် ထိုင်ခုံခါးပတ်ကို ကောင်း အောင်ပတ်ထားသင့်သည်။

6. 尽量避免乘坐卡车、拖拉机；必须乘坐时，千万不要站立在后车厢里或坐在车厢板上。

(၆)ထရပ်ယာဉ်များနှင့်ထော်လာဂျီများကိုစီးရန်တတ်နိုင်သမျှရှောင်ရှားပါ။ မဖြစ်မနေစီးရမည်ဆိုလျှင် နောက်ခန်းတွင်လုံးဝ မရပ်ပါနှင့်၊ သို့မဟုတ် အခန်းဘုတ်ပေါ်တွင် မထိုင်ပါနှင့်။

7. 不要在机动车道上招呼出租汽车。

စက်တပ်ယာဉ်သွားလမ်းပေါ်တွင် တက္ကစီခေါ်ရန်မပြုလုပ်ပါနှင့်။

（二）乘坐轨道交通工具

(ခ) သံလမ်းရှိသယ်ယူပို့ဆောင်ရေးကိရိယာစီးခြင်း

轨道交通工具如地铁、火车、高铁、磁悬浮列车等，体积大，速度快，科技含量高。这些交通工具已经在我们出行生活中发挥着越来越重要的作用，因此要特别注意乘坐轨道交通的安全。

သံလမ်းရှိသယ်ယူပို့ဆောင်ရေးကိရိယာများဆိုသည်မှာ ဥပမာအားဖြင့် မြေအောက်ရထားများ၊ မီးရထား များ၊ မြန်နှုန်းမြင့်ရထားများ၊ maglev ရထားများ စသည်တို့ကဲ့သို့သော ရထားယာဉ်များသည် အရွယ်အစား ကြီးမားခြင်း၊ အရှိန်မြန်ဆန်ခြင်းနှင့် နည်းပညာသည် မြင့်မားသည်။ ၎င်းသယ်ယူပို့ဆောင်ရေးကိရိယာ များသည် ကျွန်ုပ်တို့၏ခရီးသွားလာရေးဘဝ တွင် ပို၍အရေးကြီးသောအခန်းကဏ္ဍမှ ပါဝင်လာသည်။

ထို့ကြောင့် သံလမ်းရှိသယ်ယူပို့ဆောင်ရေး၏ဘေးကင်းမှုကို အထူးသတိထားသင့်သည်။

　1.乘车时应穿着舒适、防滑的鞋子，尽量不要穿着高跟鞋、拖鞋及不方便行走的鞋子进站乘车。尽量避免高峰期乘车，防止拥挤踩踏事故。

　（၁） ရထားယာဉ်များစီးသည့်အချိန်တွင်သက်တောင့်သက်သာရှိသော၊ ချော်ရန်ကာကွယ်သောဖိနပ်များကို စီးသင့်ပါသည်။တတ်နိုင်သမျှဒေါက်မြင့် ဖိနပ်၊ ညှပ်ဖိနပ် နှင့်ချွတ်ဝွင်မှုရှိသော ဖိနပ်များကိုစီးပြီးယာဉ် စီးရန် ဘူတာရုံသို့ မဝင်ပါနှင့်။ လူကြိတ်ကြိတ်တိုးနင်းမိခြင်း မတော်တဆမှုများကို ကာကွယ်ရန် လူများသော အချိန်ပိုင်းတွင် ယာဉ်စီးရန် တတ်နိုင်သမျှရှောင်ကြည် ရမည်။

　2.进站前多注意出入口的整体设计布局，防止踏空或与玻璃围墙发生碰撞，严禁翻越护栏进入轨道区域。如不慎坠落站台，应大声呼喊求救。如果有列车驶来，切不可趴在两条轨道中间，要立即紧贴里侧墙壁，避免被列车剐蹭。

　（၂） ဘူတာရုံထဲသို့ မဝင်ခင် လေထဲသို့ လှမ်းဝင်ခြင်း သို့မဟုတ် မှန်နံရံနှင့် တိုက်မိခြင်းမှ ကာကွယ်ရန် ဝင်ပေါက်၏ အလုံးစုံဒီဇိုင်းအပြင်အဆင်ကို ပိုမိုအာရုံစိုက်ရမည်။ အကာအရံများကို ကျော်တက်ကာ သံလမ်း ရေိယာသို့ ဝင်ရောက်ခြင်းအား တင်းကြပ်စွာ တားမြစ်ထားသည်။ အကယ်၍ ပလက်ဖောင်းပေါ်မှ မတော်တဆ ပြုတ်ကျသွားလျှင် အကူအညီတောင်းရန် အသံကျယ်အောင်အော်ဟစ်ရမည်။ ပြေးဆွဲနေသောရထားချင်းကပ် လာ လျှင် ရထားသံလမ်းနှစ်ခုကြားတွင် မမှောက်ခံရဘဲ ရထားပွတ်တိုက်မိခြင်းမှ ကင်းဝေးစေရန် အတွင်းနံရံ ကို ချက်ချင်းကပ်ထားရမည်။

　3.注意站内摆放的各类安全告示牌，例如"小心地滑""正在维修"等警示牌。站内通行时请注意地面状况，严禁奔跑、追逐打闹。

　（၃） ဘူတာရုံထဲတွင် သတိထားရန် ဘေးကင်းရေး ဆိုင်ဘုတ် အမျိုးမျိုးကို တင်ထားပါသည်။ဥပမာ အားဖြင့် "ချော်လဲရန်သတိထား"၊ "ပြုပြင်နေခြင်း" စသောသတိပေး ဆိုင်ဘုတ်များ ကဲ့သို့သော ဘူတာရုံတွင် တပ်ဆင်ထားသော ဘေးကင်းရေး ဆိုင်ဘုတ်ရှိသည်။ ဘူတာရုံတွင် လမ်းလျှောက်သည့်အချိန်တွင် မြေပြင် အခြေအထားများကို သတိပြုပါ။ ပြေးလွှားခုန်လွှားခြင်းနှင့် အချင်းချင်းနောက်လိုက်နောက်ပြောင်ကစားခြင်း တို့ကိုတင်းကြပ်စွာတားမြစ် ထားသည်။

　4.上车后请坐好，站立时应紧握吊环或立柱。列车运行过程中，请勿随意走动，以免发生意外。禁止倚靠车门，并确保手和手指远离车身与车门之间的空隙。

(၄) ယာဉ်ပေါ်သို့တက်ပြီးနောက် မတ်တပ်ရပ်သည့်အချိန်တွင် ကွင်းဘားကို သို့မဟုတ်သံတိုင်ကိုတင်း အောင်ကိုင်ဆွဲထားရမည်။ရထားပြေးဆွဲ နေစဉ် အတွင်း ယာဉ်မတော်တဆမှုမဖြစ်စေရန်စိတ်ဆန္ဒအတိုင်း သွားလာခြင်း မပြုပါ နှင့်။ ယာဉ်တံခါးကို မှီရန်တားမြစ်ပြီး လက်နှင့် လက်သည်းများကို ယာဉ်ကိုယ်ထည်နှင့် ယာဉ်တံခါးကြားရှိအကြားအလပ်ကိုဝေးအောင် ရှောင် ကြဉ်ရမည်။

5. 若感身体不适，应在下一站下车，或向乘务工作人员求助。

(၅) နေမကောင်းခြင်းခံစားရလျှင် နောက်မှတ်တိုင်တွင် ဆင်းသင့်သည်၊ သို့မဟုတ် ယာဉ်အမှုထမ်းကို အကူအညီတောင်းသင့်သည်။

(三) 乘坐飞机

(၇) လေယာဉ်စီးခြင်း

乘坐飞机时应注意的安全知识。

လေယာဉ်စီးသည့်အချိန်တွင် အာရုံစိုက်သင့်ထားသောဘေးကင်းရန်အသိပညာ များ။

1. 当飞机发生事故需要逃生时，逃离的越快，逃生的机会越大，所以最好选择靠近出口和通道的座位，并尽量选择在飞机靠后边的位置，就坐后系好安全带。

(၁) လေယာဉ်မတော်တဆမှုဖြစ်ပွားလျှင် ထွက်ပြေးရန် လိုအပ်လာသော အချိန်တွင် အမြန်ပြေးလေ ၊ လွတ်မြောက်ရန် အခွင့်အလမ်းပိုများလေဖြစ် သည်။ ထို့ကြောင့် ထွက်ပေါက်နှင့် ပေါက်လမ်းနှင့် နီးသော ထိုင်ခုံကို ရွေးချယ်ရန် အကောင်းဆုံးဖြစ်ပြီး လေယာဉ်နောက်ပိုင်းရှိထိုင်ခုံများကို တတ်နိုင်သမျှ ရွေးချယ်ပါ။ ထိုင်ပြီးလျှင်ထိုင်ခုံခါးပတ်သေချာပတ် ထားပါ။

2. 仔细阅读安全卡片，注意起飞前的安全通告。

(၂) လုံခြုံရေးကဒ်ကို ဂရုတစိုက်ဖတ်ပါ။ လေယာဉ်မပျံသန်းခင် ဘေးကင်းရေးအမိန့်ကြော်ငြာစာများကို အာရုံစိုက်ထားပါ။

3. 注意氧气罩。虽然氧气罩提供的时间有限，但是在紧急时刻要及时带上氧气罩，避免吸入毒气或者烟尘，导致窒息。

(၃) အောက်ဆီဂျင်မျက်နှာဖုံးကိုအာရုံစိုက်ထားပါ။အောက်ဆီဂျင် မျက်နှာဖုံး မှပေး သောအချိန်ကန့်သတ် ထားသော်လည်း အဆိပ်ဓာတ်ငွေ့ကို သို့မဟုတ်မီးခိုးငွေ့များကို၇ှူသွင်းခြင်းကြောင့်မွှန်း၍သေဆုံးစေခြင်း ရှောင်ရှား စေရန်အရေးပေါ် အခြေအနေတွင် အချိန်မီတပ်ရန် လိုအပ်ပါသည်။

4. 发生意外时，不要慌张，认真听取乘务员的讲解，身体采取防冲击姿势。小腿尽量向后收，超过膝盖垂线以内；头部向前倾，尽量贴近膝盖。防冲击姿势是乘客要学会的一个重要方法，它可以减少被撞击昏迷的风险。

(၄) မတော်တဆမှုဖြစ်သည့်အချိန်တွင် မပျာယာပါနှင့်၊ လေယာဉ် အမှုထမ်း ၏ ရှင်းပြချက်ကို ဂရုတစိုက် နားထောင်ပြီးရိုက်ခတ်မှုရှောင်ရန် ကိုယ်ဟန်အနေ အထားကို ပြုလုပ်ပါ။ ခြေသလုံး တတ်နိုင်သမျှ နောက်သို့ ဆုတ်ကာ ဒူးခေါင်း၏ ဒေါင်လိုက်မျဉ်းကိုကျော်လွန်ရပါသည်။ ဦးခေါင်းအား ဒူးနှင့် တတ်နိုင်သမျှ နီးကပ် အောင် ရှေ့သို့ ထောက်ထားပါ။ ဂယက်ရိုက်ခတ်မှုရှောင်ရန် ကိုယ်ဟန်အနေအထားကို ခရီးသည်များသည် တတ်အောင်သင်ရမည့် အရေးကြီးသော နည်းလမ်းတစ်ခုဖြစ်သည်။ ၎င်းသည်တိုက်ခတ်၍မူးသွားစေ သော အန္တရာယ်ကို လျှော့ချနိုင်ပါသည်။

五、特殊天气注意事项
၅။ အထူးရာသီဉတုတွင်သတိထားရမည့်ကိစ္စရပ်များ

（一）冰雪道路行车谨慎最重要

(က) ရေခဲနှင့်နှင်းလမ်းတွင်ယာဉ်မောင်းရန်သတိထားခြင်းသည် အရေးကြီးဆုံးဖြစ်

冰雪路摩擦力小，车轮容易打滑、侧滑、空转、方向失控、制动距离增大等情况，因此行驶在冰雪路上的机动车容易发生交通事故。雪天行车，首要是慢，其次是要和前车保持足够的距离，行驶中注意前方和三个后视镜，并注意左右两侧的车辆。遇有特殊情况时要提前刹车。如果速度较快或需要尽快刹车时，可以直接减档并刹车。冰雪天气行车应注意以下事项：

ရေခဲနှင့် နှင်းလမ်းများ၏ ကပ်ငြိအားနည်းပါးပြီး ဘီးများသည် ချော်ကျ ခြင်း၊ လမ်းဘေးထွက်ချော် ခြင်း၊ စက်အလွတ်လည်ခြင်း၊ ဦးတည်ရာ မထိန်းချုပ်နိုင်ခြင်းနှင့်ဘရိတ်အကွာအဝေးတိုးလာခြင်းစသည့် အကြောင်းအရာ များ လွယ်ကူစွာဖြစ်ပွားစေသည်။ ထို့ကြောင့် ရေခဲနှင့် နှင်းလမ်းများပေါ်တွင် မောင်းနှင်သည့် စက်တပ်ယာဉ်များသည် ယာဉ်မတော် တဆမှုများလွယ်ကူစွာ ဖြစ်စေနိုင်သည်။ ဆီးနှင်းများကျနေသည့်နေ့ တွင် ပထမအချက်မှာအရှိန်နေး ရန်ဖြစ်ရမည်။ ဒုတိယအချက်မှာ ရှေ့ယာဉ်နှင့်လုံလောက်သောအကွာအဝေး ကို ထားရှိရန်ပြုလုပ်ရမည်။ မောင်းနှင်နေစဉ် အရှေ့ဘက်နှင့်နောက်ကြည့်မှန် သုံးလုံးကို အာရုံစိုက်ထားပြီး ဘယ်ဘက်နှင့်ညာဘက်နှစ်ဖက်ရှိ ယာဉ်များကို အာရုံစိုက်ရမည်။ အထူးအခြေအနေများရှိလျှင် ကြိုတင် ဘရိတ်အုပ်ရမည်။ အကယ်၍အရှိန်မြင့်လွန်ခြင်းသို့မဟုတ် အမြန်ဆုံး ဘရိတ်အုပ်ရန် လိုအပ်လျှင် တိုက်ရိုက် ဂီယာလျှော့ရန်နှင့် ဘရိတ်အုပ်ရန်ပြုလုပ်နိုင်သည်။ ရေခဲနှင့်နှင်းများ ကျသည့်နေ့တွင် မောင်းနှင်ရန်အောက်

ဖော်ပြပါအတိုင်းသတိထားရမည်။

1. 在雪地行车中，积雪覆盖的道路，有时沟壑被积雪掩盖，道路的轮廓难以辨别，行车时应根据道路两旁的树木、电杆等参照物判断行驶路线，低速行驶；有车辙的路段应循车辙行驶，不可急转方向盘，以防车辆侧滑偏出道路，如图2-9。

(၁) ဆီးနှင်းမြေပြင်များတွင် မောင်းနှင်သည့်အချိန်တွင် တစ်ခါတစ်ရံ လမ်းများ၊လျှိုမြောင်များကိုဆီးနှင်းများဖုံးလွှမ်းနေသောကြောင့်လမ်း၏ပုံကြမ်းကို ခွဲခြားရခက်ပါသည်။ ယာဉ်မောင်းနေစဉ် လမ်းဘေးနှစ်ဘက်၏သစ်ပင်များ နှင့် ဓာတ်တိုင်များကိုအကိုးအကားအဖြစ်မောင်းနှင်လမ်းကြောင်းကိုဆုံးဖြတ် ရန်နေးကွေးစွာ မောင်းနှင်သင့်သည်။ ယာဉ်လမ်းကြောင်းရှိသည့်လမ်းပိုင်းတွင် လမ်းကြောင်းနှင့်အတိုင်းမောင်းနှင်ပြီး ယာဉ် လမ်းပေါ်မှဘေးဘက်သို့ချော်ထွက် ခြင်းကို ကာကွယ်ရန် စတီယာ ရင်ဘီးကို ဖြုန်းစားကြီး မလှည့်ပါနှင့်။ ပုံ-၉ တွင်ပြထားသည့်အတိုင်းဖြစ်သည်။

图2-9　冰雪道路行车

ပုံ-၉ ဆီးနှင်းလမ်းတွင်ယာဉ်မောင်းနေစဉ်

2. 平稳驾驶。为了防止驱动车轮滑转，机动车驾驶人可使用比平时高一级的挡位起步。起步时，要尽量平稳地松抬离合器（手动变速），或缓踏加速踏板（自动变速），缓慢起步，防止起步过急时车轮滑转或侧滑。行驶过程中，机动车驾驶人要保持低速、匀速行驶，缓转方向盘，轻踏缓抬加速踏板，以免驱动轮侧滑。转弯前要适当减低车速，增大转弯半径，以防离心力增大引起侧滑。

(၂) တည်ငြိမ်စွာမောင်းနှင်ပါ။ မောင်းနှင်ဘီးများချော်လှည့်ခြင်းကို ကာကွယ် ရန်အတွက် စက်တပ်ယဉ်

ယာဉ်မောင်းသည် ပုံမှန်ထက် ပိုမြင့်သောဂီယာဖြင့် စတင်မောင်းနှင်နိုင်သည်။စတင်မြန်လွန်လျှင်ဘီးများ ချော်လှည့်ခြင်း သို့မဟုတ် ဘေးဘက်သို့ချော်ထွက်ခြင်းကာကွယ်စေရန် စတင်ချိန်တွင် ကလပ်ကို တတ်နိုင် သမျှ တည်ငြိမ်စွာလွှတ်လိုက်ပါ (လက်ထိုးဂီယာ) သို့မဟုတ် အရှိန်တိုးခြေနင်း(အော်တိုဂီယာ)ကို အသာလေး နင်းလိုက်ပြီး ဖြည်းညှင်းစွာ စတင်ရန် ပြုလုပ်ပါ။ မောင်းနှင်နေစဉ်အတွင်း စက်တပ်ယာဉ် ယာဉ်မောင်းသည် နိမ့်သောအရှိန်၊ ယူနီဖောင်းအရှိန် ကိုထိန်းထား၍ မောင်းနှင်ပြီး မောင်းနှင်ဘီး၏ ဘေးဘက်ချော်ထွက်ခြင်းကို ရှောင်ရှားရန် စတီယာရင်ဘီးကို ဖြည်းညှင်းစွာ လှည့်ကာအရှိန်တိုးခြေနင်းကို ညင်သာစွာ နင်းပြီးနေးကွေးစွာ မထား လိုက်ပါ။ ဗဟိုချည်အားတိုးလာခြင်းကြောင့် ဘေးထွက်ချော်ခြင်းကို ကာကွယ်ရန်အကွေ့မလှည့်ခင် အတည်တကျအရှိန် လျှော့ ပြီးအလှည့်အချင်းဝက်တိုးရမည်။

3. 超、会车应选择比较安全的地段靠右侧慢行，适当增大两车间的横向距离，且与路边保持一定距离，必要时，可在较宽的地段停车让行。

(၃) ယာဉ်များကျော်တက်ရန်နှင့် တွေ့ဆုံရန်ပိုလုံခြုံသောနေရာကိုရွေးချယ် သင့်ပြီး ညာဘက်သို့ ကပ် ၍ ဖြည်းညှင်းစွာမောင်းနှင်ပြီးယာဉ်နှစ်စီးကြား အလျား လိုက် အကွာအဝေးကို သင့်လျော်သလို တိုးမြှင့်ကာ လိုအပ်လျှင် လမ်းပေးရန် အတွက် ပိုကျယ်သောနေရာတွင် ရပ်နားနိုင်ပါသည်။

4. 减速时应利用发动机的制动作用降低车速，不得使用紧急制动，也不能采取急转向的方法躲避，以免发生侧滑或转向失控。行车中车辆发生侧滑时，应立即缓慢、适当地向后轮侧滑的一方转动方向盘，可连续数次回转方向盘，以便调整车身。冰雪路面附着系数低，为防止制动不当造成侧滑或甩尾，制动时要握稳方向盘，尽量保持直线行驶时制动，并轻踏制动踏板，避免紧急制动。

(၄) အရှိန်လျှော့လျှင် မိုတာ၏ဘရိတ်အကျိုးသက်ရောက်မှုကို အသုံးပြုပြီးယာဉ်၏ အရှိန်ကို လျှော့ သင့်သည်။ လမ်းဘေးဘက်သို့ ချော်ထွက်ခြင်းသို့မဟုတ် စတီယာရင် မထိန်းချုပ်နိုင်ခြင်းကို ရှောင်ရှားစေရန် အရေးပေါ်ဘရိတ်ကို အသုံးမပြုရပါ။ ရှောင်ရန် စတီယာရင်ကို ဖြန်းစားကြီးလှည့်သောနည်းလမ်းကိုလည်း အသုံးမပြုရပါ ။ ယာဉ်မောင်းနေစဉ် လမ်းဘေးသို့ချော်ထွက်သွားသောအခါ စတီယာရင်ဘီးကို ချော်နေသော နောက်ဘီးဘက်သို့ ဖြည်းညှင်းစွာ၊သင့်လျော် စွာ လှည့်ကာ ယာဉ်ကိုယ်ထည်ကို ချိန်ညှိရန် စတီယာရင်ကို အကြိမ်များစွာ ဆက်တိုက် လှည့်နိုင်ပါသည်။ ရေခဲ၊ နှင်းနှင့်မိုးရွာလမ်းမျက်နှာပြင်၏ ကပ်ငြိမှုကိန်းသေသည်နိမ့်သည်။ မသင့်လျော်သော ဘရိတ်အုပ်ခြင်းကြောင့် ဖြစ်ရသည့် ဘေးထွက်ချော်မှု သို့မဟုတ် နောက်မြီး လှုပ်

ခြင်းကို ကာကွယ်ရန်၊ ဘရိတ်အုပ်ချိန်တွင် စတီယာရင်ကို တင်းကျပ်စွာ ကိုင်ထားရမည်ဖြစ်ပြီး တတ်နိုင်သမျှ မျဉ်းဖြောင့်အတိုင်း မောင်းနှင်သည့်အခါ ဘရိတ်ကို အုပ်ကာ အရေးပေါ်ဘရိတ်ရှောင်ရန် ဘရိတ်ခြေနင်းကို အသာလေး နင်းလိုက်ပါ။

5. 由于冰雪路跟车纵向安全距离是干燥路面上的 3 倍, 跟车行驶时应与前车保持较大的纵向距离, 一般为正常道路条件的 1.5 ~ 3 倍; 遇有前车放慢速度, 后车需要减速时, 采用间歇缓踏制动踏板附以驻车制动器的方法, 切忌将行车制动器一脚踏到底或过急过猛使用驻车制动器。

(၅) ရေခဲနှင့်ဆီးနှင်းလမ်းပေါ်တွင် ယာဉ်နောက်လိုက်ခြင်း၏အရှည်လိုက် ဘေးကင်း ရေးအကွာအဝေးသည် ခြောက်သွေ့သောလမ်းပေါ်၏၃ဆဖြစ် သောကြောင့် ယာဉ်နောက်လိုက်မောင်းနှင်လျှင် ရှေ့မှယာဉ်နှင့် ကြီးမားသော အရှည်လိုက် အကွာအဝေးကို ထားသင့်သည်။ ၎င်းအကွာအဝေးသည် ယေဘုယျအားဖြင့် ပုံမှန် လမ်းအခြေအနေထက် ၁.၅ မှ၃ ဆအထိဖြစ်သည်။ ရှေ့မှယာဉ် အရှိန်လျှော့ခြင်းကိုကြုံတွေ့လျှင် နောက်ယာဉ် မှအရှိန်လျှော့ဖို့ လိုအပ်သည့်အချိန်တွင် ဘရိတ်ခြေနင်းကို နေးစွာကြားဖြတ်နင်းခြင်းနှင့်ပါကင်ဘရိတ် တွဲနည်း လမ်းကိုအသုံးပြုပြီးပါကင်ဘရိတ်ကို အောက်အဆုံးအထိသို့ တစ်ချက်နင်းခြင်း သို့မဟုတ် ပါကင်ဘရိတ်ကို မြန်လွန်းခြင်း၊ပြင်းထန်လွန်းခြင်း လုံးဝ မပြုရပါ။

（二）雾天行车要提前做好警示

(၁) မြူများထဲတွင် မောင်းနှင်လျှင် သတိပေးရန်အလုပ်ကို ကောင်းမွန် အောင်ကြိုတင်လုပ်ဆောင်

雾天在公路上行驶时, 由于能见度降低, 突然停车或突然加速都很危险, 往往会引发群车追尾的重大交通事故, 如图 2-10。

မြူများထသောနေ့တွင် လမ်းမပေါ်မှာ မောင်းနှင်သည့်အချိန်တွင် မြင်နိုင်စွမ်း နိမ့်ခြင်းကြောင့် ရုတ်တရက် ရပ်တန့်ခြင်းသို့မဟုတ်ရုတ်တရက်အရှိန်တိုး ခြင်း သည် အလွန်အန္တရာယ်များပြီး ယာဉ်အုပ်စုများ၏နောက်မှ ဝင်တိုက်မှုကဲ့သို့ သောကြီးမားစွာ ယာဉ်မတော်တဆမှုများဖြစ်ပွားလေ့ရှိသည်။ ပုံ၂-၁၀တွင်ပြ ထား သည့် အတိုင်းဖြစ်သည်။

雾天行车, 应及时打开防雾灯和近光灯, 降低速度, 严格遵守靠右侧通行、各行其道的原则, 车辆之间及行人之间都要保持充分的安全距离。尤其是通过村庄、路口、车站及行驶于山路转弯处时, 应仔细观察周围情况, 适时鸣喇叭, 以引起行人和车辆注意, 做好停车避让的准备, 以免发生碰撞和刮擦。

မြူများထဲတွင် ယာဉ်မောင်းနှင်လျှင် မြူခွဲမီးနဲ့ မီးသေးများကို အချိန်မီဖွင့်ထားသင့်ပြီး အရှိန်လျှော့၊ ညာဘက်သို့ကပ်၍ မောင်းနှင်ရန်၊ ကိုယ့်လမ်းကိုယ်သွားရန် နိယာမကိုတင်းကျပ်စွာလိုက်နာရမည်။ ယာဉ်များ အကြား နှင့်လူများအကြား လုံလောက်သည့် ဘေးကင်းအကွာအဝေးကို ထိန်းထားရမည်။အထူးသဖြင့်ရှာများ၊ လမ်းဆုံများ၊ယာဉ်ဂိတ်များဖြတ်သွားရန် နှင့် တောင်လမ်းများအကွေ့သို့မောင်းနှင်လာနေချိန်တွင်အနားတ ဝိုက်ပတ်ဝန်း ကျင်အခြေအနေကို သေချာအကဲခတ်ကြည့်ရှုသင့်ပြီးလမ်းသွားလမ်းလာများ နှင့် ယာဉ်များကို သတိပေးစေရန် သင့်တော်သည့်အချိန် ဟွန်းတီးကာ တိုက်မိခြင်းနှင့်ပွတ်မိခြင်းကို မဖြစ်စေရန်ရှောင်ဖယ်ခြင်း နှင့် လမ်းပေးခြင်း ပြင်ဆင်လုပ်ဆောင်ရမည်။

雾天能见度在 30 米以内时，车速每小时不得超过 20 千米；浓雾能见度减至 5 米以内时，应及时选择安全地点靠边停车，并打开小灯、尾灯或示宽灯，待浓雾散后再继续行驶。

မြူများထဲတွင် မြင်နိုင်စွမ်းသည် မီတာ၃၀အတွင်းရှိနေလျှင် ယာဉ်အမြန်နှုန်းသည်၂၀km/h ထက်မပိုစေရ။ ထူထပ်သောမြူတွင်မြင်နိုင်စွမ်း မှာ ၅မီတာ အောက်သို့လျော့ကျသွားချိန်တွင် အချိန်မီ ဘေးကင်းသောနေရာ ကို ရွေးချယ်ပြီးဘေးဘက်သို့ကပ်၍ရပ်နားလိုက်ပြီးမီးသေး၊နောက်မီး သို့မဟုတ် ဘေးမီးများဖွင့်ထားပါ။ ထူထပ်သော မြူများ ပျောက်ကွယ်သွားပြီးနောက် ဆက်လက်မောင်းနှင်ပါ။

当遇到高速公路起雾时，应及时打开防雾灯和近光灯，降低车速。如果能见度过低时，应暂时驶离高速公路，将车停到附近的服务区。不能驶离高速公路时，应选择紧急停车带或路肩停车，并按规定开启危险报警闪光灯和放置停车警告装置。

အမြန်လမ်းမကြီးပေါ်တွင် မြူများထခြင်းကြုံတွေ့သောအချိန်တွင် အချိန် မီ မြူခွဲမီးများနှင့်မီးသေး များကို ဖွင့်ပြီးအရှိန်လျှော့ပါ။ အကယ်၍မြင်နိုင် စွမ်းနိမ့်လွန်းလျှင် အမြန်လမ်းမကြီးမှ ခေတ္တထွက်ခွာပြီး အနီးနားရှိဝန်ဆောင်မှု ဧရိယာတွင် ရပ်နားပါ။ အမြန်လမ်းမကြီးမှ မထွက်ခွာနိုင်သောချိန်တွင် ရပ်တန့်ရန် အရေးပေါ်ရပ်တန့်ဇုန် သို့မဟုတ် လမ်းပခုံးကိုရွေးချယ်သင့်ပြီး သက်ဆိုင်ရာသတ်မှတ်ချက်အတိုင်းအန္တရာယ် သတိပေးချက်မီးကိုဖွင့်ခြင်းနှင့်ယာဉ် ရပ်နားရန် သတိပေးကိရိယာကို ထားရှိသင့်သည်။

图 2-10　雾天行车

ပုံ၂-၁၀　မြူများထဲတွင်ယာဉ်များမောင်းနှင်နေစဉ်

（三）雨天行车要保持足够安全距离

(ဂ) မိုးတွင်းတွင် ယာဉ်မောင်းနေစဉ် လုံလောက်သောဘေးကင်းသည့် အကွာအဝေးကို ထား

注意观察雨中的行人和骑车者，由于行人头戴雨帽，致使视觉、听觉都受到限制，要预防其突然转向或滑倒。

မိုးတွင်းတွင် လမ်းသွားလမ်းလာများနှင့် စက်ဘီးစီးသူများကိုသတိထား ပါ။ လမ်းသွားလမ်းလာများသည် မိုးဦးထုပ်ဆောင်းထားသောကြောင့်အမြင် အာရုံနှင့် အကြားအာရုံကို ကန့်သတ်ထားကြောင့် ရုတ်တရက် ကွေ့ချိုးခြင်း သို့မဟုတ် ချော်လဲခြင်းကို ကာကွယ်ရန် လိုအပ်ပါသည်။

遇到大暴雨或特大暴雨，雨刮器的作用不能满足能见度要求时，不要冒险行驶，应选择安全地点停车，并打开示宽灯，待雨小或雨停时再继续行驶。

မိုးသည်းထန်စွာရွာခြင်း သို့မဟုတ် မိုးပိုသည်းထန်စွာရွာသွန်းလျှင် ရေသုတ်တံ ၏လုပ်ဆောင်ချက်သည် မြင်နိုင်စွမ်းလိုအပ်ချက်များနှင့်မကိုက်ညီ လျှင်မောင်းနှင်ခြင်းမပြုပါနှင့်၊ ရပ်ရန်ဘေးကင်းသောနေရာကို ရွေးချယ်ရပ်နား ပြီးဘေးမီးကိုဖွင့်ကာ မိုးနည်းလာခြင်းသို့မဟုတ်မိုးစဲလာခြင်းမှယာဉ်ဆက်လက် မောင်းနှင် သင့်သည်။

雨中跟车、超车、会车时，与其他车辆及道路边缘适当加大安全距离。久雨天气或大雨中行车，要防范路基出现疏松、坍塌等情况，尽量选择道路中间坚实的路面行驶。

မိုးတွင်းတွင် ယာဉ်နောက်လိုက်ခြင်း၊ ကျော်တက်ခြင်း သို့မဟုတ် တွေ့ဆုံသည့်အချိန် ယာဉ်နှင့် လမ်း

အစွန်းမှ ဘေးကင်းသော အကွာအဝေးကို တိုးရမည်။ မိုးကြာရှည်ရွာသည့်ရာသီဥတုတွင် သို့မဟုတ် မိုးကြီး ရွာကြီးတွင် တွင် ယာဉ်မောင်းနှင်လျှင် လမ်းအခြေခံများ ပွအောင်ဆွဲပြီးပြိုကျခြင်းစသည့် အခြေအနေကို ကာကွယ်ရန် လိုအပ်ပြီး မောင်းနှင်ရန်အတွက် လမ်း အလယ်မှာခိုင်မာသည့်လမ်းမျက်နှာပြင်ကို တတ်နိုင်သမျှ ရွေးချယ်ရမည်။

行车过程中遇到积水路面时要首先观察。一是观察水的深度，漫过车轴就不宜继续行驶。在驶入漫水区前，要注意与前面车辆保持较大车距，对不熟悉的路面，沿着前车走过的路线行驶，以免水中遇到障碍。水中行使要使用低速挡，平稳供油，用较慢的速度匀速前进，在水中不要停车。车辆行驶出漫水路面后，不能马上高速行驶，要在行驶中多次踩试刹车，走走停停，通过磨擦使刹车片干燥，确认刹车有效后方可正常行驶。

ယာဉ်မောင်းရာတွင် ရေဝပ်နေသောလမ်းကို ကြိုတွေ့ရသည့်အချိန် ရှေးဦးစွာအကဲခတ်ကြည့်ရှုရန်ပြုလုပ် ရမည်။ ပထမတစ်ချက်မှာရေ၏အတိမ် အနက်ကို အကဲခတ်ကြည့်ရှုပြီးဝင်ရိုးကိုကျော်လွန်လျှင် ဆက်လက် မောင်းနှင် ရန်မသင့်လျှော်ကြောင်းအကြံပြုလိုပါသည်။ ရေနက်သောနေရာသို့ မဝင် ရောက်ခင် ရှေ့ယာဉ်နှင့် အကွာအဝေး ဝေးဝေးနေရန်ဂရုပြုပါ။ မသိသေး သောလမ်းများပေါ်တွင် ရေထဲတွင် အတားအဆီးများကို ရှောင်ရှားရန် ရှေ့မှ ယာဉ်သွားလာသည့် လမ်းကြောင်းအတိုင်း မောင်းနှင်ပါ။ ရေထဲသို့ဝင် သည့်အချိန် မြန်နှုန်း နိမ့်ဂီယာကိုသုံးပါ၊ ဆီချောမွေ့စွာပေးကာ နှေးသောအရှိန် ဖြင့် ရှေ့သို့သွားပါ၊ ရေထဲတွင် ရပ်မနေပါနှင့်။ ရေဝပ် နေသောလမ်းမှ ထွက်ခွာမောင်းနှင်ပြီးနောက် အရှိန်ပြင်ပြင်းဖြင့် ချက်ချင်းမောင်းနှင်၍မရပါ။ မောင်းနှင်နေ စဉ်အတွင်း ဘရိတ်ကို အကြိမ်ပေါင်းများစွာစမ်းကြည့် နင်းပါ။ သွားရင်းရပ်ရင်းပြုလုပ်ပြီး ဘရိတ်ပြားများကို ပွတ်တိုက်ခြင်းဖြင့် ခြောက်သွေ့စေကာ ဘရိတ်ထိရောက်မှုရှိကြောင်းသေချာမှ ပုံမှန်အတိုင်း မောင်းနှင်နိုင် ပါသည်။

第三章　法律法规篇

အခန်း(၃) ဥပဒေများနှင့်စည်းမျဉ်းများဆိုင်ရာအပိုင်း

《中华人民共和国道路交通安全法》(2021 年 4 月 29 日修正)

"တရုတ်ပြည်သူ့သမ္မတနိုင်ငံလမ်းပန်းဆက်သွယ်မှုအန္တရာယ်ကင်းရှင်းရေးဥပ

(၂၀၂၁ ခုနှစ်၊ ဧပြီလ ၂၉ ရက်နေ့တွင် ပြင်ဆင်မှု)

"道路"，是指公路、城市道路和虽在单位管辖范围但允许社会机动车通行的地方，包括广场、公共停车场等用于公众通行的场所。

"လမ်း" ဆိုသည်မှာ ယာဉ်လမ်းများ၊ မြို့ပြလမ်းများနှင့်သက်ဆိုင်ရာ ဌာန၏တရားစီရင်ပိုင်ခွင့်ရှိသော်လည်း လူမှုရေးဆိုင်ရာ စက်တပ်ယာဉ်များကို ဖြတ်သန်းသွားလာနိုင်သည့်နေရာများဆိုလိုသည်။ ၎င်းများတွင် ပလာဇာများ၊ အများပိုင် ယာဉ်ရပ်နားရန်နေရာများ စသည်များပါဝင်သောအများပြည်သူများ အတွက် ဖြတ်သန်းသွားလာနိုင်သောနေရာဖြစ်သည်။

"车辆"，是指机动车和非机动车。

"ယာဉ်" ဆိုသည်မှာ စက်တပ်ယာဉ်နှင့် စက်မဲ့ယာဉ်များကို ဆိုလိုသည်။

"机动车"，是指以动力装置驱动或者牵引，上道路行驶的供人员乘用或者用于运送物品以及进行工程专项作业的轮式车辆。

"စက်တပ်ယာဉ်" ဆိုသည်မှာ ပါဝါယူနစ်ဖြင့် မောင်းနှင်ခြင်းသို့မဟုတ်ဆွဲငင်ခြင်းဖြင့်ခရီးသည်များစီးရန်အတွက် သို့မဟုတ် ကုန်စည်ပို့ဆောင်ခြင်းနှင့် အင်ဂျင်နီယာဆိုင်ရာအထူးလုပ်ငန်းများဆောင်ရွက်ရန်အတွက် လမ်းမပေါ်တွင် မောင်းနှင်သော ဘီးကပ်ယာဉ်ကိုဆိုလိုသည်။

"非机动车"，是指以人力或者畜力驱动，上道路行驶的交通工具，以及虽有动力装置驱动但设计最高时速、空车质量、外形尺寸符合有关国家标准的残疾人机动轮椅车、电动自行车等交通工具。

"စက်မဲ့ယာဉ်" ဆိုသည်မှာ လူ့အင်အား သို့မဟုတ် တိရစ္ဆာန်အင်အားဖြင့် လမ်းများပေါ်တွင် မောင်းနှင်သည့် သယ်ယူပို့ဆောင်ရေး ကိရိယာများနှင့် ပါဝါစက်များဖြင့် မောင်းနှင်ခြင်းရှိသော်လည်း တစ်နာရီအမြင့် ဆုံးမြန်နှုန်း များ၊ ဗလာကားဒြပ်ထုများ၊ အပြင်ပုံသဏ္ဌာန်အရွယ်အစားများကို ဒီဇိုင်း ရာတွင် သက်ဆိုင်ရာ နိုင်ငံတော်၏စံနှုန်းများနှင့်ကိုက်ညီသောမသန်စွမ်းသူများ အတွက် မော်တော်ဘီးတပ်ကုလားထိုင်များ၊ လျှပ်စစ် စက်ဘီးများစသည့် သယ်ယူပို့ဆောင် ရေး ကိရိယာများဆိုလိုပါသည်။

"交通事故"，是指车辆在道路上因过错或者意外造成的人身伤亡或者财产损失的事件。

"ယာဉ်မတော်တဆမှု" ဆိုသည်မှာ ယာဉ်များသည် လမ်းပေါ်တွင် မှားသွားခြင်း သို့မဟုတ် မတော်တဆ မှု ကြောင့် ဖြစ်ပွားသော ပုဂ္ဂိုလ်ရေး သေကြေဒဏ်ရာရခြင်းသို့မဟုတ် ပစ္စည်းဥစ္စာဆုံးရှုံးခြင်းဖြစ်သောအရေး အခင်း ဆိုလိုသည်။

一、车辆和驾驶人
၁။ ယာဉ်နှင့် ယာဉ်မောင်းများ

（一）国家对机动车实行登记制度。机动车经公安机关交通管理部门登记后，方可上道路行驶。尚未登记的机动车，需要临时上道路行驶的，应当取得临时通行牌证。

(က) နိုင်ငံတော်သည် စက်တပ်ယာဉ် မှတ်ပုံတင်စနစ် ကျင့်သုံးသည်။ စက်တပ်ယာဉ်များအား ပြည်သူ့ လုံခြုံရေးဌာနရှိလမ်းပန်းဆက်သွယ်ရေးစီမံခန့်ခွဲမှုရုံးအဖွဲ့အစည်းများမှ မှတ်ပုံတင်ပြီးမှသာ လမ်းပေါ်တွင် မောင်းနှင်နိုင်မည် ဖြစ်သည်။ မှတ်ပုံတင်မသွင်းထားသော စက်တပ်ယာဉ်များသည် လမ်းပေါ်တွင် ယာယီ မောင်းနှင်ရန် လိုအပ်လျှင် ယာယီဖြတ်သန်းခွင့်ကို ရယူရမည်ဖြစ်သည်။

（二）申请机动车登记，应当提交以下证明、凭证：①机动车所有人的身份证明。②机动车来历证明。③机动车整车出厂合格证明或者进口机动车进口凭证。④车辆购置税的完税证明或者免税凭证。⑤法律、行政法规规定应当在机动车登记时提交的其他证明、凭证。公安机关交通管理部门应当自受理申请之日起五个工作日内完成机动车登记审查工作，对符合前款规定条件的，应当发放机动车登记证书、号牌和行驶证；对不符合前款规定条件的，应当向申请人说明不予登记的理由。公安机关交通管理部门以外的任何单位或者个人不得发放机动车号牌或者要求机动车悬挂其他号牌，本法另有规定的除外。机动车登记证书、号牌、行驶证的式样由国务院公安部门规定并监制。

(ခ) စက်တပ်ယာဉ် မှတ်ပုံတင်ခြင်း လျှောက်ထားရာတွင် အောက်ပါ သက်သေခံလက်မှတ်များနှင့် ဘောက်ချာများ တင်သွင်းရမည်။ (၁) စက်တပ်ယာဉ် ပိုင်ရှင်၏ သက်သေခံ လက်မှတ်များ၊ (၂)စက်တပ်ယာဉ် နောက်ကြောင်းရာဇဝင် သက်သေခံလက်မှတ်များ၊ (၃) စက်ရုံတွင် အရည်အချင်းပြည့်မီသောသက်သေခံ လက်မှတ်သို့မဟုတ် တင်သွင်းခဲ့သည့် စက်တပ်ယာဉ်၏သက်ဆိုင်ရာ ဘောက်ချာကဲ့သို့စာရွက်စာတမ်းများ၊ (၄) စက်တပ်ယာဉ်ဝယ်ယူခြင်းအခွန်ပေးဆောင်မှု လက်မှတ် သို့မဟုတ် အခွန်ကင်းလွတ်ခွင့်ဆိုင်ရာစာရွက်စာတမ်း များ၊ (၅) ဥပဒေများနှင့် အုပ်ချုပ်ရေးဆိုင်ရာ စည်းမျဉ်းများသတ်မှတ်ထားသည့်အတိုင်း စက်တပ်ယာဉ် မှတ်ပုံတင်ရာတွင်ပေးသွင်းသင့်ရမည့်အခြားသက်သေခံများ၊ စာရွက်စာတမ်းများဖြစ်သည်။ ပြည်သူ့လုံခြုံရေး ဌာနရှိ လမ်းပန်းဆက်သွယ်ရေးစီမံခန့်ခွဲမှုရုံးအဖွဲ့အစည်းများသည် လျှောက်လွှာလက်ခံသည့်နေ့မှစ၍ အလုပ် ငါးရက်အတွင်း စက်တပ်ယာဉ်မှတ်ပုံတင်စစ်ဆေးခြင်းအလုပ်ကို ပြီးမြောက်အောင်လုပ်ဆောင်သင့်ကာ အရှေ့ ဖော်ပြပါသတ်မှတ်ထားသောအခြေအနေများနှင့် ကိုက်ညီသူများကို စက်တပ်ယာဉ်မှတ်ပုံတင်လက်မှတ်၊ ယာဉ် နံပါတ်ပြားနှင့် ယာဉ်မောင်းလိုင်စင်ထုတ်ပေးရမည်။ အရှေ့ဖော်ပြပါ သတ်မှတ်ထားသောအခြေအနေများ မ ကိုက်ညီလျှင် လျှောက်ထားသူများကို မှတ်ပုံတင်ခြင်းမပြုရသည့် အကြောင်းရင်းများကို ရှင်းပြရမည်။ ပြည် သူ့လုံခြုံရေးဌာနရှိလမ်းပန်းဆက်သွယ်ရေးစီမံခန့်ခွဲမှုရုံးအဖွဲ့အစည်းများ မည်သည့် တစ်ဦးတစ်ယောက်မျှ စက်တပ်ယာဉ်နံပါတ်ပြားများထုတ်ပေးရန်သို့မဟုတ် စက်တပ်ယာဉ်များအခြားနံပါတ်ပြားတပ်စေရန်မပြုလုပ် ရပါဖြစ်ပြီး ၎င်းဥပဒေတွင် အခြားနည်းဖြင့် ပြဋ္ဌာန်းထားသည့်သတ်မှတ်ချက်မှတပါးဖြစ်သည်။ စက်တပ်ယာဉ် မှတ်ပုံတင်လက်မှတ်၊ ယာဉ်နံပါတ်ပြားနှင့် ယာဉ်မောင်းလိုင်စင်ပုံစံကို နိုင်ငံတော်ကောင်စီ၏ ပြည်သူ့လုံခြုံရေး ဌာနမှ သတ်မှတ်ပြီးကြီးကြပ်ထုတ်လုပ်ရမည်။

（三）准予登记的机动车应当符合机动车国家安全技术标准。申请机动车登记时，应当接受对该机动车的安全技术检验。但是，经国家机动车产品主管部门依据机动车国家安全技术标准认定的企业生产的机动车型，该车型的新车在出厂时经检验符合机动车国家安全技术标准，获得检验合格证的，免予安全技术检验。

(ဂ) မှတ်ပုံတင်သွင်းခွင့်ပြုထားသောစက်တပ်ယာဉ်များသည် နိုင်ငံတော်လုံခြုံရေးဆိုင်ရာ နည်းပညာစံနှုန်း များနှင့် ကိုက်ညီသင့်သည်။ စက်တပ်ယာဉ် မှတ်ပုံတင်ရန် လျှောက်ထားရာတွင် ၎င်းစက်တပ်ယာဉ်၏ ဘေး

ကင်းရေးနည်း ပညာဆိုင်ရာ စစ်ဆေးခြင်းကို လက်ခံရမည်။ သို့ရာတွင် နိုင်ငံတော် စက်တပ်ယာဉ် ထုတ်ကုန် များကြီးကြပ်ကွပ်ကဲရေးဆိုင်ရာဌာနမှ နိုင်ငံတော် စက်တပ်ယာဉ် ဘေးအန္တရာယ် ကင်းရှင်းရေး နည်းပညာ ဆိုင်ရာ စံချိန်စံညွှန်းများနှင့် အညီ အသိအမှတ်ပြုထားသော လုပ်ငန်းမှ ထုတ်လုပ်သည့်စက်တပ်ယာဉ် အမျိုး အစားအတွက် ၎င်းအမျိုးအစားယာဉ်သစ်များကို စက်ရုံမှထုတ်လုပ်ရာတွင် စစ်ဆေးခြင်းသည် နိုင်ငံတော် စက် တပ်ယာဉ် ဘေးကင်းရေး နည်းပညာ စံနှုန်းများနှင့်ကိုက်ညီခြင်း၊ စံချိန်မီစစ်ဆေးရေး လက်မှတ်ရရှိခြင်းဖြစ် သောယာဉ်များအတွက် ဘေးကင်းလုံခြုံရေးနည်းပညာစစ်ဆေးရန်ကင်းလွတ်ခွင့်ပေးထားသည်။

（四）驾驶机动车上道路行驶，应当悬挂机动车号牌，放置检验合格标志、保险标志，并随车携带机动车行驶证。机动车号牌应当按照规定悬挂并保持清晰、完整，不得故意遮挡、污损。任何单位和个人不得收缴、扣留机动车号牌。

(ဃ)စက်တပ်ယာဉ်ဖြင့် လမ်းပေါ်တွင် မောင်းနှင်နေစဉ် စက်တပ်ယာဉ်နံပါတ် ပြားကို ချိတ်ဆွဲထားရမည် ဖြစ်ပြီး စံချိန်မီစစ်ဆေးရေး အမှတ်အသားနှင့်အာမခံအမှတ်အသားတို့ကို ထားရှိကာ စက်တပ်ယာဉ် မောင်း နှင်လိုင်စင်ကို ယာဉ်နှင့်အတူ ထားရှိရမည်။ စက်တပ်ယာဉ် နံပါတ်ပြားများကို စည်းကမ်းများနှင့်အညီ ရှင်းလင်း ခြင်း၊ ပြည့်စုံခြင်း ချိတ်ဆွဲထားရှိရမည်ဖြစ်ပြီး၎င်းကို တမင်တကာ အပိတ်အဖုံးပြုလုပ်ခြင်း သို့မဟုတ် အညစ်အကြေးနှင့်ဖျက်ဆီးခြင်း မပြုရ။ မည်သည့်ဌာန သို့မဟုတ် တစ်ဦးတစ်ယောက်မျှ စက်တပ်ယာဉ် နံပါတ်ပြား များကို သိမ်းယူခြင်း သို့မဟုတ် ဖမ်းဆီးသိမ်းယူထားခြင်းမပြုရ။

（五）有下列情形之一的，应当办理相应的登记：①机动车所有权发生转移的。②机动车登记内容变更的。③机动车用作抵押的。④机动车报废的。

(င) အောက်ဖော်ပြပါ အခြေအနေများအနက်တစ်ခုရှိလျှင် သက်ဆိုင်ရာ မှတ်ပုံတင်သွင်းရန် လုပ်ဆောင် ရမည်။ (၁) စက်တပ်ယာဉ် ပိုင်ဆိုင်မှုကို လွှဲပြောင်းပေးရန်ဖြစ်ခြင်း၊ (၂) စက်တပ်ယာဉ် မှတ်ပုံတင်ခြင်း အကြောင်းအရာကို ပြောင်းလဲမှုဖြစ်ခြင်း၊ (၃) စက်တပ်ယာဉ်ဖြင့် ပေါင်နှံရန်ဖြစ်ခြင်း၊ (၄) စက်တပ်ယာဉ်ကို အသုံးမပြုနိုင်တော့ဖျက်သိမ်းပစ်ခြင်းဖြစ်သည်။

（六）对登记后上道路行驶的机动车，应当依照法律、行政法规的规定，根据车辆用途、载客载货数量、使用年限等不同情况，定期进行安全技术检验。对提供机动车行驶证和机动车第三者责任强制保险单的，机动车安全技术检验机构应当予以检验，任何单位不得附加其他条件。对符合机动车国家安全技术标准的，公安机关交通管理部门应当发给检验合格标志。对机动车的安全技术检验实行社会化。具体办法由国务院规定。机动车安全技术检验实行社会化的地方，任何单位不得要求机动车到指定的场所进行检验。 公安机关交通管理部门、机动车安全技术检验机构不得要求机动车到指定的场所进行维修、保养。机动车安全技术检验机构对机动车检验收取费用，应当严格执行国务院价格主管部门核定的收费标准。

（၆）မှတ်ပုံတင်ပြီးနောက် လမ်းပေါ်တွင် မောင်းနှင်သည့် စက်တပ်ယာဉ်များအနေနှင့် ဥပဒေနှင့် အုပ်ချုပ်ရေးဆိုင်ရာ စည်းမျဉ်းစည်းကမ်းများပါ ပြဋ္ဌာန်းချက်များနှင့်အညီ၊ ယာဉ်အသုံးပြုမှု၊ ခရီးသည်တင်ဦးရေ နှင့် ကုန်တင်အရေအတွက်များ၊ အသုံးပြုရန်နှစ်အကန့်အသတ်သက်တမ်းများစသည့်မတူညီသောအခြေအနေများအလိုက် ပုံမှန် ဘေးအန္တရာယ်ကင်းရှင်းရေး စစ်ဆေးခြင်းများကို ဆောင်ရွက်ရမည်ဖြစ်သည်။ စက်တပ်ယာဉ်များကို ဘေးကင်းရေးနည်းပညာ စစ်ဆေးရေးဌာနသည် တာဝန်ယူအဖွဲ့အစည်းများထုတ်ပေး သော စက်တပ်ယာဉ် မောင်းနှင်လိုင်စင်နှင့်စက်တပ်ယာဉ်တတိယတာဝန်ရှိသူမဖြစ်မနေအာမခံလွှာများအတွက် စစ်ဆေးစမ်းသပ်ရန်ပြုလုပ်သင့်သည်ဖြစ်ပြီး မည်သည့်ဌာနမှ အခြားအခြေအနေများနှင့် တွဲ၍မရနိုင်ပါ။ စက်တပ်ယာဉ်များကို နိုင်ငံတော်ဘေးကင်းရေးဆိုင်ရာ နည်းပညာစံနှုန်းများနှင့် ကိုက်ညီလျှင် ပြည်သူ့လုံခြုံရေးဌာနရှိလမ်းပန်းဆက်သွယ်ရေးစီမံခန့်ခွဲမှုရုံးအဖွဲ့အစည်းများ သည်စစ်ဆေးရေးစံချိန်မီအမှတ်အသားကို ထုတ်ပေးသင့်မည်ဖြစ်သည်။ စက်တပ်ယာဉ်များအတွက် ဘေးကင်းရေး နည်းပညာဆိုင်ရာ စစ်ဆေးသည့် လူမှုဆက်ဆံရေးနေရာများရှိလျှင် မည်သည့်ဌာနမှ စက်တပ်ယာဉ်များအား စစ်ဆေး ရန်အတွက် သတ်မှတ် နေရာသို့ သွားရောက်စေရန် မပြုလုပ်ရပါ။ ပြည်သူ့လုံခြုံရေးဌာနရှိလမ်းပန်းဆက်သွယ်ရေးစီမံခန့်ခွဲမှုရုံးအဖွဲ့ အစည်းများ၊စက်တပ်ယာဉ်ဘေးကင်းရေးနည်းပညာစစ်ဆေးရေးအဖွဲ့အစည်းများသည် စက်တပ်ယာဉ်အား ပြုပြင်ထိန်းသိမ်းခြင်းနှင့် ပြုစုစောင့်ရှောက်ခြင်းအတွက်သတ်မှတ်ထားသည့်နေရာသို့ သွားရောက်စေရန်မ ပြုလုပ်ရပါ။ စက်တပ်ယာဉ်ဘေးကင်း ရန် အတွက် နည်းပညာစစ်ဆေးရေးအဖွဲ့အစည်းများသည် စစ်ဆေးရန် အသုံးစရိတ်များကောက်ခံခြင်းကို နိုင်ငံတော်ကောင်စီလက်အောက်ရှိ ဈေးနှုန်းအုပ်ချုပ်ရေးဌာနမှအတည် ပြု ထားသောအသုံးစရိတ်ကောက်ယူရန်စံချိန်စံညွှန်းများအရ တင်းကျပ်စွာလိုက်နာဆောင်ရွက်ရမည်။

（七）国家实行机动车强制报废制度，根据机动车的安全技术状况和不同用途，规定不同的报废标准。应当报废的机动车必须及时办理注销登记。达到报废标准的机动车不得上道路行驶。报废的大型客、货车及其他营运车辆应当在公安机关交通管理部门的监督下解体。

（၇）နိုင်ငံတော်သည် စက်တပ်ယာဉ်များကို အသုံး မပြုနိုင်တော့ မဖြစ်မနေဖျက်သိမ်းရေးစနစ်ကို အကောင်အထည်ဖော်ဆောင်ရွက်ပြီး စက်တပ်ယာဉ်များ၏ဘေးအန္တရာယ်ကင်းရှင်းရေး နည်းပညာဆိုင်ရာ

အခြေအနေများနှင့် မတူညီသောအသုံးပြုမှုများအရ အသုံး မပြုနိုင်တော့ ဖျက်သိမ်းရန်မတူညီသော စံနှုန်းများကို သတ်မှတ်ပြဋ္ဌာန်းပေးပါသည်။ ဖျက်သိမ်းသင့်သည့် စက်တပ်ယာဉ်များကို အချိန်မီ မှတ်ပုံတင် ဖျက်သိမ်းလုပ်ဆောင်ရမည်။ ဖျက်သိမ်းရန် စံချိန်စံညွှန်းနှင့် ကိုက်ညီသော စက်တပ်ယာဉ်သည် လမ်းမပေါ် တွင် သွားလာခြင်းမပြုရပါ။ ဖျက်သိမ်းခဲ့သော ခရီးသည်တင်ကားကြီးများ၊ ကုန်တင်ယာဉ်များနှင့် အခြား လုပ်ငန်းသုံးယာဉ်များကို ပြည်သူ့လုံခြုံရေးဌာနရှိလမ်းပန်းဆက်သွယ်ရေးစီမံခန့်ခွဲမှုရုံးအဖွဲ့အစည်းများ၏ ကြီးကြပ်မှုအောက်တွင် ဖျက်သိမ်းရမည်။

（八）警车、消防车、救护车、工程救险车应当按照规定喷涂标志图案，安装警报器、标志灯具。其他机动车不得喷涂、安装、使用上述车辆专用的或者与其相类似的标志图案、警报器或者标志灯具。警车、消防车、救护车、工程救险车应当严格按照规定的用途和条件使用。公路监督检查的专用车辆，应当依照公路法的规定，设置统一的标志和示警灯。

（၈） ရဲယာဉ်များ၊ မီးသတ်ယာဉ်များ၊ လူနာတင်ယာဉ်များနှင့် အင်ဂျင်နီယာ ကယ်ဆယ်ရေးယာဉ်များ အား သတ်မှတ်ချက်များနှင့်အညီအမှတ်အသားလိုဂိုပုံစံများခြယ်သမှုတ်ပေးခြင်း၊ သတိပေးကိရိယာများ တပ်ဆင်ခြင်း၊ အမှတ်အသားဆိုင်ရာယာဉ်မီးများကိုထားရှိသင့်သည်။ အခြားစက်တပ်ယာဉ်များအားအထက် ဖော်ပြပါယာဉ်များသီးသန့်အသုံးပြုသော၊သို့မဟုတ်၎င်းနှင့်ဆင်တူသောအမှတ်အသား လိုဂိုများ၊ သတိပေး ကိရိယာများသို့မဟုတ်အမှတ်အသားမီးများကို ခြယ်သမှုတ်ရန်၊ တပ်ဆင်ရန်၊အသုံးပြုရန်မပြုရပါ။ရဲယာဉ် များ၊ မီးသတ်ယာဉ်များ၊ လူနာတင်ယာဉ်များနှင့် အင်ဂျင်နီယာ ကယ်ဆယ်ရေးယာဉ်များသည် သက်ဆိုင်ရာ သတ်မှတ်ထားသောအသုံးပြုမှုများ၊ အခြေအနေများနှင့်အညီ တင်းကျပ်စွာ အသုံးပြုရမည်။ ယာဉ်လမ်းများ ကိုကြီးကြပ်စစ်ဆေးရန် သီးသန့်ယာဉ်များသည် ယာဉ်လမ်းရေးရာဥပဒေများ၏သတ်မှတ်ချက်များနှင့်အညီ တစ်ပေါင်းတစည်းတည်းရှိ ဆိုင်းဘုတ်အမှတ်အသားများနှင့် သတိပေးမီးများ တပ်ဆင်သင့်သည်။

（九）任何单位或者个人不得有下列行为：①拼装机动车或者擅自改变机动车已登记的结构、构造或者特征。②改变机动车型号、发动机号、车架号或者车辆识别代号。③伪造、变造或者使用伪造、变造的机动车登记证书、号牌、行驶证、检验合格标志、保险标志。④使用其他机动车的登记证书、号牌、行驶证、检验合格标志、保险标志。

（၇） မည်သည့် ဌာန သို့မဟုတ် တစ်ဦးတစ်ယောက်မှ အောက်ဖော်ပြပါအပြုအမူများကို မရှိရ။ （က） စက်တပ်ယာဉ်များကို တပ်ဆင်ခြင်း သို့မဟုတ် ခွင့်ပြုချက်မရှိဘဲ မှတ်ပုံတင်ထားသော စက်တပ်ယာဉ်များ၏

ဖွဲ့စည်းပုံ၊ ဖွဲ့စည်းတည်ဆောက်ပုံ သို့မဟုတ်ဝိသေသ လက္ခဏာများကို ပြောင်းလဲခြင်း၊ (ခ) စက်တပ်ယာဉ်အမျိုး အစားနံပါတ်၊ အင်ဂျင်နံပါတ်၊ ဖရိမ်နံပါတ် သို့မဟုတ် ယာဉ်သက်သေခံကုဒ်ကို ပြောင်းလဲခြင်း၊ (ဂ) စက်တပ်ယာ ဉ်မှတ်ပုံတင်လက်မှတ်များ၊ နံပါတ်ပြားများ၊ ယာဉ်မောင်းလိုင်စင်များ၊ စံချိန်မီစစ်ဆေးရေးအမှတ်အသားများ၊ အာမခံအမှတ်အသားများကို အတုပြုလုပ်ခြင်း၊ ပြောင်းလဲခြင်း သို့မဟုတ် အသုံးပြုခြင်း။(ဃ) အခြားယာဉ် မှတ်ပုံတင်လက်မှတ်များ၊ နံပါတ်ပြားများ၊ ယာဉ်မောင်းလိုင်စင်များ၊ စံချိန်မီစစ်ဆေးရေးအမှတ်အသားများ၊ အာမခံအမှတ်အသားများကို အသုံးပြုခြင်းဖြစ်သည်။

（十）国家实行机动车第三者责任强制保险制度，设立道路交通事故社会救助基金。具体办法由国务院规定。

(ည) နိုင်ငံတော်သည် စက်တပ်ယာဉ်များအတွက် တတိယတာဝန်ရှိသူမဖြစ်မနေ အာမခံစနစ်ကို အကောင်အထည်ဖော်ဆောင်ရွက်ပြီး လမ်းယာဉ်မတော်တဆမှုများအတွက် လူမှုကူညီရေးရန်ပုံငွေကို တည်ထောင်ခဲ့ပါသည်။ တိကျသောအစီအမံများကို နိုင်ငံတော်ကောင်စီမှ သတ်မှတ်ထားသည်။

（十一）依法应当登记的非机动车，经公安机关交通管理部门登记后，方可上道路行驶。依法应当登记的非机动车的种类，由省、自治区、直辖市人民政府根据当地实际情况规定。 非机动车的外形尺寸、质量、制动器、车铃和夜间反光装置，应当符合非机动车安全技术标准。

(ဋ)ဥပဒေအရမှတ်ပုံတင်ထားသင့်သောစက်မဲ့ယာဉ်များကို ပြည်သူ့လုံခြုံရေးဌာနရှိလမ်းပန်းဆက်သွယ်ရေး စီမံခန့်ခွဲမှုရုံးအဖွဲ့အစည်းများမှ မှတ်ပုံတင်ပြီးမှသာ လမ်းပေါ်တွင် မောင်းနှင်နိုင်မည်ဖြစ်သည်။ ဥပဒေနှင့် အညီ မှတ်ပုံတင်သင့်သောစက်မဲ့ယာဉ် အမျိုးအစားများကို ပြည်နယ်၊ ကိုယ်ပိုင်အုပ်ချုပ်ခွင့်ရ ဒေသနှင့်ဗဟိုမှ တိုက်ရိုက်အုပ်ချုပ်သောမြို့များ၏ပြည်သူ့အစိုးရများ မှ ဒေသခံအခြေအနေအရ သတ်မှတ်ပေးသည်။ စက်မဲ့ ယာဉ်များ၏ အသွင်သဏ္ဌာန် အရွယ်အစား၊ ထုထည်၊ ဘရိတ်ကိရိယာ၊ ခေါင်းလောင်းများနှင့် ညအချိန်ရောင် ပြန်ဟပ်တပ်ဆင်မှုများသည် စက်မဲ့ယာဉ်များအတွက် ဘေးကင်းရေးနည်းပညာဆိုင်ရာ စံနှုန်းများနှင့် ကိုက်ညီ ရမည်။

（十二）驾驶机动车，应当依法取得机动车驾驶证。申请机动车驾驶证，应当符合国务院公安部门规定的驾驶许可条件；经考试合格后，由公安机关交通管理部门发给相应类别的机动车驾驶证。持有境外机动车驾驶证的人，符合国务院公安部门规定的驾驶许可条件，经公安机关交通管理部门考核合格的，可以发给中国的机动车驾驶证。驾驶人应当按照驾驶证载明的准驾车型驾驶机动车；驾驶机动车时，应当随身携带机动车驾驶证。公安机关交通管理部门以外的任何单位或者个人，不得收缴、扣留机动车驾驶证。

(၄) စက်တပ်ယာဉ် မောင်းနှင်ရန်အတွက် စက်တပ်ယာဉ် မောင်းနှင်လိုင်စင်ကို ဉပဒေနှင့်အညီ ရရှိစေရ မည်။ စက်တပ်ယာဉ် မောင်းနှင်လိုင်စင် လျှောက်ထားရာတွင် နိုင်ငံတော် ကောင်စီ၏ ပြည်သူ့ လုံခြုံရေးဆိုင်ရာ ဌာနမှ သတ်မှတ် ထားသောမောင်းနှင်နိုင်ရန်အခြေအနေနှင့်ကိုက်ညီရမည် ဖြစ်ပြီး စာမေးပွဲ အောင်ပြီးနောက် ပြည်သူ့လုံခြုံရေးဌာနရှိလမ်းပန်းဆက်သွယ်ရေးစီမံခန့်ခွဲမှုရုံးအဖွဲ့အစည်းများမှ သက်ဆိုင်ရာ အမျိုးအစား အလိုက် စက်တပ်ယာဉ် မောင်းနှင် လိုင်စင် ထုတ်ပေးမည် ဖြစ်သည်။ ပြည်ပမှစက်တပ်ယာဉ် မောင်းနှင်လိုင်စင် ကိုင်ဆောင်ထားသူသည် နိုင်ငံတော် ကောင်စီ၏ ပြည်သူ့လုံခြုံရေး ဦးစီးဌာနမှ သတ်မှတ်သည့် ယာဉ်မောင်း နိုင်သည့် အခြေအနေများနှင့် ကိုက်ညီပြီး ပြည်သူ့လုံခြုံရေးဌာနရှိလမ်းပန်းဆက်သွယ်ရေးစီမံခန့်ခွဲမှုရုံးအဖွဲ့ အစည်းများမှစားမေးပွဲ အောင်မြင်ပြီး မှ တရုတ်နိုင်ငံစက်တပ်ယာဉ် မောင်းနှင်လိုင်စင်များထုတ်ပေးနိုင်သည်။ ယာဉ်မောင်းသည် ယာဉ်မောင်းလိုင်စင်တွင် ဖော်ပြထားသော မောင်းနှင်နိုင်ရန် ခွင့်ပြုသောအမျိုးအစားနှင့် အညီ စက်တပ်ယာဉ်ကိမောင်းနှင်ရမည်ဖြစ်ပြီးစက်တပ်ယာဉ်မောင်းနှင်ရာတွင် စက်တပ်ယာဉ် ယာဉ်မောင်း လိုင်စင်ကို ဆောင်ထားရမည်။ ပြည်သူ့လုံခြုံရေးဌာနရှိလမ်းပန်းဆက်သွယ်ရေးစီမံခန့်ခွဲမှုရုံးအဖွဲ့အစည်း များမှလွဲ၍ မည်သည့်ဌာနများ၊ မည်သည့်တစ်ယောက်တစ်ဦးမျှ စက်တပ်ယာဉ် မောင်းနှင်ခွင့်လိုင်စင်ကို သိမ်းဆည်းခြင်း သို့မဟုတ်ဖမ်းဆီးသိမ်းယူခြင်းမပြုရ။

（十三）机动车的驾驶培训实行社会化，由交通运输主管部门对驾驶培训学校、驾驶培训班实行备案管理，并对驾驶培训活动加强监督，其中专门的拖拉机驾驶培训学校、驾驶培训班由农业（农业机械）主管部门实行监督管理。驾驶培训学校、驾驶培训班应当严格按照国家有关规定，对学员进行道路交通安全法律、法规、驾驶技能的培训，确保培训质量。任何国家机关以及驾驶培训和考试主管部门不得举办或者参与举办驾驶培训学校、驾驶培训班。

(၃) စက်တပ်ယာဉ် မောင်းနှင်ခြင်းသင်တန်းကို လူမှုဆက်ဆံရေးဆောင်ရွက်ကာ သယ်ယူပို့ဆောင် ရေးတာဝန်ယူစီမံခန့်ခွဲရေးဌာနသည် ယာဉ်မောင်းလေ့ကျင့်ရေးကျောင်းများနှင့် ယာဉ်မောင်းလေ့ကျင့် ရေးသင်တန်းများ၏ မှတ်တမ်းတင်သွင်းခြင်းဆိုင်ရာ စီမံခန့်ခွဲမှုကို အကောင်အထည်ဖော်ဆောင်ရွက်ကာ ယာဉ်မောင်းလေ့ကျင့်ရေး လုပ်ငန်းများကို ကြီးကြပ်ကွပ်ကဲမှု အားကောင်းစေရန်ဆောင်ရွက်သည်။ ၎င်းတို့အနက်သီးသန့်ထော်လာဂျီမောင်းနှင်ရန်လေ့ကျင့်ရေးကျောင်းများနှင့် ယာဉ်မောင်းသင်တန်း များကို စိုက်ပျိုးရေးတာဝန်ယူစီမံခန့်ခွဲရေးဌာန (လယ်ယာသုံး စက်ယန္တရား) များမှ ကြီးကြပ် စီမံဆောင်ရွက်

သည်။ ယာဉ်မောင်းလေ့ကျင့်ရေးကျောင်းများနှင့် ယာဉ်မောင်းလေ့ကျင့်ရေးသင်တန်းများကို နိုင်ငံတော်၏ သက်ဆိုင်ရာသတ်မှတ်ချက်များနှင့်အညီ လေ့ကျင့်ရေးအရည်အသွေးကိုသေချာစေရန်သင်တန်းသားများအား လမ်းအန္တရာယ်ကင်းရှင်းရေး ဥပဒေ၊ စည်းမျဉ်းစည်းကမ်းများနှင့် ယာဉ်မောင်းကျွမ်းကျင်မှုသင်တန်းများ ပို့ချပေးရမည်။ မည်သည့်နိုင်ငံတော်ရုံးဌာန နှင့် ယာဉ်မောင်းသင်တန်းနှင့် စာမေးပွဲစစ်ရန်တာဝန်ယူစီမံခန့်ခွဲမှုဌာနမှျ ယာဉ်မောင်းသင်တန်းကျောင်းများ ၊ ယာဉ်မောင်းလေ့ကျင့်ရေးသင်တန်းများ ကျင်းပခြင်း သို့မဟုတ် ပါဝင်ခြင်းမပြုရ။

（十四）驾驶人驾驶机动车上道路行驶前，应当对机动车的安全技术性能进行认真检查；不得驾驶安全设施不全或者机件不符合技术标准等具有安全隐患的机动车。

(ဎ) စက်တပ်ယာဉ်အား လမ်းပေါ်တွင် မောင်းနှင်ခြင်းမပြုခင် ယာဉ်မောင်းသည် စက်တပ်ယာဉ်၏ ဘေးကင်းရေးနှင့် နည်းပညာပိုင်းဆိုင်ရာ စွမ်းဆောင်ရည်ကို ဂရုတစိုက် စစ်ဆေးရမည်၊ ဘေးအန္တရာယ်ကင်းရှင်းရေးဆိုင်ရာ အထောက်အကူပစ္စည်းများ မပြည့်စုံမှု သို့မဟုတ် စက်ပိုင်းဆိုင်ရာ အစိတ်အပိုင်းများနည်းပညာဆိုင်ရာစံနှုန်းများနှင့်မကိုက်ညီသောအန္တရာယ် ဖြစ်နိုင်ခြေရှိသော စက်တပ်ယာဉ်ကို မောင်းနှင်ခြင်းမပြုရ။

（十五）机动车驾驶人应当遵守道路交通安全法律、法规的规定，按照操作规范安全驾驶、文明驾驶。饮酒、服用国家管制的精神药品或者麻醉药品，或者患有妨碍安全驾驶机动车的疾病，或者过度疲劳影响安全驾驶的，不得驾驶机动车。任何人不得强迫、指使、纵容驾驶人违反道路交通安全法律、法规和机动车安全驾驶要求驾驶机动车。

(ဏ)စက်တပ်ယာဉ် မောင်းနှင်သူများသည် လမ်းအန္တရာယ် ကင်းရှင်းရေး ဥပဒေ နှင့် စည်းမျဉ်းများ ပါ သတ်မှတ်ချက်များကို လိုက်နာသင့်ပြီး ဆောင်ရွက်မှု စံချိန်စံညွှန်းများ နှင့်အညီ လုံခြုံ ယဉ်ကျေးစွာ မောင်းနှင်ရမည်။ အရက်သေစာသောက်စားခြင်း၊ နိုင်ငံတော်မှထိန်းချုပ်ထားသော စိတ်ကိုပြောင်းလဲစေသောဆေးဝါးများ သို့မဟုတ် မူးယစ်ဆေးဝါးများ သုံးစွဲခြင်း၊ သို့မဟုတ် စက်တပ်ယာဉ်အန္တရာယ်ကင်းရှင်းစွာ မောင်းနှင်ခြင်းကို အဟန့်အတားဖြစ်စေသော ရောဂါရှိသူများ သို့မဟုတ် အန္တရာယ်ကင်းစွာ မောင်းနှင်မှုအား ထိခိုက်စေသော မောပန်းလွန်းသူများကို စက်တပ်ယာဉ် မောင်းနှင်ခွင့်မပြုပါ။ မည်သူမျှမဆို လမ်းအန္တရာယ်ကင်းရှင်းရေးဥပဒေ၊ စည်းမျဉ်းစည်းကမ်းများနှင့် စက်တပ်ယာဉ်ဘေးကင်းရေး မောင်းနှင်မှုဆိုင်ရာ သတ်မှတ်ချက်များကို ချိုးဖောက်ကာ စက်တပ်ယာဉ်မောင်းနှင်ရန် ယာဉ်မောင်းအား တင်းကြပ်ခြင်း၊ သွေးထိုးလှုံ့ဆော်ခြင်း သို့မဟုတ် အားပေးအားမြှောက်ခြင်းမပြုရ။

（十六）公安机关交通管理部门依照法律、行政法规的规定，定期对机动车驾驶证实施审验。

（တ）ပြည်သူ့လုံခြုံရေးဌာနရှိလမ်းပန်းဆက်သွယ်ရေးစီမံခန့်ခွဲမှုရုံးအဖွဲ့အစည်းများသည် ဥပဒေများ၊ အုပ်ချုပ်ရေးဆိုင်ရာ နည်းဥပဒေများ၏ သတ်မှတ်ချက်များနှင့်အညီစက်တပ်ယာဉ် မောင်းနှင်လိုင်စင်များကို ပုံမှန်စစ်ဆေး စိစစ်ရမည်။

（十七）公安机关交通管理部门对机动车驾驶人违反道路交通安全法律、法规的行为，除依法给予行政处罚外，实行累积记分制度。[9]公安机关交通管理部门对累积记分达到规定分值的机动车驾驶人，扣留机动车驾驶证，对其进行道路交通安全法律、法规教育，重新考试；考试合格的，发还其机动车驾驶证。对遵守道路交通安全法律、法规，在一年内无累积记分的机动车驾驶人，可以延长机动车驾驶证的审验期。具体办法由国务院公安部门规定。

（ထ）ပြည်သူ့လုံခြုံရေးဌာနရှိလမ်းပန်းဆက်သွယ်ရေးစီမံခန့်ခွဲမှုရုံးအဖွဲ့အစည်းများသည် ယာဉ် အန္တရာယ်ကင်းရှင်းရေးဆိုင်ရာ ဥပဒေနှင့် စည်းမျဉ်းစည်းကမ်းများကို ဖောက်ဖျက်ကျူးလွန်သည့် ယာဉ်မောင်း များ၏အပြုအမူအား ဥပဒေနှင့်အညီ အုပ်ချုပ်ရေးအရေးယူရန်ပြုသည့်အပြင် အလီလီပေါင်းအမှတ်ပေးစနစ် ဖြင့် ဆောင်ရွက်ရမည်။ ပြည်သူ့လုံခြုံရေးဌာနရှိလမ်းပန်းဆက်သွယ်ရေးစီမံခန့်ခွဲမှုရုံးအဖွဲ့အစည်းများသည် သတ်မှတ်တန်ဖိုးအတိုင်း အလီလီပေါင်းထားသော အမှတ်များပြည့်သွားသော စက်တပ်ယာဉ် ယာဉ်မောင်း များအတွက် စက်တပ်ယာဉ် ယာဉ်မောင်းလိုင်စင်ကို သိမ်းဆည်းထားသည်။ ၎င်းအတွက် လမ်းအန္တရာယ် ကင်း ရှင်းရေး ဥပဒေနှင့် စည်းမျဉ်းစည်းကမ်းများကို အသိပညာပေးကာ စားမေးပွဲပြန်လည်စစ်ရမည်။ စားမေးပွဲ အောင်မြင်လျှင် ၎င်း၏ စက်တပ်ယာဉ် ယာဉ်မောင်းလိုင်စင်ကို ပြန်လည်ပေးအပ်ပါသည်။ယာဉ်အန္တရာယ်ကင်း ရှင်းရေး ဥပဒေနှင့် စည်းကမ်းများကို လိုက်နာပြီး တစ်နှစ်အတွင်း အမှတ်များ စုဆောင်းထားခြင်း မရှိသော စက် တပ်ယာဉ် ယာဉ်မောင်းများအတွက် စက်တပ်ယာဉ် မောင်းနှင် လိုင်စင် စစ်ဆေးခြင်း ကာလကို သက်တမ်းတိုး နိုင်သည်။ နိုင်ငံတော်ကောင်စီလက်အောက်ရှိ ပြည်သူ့လုံခြုံရေးဌာနမှ တိကျသော အစီအမံများကို သတ်မှတ် ရန်ဆောင်ရွက်ပါသည်။

二、道路通行条件
၂။ လမ်းသွားလာရေးအခြေအနေ

（一）中国实行统一的道路交通信号。交通信号包括交通信号灯、交通标志、交通标线和交通警察的指挥。交通信号灯、交通标志、交通标线的设置应当符合道路交通安全、畅通的要求和国家标准，并保持清晰、醒目、准确、完好。根据通行需要，应当及时增设、调换、更新道路交通信号。增设、调换、更新限制性的道路交通信号，应当提前向社会公告，广泛进行宣传。

(က) တရုတ်နိုင်ငံသည် တစ်ပေါင်းတစ်စည်းတည်းလမ်းပန်းဆက်သွယ် ရေး မီးပွိုင့်များ၊ဆိုင်းဘုတ်များ စသည့် အချက်ပြမှုများကိုအကောင်အထည် ဖော်ဆောင်ရွက်သည်။ ၎င်းတို့တွင် လမ်းပန်းဆက်သွယ်ရေး အချက်ပြမီးများ၊ လမ်းပန်းဆက်သွယ်ရေးအမှတ်အသားဆိုင်းဘုတ်များ၊ လမ်းပန်းဆက်သွယ် ရေး အမှတ်အသားမျဉ်းများနှင့်ယာဉ်ထိန်းရဲများ၏ ညွှန်ကြားချက်များပါဝင်သည်။ အချက်ပြမီးများ၊အမှတ်အသားဆိုင်းဘုတ် များ နှင့်အမှတ်အသားမျဉ်း များကို တပ်ဆင်ခြင်းသည် လမ်းအန္တရာယ်ကင်းရှင်း ရေးနှင့် ချောမွေ့စွာ စီးဆင်း နိုင်ရေးနှင့် နိုင်ငံတော် စံချိန်စံညွှန်းများ၏ လိုအပ်ချက်များနှင့် ကိုက်ညီပြီး ရှင်းလင်းပြတ်သားခြင်း၊ မြင်သာ ထင်သာခြင်း၊ တိကျမှန်ကန်ခြင်း၊ ပြည့်စုံခြင်းစသည်များကိုကောင်းစွာထိန်းသိမ်းထားရှိရ မည်။ ယာဉ်အသွား အလာ လိုအပ်ချက်အရလမ်းပန်းဆက်သွယ်ရေးအချက်ပြ မှု များကိုအချိန်မီ အသစ်တိုးတပ်ခြင်း၊ အစားထိုး ခြင်း၊ အသစ်ပြောင်းလဲ ခြင်းများ ပြုလုပ်ရမည်။ ကန့်သတ်နှင့်ပတ်သက်သောလမ်းပန်းဆက်သွယ်ရေး အချက်ပြ မှုများကို အသစ်တိုးတပ်ခြင်း၊ အစားထိုးခြင်း၊ အသစ်ပြောင်းလဲ ခြင်းများ၊ မပြုလုပ်ခင် အများပြည် သူ့သို့ ကြိုတင်အသိပေးကြေညာပြီး ကျယ်ပြန့် အောင် သိရှိစေရန် သတင်းဖြန့်ခြင်းပြုလုပ်ရမည်

（二）交通信号灯由红灯、绿灯、黄灯组成。红灯表示禁止通行，绿灯表示准许通行，黄灯表示警示。

(၂) လမ်းပန်းဆက်သွယ်ရေးအချက်ပြမီးများတွင် မီးနီ၊ မီးစိမ်းနှင့် မီးဝါများဖြင့်ဖွဲ့စည်းထားသည်။ မီးနီ သည် ဖြတ်သန်းသွားလာရန် မပြုရဆိုလို သည်။ မီးစိမ်းသည် ဖြတ်သန်းသွားလာရန်ပြုလုပ်နိုင်းခြင်းဆိုလိုပြီးမီး ဝါသည် သတိပေးရန် ဆိုလိုသည်။

（三）铁路与道路平面交叉的道口，应当设置警示灯、警示标志或者安全防护设施。无人看守的铁路道口，应当在距道口一定距离处设置警示标志。

(ဂ) မီးရထားလမ်းနှင့် ယာဉ်လမ်းဆုံသည့်သံလမ်းဆုံတွင် သတ်ပေး အချက်ပြမီးများ၊ သတ်ပေး အမှတ်အသားဆိုင်းဘုတ်များ သို့မဟုတ် ဘေးကင်းရန် အကာအကွယ်ပစ္စည်းများကို တပ်ဆင်ထားရမည်။ အစောင့်မဲ့ မီးရထားသံလမ်းဆုံအတွက် သံလမ်းဆုံနှင့်အတည်တကျထားသော အကွာ အဝေးတွင် သတ်ပေး အမှတ်အသားဆိုင်းဘုတ်များ တပ်ဆင်ထားရမည်။

（四）任何单位和个人不得擅自设置、移动、占用、损毁交通信号灯、交通标志、交通标线。道路两侧及隔离带上种植的树木或者其他植物，设置的广告牌、管线等，应当与交通设施保持必要的距离，不得遮挡路灯、交通信号灯、交通标志，不得妨碍安全视距，不得影响通行。

(ဃ) မည်သည့်ဌာနသို့မဟုတ်တစ်ဦးချင်းစီမဆို ခွင့်ပြုချက်မရှိလျှင် လမ်းပန်းဆက်သွယ်ရေးအချက်ပြမီး များ၊ လမ်းပန်းဆက်သွယ်ရေးအမှတ်အသား ဆိုင်းဘုတ်များ၊ လမ်းပန်းဆက်သွယ်ရေးအမှတ်အသားမျဉ်း များကို တပ်ဆင်ခြင်း၊ ရွှေ့ပြောင်းခြင်း၊ သိမ်းပိုက်ခြင်း ပျက်စီးခြင်းမပြုရ။ လမ်း၏တစ်ဖက်တစ်ချက်စီနှင့် အကာအကွယ်ရေဟယာတွင် စိုက်ပျိုးထားသည့် သစ်ပင်များ သို့မဟုတ် အခြားအပင်များ၊ တပ်ဆင်ထားသည့် ကြော်ငြာဘုတ် များ၊ ပိုက်လိုင်းများ စသည်များသည် လမ်းပန်းဆက်သွယ်ရေးပစ္စည်းများ အဆောင်အအုံများ နှင့်လိုအပ်သောအကွာအဝေးထိန်းသိမ်းထားရမည်။လမ်းမီး များ၊ လမ်းပန်းဆက်သွယ်ရေးအချက်ပြမီးများ၊ လမ်းပန်းဆက်သွယ်ရေး အမှတ်အသားဆိုင်းဘုတ်များကိုအကာအရံမပြုရ။ဘေးကင်းသောမြင်ကွင်းအ နှောက်အယှက်မပေးစေရ။လမ်းပန်းဆက်သွယ်ရေးမထိခိုက်စေရ။

（五）道路、停车场和道路配套设施的规划、设计、建设，应当符合道路交通安全、畅通的要求，并根据交通需求及时调整。公安机关交通管理部门发现已经投入使用的道路存在交通事故频发路段，或者停车场、道路配套设施存在交通安全严重隐患的，应当及时向当地人民政府报告，并提出防范交通事故、消除隐患的建议，当地人民政府应当及时作出处理决定。

(င) လမ်းများ၊ ယာဉ်ရပ်နားရန်နေရာများနှင့် လမ်းအထောက်အကူပြု အဆောက်အအုံများ၏စီမံကိန်း ရေးဆွဲခြင်း၊ ဒီဇိုင်းခြင်းနှင့် ဖောက်လုပ်ခြင်း များသည် လမ်းအန္တရာယ်ကင်းရှင်းရေးနှင့် ချောမွေ့စွာစီးဆင်း နိုင်ရေး လိုအပ်ချက်များနှင့် ကိုက်ညီပြီး ယာဉ်သွားလာမှု လိုအပ်ချက်အရ အချိန်မီ ပြန်လည်စီစဉ်သင့်သည် ။ ပြည်သူ့လုံခြုံရေးဌာနရှိ လမ်းပန်းဆက်သွယ်ရေးစီမံခန့်ခွဲမှုရုံးအဖွဲ့အစည်းများသည် အသုံးပြုနေသော လမ်းတွင် မကြာခဏ ယာဉ်မတော်တဆမှုဖြစ်ပွားသည့်လမ်းပိုင်း သို့မဟုတ် ယာဉ်ရပ်နားရန်နေရာ သို့မဟုတ်

လမ်းအထောက်အကူပြုသည့် အဆောက်အအုံများတွင် ယာဉ်အန္တရာယ်ကင်းရှင်းရေးဆိုင်ရာ ဗုက်ထားသော အန္တရာယ်များ ရှိနေကြောင်း တွေ့ရှိလျှင် ဒေသန္တရအစိုးရထံသို့ အစီရင်ခံတင်ပြပြီးယာဉ်မတော်တဆမှုများ တားဆီးကာကွယ်ရန် နှင့် လျှို့ဝှက်အန္တရာယ်များ ပပျောက်စေရန်အတွက် အကြံပြုတင်ပြပြီး ဒေသန္တရအစိုးရ မှ အချိန်မီဖြေရှင်းရန် ဆုံးဖြတ်ချက်ချရမည်။

（六）道路出现坍塌、坑漕、水毁、隆起等损毁或者交通信号灯、交通标志、交通标线等交通设施损毁、灭失的，道路、交通设施的养护部门或者管理部门应当设置警示标志并及时修复。公安机关交通管理部门发现前款情形，危及交通安全，尚未设置警示标志的，应当及时采取安全措施，疏导交通，并通知道路、交通设施的养护部门或者管理部门。

(စ) လမ်းပြိုကျခြင်း၊ တွင်းဖြစ်ခြင်း၊ ရေများပျက်စီးခြင်း၊ မိုမောက်ခြင်းများ စသည်တို့ကြောင့် ပျက်စီးပြီး သို့မဟုတ်လမ်းပန်းဆက်သွယ်ရေးအချက်ပြမီးများ၊လမ်းပန်းဆက်သွယ်ရေးအမှတ်အသားများ နှင့် လမ်းပန်းဆက်သွယ်ရေးအမှတ်အသားမျဉ်းစသည့်ယာဉ်အဆောက်အအုံများ ပျက်ဆီးခြင်း၊ ပျောက်ဆုံး ခြင်းဖြစ်လျှင်သက်ဆိုင်ရာ လမ်းနှင့်လမ်းအဆောက်အအုံပြုပြင်ထိန်းသိမ်းရေးဌာန သို့မဟုတ် စီမံခန့်ခွဲရေး ဌာနများသည် သတိပေးဆိုင်းဘုတ်များတပ်ထားပြီးအချိန်မီကောင်းမွန်အောင်ပြုပြင်ရမည်။ ပြည်သူလုံခြုံရေး ဌာနရှိလမ်းပန်းဆက်သွယ်ရေးစီမံခန့်ခွဲမှုရုံးအဖွဲ့အစည်းများသည် ယာဉ်အန္တရာယ်ကင်းရှင်းရေးထိခိုက်စေ သည့်အထက်ဖော်ပြပါ အခြေအနေကို တွေ့ရှိလျှင် ယာဉ်အန္တရာယ် ကင်းရှင်းရေးနှင့် သတိပေး ဆိုင်းဘုတ်များ တပ်ဆင်ခြင်းမပြုသေးလျှင် အန္တရာယ်ကင်းရှင်းရေး အစီအမံများကို အချိန်မီ ဆောင်ရွက်ရမည်ဖြစ်ပြီး ယာဉ် အသွားအလာများချောမွေ့စီးဆင်းရန်ပြုလုပ်ပြီးသက်ဆိုင်ရာလမ်း၊လမ်းပန်းဆက်သွယ်ရေးအဆောက်အအုံ ပြုပြင်ထိန်းသိမ်းရေးဌာန သို့မဟုတ် လမ်းစီမံခန့်ခွဲရေးဌာနသို့ အကြောင်းကြားရန်ပြုလုပ်သင့်သည်။

（七）因工程建设需要占用、挖掘道路，或者跨越、穿越道路架设、增设管线设施，应当事先征得道路主管部门的同意；影响交通安全的，还应当征得公安机关交通管理部门的同意。施工作业单位应当在经批准的路段和时间内施工作业，并在距离施工作业地点来车方向安全距离处设置明显的安全警示标志，采取防护措施；施工作业完毕，应当迅速清除道路上的障碍物，消除安全隐患，经道路主管部门和公安机关交通管理部门验收合格，符合通行要求后，方可恢复通行。对未中断交通的施工作业道路，公安机关交通管理部门应当加强交通安全监督检查，维护道路交通秩序。

(ဆ) စီမံကိန်းတည်ဆောက်ရန် လိုအပ်ချက်များအရ ပိုက်လိုင်းများ သက်ဆိုင်ရာစိုက်ထူရန် သို့မဟုတ် တိုး

ချဲ့စိုက်ထူရန်အတွက် လမ်းကို သိမ်းပိုက် ခြင်း၊ တူးဖော်ခြင်း သို့မဟုတ်လမ်းကျော်လွှာခြင်း၊ ဖြတ်ကူးခြင်း များပြုလုပ်မည်ဆိုလျှင် လမ်းစီမံခန့်ခွဲရေးဌာန၏ သဘောတူညီချက်ကို ကြိုတင်ရယူ ရ မည်။ဆောက်လုပ် ရေးဌာနသည် ခွင့်ပြုခြင်းရှိသောလမ်းအပိုင်းနှင့်အချိန်အတွင်း ဆောင်လုပ်ရေးဆောင်ရွက်ရမည်ဖြစ်ပြီး ဆောက်လုပ်ရေးလုပ်ငန်းခွင်၏ယာဉ်လာသောဦးတည်ရာဘေးကင်းအကွာအဝေးတွင်ထင်ရှားသောဘေးကင်း ရေးသတိပေးဆိုင်ဘုတ်များ တပ်ဆင်ကာ အကာအကွယ်အစီအမံများကို ဆောင်ရွက်ရမည်။ ဆောက်လုပ် ရေးလုပ်ငန်းများ ပြီးစီးလျှင် လမ်းအန္တရာယ်ကင်းရှင်းစေရန်အတွက် အတားအဆီးများ၊ အမြန်ရှင်းလင်းရ မည်ဖြစ်ပြီး လမ်းစည်းကမ်းထိန်းသိမ်းရေးဌာနနှင့် ပြည်သူ့လုံခြုံရေးဌာနရှိလမ်းပန်းဆက်သွယ်ရေးစီမံခန့်ခွဲ ရေးဌာန စစ်ဆေးလက်ခံပြီး ယာဉ်သွားလာနိုင်သောအခြေအနေများနှင့် ကိုက်ညီမှသာ ယာဉ်ပြန်လည်စတင် ဖြတ်သန်းနိုင်မည် ဖြစ်သည်။ဖောက်လုပ်ထားသည့် လမ်းများတွင် ယာဉ်သွားလာရေးပြတ်တောက်မှု မရှိလျှင် ပြည်သူ့ လုံခြုံရေးဌာနရှိ လမ်းပန်းဆက်သွယ်ရေး စီမံခန့်ခွဲမှု ဌာနမှ ယာဉ် အသွားအလာအန္တရာယ် ကင်းရှင်း ရေး ကြီးကြပ်ကွပ်ကဲရန် အား ဖြည့်စေကာ လမ်းစည်းကမ်း ထိန်းသိမ်းမှု ကာကွယ်ထိန်းသိမ်းရန်ဆောင်ရွက်ရ မည်။

（八）新建、改建、扩建的公共建筑、商业街区、居住区、大（中）型建筑等，应当配建、增建停车场；停车泊位不足的，应当及时改建或者扩建；投入使用的停车场不得擅自停止使用或者改作他用。在城市道路范围内，在不影响行人、车辆通行的情况下，政府有关部门可以施划停车泊位。

(ဆ) အများပိုင် အဆောက်အအုံများ၊ စီးပွားရေးရပ်ကွက်များ၊ လူနေရပ်ကွက်များ၊ အကြီးစား (အလတ်စား) အဆောက်အအုံများ စသည်တို့ကို အသစ်ဆောက်လုပ်ရန်၊ ပြုပြင်ဆောက်လုပ်ရန် သို့မဟုတ်တိုး ချဲ့ဆောင်လုပ်ရန်ဆောင်ရွက်မည်ဆိုလျှင် ယာဉ်ရပ်နားရန်နေရာများဆောက် ပေးခြင်း သို့မဟုတ်တိုး၍ဆောက် ပေးခြင်းဆောင်ရွက်သင့်သည်။ ယာဉ်ရပ်နား ရန်နေရာ မလုံလောက်လျှင်အချိန်မီ ပြန်လည်ဆောက်လုပ်ရ မည် သို့မဟုတ်၊ ချဲ့ထွင်ဆောက်လုပ်ရမည်။ အသုံးပြုနေသည့် ယာဉ်ရပ်နားရန်နေရာများကို ခွင့်ပြုချက်မရှိ ဘဲ အသုံးပြုခြင်းကို ရပ်တန့်ခြင်း သို့မဟုတ် အခြားရည်ရွယ်ချက်များအတွက် အသုံးပြုခြင်းမပြုရ။ မြို့တွင်း လမ်းများ နယ်ပယ်အတွင်းသက်ဆိုင်ရာ အစိုးရဌာနများမှ လမ်းသွားလမ်းလာများနှင့် ယာဉ်များဖြတ်သန်း သွားလာမှု ကို မထိခိုက်စေဘဲ ယာဉ်ရပ်နားရန်နေရာများ စီမံပေးနိုင်သည်

（九）学校、幼儿园、医院、养老院门前的道路没有行人过街设施的，应当施划人行横道线，设置提示标志。城市主要道路的人行道，应当按照规划设置盲道。盲道的设置应当符合国家标准。

（၆） ကျောင်း၊ သူငယ်တန်း၊ ဆေးရုံ၊ ဘိုးဘွားရိပ်သာ ရှေ့လမ်းများတွင် လူကူးရန်တပ်ဆင်မှုများ မရှိလျှင် လူကူးမျဉ်းကြောင်းများ ရေးဆွဲကာ သတိပေး ဆိုင်းဘုတ်များ စိုက်ထူပေးရမည်။ မြို့တွင်းရှိ အဓိကလမ်းမကြီးများ၏ လမ်းသွားလမ်းများကို မျက်မမြင်လမ်းများအတွက် စီစဉ်ထားသည့်အတိုင်း ထားရှိရမည်။ မျက်မမြင် လမ်းများ တပ်ဆင်ခြင်းသည် နိုင်ငံတော် စံနှုန်းများနှင့် ကိုက်ညီရမည်။

三、道路通行规定
၃။ လမ်းသွားလာရန်စည်းကမ်းသတ်မှတ်ချက်

（一）机动车、非机动车实行右侧通行。

（က） စက်တပ်ယာဉ်နှင့် စက်မဲ့ ယာဉ်များသည် ညာဘက်သို့ ဖြတ်သန်းရမည်။

（二）根据道路条件和通行需要，道路划分为机动车道、非机动车道和人行道的，机动车、非机动车、行人实行分道通行。没有划分机动车道、非机动车道和人行道的，机动车在道路中间通行，非机动车和行人在道路两侧通行。

（ခ） လမ်းအခြေအနေနှင့် ယာဉ်သွားလာရေးလိုအပ်ချက်အရ လမ်းကို စက်တပ်ယာဉ်သွားလမ်း၊ စက်မဲ့ ယာဉ်သွားလမ်းနှင့်လူသွားလမ်းများ ခွဲခြားထားလျှင် စက်တပ်ယာဉ်များ၊ စက်မဲ့ယာဉ်များနှင့်လမ်းသွားလမ် လာ များသည် လမ်းခွဲခြားပြီး ဖြတ်သန်းသွားရန်ဆောင်ရွက်ရမည်ဖြစ်သည်။ စက်တပ်ယာဉ်သွားလမ်း၊ စက်မဲ့ ယာဉ်သွားလမ်းနှင့်လူသွားလမ်းများ ခွဲခြားခြင်းမရှိလျှင် စက်တပ်ယာဉ်များလမ်းအလယ်တွင် ဖြတ်သန်းသွား မည် ဖြစ်ပြီးစက်မဲ့ယာဉ်များနှင့်လမ်းသွားလမ်းလာများသည်လမ်းတစ်ဖက်တစ်ချက် စီတွင် ဖြတ်သန်းသွားရ မည်ဖြစ်သည်။

（三）道路划设专用车道的，在专用车道内，只准许规定的车辆通行，其他车辆不得进入专用车道内行驶。

（ဂ） သီးသန့်ယာဉ်သွားလမ်းထားရှိလျှင် သတ်မှတ်ထားသော ယာဉ်များကိုသာ သီးသန့်ယာဉ်သွားလမ်း အတွင်း တွင် ဖြတ်သန်းခွင့်ရှိပြီး အခြားယာဉ်များကို သီးသန့်ယာဉ်သွားလမ်းတွင် မောင်းနှင်ခွင့်မရှိပါ။

（四）车辆、行人应当按照交通信号通行；遇有交通警察现场指挥时，应当按照交通警察的指挥通行；在没有交通信号的道路上，应当在确保安全、畅通的原则下通行。

(ဃ) ယာဉ်များနှင့် လမ်းသွားလမ်းလာများသည် လမ်းပန်းဆက်သွယ်ရေး အချက်ပြအတိုင်း ဖြတ်သန်း သွားသင့်သည်။ ယာဉ်ထိန်းရဲများရှိလျှင် ယာဉ်ထိန်းရဲများ၏ ညွှန်ကြားချက်ကိုလိုက်နာသင့်သည်။ လမ်းပန်း ဆက်သွယ် ရေးအချက်ပြ မရှိသည့် လမ်းများပေါ်တွင် ဘေးအန္တရာယ်ကင်းရှင်းရေး၊ ချောမွေ့စွာစီးဆင်း ရေး သေချာရန်နိယာမအရ ဖြတ်သန်းသွားသင့်သည်။

（五）公安机关交通管理部门根据道路和交通流量的具体情况，可以对机动车、非机动车、行人采取疏导、限制通行、禁止通行等措施。遇有大型群众性活动、大范围施工等情况，需要采取限制交通的措施，或者作出与公众的道路交通活动直接有关的决定，应当提前向社会公告。

(c) ပြည်သူ့လုံခြုံရေးဌာနရှိ လမ်းပန်းဆက်သွယ်ရေး စီမံခန့်ခွဲမှုရုံးအဖွဲ့အစည်းဌာနသည် လမ်းနှင့် ယာဉ် သွားလာရေးစီးဆင်းမှု အခြေအနေများနှင့်အညီ စက်တပ်ယာဉ်သွားလမ်း၊ စက်မဲ့ယာဉ်သွားလမ်း၊ လမ်း သွားလမ်းလာများအား ခွဲ၍သွားလာရန်လုပ်ဆောင်ခြင်း၊ ဖြတ်သန်းသွားလာရန်ကန့်သတ် ခြင်း သို့မဟုတ် ဖြတ်သန်းသွားလာရန် တားမြစ်ခြင်းဆောင်ရွက်နိုင်သည်။ အကြီးစား ပြည်သူလူထု လှုပ်ရှားမှု၊ အကြီးအကျယ် ဆောက်လုပ်မှု စသည့်အခြေအနေကြုံတွေ့မည်ဆိုလျှင် ယာဉ်သွားလာရေးကန့်သတ်ခြင်း၊ သို့မဟုတ် အများ ပြည်သူ၏ လမ်းပန်းဆက်သွယ်ရေးနှင့် တိုက်ရိုက်သက်ဆိုင်သည့်ဆုံးဖြတ်ချက်များချရန် လိုအပ်ပြီး အများ ပြည်သူသို့ ကြိုတင်ကြေညာရမည်။

（六）遇有自然灾害、恶劣气象条件或者重大交通事故等严重影响交通安全的情形，采取其他措施难以保证交通安全时，公安机关交通管理部门可以实行交通管制。

(ဆ) သဘာဝဘေးအန္တရာယ်များ၊ ရာသီဥတုဆိုးရွားခြင်း သို့မဟုတ် ကြီးမားသော ယာဉ်မတော်တဆ မှုများစသည့်ယာဉ်အန္တရာယ်ကင်းရှင်းရေးကို ပြင်းထန်စွာ ထိခိုက်စေသည့်အခြေအနေများကြုံတွေ့လျှင် အခြား အစီအမံများကို ဆောင်ရွက် ရာတွင်ယာဉ်အန္တရာယ်ကင်းရှင်းရေး အာမခံစေရန်အတွက် ခက်ခဲလျှင် ပြည်သူ့လုံခြုံရေးဌာနရှိ လမ်းပန်း ဆက်သွယ်ရေးစီမံခန့်ခွဲမှုရုံးအဖွဲ့အစည်းများသည် လမ်းပန်းဆက်သွယ်ရေး ထိန်းသိမ်းကြီးကြပ်မှုကိုဆောင်ရွက်ပေးနိုင်သည်။

（七）机动车上道路行驶，不得超过限速标志标明的最高时速。在没有限速标志的路段，应当保持安全车速。夜间行驶或者在容易发生危险的路段行驶，以及遇有沙尘、冰雹、雨、雪、雾、结冰等气象条件时，应当降低行驶速度。

(ဈ) လမ်းပေါ်တွင် မောင်းနှင်နေသည့် မော်တော်ယာဉ်များသည် အမြန်နှုန်းကန့်သတ် ဆိုင်းဘုတ်တွင်

ဖော်ပြထားသည့်အမြင့်ဆုံး အမြန်နှုန်းထက် မကျော်လွန်စေရ။အမြန်နှုန်းကန့်သတ် ဆိုင်းဘုတ်များ မပါသော လမ်းများတွင် အန္တရာယ်ကင်းသော အမြန်နှုန်းကို ထိန်းသိမ်း ထားသင့်သည်။ ညဘက် သို့မဟုတ် အန္တရာယ် များလွယ်ကူစွာဖြစ်ပွားနိုင်သော လမ်းပိုင်းများတွင်မောင်းနှင်ခြင်းနှင့် မောင်းနှင်သည့်အခါ သဲ၊ မိုးသီး၊ မိုး၊ နှင်း၊ မြူနှင့် ရေခဲစသည် ရာသီဥတု အခြေအနေများနှင့် ကြုံတွေ့ရသည့်အချိန် မောင်းနှင်သည့် အရှိန်ကို လျှော့ချ သင့်သည်။

（八）同车道行驶的机动车，后车应当与前车保持足以采取紧急制动措施的安全距离。有下列情形之一的，不得超车：①前车正在左转弯、掉头、超车的。②与对面来车有会车可能的。③前车为执行紧急任务的警车、消防车、救护车、工程救险车的。④行经铁路道口、交叉路口、窄桥、弯道、陡坡、隧道、人行横道、市区交通流量大的路段等没有超车条件的。

（၈）တူညီသောယာဉ်သွားလမ်းကြားတွင် မောင်းနှင်နေသော စက်တပ်ယာဉ်များအတွက် နောက်ယာဉ် သည် အရေးပေါ်ဘရိတ်ကို ဆောင်ရွက်နိုင်ရန် ရှေ့ယာဉ်နှင့် လုံလောက်သော လုံခြုံရေးအကွာအဝေးကို ထိန်းသိမ်းထားရှိရမည်။ အောက်ဖော်ပြပါ အခြေအနေများတွင် ကျော်တက်ခြင်းအား ခွင့်မပြုပါ။ （က） ရှေ့ ယာဉ်သည် လက်ဝဲဘက်သို့ ကွေ့နေခြင်း၊ ဂယ်ကွေ့နေခြင်း၊ ကျော်တက်နေခြင်း။ （ခ）မျက်နှာချင်းဆိုင်ဘက်မှ လာသော ယာဉ်နှင့် ဆုံရန်ဖြစ်နိုင်ခြင်း။ （ဂ） ရှေ့ယာဉ်သည် ရဲယာဉ်၊ မီးသတ်ယာဉ်၊ အရေးပေါ်လူနာတင်ယာဉ်၊ အင်ဂျင်နီယာကယ်ဆယ်ရေးယာဉ်များ။ （ဃ） ဖြတ်သန်းသွားလာနေသည့် မီးရထားသံလမ်းဆုံများ၊ လမ်းဆုံ များ၊ ကျဉ်းမြောင်းသော တံတားများ၊ လမ်းကွေ့များ၊ မတ်စောက်သော တောင်စောင်းများ၊ လိုဏ်ခေါင်းများ၊ လူကူးမျဉ်းကြားများနှင့် မြို့ပြရပ်ယာများတွင် ယာဉ်အသွားအလာများသော လမ်းပိုင်းများတွင် ကျော်တက်ရန် အခြေအနေမရှိခြင်းစသည်များဖြစ်သည်။

（九）机动车通过交叉路口，应当按照交通信号灯、交通标志、交通标线或者交通警察的指挥通过；通过没有交通信号灯、交通标志、交通标线或者交通警察指挥的交叉路口时，应当减速慢行，并让行人和优先通行的车辆先行。

（၉）စက်တပ်ယာဉ်သည် လမ်းဆုံတစ်ခုအား ဖြတ်သန်းသွားသည့်အချိန် တွင် လမ်းပန်းဆက်သွယ်ရေး အချက်ပြမီးများ၊ လမ်းပန်းဆက်သွယ်ရေး အမှတ်အသားများဆိုင်းဘုတ်များ၊လမ်းပန်းဆက်သွယ်ရေး အမှတ်အသားမျဉ်း များ သို့မဟုတ်ယာဉ်ထိန်းရဲ များ၏ ညွှန်ကြားချက်အတိုင်းဖြတ်သန်းရမည်ဖြစ် သည်။ လမ်းပန်းဆက်သွယ် ရေးအချက်ပြမီးများ၊ လမ်းပန်းဆက်သွယ်ရေး အမှတ်အသားဆိုင်းဘုတ်များ၊

လမ်းပန်းဆက်သွယ်ရေးအမှတ်အသားများ များ သို့မဟုတ် ယာဉ်ထိန်းရဲများ၏ ညွှန်ကြားချက်များမရှိသည့် လမ်းဆုံတွင် အရှိန်လျှော့၍လမ်းသွားလမ်းလာ များ နှင့် ဦးစားပေးယာဉ်များကို ဦးစွာ ဖြန်သန်သွားရန်ပေးရ မည်ဖြစ်သည်။

（十）机动车遇有前方车辆停车排队等候或者缓慢行驶时，不得借道超车或者占用对面车道，不得穿插等候的车辆。在车道减少的路段、路口，或者在没有交通信号灯、交通标志、交通标线或者交通警察指挥的交叉路口遇到停车排队等候或者缓慢行驶时，机动车应当依次交替通行。

(ည) စက်တပ်ယာဉ်သည် တန်းစီစောင့်ဆိုင်းနေသော ရှေ့ယာဉ်များ သို့မဟုတ် ဖြည်းညှင်းစွာ မောင်းနှင်နေ သောယာဉ်များနှင့် ဆုံမိသောအချိန်တွင်အခြားယာဉ်သွားလမ်းဖြင့်ကျော်တက်ခြင်း သို့မဟုတ်ဆန့်ကျင်ဘက် ယာဉ်သွားလမ်းကို သိမ်းပိုက်ခြင်းမပြုရ။ စောင့်ဆိုင်းယာဉ်များနှင့်ရှော့နှောခြင်း မပြုရ။ ယာဉ်သွားလမ်း နည်း သည့်လမ်းပိုင်းများ၊ လမ်းဆုံများသို့မဟုတ် လမ်းပန်းဆက်သွယ်ရေးအချက်ပြမီးများ၊ လမ်းပန်းဆက်သွယ်ရေး အမှတ် အသားဆိုင်းဘုတ်များ၊လမ်းပန်းဆက်သွယ်ရေးအမှတ်အသားမျဉ်းများ သို့မဟုတ် ယာဉ်ထိန်းရဲများ ၏ ညွှန်ကြားချက်များမရှိသည့်လမ်းဆုံတွင် တန်းစီစောင့်ဆိုင်းနေသော ရှေ့ယာဉ်များ သို့မဟုတ် ဖြည်းညှင်းစွာ မောင်းနှင်နေသောယာဉ်များနှင့် ဆုံမိသောအချိန်တွင် စက်တပ်ယာဉ်များ အစဉ်အလိုက်အလှည့်ကျဖြတ်သန်း သွားရန်လုပ်ဆောင်သင့်ပါသည်။

（十一）机动车通过铁路道口时，应当按照交通信号或者管理人员的指挥通行；没有交通信号或者管理人员的，应当减速或者停车，在确认安全后通过。

(ဍ) စက်တပ်ယာဉ်သည် မီးရထားသံလမ်းဆုံကိုဖြတ်ကူးသည့်အချိန် လမ်းပန်းဆက်သွယ်ရေး အချက်ပြမီး သို့မဟုတ် စီမံခန့်ခွဲရေးဝန်ထမ်းများ၏ ညွှန်ကြားချက်အတိုင်း ဖြတ်သန်းရမည်ဖြစ်သည်။ လမ်းပန်းဆက်သွယ်ရေး အချက်ပြမီး သို့မဟုတ် စီမံခန့်ခွဲရေးဝန်ထမ်းများမရှိလျှင် အရှိန်လျှော့ခြင်း သို့မဟုတ် ယာဉ်ရပ်တန့်ကာ ဘေးကင်းမှုကိုသေချာပြီးမှဖြတ်သန်းသွားရမည်။

（十二）机动车行经人行横道时，应当减速行驶；遇行人正在通过人行横道，应当停车让行。机动车行经没有交通信号的道路时，遇行人横过道路，应当避让。

(ဎ) စက်တပ်ယာဉ်သည် လူကူးမျဉ်းကြားတွင် ဖြတ်သန်းသွားလာရာတွင် အရှိန်လျှော့သင့်ပြီးဖြတ်သန်း သွားလားသင့်သည်။ လူကူးမျဉ်းကြားတွင် ဖြတ်ကူးနေသောလမ်းသွားလမ်းလာများကြုံတွေ့နေလျှင် ယာဉ်

ရပ်တန့်ကာ လမ်းပေးရမည်။ စက်တပ်ယာဉ်သည် လမ်းပန်းဆက်သွယ်ရေးအချက်ပြမှု မရှိသော လမ်းပေါ်တွင် ဖြတ်သန်းသွားလာရာရန် လမ်းဖြတ်ကူးနေ သောလမ်းသွားလမ်းလာများအား ကြိုတွေ့နေလျှင် ရှောင်ဖယ်သင့် သည်။

（十三）机动车载物应当符合核定的载质量，严禁超载；载物的长、宽、高不得违反装载要求，不得遗洒、飘散载运物。机动车运载超限的不可解体的物品，影响交通安全的，应当按照公安机关交通管理部门指定的时间、路线、速度行驶，悬挂明显标志。在公路上运载超限的不可解体的物品，并应当依照公路法的规定执行。机动车载运爆炸物品、易燃易爆化学物品以及剧毒、放射性等危险物品，应当经公安机关批准后，按指定的时间、路线、速度行驶，悬挂警示标志并采取必要的安全措施。

(၃) စက်တပ်ယာဉ် ဝန်တင်ရန် အတည်ပြုထားသော ဝန်အရည်အသွေးနှင့် ကိုက်ညီပြီး ဝန်ပိုတင်ခြင်းကို တင်းကျပ်စွာ တားမြစ်ထားရမည်။ ဝန်တင်၏ အလျား၊ အနံနှင့် အမြင့်သည် ဝန်တင်လိုအပ်ချက်ကို ဖောက်ဖျက် ခြင်းမပြုရ။ ဝန်တင်ခြင်းသည် ယိုဖိတ်ခြင်း၊လွင့်ပျံခြင်း မဖြစ်ရပါ။ စက်တပ်ယာဉ်သည် ကန့်သတ်ချက်ကျော် လွန်သော၊ ဖြိုခွဲရေးမပြုနိုင်သောကုန်စည်များကို သယ်ဆောင်ရာတွင် လမ်းပန်းဆက်သွယ်ရေးလုံခြုံမှုထိခိုင် စေနိုင်လျှင် ပြည်သူ့လုံခြုံရေးဌာနရှိ လမ်းပန်းဆက်သွယ်ရေးစီမံခန့်ခွဲမှုရှိအဖွဲ့အစည်းများမှ သတ်မှတ်သည့် အချိန်၊ လမ်းကြောင်းနှင့် အမြန်နှုန်းအတိုင်းမောင်းနှင် ရမည်ဖြစ်ပြီး ထင်ရှားသော ဆိုင်းဘုတ်များ ချိတ်ဆွဲ ထားရမည်။ လမ်းပေါ်တွင် ကန့်သတ်ချက်ကျော်လွန်သော၊ဖြိုခွဲရေးမပြုနိုင်သောကုန်စည် များကို သယ်ဆောင် ရာတွင် ယာဉ်လမ်းဥပဒေပါ ပြဋ္ဌာန်းချက်များနှင့်အညီဆောင်ရွက်ရမည်။ ပေါက်ကွဲစေတတ်သော ပစ္စည်း များ၊ ပေါက်ကွဲလွယ်သော ၊မီးလောင်လွယ်သောဓာတုပစ္စည်းများ၊ အဆိပ်ပြင်းသော၊ ရေဒီယိုသတ္တိကြွသော အန္တရာယ်ရှိကုန်ပစ္စည်းများ သယ်ဆောင်ရာတွင် ပြည်သူ့လုံခြုံရေးဌာနမှ ခွင့်ပြုချက်ရရှိပြီးမှ သတ်မှတ်ထား သော အချိန်၊ လမ်းကြောင်းနှင့် အရှိန်အတိုင်း မောင်းနှင်၍ သတိပေး ဆိုင်းဘုတ်များ ချိတ်ဆွဲကာ လိုအပ်သော ဘေးကင်းရေး အစီအမံများ ဆောင်ရွက်ရမည်။

（十四）机动车载人不得超过核定的人数，客运机动车不得违反规定载货。

(၈) စက်တပ်ယာဉ်ဖြင့် သယ်ဆောင်သူဦးရေသည် ခွင့်ပြုထားသောလူအရေအတွက်ထက် မကျော်လွန် စေရ၊ ခရီးသည်တင်စက်တပ်ယာဉ်များသည် စည်းမျဉ်းစည်းကမ်းများကို ဖောက်ဖျက်၍ သယ်ဆောင်ခြင်းမပြု ရ။

（十五）禁止货运机动车载客。货运机动车需要附载作业人员的，应当设置保护作业人员的安全措施。

(ဃ) ကုန်စည်ပို့ဆောင်ရေးစက်တပ်ယာဉ်များသည် ခရီးသည်များ တင်ဆောင်ရန်တားမြစ်ထားသည်။ ကုန်စည်ပို့ဆောင်ရေးစက်တပ်ယာဉ်သည် အော်ပရေတာများ တင်ဆောင်ရန် လိုအပ်လျှင်၎င်းများအား ကာကွယ်ရန် ဘေးကင်းရေးအစီအမံများ ချမှတ်ရမည်။

（十六）机动车行驶时，驾驶人、乘坐人员应当按规定使用安全带，摩托车驾驶人及乘坐人员应当按规定戴安全头盔。

(စ) စက်တပ်ယာဉ် ပြေးဆွဲနေချိန်တွင် ယာဉ်မောင်းနှင့် ခရီးသည်များသည် လိုအပ်သလို ထိုင်ခုံ ခါးပတ်ကို အသုံးပြုရမည်ဖြစ်ပြီး ဆိုင်ကယ်မောင်းနှင်သူများနှင့် ခရီးသည်များသည် လိုအပ်သလို လုံခြုံရေး ဦးထုပ်ဆောင်းရမည်။

（十七）机动车在道路上发生故障，需要停车排除故障时，驾驶人应当立即开启危险报警闪光灯，将机动车移至不妨碍交通的地方停放；难以移动的，应当持续开启危险报警闪光灯，并在来车方向设置警告标志等措施扩大示警距离，必要时迅速报警。

(ဆ) စက်တပ်ယာဉ်သည် လမ်းပေါ်တွင် ချွတ်ယွင်းမှုဖြစ်ပွားခြင်း ကြောင့်ယာဉ်ရပ်တန့်ပြီးချွတ်ယွင်းမှု ဖြေရှင်းရန် လိုအပ်လျှင် ယာဉ်မောင်းသည် အန္တရာယ်သတိပေးချက်ဖလက်ရှ်မီးကို ချက်ချင်းဖွင့်ပြီး ယာဉ် အသွားအလာ အတားအဆီးမရှိသော နေရာတွင်ရပ်နားသင့်သည်ဖြစ်ပြီး ယာဉ်လာသည့် ဦးတည်ရာတွင် အန္တရာယ်သတိပေးအမှတ်အသားများကဲ့သို့သောလုပ်ဆောင် ချက်များပြုလုပ်ပြီးသတိပေးသည့်အကွာအဝေး ကိုချဲ့ထွင်ရန်ဆောင်ရွက်ရမည်။ လိုအပ်လျှင် ရဲများကိုအမြန်ဖုန်းခေါ်ဆိုရမည်။

（十八）警车、消防车、救护车、工程救险车执行紧急任务时，可以使用警报器、标志灯具；在确保安全的前提下，不受行驶路线、行驶方向、行驶速度和信号灯的限制，其他车辆和行人应当让行。警车、消防车、救护车、工程救险车非执行紧急任务时，不得使用警报器、标志灯具，不享有前款规定的道路优先通行权。

(၃) ရဲယာဉ်များ၊ မီးသတ်ယာဉ်များ၊ လူနာတင်ယာဉ်များနှင့် အင်ဂျင်နီယာ ကယ်ဆယ်ရေးယာဉ်များသည် အရေးပေါ်လုပ်ငန်းဆောင်ရွက်ရာတွင် သတိပေးကိရိယာများနှင့် အမှတ်အသားမီးများကို အသုံးပြုနိုင်သည်။ ဘေးကင်းရေး အာမခံရှိသောအခြေအနေအောက်တွင်မောင်းနှင်သည့် လမ်းကြောင်း၊ မောင်းနှင်သည့်ဦး တည်ရာ၊ မောင်းနှင်သည့်အရှိန်နှင့် အချက်ပြမီးများကို ကန့်သတ်ထားခြင်းမရှိလျှင်အခြားယာဉ်များနှင့်

လမ်းသွားလမ်းလာများလမ်းဖယ်ပေးသင့်သည်။ ရဲယာဉ်များ၊ မီးသတ်ယာဉ် များ၊ လူနာတင်ယာဉ်များနှင့် အင်ဂျင်နီယာကယ်ဆယ်ရေး ယာဉ်များသည် အရေးပေါ်မဟုတ်သောလုပ်ငန်းဆောင်ရွက်ရာတွင် သတိပေး ကိရိယာများနှင့် အမှတ်အသားမီးများကို အသုံးမပြုရပါ။ ရှေ့အပိုဒ်ပါသတ်မှတ်ထားသည့် အတိုင်း လမ်းပေါ် တွင် ဦးစားပေးပိုင်ခွင့်ကို ခံစားခွင့်မရှိပါ။

（十九）道路养护车辆、工程作业车进行作业时，在不影响过往车辆通行的前提下，其行驶路线和方向不受交通标志、标线限制，过往车辆和人员应当注意避让。洒水车、清扫车等机动车应当按照安全作业标准作业；在不影响其他车辆通行的情况下，可以不受车辆分道行驶的限制，但是不得逆向行驶。

（ဈ） လမ်းပြုပြင်ထိန်းသိမ်းရေးယာဉ်များနှင့် အင်ဂျင်နီယာလုပ်ငန်းသုံး ယာဉ်များ လုပ်ငန်းဆောင်ရွက် ရာတွင် ဖြတ်သန်းသွားလာနေသောယာဉ်များ အား ထိခိုက်မှုမရှိစေသည့်အခြေအနေအောက်တွင် ၎င်းများ၏ မောင်းနှင်သော လမ်းကြောင်းနှင့် ဦးတည်ရာများကို လမ်းပန်းဆက်သွယ်ရေးအမှတ်အသားဆိုင်းဘုတ်များ၊ လမ်းပန်းဆက်သွယ်ရေးအမှတ်အသားမျဉ်းများကန့်သတ်မှုမရှိလျှင် ဖြတ်သန်းသွားလာနေသည့် ယာဉ်များ နှင့်ဖြတ်သန်းသွားလာသူများ အနေဖြင့် သတိပြုရှောင်ရှားသင့်သည်။ ရေဖျန်းယာဉ်နှင့်သန့်ရှင်းရေးယာဉ် များ စသည့်စက်တပ်ယာဉ်များသည် အန္တရာယ်ကင်းသောလုပ်ငန်းဆောင်ရွက် မှု စံချိန်စံညွှန်းများနှင့် အညီမောင်း နှင်ရမည်။ အခြားယာဉ်များဖြတ်သန်း သွားလာ မှုကို မထိခိုက်စေသည့်အခြေအနေအောက်တွင် ယာဉ်သွား လမ်းများ သီးခြားမောင်းနှင်ရန် ကန့်သတ်ခြင်းမှ ကင်းလွတ်ခွင့်ရှိသော်လည်း ဆန့်ကျင်ဘက်သို့ မောင်းနှင်ခြင်း မပြုရ။

（二十）高速公路、大中城市中心城区内的道路，禁止拖拉机通行。其他禁止拖拉机通行的道路，由省、自治区、直辖市人民政府根据当地实际情况规定。在允许拖拉机通行的道路上，拖拉机可以从事货运，但是不得用于载人。

（ဏ） အမြန်မောင်းလမ်းမကြီးများ၊ အကြီးစား၊ အလတ်စားမြို့များ၏ ဗဟိုရှိရိယာတွင်းရှိလမ်းများပေါ်တွင် ထော်လာဂျီ ဖြတ်သန်းသွားလားရန် တားမြစ်ထားသည်။ ထော်လာဂျီ ဖြတ်သန်းသွားလားခွင့်မရှိသော အခြား လမ်းများအတွက် ပြည်နယ်များ၊ ကိုယ်ပိုင်အုပ်ချုပ်ခွင့်ရဒေသများနှင့် ဗဟိုမှတိုက်ရိုက် အုပ်ချုပ် သောမြို့ ပြည်သူ့အစိုးရများသည် ဒေသန္တရအခြေအနေ များအရ သတ်မှတ်ပေးနိုင်မည်ဖြစ်သည်။ ထော်ထာဂျီများ မောင်းနှင်ရန် ခွင့်ပြု ထားသည့် လမ်းများတွင် ထော်လာဂျီများသည် ကုန်စည်ပို့ဆောင်ရန် လုပ်ဆောင် နိုင်

သော်လည်း လူတင်ဆောင်ခြင်းမပြုရပါ။

（二十一）机动车应当在规定地点停放。禁止在人行道上停放机动车，但是，依照本法第三十三条规定施划的停车泊位除外。在道路上临时停车的，不得妨碍其他车辆和行人通行。

(ၜ) စက်တပ်ယာဉ်များကို သတ်မှတ်ထားသည့်နေရာများတွင် ရပ်ထား ရမည်ဖြစ်သည်။ လူသွားလမ်းတွင် စက်တပ်ယာဉ်များရပ်နားခြင်းမပြုရ သော်လည်း ဤဥပဒေပုဒ်မ ၃၃ ပါ ပြဋ္ဌာန်းချက်များနှင့်အညီ သတ်မှတ် ထား သော ယာဉ်ရပ်နားရန်နေရာများမှလွဲ၍ မပါဝင်ပါ။ လမ်းပေါ်တွင် ခေတ္တရပ်နားလိုလျှင် အခြားယာဉ်များ နှင့် လမ်းသွားလမ်းလာများကို အနှောက်အယှက်ဖြစ်စေရန်မပြုရ။

（二十二）驾驶非机动车在道路上行驶应当遵守有关交通安全的规定。非机动车应当在非机动车道内行驶；在没有非机动车道的道路上，应当靠车行道的右侧行驶。

(ၜ) စက်မဲ့ယာဉ်များကို လမ်းပေါ်တွင် မောင်းနှင်ခြင်းသည် သက်ဆိုင်ရာ ယာဉ်အန္တရာယ်ကင်းရှင်းရေး စည်းမျဉ်းများနှင့်အညီ လိုက်နာဆောင်ရွက် ရမည်။ စက်မဲ့ယာဉ်များသည် စက်မဲ့ယာဉ်သွားလမ်းတွင် မောင်း နှင်သင့်ပြီး စက်မဲ့ယာဉ်သွားလမ်းမရှိသော လမ်းများပေါ်တွင်လည်း လမ်းညာဘက်ခြမ်း တွင် မောင်းနှင်သင့် ပါသည်။

（二十三）残疾人机动轮椅车、电动自行车在非机动车道内行驶时，最高时速不得超过十五公里。

(ၜ) မသန်စွမ်းသူများ၏ စက်တပ်ဘီးတပ်ကုလားထိုင်ယာဉ်များနှင့် လျှပ်စစ်စက်ဘီးများသည် စက်မဲ့ ယာဉ်သွားလမ်းတွင် မောင်းနှင်သည့်အချိန် အမြင့်ဆုံးမြန်နှုန်းမှာ တစ်နာရီလျှင် ၁၅ ကီလိုမီတာထက် မပိုစေရ။

（二十四）非机动车应当在规定地点停放。未设停放地点的，非机动车停放不得妨碍其他车辆和行人通行。非机动车载物，应当遵守下列规定：①自行车、电动自行车、残疾人机动轮椅车载物，高度从地面起不得超过 1.5 米，宽度左右各不得超出车把 0.15 米，长度前端不得超出车轮，后端不得超出车身 0.3 米。②三轮车、人力车载物，高度从地面起不得超过 2 米宽度左右，各不得超出车身 0.2 米，长度不得超出车身 1 米。

(ၜ) စက်မဲ့ယာဉ်များကို သတ်မှတ်ထားသည့်နေရာများတွင် ရပ်ထားရမည်။ ယာဉ်ရပ်နားရန်နေရာမ ရှိလျှင် စက်မဲ့ယာဉ်များရပ်နားခြင်း သည် အခြားယာဉ်များနှင့် လမ်းသွားလမ်းလာများကိုအနှောက်အယှက် ပေး စေရန်မပြုရ။ စက်မဲ့ယာဉ်များကုန်ပစ္စည်းများတင်မည်ဆိုလျှင်အောက်ဖော်ပြ ပါသတ်မှတ်ချက်များကို လိုက်နာဆောင်ရွက်ရမည်။ (၁) စက်ဘီး၊ လျှပ်စစ် စက်ဘီးနှင့် မသန်စွမ်းသူများအတွက်စက်တပ်ဘီးတပ်

ကုလားထိုင်ယာဉ်များ ကုန်ပစ္စည်းတင်လျှင် အမြင့်သည် မြေပြင်မှ ၁.၅ မီတာထက် မကျော်လွန်စေရ၊ အနံ၏
ဘယ်ဘက်နှင့်ညာဘက်တွင် ၀.၁၅ မီတာ စီထက် မကျော်လွန်စေရ၊ အရှည်၏ ရှေ့ပိုင်းအလျားတွင် ဘီးများ
ထက် မကျော်လွန်စေရ၊ နောက်ပိုင်းတွင်ယာဉ် ကိုယ်ထည်၏ ၀.၃ မီတာထက် မကျော်လွန်စေရ။ (၂) သုံးဘီး
ဆိုင်ကယ်နှင့် လူအင်အားသုံးယာဉ်များကုန်ပစ္စည်းတင်လျှင် မြေပြင်မှ အမြင့် ၂ မီတာထက် မကျော်လွန်စေရ၊
အနံ၏ဘယ်ဘက်နှင့်ညာဘက်တွင် ယာဉ်ကိုယ်ထည်၏ ၀.၂ မီတာ စီနှင့် မကျော်လွန်စေရ၊ အရှည်တွင် ယာဉ်
ကိုယ်ထည်၏ ၁ မီတာထက် မကျော်လွန်စေရ။

（二十五）驾驭畜力车，应当使用驯服的牲畜；驾驭畜力车横过道路时，驾驭人应当下车牵
引牲畜；驾驭人离开车辆时，应当拴系牲畜。

(၂၅) တိရစ္ဆာန်ဆွဲလှည်းကို ထိန်းကျောင်းမောင်းနှင်သည့်အချိန် ယဉ်ပါး သောတိရစ္ဆာန် များကို အသုံးပြု
သင့်သည်၊ တိရစ္ဆာန်ဆွဲလှည်းကို ထိန်းကျောင်းမောင်းနှင်၍လမ်းဖြတ်ကူးသည့်အချိန် ယာဉ်မောင်းသည်
တိရစ္ဆာန်များကို ဆွဲထုတ်ရန် ယာဉ်ပေါ်မှ ဆင်းသင့်သည်၊ ယာဉ်မောင်းသည် ယာဉ်မှထွက်သွားသည့်အချိန်ကြိုး
ဖြင့်တိရစ္ဆာန်များကိုချည်ထားရမည်။

（二十六）行人应当在人行道内行走，没有人行道的靠路边行走。

(၂၆) လမ်းသွားလမ်းလာများသည် လူသွားလမ်းဘေးတွင် လမ်းလျှောက်သင့်ပြီး လူသွားလမ်းမရှိလျှင်
လမ်းဘေးသို့ကပ်၍လမ်းလျှောက်ရမည်။

（二十七）行人通过路口或者横过道路，应当走人行横道或者过街设施；通过有交通信号灯
的人行横道，应当按照交通信号灯指示通行；通过没有交通信号灯、人行横道的路口，或者在
没有过街设施的路段横过道路，应当在确认安全后通过。

(၂၇) လမ်းသွားလမ်းလာများလမ်းဆုံကိုဖြတ်သန်းခြင်း သို့မဟုတ် ဖြတ်ကူးခြင်းပြုလျှင် လူကူးမျဉ်းကျား
သို့ မဟုတ်လမ်းဖြတ်ကူးရန် အတပ် အဆင်ပစ္စည်းများတွင်လမ်းလျှောက်ကြရမည်။ လမ်းပန်းဆက်သွယ်ရေး
အချက် ပြမီးရှိသောကူးမျဉ်းကျားဖြတ်သန်းသွားလျှင်လမ်းပန်းဆက်သွယ်ရေး အချက်ပြမီး၏လမ်းညွှန်
အတိုင်းဖြတ်သန်းသွားရမည်။လမ်းပန်းဆက်သွယ်ရေး အချက်ပြမီး၊ လူကူးမျဉ်းကျားမရှိသည့်လမ်းဆုံကို
ဖြတ်သန်းသွားလျှင် သို့မဟုတ် လမ်းဖြတ်ကူးရန် အတပ်အဆင်ပစ္စည်းများမရှိသောလမ်းပိုင်းတွင်လမ်းဖြတ်
ကူးလျှင် ဘေးကင်းကြောင်း သေချာပြီးနော် ဖြတ်သန်းသင့်သည်။

（二十八）行人不得跨越、倚坐道路隔离设施，不得扒车、强行拦车或者实施妨碍道路交
通安全的其他行为。

(လ) လမ်းသွားလမ်းလာများအား လမ်းအကာအကွယ်အဆောက်အအုံ များကို ဖြတ်ကျော်ခြင်း သို့မဟုတ် မှီခို၍ရပ်တိုင်ခြင်းမပြုရ၊ ယာဉ်ဆွဲကိုင် တက်ခြင်း၊ ယာဉ်များကို အတင်းအကြပ်ရပ်ရန်ပြုလုပ်ခြင်း သို့မဟုတ် လမ်းအန္တရာယ်ကင်းရှင်းရေးကို အနှောင့်အယှက်ဖြစ်စေသောအခြားလုပ်ရပ် များ လုပ်ဆောင်ခြင်းတို့ကို ခွင့်မ ပြုပါ။

（二十九）学龄前儿童以及不能辨认或者不能控制自己行为的精神疾病患者、智力障碍者在道路上通行，应当由其监护人、监护人委托的人或者对其负有管理、保护职责的人带领。盲人在道路上通行，应当使用盲杖或者采取其他导盲手段，车辆应当避让盲人。

(ဝ) မူကြိုကလေးငယ်များနှင့် ခွဲခြားမှုမရှိနိုင်ခြင်း သို့မဟုတ်စိတ်မနှံ့ သောလူနာများနှင့် ကိုယ့်အပြုအမူ ကိုထိန်းချုပ်ခြင်းမပြုနိုင်သော စိတ်ဝေဒနာ လူနာများ၊ ဉာဏ်ရည်မသန်စွမ်းသူများလမ်းကိုဖြတ်သန်းသွားလို လျှင် ၄င်း၏ အုပ်ထိန်းသူ၊ သို့မဟုတ်အုပ်ထိန်းသူမှ အပ်နှင်းထားသည့်သူ သို့မဟုတ် ၄င်းတို့၏ စီမံခန့်ခွဲရေး နှင့် အကာအကွယ်ပေးရေးဆိုင်ရာ တာဝန်ရှိပုဂ္ဂိုလ်တို့မှ ဦးဆောင်ရမည်။ မျက်မမြင်များသည် လမ်းပေါ်တွင် ဖြတ်သန်းသည့်အချိန် မျက်မမြင်သုံးလက်ကိုင်တုတ်အသုံးပြုသင့်ရမည်သို့မဟုတ် မျက်မမြင်များကို လမ်းပြ ရန် အခြားနည်းလမ်းများကို အသုံးပြုသင့်ပြီး ယာဉ်များသည် မျက်မမြင်များကို ရှောင်ရှားသင့်သည်။

（三十）行人通过铁路道口时，应当按照交通信号或者管理人员的指挥通行；没有交通信号和管理人员的，应当在确认无火车驶临后，迅速通过。

(သ)လမ်းသွားလမ်းလာများသည် ရထားသံလမ်းဆုံးဖြတ်သန်းသွားလျှင် လမ်းပန်းဆက်သွယ်ရေး အချက်ပြများ သို့မဟုတ် စီမံခန့်ခွဲရေး ဝန်ထမ်းများ၏ ညွှန်ကြားချက်များအတိုင်း ဖြတ်သန်းသွားလာရမည် ဖြစ်သည်။ လမ်းပန်း ဆက်သွယ်ရေးအချက်ပြများနှင့်စီမံခန့်ခွဲရေးဝန်ထမ်းများမရှိလျှင် ရထားအနီး သို့ မ ရောက်ကြောင်း သေချာပြီးမှ အမြန်ဖြတ်သန်းရမည်ဖြစ်သည်။

（三十一）乘车人不得携带易燃易爆等危险物品，不得向车外抛洒物品，不得有影响驾驶人安全驾驶的行为。"易燃物品"主要包括：①易燃固体：如硫黄。②易燃液体：如汽油、煤油、松节油、油漆等。③易燃气体：如液化石油气。④自燃物品：如黄磷、油纸、油布及其制品。⑤遇水燃烧物品：如金属钠、铝粉。⑥氧化剂和有机过氧化物，等等。

(ဟ) ခရီးသည်များအား မီးလောင်လွယ်စေသော၊ပေါက်ကွဲလွယ်စေသော အန္တရာယ်ရှိသော ပစ္စည်း များ သယ်ဆောင်ခြင်းမပြုရ၊ ယာဉ်အပြင်ဘက်သို့ စွန့်ပစ်ခြင်း မပြုရ၊ ယာဉ်မောင်း၏ အန္တရာယ်ကင်းစွာ မောင်းနှင်မှုကို ထိခိုက်စေသည့် အပြုအမူများ မပြုလုပ်ရပါ။ "မီးလောင်လွယ်သောအရာများ" တွင် အဓိက

အားဖြင့်အောက်ပါအတိုင်းဖြစ်သည်။ (က) မီးလောင်လွယ်သော အစိုင်အခဲများ။ ဥပမာအားဖြင့်ဆာလဖာ ဖြစ်သည်။ (ခ) မီးလောင်လွယ်သော အရည်များ။ ဥပမာအားဖြင့်ဓာတ်ဆီ၊ ရေနံဆီ၊ တာပင်တိုင်၊ သုတ်ဆေး စသည်များဖြစ်သည်။(ဂ) မီးလောင်လွယ်သောဓာတ်ငွေ့များ။ ဥပမာအားဖြင့်ရေနံဓာတ်ငွေ့ရည်ဖြစ်သည်။ (ဃ) အလိုအလျောက်လောင်ကျွမ်း နိုင်သောပစ္စည်းများ။ဥပမာအားဖြင့် အဝါရောင် ဖော့စဖရပ်စ်၊ ဆီစက္ကူ၊ ဆီ အထည်နှင့် ၎င်း၏ ထုတ်ကုန်များ။ (c)ရေနှင့် ထိတွေ့လောင်ကျွမ်းသော အရာများ။ဥပမာအားဖြင့် ဆိုဒီယမ် သတ္တု၊ အလူမီနီယမ်မှုန့်ဖြစ်သည်။(စ) oxidants နှင့် organic peroxides စသည်များဖြစ်သည်။

"易爆物品" 主要包括：民用爆炸物品、兵器工业的火药、炸药、弹药、火工产品、核能物资等等。民用爆炸物品，主要分为三类：

"ပေါက်ကွဲလွယ်စေသောပစ္စည်းများ" တွင် အဓိကအားဖြင့် အရပ်ဘက် သုံးဖောက်ခွဲရေးပစ္စည်းများ၊ လက်နက်စက်မှုလုပ်ငန်းသုံးယမ်းမှုန့်၊ ဒိုင်းနမိုက်၊ ခဲယမ်းမီးကျောက်များ၊ Initiating explosive deviceများ၊ နျူကလီးယားစွမ်းအင်သုံးပစ္စည်းများ စသည်တို့ ပါဝင်သည်။ အရပ်ဘက်ဖောက်ခွဲရေးပစ္စည်းများကိုပါဝင် သည်။ ၎င်းများသည် အဓိက အားဖြင့် အမျိုးအစားသုံးမျိုးခွဲထားသည်။

①爆破器材，包括各类炸药；雷管、导火索；导爆索；非纯导爆系统；起爆药；岩石、混凝土爆破剂。②黑火药、烟火剂、民用信号弹和烟花爆竹。③公安部门认为需要管理的其他爆炸物品。

(က) ပေါက်ကွဲရန်ကိရိယာများဖြစ်ပြီး၎င်းများတွင် ဒီတိုနေတာ၊ စနက်၊ ဖောက်ခွဲရေးကြိုး ၊ သန့်စင်ရေး မဟုတ်သော ဖောက်ခွဲရေးစနစ်များ၊ မူလ ဖောက်ခွဲရေးပစ္စည်းများ၊ ကျောက်တုံးနှင့် ကွန်ကရစ် ပေါက်ကွဲစေ တတ်သော အရာများ ။ (ခ) အနက်ရောင် ယမ်းမှုန့်၊ Pyrotechnic အေးဂျင့်၊ အရပ်ဘက်သုံးအချက်ပြမီးကျည် များနှင့် မီးရှူးမီးပန်းများ။ (ဂ) ပြည်သူ့လုံခြုံရေးဌာနမှ စီမံခန့်ခွဲရန် လိုအပ်သည်ဟု ယူဆသည့် အခြားသော ဖောက်ခွဲရေးပစ္စည်းများပါဝင်ပါသည်။

（三十二）行人、非机动车、拖拉机、轮式专用机械车、铰接式客车、全挂拖斗车以及其他设计最高时速低于七十公里的机动车，不得进入高速公路。高速公路限速标志标明的最高时速不得超过一百二十公里。

(၃၂) လမ်းသွားလမ်းလာများ၊ စက်မဲ့ယာဉ်များ၊ ထော်လာဂျီများ၊ ဘီးတပ် သီးသန့်သုံးစက်ယန္တရားယာဉ် များ၊ ဆက်ထားသော ခရီးသည်တင်ကားများ၊ နောက်တွဲတွဲယာဉ်များနှင့် အခြား ဒီဇိုင်းသောအမြင့်ဆုံးအမြန်

နှုန်း တစ်နာရီလျှင် ကီလိုမီတာ ၇၀ အောက်စက်တပ်ယာဉ်များသည် အမြန်မောင်းလမ်းမကြီးအတွင်းသို့ ဝင် ရောက်ခွင့်မပြုရပါ။ အမြန်မောင်းလမ်း မကြီးအမြန်နှုန်း ကန့်သတ်ချက် ဆိုင်ဘုတ်တွင် ဖော်ပြထားသည့် အမြင့်ဆုံးအမြန်နှုန်းသည် တစ်နာရီလျှင် ကီလိုမီတာ ၁၂၀ ထက် မပိုစေရ။

（三十三）机动车在高速公路上发生故障时，应当依照本法第五十二条的有关规定办理；但是，警告标志应当设置在故障车来车方向一百五十米以外，车上人员应当迅速转移到右侧路肩上或者应急车道内，并且迅速报警。机动车在高速公路上发生故障或者交通事故，无法正常行驶的，应当由救援车、清障车拖曳、牵引。

（အ）စက်တပ်ယာဉ်များသည် အမြန်မောင်းလမ်းမကြီးပေါ်၌ ချွတ်ယွင်းမှုဖြစ်ပွားလျှင် ဤဥပဒေ ပုဒ်မ ၅၂ ပါ ပြဋ္ဌာန်းချက်များနှင့်အညီ ဖြေရှင်းရန်ဆောင်ရွက် ရမည်။ သို့သော်သတိပေးအမှတ်အသားပစ္စည်းများ ချွတ်ယွင်းမှုရှိသောယာဉ်၏ဆန့်ကျင့်ဘက်မှယာဉ်လာသောဦးတည်ရာမှ မီတာ ၁၅၀ ထက်အကွာအဝေးတွင် ထားရှိသင့်သည်။ ယာဉ်ပေါ် ရှိလူများအား ညာဘက်ပခုံးတွင်၊ သို့မဟုတ်အရေးပေါ် ယာဉ်သွားလမ်းတွင် အ မြန်ရွှေ့ပြောင်းသင့်သည်။ စက်တပ်ယာဉ်များသည် အမြန်မောင်းလမ်းမကြီး ပေါ်၌ ချွတ်ယွင်းမှုဖြစ်ပွားခြင်း သို့မဟုတ်ယာဉ်မတော်တဆမှုဖြစ်ပွားခြင်း ကြောင့် ရဲကို အမြန်ခေါ်ဆိုရမည်။ ပုံမှန်အတိုင်း မမောင်းနှင်နိုင် တော့လျှင် ကယ်ဆယ်ရေးယာဉ် သို့မဟုတ် အတားအဆီးရှင်းလင်းရေးယာဉ်ဖြင့် ဆွဲယူသွားရန်ဆောင်ရွက်ရ မည်။

（三十四）任何单位、个人不得在高速公路上拦截检查行驶的车辆，公安机关的人民警察依法执行紧急公务除外。

（ကက）ပြည်သူ့လုံခြုံရေးဌာနမှပြည်သူ့ရဲများအား ဥပဒေနှင့်အညီ အရေးပေါ်တာဝန် ထမ်းဆောင်ခြင်းမှ လွဲ၍ မည်သည့် ဌာန၊ တစ်ဦးချင်းမျှမဆို အမြန်မောင်းလမ်းမကြီးပေါ်တွင် သွားလာနေသည့် ယာဉ်များအား ရပ်တန့်စေ ပြီးစစ်ဆေးခြင်း မပြုရပါ။

四、交通事故处理
၄။ ယာဉ်မတော်တဆမှုဖြေရှင်းရန်ဆောင်ရွက်ခြင်း

（一）在道路上发生交通事故，车辆驾驶人应当立即停车，保护现场；造成人身伤亡的，车辆驾驶人应当立即抢救受伤人员，并迅速报告执勤的交通警察或者公安机关交通管理部门。因抢救受伤人员变动现场的，应当标明位置。乘车人、过往车辆驾驶人、过往行人应当予以协助。在道路上发生交通事故，未造成人身伤亡，当事人对事实及成因无争议的，可以即行撤离现场，恢复交通，自行协商处理损害赔偿事宜；不即行撤离现场的，应当迅速报告执勤的交通警察或者公安机关交通管理部门。在道路上发生交通事故，仅造成轻微财产损失，并且基本事实清楚的，当事人应当先撤离现场再进行协商处理。

(က) လမ်းပေါ်တွင် ယာဉ်မတော်တဆမှုဖြစ်ပွားလျှင် ယာဉ်မောင်းသည် အခင်းဖြစ်ပွားရာနေရာအား ကာကွယ်ရန် ချက်ချင်းရပ်တန့်ရမည်။အထိအခိုက်အကျအဆုံးဖြစ်ပေါ်စေလျှင် ယာဉ်မောင်းနှင်သူသည် ဒဏ်ရာရရှိသူအား ချက်ချင်းကယ်ဆယ်ပြီး လျင်မြန်စွာ တာဝန်ကျယာဉ်ထိန်းရဲ သို့မဟုတ် ပြည်သူ့လုံခြုံရေးဌာနရှိ လမ်းပန်းဆက်သွယ်ရေးစီမံခန့်ခွဲမှုရုံးအဖွဲ့အစည်းများသို့ သတင်းပို့ရမည်။ ဒဏ်ရာရသူများကို ကယ်ဆယ်ရန်အတွက် အခင်းဖြစ်ပွားရာနေရာကို ပြောင်းလဲလျှင် တည်နေရာကို အမှတ်အသားပြုရမည်။ခရီးသည်များ၊ ဖြတ်သန်းသွားလာနေသော ယာဉ်မောင်းများနှင့် လမ်းသွားလမ်းလာများကို အကူအညီပေးသင့်သည် ။ လမ်းပေါ်တွင် ယာဉ်မတော်တဆမှု ဖြစ်ပွားလျှင် လူများ ထိခိုက်ဒဏ်ရာရ သေဆုံးမှုမရှိဘဲ အဖြစ်မှန်နှင့် အကြောင်းရင်းနှင့် ပတ်သက်၍ အငြင်းပွားခြင်းမရှိလျှင် အခင်းဖြစ်ပွားရာနေရာသို့ ချက်ချင်း ရွှေ့ပြောင်းနိုင်ကာ ယာဉ်အသွားအလာကိုပြန်လည်ရယူရန်နှင့် ပျက်စီးဆုံးရှုံးမှုများ ဖြေရှင်းရန်အတွက် ၎င်းတို့ကိုယ်တိုင် ညှိနှိုင်းဆောင်ရွက်နိုင်ပါသည်။ အခင်းဖြစ်ပွားရာ နေရာမှချက်ချင်းထွက်ခွာခြင်းမပြုလုပ်လျှင်တာဝန်ကျ ယာဉ်ထိန်းရဲ သို့မဟုတ် ပြည်သူ့လုံခြုံရေးဌာနရှိ လမ်းပန်းဆက်သွယ်ရေးစီမံခန့်ခွဲမှုရုံးအဖွဲ့အစည်းများ သို့ သတင်းပို့ရမည်။ လမ်းပေါ်တွင် ယာဉ်မတော်တဆမှု ဖြစ်ပွားလျှင် ပစ္စည်းပျက်စီးမှု အနည်းငယ်သာ ဖြစ်ပေါ်ပြီး အခြေခံအချက်များ ရှင်းလင်းလျှင် သက်ဆိုင်ရာအမှုသည်များအခင်းဖြစ်ပွားရာနေရာမှ ဦးစွာ ထွက်ခွာပြီး ပြန်လည် ညှိနှိုင်းဖြေရှင်းရန်ဆောင်ရွက်သင့်ပါသည်။

（二）车辆发生交通事故后逃逸的，事故现场目击人员和其他知情人员应当向公安机关交通管理部门或者交通警察举报。举报属实的，公安机关交通管理部门应当给予奖励。

(ခ) ယာဉ်မတော်တဆမှုဖြစ်ပွားပြီးနောက်တိမ်းရှောင်ထွက်ပြေးသွား လျှင် အခင်းဖြစ်ပွားရာနေရာ ရှိမျက်မြင်သက်သေများနှင့် အခြားအချက် အလက် များကိုသိရှိသူများအနေဖြင့်ပြည်သူ့လုံခြုံရေးဌာနရှိ လမ်းပန်း ဆက်သွယ်ရေး ရုံးအဖွဲ့အစည်များ သို့မဟုတ် ယာဉ်ထိန်းရဲသို့ သတင်းပို့ သင့်မည်။ သတင်းပို့ အကြောင်းအရာ မှန်ကန်လျှင် ပြည်သူ့လုံခြုံရေးဌာနရှိ လမ်းပန်း ဆက်သွယ်ရေးရုံးအဖွဲ့အစည်များမှ ဆုငွေ ပေးအပ်သင့်သည်။

（三）公安机关交通管理部门接到交通事故报警后，应当立即派交通警察赶赴现场，先组织抢救受伤人员，并采取措施，尽快恢复交通。交通警察应当对交通事故现场进行勘验、检查，收集证据；因收集证据的需要，可以扣留事故车辆，但是应当妥善保管，以备核查。对当事人的生理、精神状况等专业性较强的检验，公安机关交通管理部门应当委托专门机构进行鉴定。鉴定结论应当由鉴定人签名。

(ဂ) ပြည်သူ့လုံခြုံရေးဌာနရှိ လမ်းပန်း ဆက်သွယ်ရေးရုံးအဖွဲ့အစည်းသည်ယာဉ်မတော်တဆမှုသတင်း လက်ခံရရှိပြီးနောက် ယာဉ်ထိန်းရဲများအား အခင်းဖြစ်ရာသို့ ချက်ချင်းစေလွှတ်ကာ ထိခိုက်ဒဏ်ရာရသူများ အား ကယ်ဆယ်ရေးလုပ်ငန်းများကို ဆောင်ရွက်ပေးကာ ယာဉ်သွားလာရေး အမြန်ဆုံးပြန်လည်ရယူရန် ဆောင်ရွက်ပေးရမည်။ ယာဉ်ထိန်းရဲများသည် ယာဉ်တိုက်မှုဖြစ်ပွားသည့်နေရာကို စုံစမ်းစစ်ဆေးကာ သက်သေ အထောက် အထားများ စုဆောင်းပါသည်။ သက်သေအထောက်အထားများစုဆောင်း ရန်လိုအပ်ချက်အရ မတော်တဆမှုဖြစ်သည့်ယာဉ်အား ဖမ်းချုပ်နိုင်သော်လည်း စစ်ဆေးအတည်ပြုရန်အတွက် လုံခြုံသောနေရာ တွင် ထားရှိသင့်သည်။ အမှုသည်များ၏ ရုပ်ပိုင်းဆိုင်ရာနှင့် စိတ်ပိုင်းဆိုင်ရာ အခြေအနေများကို ကျွမ်းကျင် သော ခိုင်မာသော စစ်ဆေးရန် ပြည်သူ့လုံခြုံရေးဌာနရှိ လမ်းပန်း ဆက်သွယ်ရေးရုံးအဖွဲ့အစည်းသည် သီးသန့် အဖွဲ့အစည်းအားလွှဲအပ်ပြီးအကဲဖြတ်ရန်ဆောင်ရွက်ပါသည်။ ရ ရှိသောရလဒ်များကို အကဲဖြတ်ရန်ပြုလုပ်သူ သည် လက်မှတ်ထိုးရမည်ဖြစ်သည်။

（四）公安机关交通管理部门应当根据交通事故现场勘验、检查、调查情况和有关的检验、鉴定结论，及时制作交通事故认定书，作为处理交通事故的证据。交通事故认定书应当载明交通事故的基本事实、成因和当事人的责任，并送达当事人。

(ဃ) ပြည်သူ့လုံခြုံရေးဌာနရှိလမ်းပန်းဆက်သွယ်ရေးစီမံခန့်ခွဲရေးရုံးအဖွဲ့အစည်းများသည် ယာဉ် မတော်တဆမှုအခင်းဖြစ်ရာသို့သွားရောက်လက်တွေ့ စုံစမ်းခြင်း၊ စစ်ဆေးခြင်း၊ စုံစမ်း စစ်ဆေးခြင်းနှင့် သက်ဆိုင်ရာစစ်ဆေး စမ်းသပ်ခြင်း၊ အကဲဖြတ်ဆုံးဖြတ်ချက်ချခြင်းနှင့်အညီ ယာဉ်မတော်တဆမှု ဆုံးဖြတ် စာကို သက်သေအထောက်အထားအဖြစ် လျင်မြန်စွာ ထုတ်ပြန် ရမည်။ ယာဉ်မတော်တဆမှုဆုံးဖြတ်စာ တွင် ယာဉ်မတော်တဆမှု၏အခြေခံ ဖြစ်ရပ်များ၊ အကြောင်းရင်းများနှင့် အမှုသည်၏တာဝန်ဝတ္တရားများကို ရှင်းလင်းစွာမှတ်တမ်းတင်သင့်ရမည်ဖြစ်ပြီးသက်ဆိုင်ရာအမှုသည်များထံပေးပို့ ရမည်။

（五）对交通事故损害赔偿的争议，当事人可以请求公安机关交通管理部门调解，也可以直接向人民法院提起民事诉讼。经公安机关交通管理部门调解，当事人未达成协议或者调解书生效后不履行的，当事人可以向人民法院提起民事诉讼。

(c) ယာဉ်မတော်တဆမှုကြောင့် ပျက်စီးဆုံးရှုံးမှုများအတွက် လျော်ကြေးငွေနှင့် ပတ်သက်သည့် အငြင်းပွားမှုများအတွက်အမှုသည်များ သည် ပြည်သူ့လုံခြုံရေးဌာနရှိလမ်းပန်းဆက်သွယ်ရေးစီမံခန့်ခွဲမှုရုံး အဖွဲ့ အစည်း များသို့ ပြေလည်အောင်ဆောင်ရွက်ပေးရန် တောင်းဆိုနိုင်ပါသည်။ ပြည်သူ့ တရားရုံးသို့လည်း တိုက်ရိုက်တရားမမှုဖြင့်စွဲချက်တင်နိုင်သည်။ ပြည်သူ့ လုံခြုံရေးဌာနရှိလမ်းပန်းဆက်သွယ်ရေးစီမံခန့်ခွဲမှုရုံး အဖွဲ့အစည်းများမှ ဖျန်ဖြေပြီးနောက် နှစ်ဖက်သဘောတူညီမှုမရရှိခြင်းသို့မဟုတ်ဖျန်ဖြေ သဘောတူစာချုပ် အတည်ပြုပြီးနောက် ဆောင်ရွက်ရန် ပျက်ကွက်လျှင် အမှုသည်များသည် ပြည်သူ့တရားရုံးသို့ တရားမမှုဖြင့် စွဲချက်တင်နိုင်သည်။

（六）医疗机构对交通事故中的受伤人员应当及时抢救，不得因抢救费用未及时支付而拖延救治。肇事车辆参加机动车第三者责任强制保险的，由保险公司在责任限额范围内支付抢救费用；抢救费用超过责任限额的，未参加机动车第三者责任强制保险或者肇事后逃逸的，由道路交通事故社会救助基金先行垫付部分或者全部抢救费用，道路交通事故社会救助基金管理机构有权向交通事故责任人追偿。

(၈) ဆေးဝါးကုသရေးဌာနသည် ယာဉ်မတော်တဆမှုတွင် ထိခိုက် ဒဏ်ရာရရှိသူများအား အချိန်မီ ကယ်ဆယ်သင့်မည်ဖြစ်ပြီး ကယ်ဆယ်ရေး စရိတ်များ အချိန်မီပေးဆောင်ရန် ပျက်ကွက်မှုကြောင့် ကယ်ဆယ် ရေးနှင့် ကုသရေးများကို နှောင့်နှေးမှု မပြုစေရ။ ယာဉ်မတော်တဆမှုဖြစ်စေသည့် ယာဉ်သည် တတိယ တာဝန်ရှိသူအာမခံဝယ်ယူခဲ့လျှင် အာမခံကုမ္ပဏီသည်တာဝန်ကန့်သတ်မှုဘောင်အတွင်း ကယ်ဆယ်ရေးစရိတ် များကို ပေးဆောင် ရမည်။ ကယ်ဆယ်ရေးစရိတ်များကိုတာဝန်ကန့်သတ်မှုဘောင် ကျော်လွန်လျှင် တတိယ တာဝန်ရှိသူအာမခံဝယ်ယူရန်မပါဝင်ခြင်းသို့မဟုတ်မတော်တဆမှုဖြစ်စေပြီးနောက်ထွက်ပြေးသွားခြင်း ဖြစ်ပေါ်လာလျှင် လမ်းပန်းဆက်သွယ်ရေးဆိုင်ရာလူမှုကူညီရေးရန်ပုံငွေမှ ကယ်ဆယ်ရေးကုန်ကျစရိတ်၏ တစ်စိတ် တစ်ပိုင်း သို့မဟုတ် အားလုံးကို ကြိုတင်ပေးဆောင်ရမည်။ လမ်းပန်း ဆက်သွယ်ရေးဆိုင်ရာလူမှု ကူညီရေးရန်ပုံငွေစီမံခန့်ခွဲမှုရုံးအဖွဲ့အစည်းများသည်ယာဉ်မတော်တဆမှု တာဝန်ရှိသူထံမှလျော်ကြေးများကို ပြန်လည်ရရှိရန် အခွင့်ရှိသည်။

（七）机动车发生交通事故造成人身伤亡、财产损失的，由保险公司在机动车第三者责任强制保险责任限额范围内予以赔偿；不足的部分，按照下列规定承担赔偿责任：

(ဆ) စက်တပ်ယာဉ် မတော်တဆမှုကြောင့် ထိခိုက်ဒဏ်ရာ၊ အကျအဆုံးရရှိမှု သို့မဟုတ် ပစ္စည်းဥစ္စာများ ဆုံးရှုံးလျှင် အာမခံကုမ္ပဏီသည် တတိယတာဝန်ရှိသူအာမခံ၏ ကန့်သတ်မှုဘောင်အတွင်းမှ လျော်ကြေးပေး ရမည်။ မလုံလောက်သည့်အစိတ်အပိုင်း ကို အောက်ဖော်ပြပါ သတ်မှတ်ချက်များနှင့်အညီ လျော်ကြေးပေးရန် တာဝန်ယူဆောင်ရွက်ရမည်။

1. 机动车之间发生交通事故的，由有过错的一方承担赔偿责任；双方都有过错的，按照各自过错的比例分担责任。

(၁) စက်တပ်ယဉ်များ အကြား ယာဉ်မတော်တဆမှု ဖြစ်ပွားလျှင် အမှားရှိသည့်တစ်ဘက်မှ လျော်ကြေး ပေးဆောင်ရန် တာဝန်ယူသည်။ နှစ်ဦးနှစ်ဘက်တို့တွင်အမှားရှိလျှင် သက်ဆိုင်ရာအမှားများ၏အချိုးအစား အလိုက်တာဝန်ထမ်းဆောင်ရန် ခွဲဝေပေးရမည်။

2. 机动车与非机动车驾驶人、行人之间发生交通事故，非机动车驾驶人、行人没有过错的，由机动车一方承担赔偿责任。

(၂) စက်တပ်ယာဉ်နှင့် စက်မဲ့ယာဉ် ယာဉ်မောင်းများ၊ လမ်းသွားလမ်းလာ များ အချင်းချင်းအကြား ယာဉ် မတော်တဆမှု ဖြစ်ပွားလျှင် စက်မဲ့ယာဉ် ယာဉ်မောင်း၊ လမ်းသွားလမ်းလာများအမှားမရှိလျှင် လျော်ကြေးငွေ ကို စက်တပ်ယာဉ်ဘက်မှ ပေးရန် တာဝန်ယူပါသည်။

3. 有证据证明非机动车驾驶人、行人有过错的，根据过错程度适当减轻机动车一方的赔偿责任；机动车一方没有过错的，承担不超过百分之十的赔偿责任。交通事故的损失是由非机动车驾驶人、行人故意碰撞机动车造成的，机动车一方不承担赔偿责任。

(၃) စက်မဲ့ယာဉ် ယာဉ်မောင်းများ၊ လမ်းသွားလမ်းလာများတွင် အမှားရှိ ကြောင်း သက်သေ အထောက်အထားရှိလျှင် အမှားအဝွင်း အတိုင်းအတာ အလိုက် စက်တပ်ယာဉ်ဘက်မှ လျော်ကြေးပေး တာဝန်ကို သင့်လျော်စွာ လျှော့ချပေးရမည်။ စက်တပ်ယာဉ်ဘက်တွင် အမှားမရှိလျှင် လျော်ကြေး အတွက် တာဝန်ယူမှု ၁၀% ထက်မပိုစေရပါ။ ယာဉ်မတော်တဆမှုကြောင့် ဖြစ်စေသောနစ်နာဆုံးရှုံးမှုကို စက်မဲ့ယာဉ် ယာဉ်မောင်းများ၊ လမ်းသွားလမ်းလာ များမှ ရည်ရွယ်ချက်ရှိရှိ တမင်တိုက်မိခြင်းကြောင့် စက်တပ်ယာဉ်ဘက် မှ လျော်ကြေးပေး တာဝန်ယူမှုမရှိပါ။

（八）车辆在道路以外通行时发生的事故，公安机关交通管理部门接到报案的，参照本法有关规定办理。

(၉) လမ်းအပြင်ဘက် ဖြတ်သန်းသွားလာရာတွင် ယာဉ်မတော်တဆမှု ဖြစ်ပွားလျှင် ပြည်သူ့လုံခြုံရေးဌာန ရှိလမ်းပန်းဆက်သွယ်ရေးစီမံခန့်ခွဲမှုရုံးအဖွဲ့ အစည်းများမှ သတင်းပို့လက်ခံရရှိလျှင် ဤဥပဒေနှင့်ပတ်သက် သောသတ်မှတ် ချက်များကို ကိုးကား၍ ဖြေရှင်းရန်ဆောင်ရွက်ပေးရမည်။

五、执法监督

၅။ တရားဥပဒေဆောင်ရွက်ရန် ကြီးကြပ်ခြင်း

（一）公安机关交通管理部门应当加强对交通警察的管理，提高交通警察的素质和管理道路交通的水平。公安机关交通管理部门应当对交通警察进行法制和交通安全管理业务培训、考核。交通警察经考核不合格的，不得上岗执行任务。

(က) ယာဉ်ထိန်းရဲများ၏ အရည်အသွေးနှင့် လမ်းစည်းကမ်း စီမံခန့်ခွဲမှု အဆင့်ကို မြှင့်တင်စေရန် ပြည် သူ့လုံခြုံရေးဌာနရှိ လမ်းပန်းဆက်သွယ်ရေး စီမံခန့်ခွဲမှုရုံးအဖွဲ့အစည်းများသည် ယာဉ်ထိန်းရဲများကို စီမံခန့်ခွဲ မှု ဆောင်ရွက်ရန် အားဖြည့်ပေးရမည်။ ပြည်သူ့လုံခြုံရေးဌာနရှိလမ်းပန်း ဆက်သွယ်ရေး စီမံခန့်ခွဲမှုရုံးအဖွဲ့ အစည်းများသည် ယာဉ်ထိန်းရဲများအတွက် တရားဥပဒေ စိုးမိုးရေးနှင့် ယာဉ်အန္တရာယ် ကင်းရှင်းရေး စီမံ ခန့်ခွဲမှု လုပ်ငန်းဆိုင်ရာ သင်တန်းများပေးရန်၊ စစ်ဆေးရန် ဆောင်ရွက်ရမည်။ စစ်ဆေးခြင်းဖြင့် စံချိန်မမီသော ယာဉ်ထိန်းရဲအား အလုပ်တာဝန်ထမ်းဆောင် ခွင့် မပြုရ။

（二）公安机关交通管理部门及其交通警察实施道路交通安全管理，应当依据法定的职权和程序，简化办事手续，做到公正、严格、文明、高效。

(ခ) ပြည်သူ့လုံခြုံရေးဌာနရှိ လမ်းပန်းဆက်သွယ်ရေးစီမံခန့်ခွဲမှု ရုံးအဖွဲ့အစည်းများနှင့် ယာဉ်ထိန်းရဲများမှ ယာဉ်အန္တရာယ် ကင်းရှင်းရေး စီမံကွပ်ကဲမှုဆောင်ရွက်ရာတွင်တရားဥပဒေသတ်မှတ်ထားသောအခွင့်အာဏာ နှင့် လုပ်ထုံးလုပ်နည်းများနှင့်အညီ လုပ်ထုံးလုပ်နည်းများကို ရိုးရှင်း အောင်ပြုလုပ်ပြီး တရားမျှတခြင်း၊ တင်းကျပ်ခြင်း၊ ယဉ်ကျေးခြင်း၊ ထိရောက်ခြင်းများရှိစေရန် လုပ်ဆောင်ရမည်။

（三）交通警察执行职务时，应当按照规定着装，佩带人民警察标志，持有人民警察证件，保持警容严整，举止端庄，指挥规范。

(ဂ) ယာဉ်ထိန်းရဲများသည် အလုပ်တာဝန်ဆောင်ရွက်ရာတွင် စည်းမျဉ်းစည်းကမ်းများအတိုင်း ဝတ်ဆင် ခြင်း၊ ပြည်သူ့ရဲတံဆိပ်များ ဝတ်ဆင်ခြင်း၊ ပြည်သူ့ရဲ လက်မှတ်များ ကိုင်ဆောင်ခြင်း၊ သပ်ရပ်သော ရုပ်ရည်၊ ဂုဏ်သိက္ခာရှိသော အကျင့်စာရိတ္တကို ထိန်းသိမ်းထားရမည်။

（四）依照本法发放牌证等收取工本费，应当严格执行国务院价格主管部门核定的收费标准，并全部上缴国库。

(ယ) ၍ဥပဒေနှင့်အညီ လိုင်စင်နှင့်နံပါတ်ပြားစသည်များထုတ်ပေးခြင်း သည် ထုတ်လုပ်မှုကုန်ကျစရိတ် ကို ကောက်ခံရန်အတွက် နိုင်ငံတော်ကောင်စီ လက်အောက်ရှိ ဈေးနှုန်းဦးစီးဌာနမှ အတည်ပြုထားသော ကောက်ခံသည့် စံနှုန်းများကို တိကျစွာ အကောင်အထည်ဖော်ဆောင်ရွက်ပြီး ၎င်းတို့အားလုံးကို နိုင်ငံတော် ဘဏ္ဍာ တိုက်သို့ ပေးအပ်ရမည်။

（五）公安机关交通管理部门依法实施罚款的行政处罚，应当依照有关法律、行政法规的规定，实施罚款决定与罚款收缴分离；收缴的罚款以及依法没收的违法所得，应当全部上缴国库。

(င) ပြည်သူ့လုံခြုံရေးဌာနရှိ လမ်းပန်းဆက်သွယ်ရေးစီမံခန့်ခွဲမှု ရုံးအဖွဲ့အစည်းများမှ ဥပဒေများအတိုင်း ဒဏ်ငွေပေးအပ်ချုပ်ရေးပြစ်ဒဏ် များဆောင်ရွက်ရာတွင် သက်ဆိုင်ရာ ဥပဒေများနှင့် အုပ်ချုပ်ရေးဆိုင်ရာ စည်းမျဉ်းများပါ ပြဋ္ဌာန်းချက်များနှင့်အညီ ဒဏ်ငွေပေးဆုံးဖြတ်ချက် နှင့် ဒဏ်ငွေသိမ်းယူခြင်းအလုပ်ကို သီးခြားဆောင်ရွက်ရမည်။သိမ်းယူရရှိသည့်ဒဏ်ငွေများနှင့်သိမ်းဆည်းထားသည့်တရားမဝင် အမြတ်အစွန်း များ အားလုံးကို နိုင်ငံတော်ဘဏ္ဍာတိုက်သို့ ပေးအပ်ရမည်။

（六）交通警察调查处理道路交通安全违法行为和交通事故，有下列情形之一的，应当回避：①与本案的当事人或者当事人的近亲属。②与本人或者其近亲属与本案有利害关系。③与本案当事人有其他关系，可能影响案件的公正处理。

(စ) ယာဉ်ထိန်းရဲများသည် လမ်းအန္တရာယ်ကင်းရှင်းရေးတရားဥပဒေ ချိုးဖောက်မှုလုပ်ရပ်များနှင့် ယာဉ် မတော်တဆမှုများအား ကိုင်တွယ်ဖြေရှင်း ရန် စုံစမ်းစစ်ဆေးသည့်အချိန်တွင် အောက်ပါအခြေအနေများ အနက်မှ တစ်ခုရှိလျှင်ရှောင်ကြဉ်သင့်ရမည်။ (က) ၍အမှုနှင့်သက်ဆိုင်သောအမှုသည် သို့မဟုတ် အမှုသည် ၏ဆွေမျိုးရင်းချာများ။ (ခ) ၍အမှုနှင့်အကျိုးစီးပွားချင်း ဆက်စပ်မှုရှိနေသောအမှုသည်သို့မဟုတ်၎င်း၏ ဆွေမျိုးရင်းချာများ။ (ဂ) ၍ အမှု ၏ တရားမျှတသော ကိုင်တွယ်မှုကို ထိခိုက်စေနိုင်သော၎င်းအမှု၏ အမှုသည် နှင့်အခြား ဆက်စပ်မှုရှိသည့်လူများဖြစ်သည်။

（七）公安机关交通管理部门及其交通警察的行政执法活动，应当接受行政监察机关依法实施的监督。公安机关督察部门应当对公安机关交通管理部门及其交通警察执行法律、法规和遵守纪律的情况依法进行监督。上级公安机关交通管理部门应当对下级公安机关交通管理部门的执法活动进行监督。

（ဆ）ပြည်သူ့လုံခြုံရေးဌာနရှိ လမ်းပန်းဆက်သွယ်ရေးစီမံခန့်ခွဲမှု ရုံးအဖွဲ့အစည်းများနှင့် ၄င်း၏ ယာဉ်ထိန်း ရဲများမှ အုပ်ချုပ်ရေးဥပဒေ စိုးမိုးရေးလုပ်ငန်းများကိုဆောင်ရွက်ရာတွင် အုပ်ချုပ်ရေး ကြီးကြပ်မှုအဖွဲ့ များမှ ဥပဒေနှင့်အညီ ကြီးကြပ်ကွပ်ကဲရန် ဆောင်ရွက်ချက်များကိုလက်ခံရမည်။ ပြည်သူ့လုံခြုံရေးဌာန၏ ကြီးကြပ် ကွပ်ကဲမှုရုံးအဖွဲ့အစည်းများသည် ပြည်သူ့ လုံခြုံရေးဌာနရှိလမ်းပန်းဆက်သွယ်ရေးစီမံခန့်ခွဲမှုရုံးအဖွဲ့အစည်း များ နှင့် ၄င်း ၏ ယာဉ်ထိန်းရဲများမှဥပဒေ၊ စည်းမျဉ်းစည်းကမ်းများကိုလိုက်နာ ကျင့်သုံး ရေးအကြောင်း အရာ များကိုဥပဒေနှင့်အညီကြီးကြပ်ကွပ်ကဲ သင့်သည်။ အထက်ပြည်သူ့လုံခြုံရေးဌာနရှိလမ်းပန်းဆက်သွယ်ရေး စီမံခန့်ခွဲမှု ရုံးအဖွဲ့ အစည်းများသည် လက်အောက်ရှိပြည်သူ့လုံခြုံရေးဌာနရှိလမ်းပန်း ဆက်သွယ် ရေး စီမံခန့်ခွဲ မှုရုံးအဖွဲ့အစည်းများဥပဒေနှင့်အညီဆောင်ရွက်သော လှုပ်ရှားမှု ကိုကြီးကြပ်ကွပ်ကဲရန်ပြုလုပ်သင့်သည်။

（八）公安机关交通管理部门及其交通警察执行职务，应当自觉接受社会和公民的监督。任何单位和个人都有权对公安机关交通管理部门及其交通警察不严格执法以及违法违纪行为进行检举、控告。收到检举、控告的机关，应当依据职责及时查处。

（ဇ）ပြည်သူ့လုံခြုံရေးဌာနရှိ လမ်းပန်းဆက်သွယ်ရေးစီမံခန့်ခွဲမှု ရုံးအဖွဲ့အစည်းများနှင့် ၄င်း၏ ယာဉ်ထိန်းရဲများသည် အလုပ်တာဝန်ဆောင်ရွက် ရာတွင် လူ့အဖွဲ့အစည်းနှင့် နိုင်ငံသားများ၏ ကြီးကြပ်မှုကို အသိစိတ်ဖြင့် လက်ခံဆောင်ရွက်ရမည်။ မည်သည့်ဌာနနှင့် တစ်ဦးချင်းစီမျှမဆို ပြည်သူ့ လုံခြုံရေးဌာနရှိ လမ်းပန်းဆက်သွယ်ရေးစီမံခန့်ခွဲမှု ရုံးအဖွဲ့အစည်းများနှင့် ၄င်း၏ယာဉ်ထိန်းရဲများ၏ဥပဒေနှင့်အညီတင်းကျပ် စွာ လိုက်နာဆောင်ရွက်မှု မရှိခြင်း၊ ဥပဒေနှင့်စည်းကမ်းဖောက်ဖျက်ခြင်းလုပ်ရပ်များကို ပြစ်မှုဖော်ထုတ် ရန်၊ တိုင်ကြားရန်အခွင့်ရှိပါသည်။ ပြစ်မှုဖော်ထုတ်ခြင်း၊ တိုင်ကြားခြင်း လက်ခံရရှိသောဌာနသည် ၄င်း၏တာဝန် များနှင့်အညီ အချိန်နှင့်တစ်ပြေးညီအရေးယူရန် စုံစမ်းစစ်ဆေးဆောင်ရွက်ရမည်။

（九）任何单位不得给公安机关交通管理部门下达或者变相下达罚款指标；公安机关交通管理部门不得以罚款数额作为考核交通警察的标准。公安机关交通管理部门及其交通警察对超越法律、法规规定的指令，有权拒绝执行，并同时向上级机关报告。

（ဈ）မည်သည့်ဌာနမျှမဆို ပြည်သူ့လုံခြုံရေးဌာနရှိလမ်းပန်းဆက်သွယ် ရေးစီမံခန့်ခွဲမှု ရုံးအဖွဲ့အစည်း များထံသို့ဒဏ်ကြေးလျာထားချက်ကိုချမှတ်ပေး ခြင်း သို့မဟုတ်ဖုံးကွယ်သော အခြားနည်းလမ်းဖြင့် ချမှတ်ပေးခြင်းမပြုရပါ။ပြည်သူ့လုံခြုံရေးဌာနရှိ လမ်းပန်းဆက်သွယ် ရေးစီမံခန့်ခွဲမှု ရုံးအဖွဲ့အစည်းများသည်

သိမ်းယူရရှိသောဒဏ်ကြေးငွေပမာဏဖြင့် စံနှုန်းအဖြစ် ယာဉ်ထိန်းရဲကို အကဲဖြတ် စစ်ဆေးရန် မပြုရ။ ပြည်
သူ့လုံခြုံရေး ဌာနရှိလမ်းပန်းဆက်သွယ် ရေးစီမံခန့်ခွဲမှု ရုံးအဖွဲ့အစည်းများနှင့်ငင်း၏ ယာဉ်ထိန်းရဲများသည်
ဥပဒေနှင့် စည်းကမ်းများပါပြဋ္ဌာန်းချက်များထက် ကျော်လွန်သည်ညွှန်ကြားချက်များကို အကောင်အထည်ဖော်
ဆောင်ရွက်ရန် ငြင်းဆိုပိုင်ခွင့်ရှိပြီး အဆင့်မြင့် ဌာနများထံ တပြိုင်နက်တင်ပြခွင့်ရှိသည်။

六、法律责任 [7]
၆။ ဥပဒေအရတာဝန် [7]

（一）公安机关交通管理部门及其交通警察对道路交通安全违法行为，应当及时纠正。公
安机关交通管理部门及其交通警察应当依据事实和本法的有关规定对道路交通安全违法行为予
以处罚。对于情节轻微，未影响道路通行的，指出违法行为，给予口头警告后放行。

(က) ပြည်သူ့လုံခြုံရေးဌာနရှိ လမ်းပန်းဆက်သွယ်ရေးစီမံခန့်ခွဲမှု ရုံးအဖွဲ့အစည်းများနှင့်ငင်းတို့၏
ယာဉ်ထိန်းရဲတို့သည် လမ်းအန္တရာယ် ကင်းရှင်းရေး ဖောက်ဖျက်ကျူးလွန်မှုများကို အချိန်နှင့်တစ်ပြေးညီ
ပြုပြင်ပေးရမည်။ ပြည်သူ့လုံခြုံရေးဌာနရှိ လမ်းပန်းဆက်သွယ်ရေးစီမံခန့်ခွဲမှု ရုံးအဖွဲ့အစည်းများနှင့်ငင်းတို့၏
ယာဉ်ထိန်းရဲတို့သည် ဖြစ်ရပ်များနှင့် ဤဥပဒေပါ သက်ဆိုင်ရာ သတ်မှတ်ချက်များအရယာဉ်အန္တရာယ်ကင်း
ရှင်း ရေး ဆိုင်ရာတရားမဝင်လုပ်ရပ်များကိုအရေးယူရန်ပြုလုပ်ရမည်။ လမ်းအသွား အလာကို မထိခိုက်စေ
သည့် အသေးအဖွဲ့ကိစ္စရပ်များအတွက် တရားမဝင်တဲ့ လုပ်ရပ်ကို ထောက်ပြပြီး နှုတ်နဲ့သတိပေးချက်ပေးလိုက်
ပြီးနောက် သွားခွင့်ပြု ပေးပါသည်။

（二）对道路交通安全违法行为的处罚种类包括：警告、罚款、暂扣或者吊销机动车驾驶
证、拘留。

(ခ) လမ်းအန္တရာယ်ကင်းရှင်းရေးဥပဒေချိုးဖောက်မှု၏ ပြစ်ဒဏ်အမျိုး အစား များတွင် သတိပေးချက်
များ၊ ဒဏ်ကြေးငွေများ၊ ဖမ်းဆီးထိန်းသိမ်းခြင်း သို့မဟုတ် စက်တပ်ယာဉ်မောင်းနှင်ခွင့်လိုင်စင်များ ရုတ်သိမ်း
ခြင်းနှင့် ယာယီဖမ်းချုပ်ခြင်း များပါဝင်သည်။

（三）行人、乘车人、非机动车驾驶人违反道路交通安全法律、法规关于道路通行规定的，
处警告或者五元以上五十元以下罚款；非机动车驾驶人拒绝接受罚款处罚的，可以扣留其非机
动车。

(ဂ) လမ်းသွားလမ်းလာများ၊ ခရီးသည်များနှင့် စက်မဲ့ယာဉ် ယာဉ်မောင်း များအား လမ်းအန္တရာယ်ကင်း

ရှင်းရေးဥပဒေနှင့် စည်းမျဉ်းစည်းကမ်းများကို ဖောက်ဖျက်ကျူးလွန်လျှင် သတိပေးခြင်း သို့မဟုတ် ငါးယွမ် အထက် ယွမ်ငါးဆယ်အောက်ဒဏ်ငွေဆောင်ရမည်။ စက်မဲ့ယာဉ်မောင်းနှင်သူသည် ဒဏ်ကြေးငွေကို လက်ခံ ရန် ငြင်းဆိုလျှင် ၎င်းတို့၏ စက်မဲ့ယာဉ်များကို ဖမ်းဆီးထိန်းသိမ်းနိုင်သည်။

（四）机动车驾驶人违反道路交通安全法律、法规关于道路通行规定的，处警告或者二十元以上二百元以下罚款。本法另有规定的，依照规定处罚。

(ဃ) လမ်းအန္တရာယ်ကင်းရှင်းရေး ဥပဒေနှင့် စည်းမျဉ်းစည်းကမ်းများကို ဖောက်ဖျက်ကျူးလွန်သော စက် တပ်ယာဉ် မောင်းနှင်သူများအား သတိပေးချက် သို့မဟုတ် ယွမ် ၂၀ အထက်မှ ယွမ် ၂၀၀ အောက် ဒဏ်ငွေ ပေးဆောင်ခြင်းခံရမည်။ ဤဥပဒေတွင်အခြားသတ်မှတ်ချက်များရှိလျှင်သတ်မှတ်ချက်များအရ ပြစ်ဒဏ် ပေးသည်။

（五）饮酒后驾驶机动车的，处暂扣六个月机动车驾驶证，并处一千元以上二千元以下罚款。因饮酒后驾驶机动车被处罚，再次饮酒后驾驶机动车的，处十日以下拘留，并处一千元以上二千元以下罚款，吊销机动车驾驶证。醉酒驾驶机动车的，由公安机关交通管理部门约束至酒醒，吊销机动车驾驶证，依法追究刑事责任，五年内不得重新取得机动车驾驶证。饮酒后驾驶营运机动车的，处十五日拘留，并处五千元罚款，吊销机动车驾驶证，五年内不得重新取得机动车驾驶证。醉酒驾驶营运机动车的，由公安机关交通管理部门约束至酒醒，吊销机动车驾驶证，依法追究刑事责任；十年内不得重新取得机动车驾驶证，重新取得机动车驾驶证后，不得驾驶营运机动车。饮酒后或者醉酒驾驶机动车发生重大交通事故，构成犯罪的，依法追究刑事责任，并由公安机关交通管理部门吊销机动车驾驶证，终生不得重新取得机动车驾驶证。

(c) အရက်သေစာသောက်စားပြီး စက်တပ်ယာဉ်ကို မောင်းနှင်လျှင် စက်တပ်ယာဉ် မောင်းနှင်ခွင့်လိုင်စင် ကို ခြောက်လ ယာယီဆိုင်းငံ့ထားပြီး ဒဏ်ငွေ ယွမ် ၁၀၀၀ အထက်မှ ယွမ် ၂၀၀၀ အောက်ပေးဆောင်ရမည်။ အရက်သေစာ သောက်စားခြင်းကြောင့် အရေးယူခံခဲ့ပြီး အရက်သေစာ နောက်ထပ်ပြန်လည် သောက်စား ခြင်းအတွက် စက်တပ်ယာဉ်ယာဉ်မောင်းကို ဆယ်ရက်အောက် ဖမ်းချုပ်ပြီး ဒဏ်ငွေ ယွမ် ၁၀၀၀ အထက်မှ ယွမ်၂၀၀၀အောက်ချမှတ်ပြီး စက်တပ်ယာဉ် မောင်းနှင်ခွင့်လိုင်စင် ရုပ်သိမ်းရမည်။ အရက်မူးပြီး စက်တပ် ယာဉ်ကို မောင်းနှင်သောသူအား ပြည်သူ့လုံခြုံရေးဌာနရှိ လမ်းပန်းဆက်သွယ်ရေးစီမံခန့်ခွဲမှုရုံးအဖွဲ့အစည်းများ မှ အရက်မူးပြေလာသည် အထိချုပ်ထိန်းပြီး စက်တပ်ယာဉ် ယာဉ်မောင်းလိုင်စင် ရုပ်သိမ်းခံရကာ ရာဇဝတ်မှု ဆိုင်ရာ တာဝန်ဝတ္တရားများကိုဥပဒေအရ အရေးယူခြင်း ပြုလုပ်မည်။ စက်တပ်ယာဉ် ယာဉ်မောင်းလိုင်စင်ကို

ငါးနှစ် အတွင်းပြန်လည် ရယူခြင်းမပြုရ။ အရက်သေစာသောက်စားပြီးလုပ်ငန်း သုံးစက်တပ်ယာဉ် မောင်း

နှင်လျှင် ၁၅ ရက်ချုပ်နှောင်ခြင်း ခံရမည်ဖြစ်ပြီး ဒဏ်ငွေ ယွမ် ၅၀၀၀ ပေးဆောင်ခြင်းခံမည်ဖြစ်ပြီးစက်တပ်

ယာဉ် မောင်းနှင်ခွင့် လိုင်စင် ရုပ်သိမ်းခံရကာ ငါးနှစ်အတွင်း စက်တပ်ယာဉ် ယာဉ်မောင်း လိုင်စင်ပြန်လည်ရယူ

ခြင်း မပြုရ။အရက်မူးပြီးလုပ်ငန်းသုံး စက်တပ်ယာဉ် မောင်းနှင် သောသူအားပြည်သူလုံခြုံရေးဌာနရှိလမ်းပန်း

ဆက်သွယ်ရေး စီမံခန့်ခွဲမှုရုံးအဖွဲ့အစည်းများသည် အရက်မူးပြေလာ သည်အထိထိန်းချုပ်ပြီး ၎င်း၏ စက်

တပ်ယာဉ် ယာဉ်မောင်းလိုင်စင် ရုပ်သိမ်းခံရကာ ပြစ်မှုဆိုင်ရာ တာဝန် ဝတ္တရားများကို ဥပဒေအရ အရေးယူ

ခြင်းပြုလုပ်ပါသည်။ စက်တပ်ယာဉ် ယာဉ်မောင်းလိုင်စင် ကို ၁၀ နှစ် အတွင်းပြန်လည်ရယူရန် ခွင့်မပြုရပါ

။ စက်တပ်ယာဉ် ယာဉ်မောင်း လိုင်စင်ပြန်လည်ရရှိပြီး လျှင် လုပ်ငန်းသုံး စက်တပ်ယာဉ် မောင်းနှင်ခြင်း

ခွင့်မပြုရပါ။ အရက်သောက်ခြင်း သို့မဟုတ်အရက်မူးပြီး စက်တပ်ယာဉ် မောင်းနှင်ပြီး ကြီးမားသော

လမ်းပန်းဆက်သွယ်ရေးမတော်တဆမှုဖြစ်ပွား ပြီးရာဇဝတ်မှုဖြစ်စေလျှင်ဥပဒေအရအရေးယူခံရမည်ဖြစ်ပြီး

ပြည်သူလုံခြုံ ရေး ဌာနရှိလမ်းပန်းဆက်သွယ်ရေး စီမံခန့်ခွဲမှုရုံး အဖွဲ့အစည်းများသည် စက်တပ်ယာဉ် မောင်း

နှင်ခွင့်လိုင်စင်အား ရုပ်သိမ်းရမည်ဖြစ်ပြီးစက်တပ်ယာဉ် မောင်းနှင်ခွင့်လိုင်စင်ကို တစ်သက်တာ ပြန်လည်ရယူ

ခြင်းမပြုရပါ။

（六）公路客运车辆载客超过额定乘员的，处二百元以上五百元以下罚款；超过额定乘员

百分之二十或者违反规定载货的，处五百元以上二千元以下罚款。货运机动车超过核定载质量

的，处二百元以上五百元以下罚款；超过核定载质量百分之三十或者违反规定载客的，处五百

元以上二千元以下罚款。有前两款行为的，由公安机关交通管理部门扣留机动车至违法状态消

除。运输单位的车辆有本条第一款、第二款规定的情形，经处罚不改的，对直接负责的主管人

员处二千元以上五千元以下罚款。

(၈) ယာဉ်လမ်းခရီးသည်တင်ယာဉ်သည် သတ်မှတ်ထားသော ခရီးသည်အရေအတွက် ပိုတင်ဆောင်လျှင်

ယွမ် ၂၀၀ အထက်မှယွမ်၅၀၀ အောက် ဒဏ်ကြေးငွေ ပေးဆောင်ရမည်။ သတ်မှတ်ထားသည့် စီးနင်းသူ၏ ၂၀

ရာခိုင်နှုန်းထက်ကျော်လွန်ခြင်းသို့မဟုတ် စည်းမျဉ်းစည်းကမ်းများ ဖောက်ဖျက်၍ကုန်စည်တင်လျှင် ဒဏ်ငွေ

ယွမ် ၅၀၀ အထက်မှ ယွမ်၂၀၀၀ အောက် ငွေဒဏ်ပေးဆောင်ရမည်။ ကုန်စည်ပို့ဆောင်ရေးယာဉ်သည် ခွင့်

ပြုထားသော ဝန်ပမာဏထက် ကျော်လွန်လျှင် ယွမ် ၂၀၀ အထက်မှ ယွမ် ၅၀၀ အောက် ဒဏ်ကြေးငွေ ပေး

ဆောင်ရမည်။ခွင့်ပြုထားသော ဝန်ပမာဏ၏ ၃၀% ထက်ကျော်လွန်လျှင် သို့မဟုတ် စည်းကမ်းဖောက်ဖျက်၍

ခရီးသည်များတင်ဆောင်လျှင် ယွမ် ၅၀၀ အထက်မှ ယွမ် ၂၀၀၀အောက် ဒဏ်ကြေး ပေးဆောင်ရမည်။ရှေ့ အပိုဒ်နှစ်ပိုဒ်ပါ လုပ်ရပ်များကို ကျူးလွန်လျှင် ပြည်သူ့လုံခြုံရေးဌာနရှိလမ်းပန်းဆက်သွယ်ရေး စီမံခန့်ခွဲမှုရုံး အဖွဲ့အစည်းများမှ စက်တပ်ယာဉ်များကို တရားမဝင်သောအနေအထားပျောက်ကွယ်သွားသည့် အထိ ဖမ်းချုပ် ပါသည်။ သယ်ယူပို့ဆောင်ရေးဌာန၏ ယာဉ်များသည် (၅)အပိုဒ်ထဲမှ ပထမအချက်နှင့် ဒုတိယအချက်တွင် သတ်မှတ်ထားသည့် အခြေအနေပါရှိလျှင် ဖြစ်ဒဏ်ခံပြီးနောက်မပြင်ဆင်လျှင်တိုက်ရိုက်တာဝန်ယူ သူ အား ငွေ၂၀၀၀ အထက်မှ ငွေ ၅၀၀၀ အောက်ဒဏ်ငွေပေးဆောင် ခြင်းခံရမည်။

（七）对违反道路交通安全法律、法规关于机动车停放、临时停车规定的，可以指出违法行为，并予以口头警告，令其立即驶离。机动车驾驶人不在现场或者虽在现场但拒绝立即驶离，妨碍其他车辆、行人通行的，处二十元以上二百元以下罚款，并可以将该机动车拖移至不妨碍交通的地点或者公安机关交通管理部门指定的地点停放。公安机关交通管理部门拖车不得向当事人收取费用，并应当及时告知当事人停放地点。因采取不正确的方法拖车造成机动车损坏的，应当依法承担补偿责任。

(ဆ) စက်တပ်ယာဉ်ရပ်နားခြင်းနှင့် ယာယီရပ်နားခြင်းဆိုင်ရာ လမ်းအန္တရာယ်ကင်းရှင်းရေး ဥပဒေနှင့် စည်းမျဉ်းစည်းကမ်းများကို ဖောက်ဖျက် ကျူးလွန်လျှင် တရားမဝင်သော လုပ်ရပ်ဖြစ်ကြောင်း ထောက်ပြနိုင် ပြီး ချက်ချင်း မောင်းထွက်ရန် နှုတ်ဖြင့် သတိပေးချက် ထုတ်ပြန်နိုင်သည်။ စက်တပ်ယာဉ်မောင်းနှင်သူသည် အခင်းဖြစ်ပွားရာနေရာသို့ မရှိဘဲ သို့မဟုတ် အခင်းဖြစ်ပွားရာတွင်ရှိနေသော်လည်းချက်ချင်းမေ၁င်းထွက် ရန် ငြင်းဆို ကြောင့် အခြားယာဉ်များသို့မဟုတ်လမ်းသွားလမ်းလာများကိုအနှောင့် အယှက်ပေးစေ လျှင် ယွမ် ၂၀ အထက်မှ ယွမ် ၂၀၀ အောက် ဒဏ်ငွေ ပေးဆောင်ရပြီး ၄င်းစက်တပ်ယာဉ်အား ယာဉ်အသွားအလာ အဟန့်အတားမရှိသော နေရာတွင် သို့မဟုတ် ပြည်သူ့လုံခြုံရေး ဌာနရှိလမ်းပန်းဆက်သွယ်ရေး စီမံခန့်ခွဲမှု ရုံး အဖွဲ့အစည်းများ မှသတ်မှတ်ထားသည့်နေရာသို့ရပ်နားရန်ဆွဲခေါ်သွားနိုင်ပါ သည်။ ပြည်သူ့လုံခြုံရေး ဌာနရှိလမ်းပန်းဆက်သွယ်ရေး စီမံခန့်ခွဲမှုရုံး အဖွဲ့အစည်းများသည် ယာဉ်ဆွဲခြင်းကြောင့် အမှုသည်အား အသုံးစရိတ်များ ကောက်ခံခြင်းမပြုရဘဲ ယာဉ်ရပ်နားရာနေရာကိုချက်ချင်းအသိပေးသင့် သည်။ စက်တပ် ယာဉ်အား ဆွဲငင်သည့်နည်းလမ်း မှားယွင်းမှုကြောင့် စက်တပ်ယာဉ် ပျက်စီးသွားစေလျှင် ဥပဒေနှင့်အညီ လျော်ကြေးပေးသင့်သည်။

（八）机动车安全技术检验机构实施机动车安全技术检验超过国务院价格主管部门核定的

收费标准收取费用的，退还多收取的费用，并由价格主管部门依照《中华人民共和国价格法》的有关规定给予处罚。机动车安全技术检验机构不按照机动车国家安全技术标准进行检验，出具虚假检验结果的，由公安机关交通管理部门处所收检验费用五倍以上十倍以下罚款，并依法撤销其检验资格；构成犯罪的，依法追究刑事责任。

(၈) စက်တပ်ယာဉ်ဘေးကင်းရေးနည်းပညာစစ်ဆေးရေး အဖွဲ့အစည်း သည် စက်တပ်ယာဉ်ဘေးကင်းရေးနည်းပညာစစ်ဆေးရေးအတွက် နိုင်ငံတော်ကောင်စီ၏ စျေးနှုန်းဆိုင်ရာတာဝန်ယူစီမံခန့်ခွဲရေးဌာနမှ အတည်ပြုထားသော အခကောက်ခံနှုန်းထက် ပိုမိုကောက်ခံလျှင် ငွေပိုကောက်ခံသည့် အခကြေးငွေကို ပြန်ဆပ်ပေးမည်ဖြစ်ပြီး စျေးနှုန်းဆိုင်ရာတာဝန်ယူစီမံခန့်ခွဲရေးဌာန သည်"တရုတ်ပြည်သူ့သမ္မတနိုင်ငံ၏စျေးနှုန်း ဥပဒေ" သက်ဆိုင်ရာ ပြဋ္ဌာန်းချက်များအရအရေးယူပေးရန် ဆောင်ရွက်ရပါသည်။ စက်တပ်ယာဉ်ဘေးကင်းရေးနည်းပညာစစ်ဆေးရေး အဖွဲ့အစည်းသည် စက်တပ်ယာဉ်များအတွက် နိုင်ငံတော်လုံခြုံရေးနည်းပညာစံနှုန်းများနှင့်အညီ စစ်ဆေးရန် ပျက်ကွက်လျှင်မမှန်မကန်စစ်ဆေးခြင်းရလဒ်များကို ထုတ်ပေးလျှင် ပြည်သူ့လုံခြုံရေး ဌာနရှိလမ်းပန်းဆက်သွယ်ရေး စီမံခန့်ခွဲမှုရုံး အဖွဲ့အစည်းများမှရုံးခွဲ၊စခန်းများသည် စစ်ဆေးရေး ကြေး၏ ငါးဆမှ ဆယ်ဆအထိ ဒဏ်ကြေးဆောင်ရမည်။ စစ်ဆေးခြင်းဆိုင်ရာ အရည်အချင်းကို ဥပဒေနှင့်အညီ ရုပ်သိမ်းခြင်းခံရမည်ဖြစ်ပြီး ရာဇဝတ်မှုကျူးလွန်၍ ပြစ်မှုဆိုင်ရာတာဝန်ဝတ္တရားများကို ဥပဒေနှင့်အညီ စုံစမ်းစစ်ဆေးရမည်။

（九）上道路行驶的机动车未悬挂机动车号牌，未放置检验合格标志、保险标志，或者未随车携带行驶证、驾驶证的，公安机关交通管理部门应当扣留机动车，通知当事人提供相应的牌证、标志或者补办相应手续，并可以依照本法第九十条的规定予以处罚。当事人提供相应的牌证、标志或者补办相应手续的，应当及时退还机动车。故意遮挡、污损或者不按规定安装机动车号牌的，依照本法第九十条的规定予以处罚。

(၉) လမ်းပေါ်တွင် မောင်းနှင်နေသည့် စက်တပ်ယာဉ်မှ လိုင်စင်နံပါတ်ပြား မချိတ်ဆွဲခြင်း၊ စစ်ဆေးရေးစချိန်မီအမှတ်အသားများ၊ အာမခံ အမှတ်အသား များ မတင်ထားခြင်း သို့မဟုတ် ယာဉ်မောင်းခွင့်လက်မှတ်၊ ယာဉ်မောင်း လိုင်စင် မဆောင်ထားလျှင် ပြည်သူ့လုံခြုံရေးဌာနရှိ လမ်းပန်းဆက်သွယ်ရေး စီမံခန့်ခွဲမှုရုံး အဖွဲ့ အစည်းများမှစက်တပ်ယာဉ် အားဖမ်းချုပ်သိမ်းယူသင့်ပြီး သက်ဆိုင်ရာနံပါတ်ပြား၊လိုင်စင်လက်မှတ်များနှင့် အမှတ်အသားများသို့မဟုတ်သက်ဆိုင်ရာစာရွက်စာတမ်းများကိုပြန်လည်ဖြည့်စွက်ပေးစေရန် အမှုသည် များ အား အကြောင်းကြားရမည်ဖြစ်ပြီး ၌ဥပဒေ ပုဒ်မ ၉ဝ ပါပြဋ္ဌာန်းချက် များအရ အရေးယူခြင်း ခံရနိုင်သည်။

အမှုသည်မှ သက်ဆိုင်ရာနံပါတ်ပြား၊ လိုင်စင်လက်မှတ်များနှင့်အမှတ်အသားများသို့မဟုတ် သက်ဆိုင်ရာ စာရွက်စာတမ်းများကို ပြန်လည်ဖြည့်စွက်ပေးရန်ဆောင်ရွက်ပြီး မြောက်လျှင် စက်တပ် ယာဉ်အား အချိန်မီ ပြန်လည် ပေးအပ်ရမည်။ စက်တပ်ယာဉ်လိုင်စင် နံပါတ်ပြားများကို ရည်ရွယ်ချက်ရှိရှိတမင် ဖုံးကွယ်ခြင်း၊ဖျက် စီးစေခြင်း နှင့်ညစ်ညမ်းစေခြင်းသို့မဟုတ်စက်တပ်ယာဉ် လိုင်စင်နံပါတ်ပြားများကို သတ်မှတ်ချက်အတိုင်းမ လိုက်နာ၍မှားယွင်းစွာ တပ်ဆင်လျှင် ၉၅ဥပဒေ ပုဒ်မ ၉၀ ပါ ပြဌာန်းချက်များအရအရေးယူ ခြင်းခံရမည်။

（十）伪造、变造或者使用伪造、变造的机动车登记证书、号牌、行驶证、驾驶证的，由公安机关交通管理部门予以收缴，扣留该机动车，处十五日以下拘留，并处二千元以上五千元以下罚款；构成犯罪的，依法追究刑事责任。伪造、变造或者使用伪造、变造的检验合格标志、保险标志的，由公安机关交通管理部门予以收缴，扣留该机动车，处十日以下拘留，并处一千元以上三千元以下罚款；构成犯罪的，依法追究刑事责任。使用其他车辆的机动车登记证书、号牌、行驶证、检验合格标志、保险标志的，由公安机关交通管理部门予以收缴，扣留该机动车，处二千元以上五千元以下罚款。当事人提供相应的合法证明或者补办相应手续的，应当及时退还机动车。

(ည) အတုပြုလုပ်ခြင်း၊ ပြောင်းလဲပြုလုပ်ခြင်း သို့မဟုတ်အတုပြု လုပ်ထားသော၊ ပြောင်းလဲပြုလုပ် ထားသောစက်တပ်ယာဉ်မှတ်ပုံတင်လက်မှတ်၊ လိုင်စင်နံပါတ်ပြား၊ ယာဉ်မောင်းခွင့်လက်မှတ်များ၊ ယာဉ် မောင်း လိုင်စင်များအသုံးပြုလျှင် ပြည်သူ့လုံခြုံရေးဌာနရှိ လမ်းပန်းဆက်သွယ်ရေးစီမံခန့်ခွဲမှုရုံး အဖွဲ့အစည်း များမှ ၎င်းများကို သိမ်းဆည်းရမည်ဖြစ်ပြီး စက်တပ်ယာဉ်အား ဖမ်းချုပ်သိမ်းယူပြီး၁၅ ရက်အထက်မ ပိုယာယီဖမ်းချုပ်ရမည်ဖြစ်ပြီး ယွမ် ၂၀၀၀ အထက်မှ၅၀၀၀အောက် ဒဏ်ငွေလည်း ပေးဆောင်ရမည် ဖြစ်သည်။ ရာဇဝတ်မှုကျူးလွန်လျှင် ဥပဒေအရ အရေးယူခံရမည်ဖြစ်သည်။ အတုပြုလုပ်ခြင်း၊ ပြောင်းလဲ ပြုလုပ်ခြင်း သို့မဟုတ်အတုပြုလုပ်ထားသော စစ်ဆေးရေးစံချိန်မီအမှတ်အသားများ၊ အာမခံ အမှတ်အသားများ အသုံးပြု လျှင် အခြားယာဉ်များ၏စက်တပ်ယာဉ်မှတ်ပုံတင်လက်မှတ်၊ ယာဉ်နံပါတ်ပြား၊ ယာဉ်မောင်းခွင့်လက်မှတ်၊ စစ်ဆေးရေးစံချိန်မီအမှတ်အသားနှင့် အာမခံ အမှတ်အသားများကို အသုံးပြုလျှင် ပြည်သူ့လုံခြုံရေးဌာနရှိ လမ်းပန်းဆက်သွယ်ရေးစီမံခန့်ခွဲမှုရုံး အဖွဲ့အစည်းများမှ ၎င်းများကို သိမ်းဆည်းရ မည်ဖြစ်ပြီး စက်တပ်ယာဉ်အား ဖမ်းချုပ်သိမ်းယူပြီး ယွမ် ၂၀၀၀ အထက်မှ၅၀၀၀အောက် ဒဏ်ငွေလည်း ပေးဆောင်ရမည်ဖြစ်သည်။ အမှုသည်များသည်သက်ဆိုင်ရာတရားဝင်သက်သေခံလက်မှတ်ကို ပေးဆောင်

နိုင်ခြင်းသို့မဟုတ် သက်ဆိုင်ရာ စာရွက်စာတမ်းများဖြည့်စွက် နိုင်လျှင်စက်တပ်ယာဉ်အား အချိန်မီ ပြန်လည် ပေးအပ်ရမည်ဖြစ်သည်။

（十一）非法安装警报器、标志灯具的，由公安机关交通管理部门强制拆除，予以收缴，并处二百元以上二千元以下罚款。

(၅) သတိပေးကိရိယာများ၊ အမှတ်အသားမီးများ တရားမဝင် တပ်ဆင်လျှင် ပြည်သူ့လုံခြုံရေးဌာနရှိ လမ်းပန်းဆက်သွယ်ရေးစီမံခန့်ခွဲမှုရုံး အဖွဲ့အစည်းများမှ ၎င်းများကို အတင်းအကြပ်ဖျက်ပစ်ပြီးသိမ်းယူရန်ပြုလုပ်ကာ ဒဏ်ငွေယွမ် ၂၀၀ အထက်မှ၂၀၀၀ အောက် ဒဏ်ငွေ ချမှတ်ရမည်။

（十二）机动车所有人、管理人未按照国家规定投保机动车第三者责任强制保险的，由公安机关交通管理部门扣留车辆至依照规定投保后，并处依照规定投保最低责任限额应缴纳的保险费的二倍罚款。依照前款缴纳的罚款全部纳入道路交通事故社会救助基金。具体办法由国务院规定。

(၆) စက်တပ်ယာဉ်ပိုင်ရှင် သို့မဟုတ် စီမံခန့်ခွဲသူသည် နိုင်ငံတော် စည်း မျဉ်းများနှင့်အညီ စက်တပ်ယာဉ် အတွက် မဝယ်မဖြစ်နေရ တတိယတာဝန်ရှိသူ အာမခံကိုဝယ်ယူရန်မပါဝင်လျှင် ပြည်သူ့လုံခြုံရေးဌာနရှိ လမ်းပန်းဆက်သွယ်ရေးစီမံခန့်ခွဲမှုရုံး အဖွဲ့အစည်းများ သည် စက်တပ်ယာဉ်ကိုထိန်းသိမ်းယူပြီး စည်းမျဉ်း စည်းကမ်းများနှင့်အညီ အာမခံဝယ်ယူပြီးနောက်သတ်မှတ်ထားသော အနိမ့်ဆုံးတာဝန်ယူမှုကန့်သတ်ချက် နှင့်အညီ ပေးဆောင်ရမည့် အာမခံကြေး၏ နှစ်ဆဒဏ်ကြေးအဖြစ်ကိုလည်း ချမှတ်ရမည်။ ရှေ့အပိုဒ်နှင့် အညီ ပေးဆောင်သည့် ဒဏ်ငွေအားလုံးကို လမ်းယာဉ်မတော်တဆမှုများအတွက် လူမှုကူညီရေးရန်ပုံငွေ တွင် ထည့်သွင်းပေးရမည်။ တိကျသောအစီအမံများကို နိုင်ငံတော်ကောင်စီမှ သတ်မှတ်ထားသည့် အတိုင်း ဆောင်ရွက်ရမည်။

（十三）有下列行为之一的，由公安机关交通管理部门处二百元以上二千元以下罚款：①未取得机动车驾驶证、机动车驾驶证被吊销或者机动车驾驶证被暂扣期间驾驶机动车的。②将机动车交由未取得机动车驾驶证或者机动车驾驶证被吊销、暂扣的人驾驶的。③造成交通事故后逃逸，尚不构成犯罪的。④机动车行驶超过规定时速百分之五十的。⑤强迫机动车驾驶人违反道路交通安全法律、法规和机动车安全驾驶要求驾驶机动车，造成交通事故，尚不构成犯罪的。⑥违反交通管制的规定强行通行，不听劝阻的。⑦故意损毁、移动、涂改交通设施，造成危害后果，尚不构成犯罪的。⑧非法拦截、扣留机动车辆，不听劝阻，造成交通严重阻塞或者较大财产损失的。行为人有前款第二项、第四项情形之一的，可以并处吊销机动车驾驶证；有第一项、第三项、第五项至第八项情形之一的，可以并处十五日以下拘留。

(၃) အောက်ဖော်ပြပါ ပြုမူချက်တစ်ရပ်ရပ်ကို ကျူးလွန်လျှင် ပြည်သူ့လုံခြုံရေးဌာနရှိ လမ်းပန်းဆက်သွယ်ရေးစီမံခန့်ခွဲမှုရုံး အဖွဲ့အစည်းများသည်ယွမ် ၂၀၀ အထက်မှ ယွမ် ၂၀၀၀ အောက် ဒဏ်ငွေ ကိုချမှတ်ပေးသည်။ (၁) စက်တပ်ယာဉ် ယာဉ်မောင်းလိုင်စင် ရယူရန် မရှိခြင်း၊ စက်တပ်ယာဉ် ယာဉ်မောင်း လိုင်စင် ရုပ်သိမ်းမှုခံရခြင်း သို့မဟုတ် စက်တပ်ယာဉ်ယာဉ်မောင်းလိုင်စင်အား ယာယီထိန်းသိမ်းထားစဉ် အတွင်း စက်တပ်ယာဉ် မောင်းနှင်ခြင်း။ (၂) စက်တပ်ယာဉ် ယာဉ်မောင်းလိုင်စင် မရရှိသူ သို့မဟုတ်စက်တပ် ယာဉ် ယာဉ်မောင်းလိုင်စင် ရုပ်သိမ်းခြင်းသို့မဟုတ်ယာယီထိန်းသိမ်းခြင်းခံရသူများအားစက်တပ်ယာဉ်ပေး ပြီးမောင်းနှင်ခြင်း။(၃)အပြစ်ကျူးလွန်ခြင်းမဖြစ်စေသေးသော ယာဉ်မတော်တဆမှုဖြစ်ပွားပြီး ရှောင်ရှားရန် ထွက်ပြေးခြင်း။ (၄) သတ်မှတ်ထားသော အရှိန်၏ ၅၀ ရာခိုင်နှုန်းထက် ကျော်လွန်မောင်းနှင်ခြင်း။ (၅) လမ်း အန္တရာယ် ကင်းရှင်းရေး ဥပဒေနှင့် စည်းမျဉ်းစည်းကမ်းများနှင့်စက်တပ်ယာဉ်လမ်းအန္တရာယ်ကင်းရှင်းစွာ မောင်းနှင်ရန်လိုအပ်ချက်များကို မော်တော်ယာဉ်များအား အကျပ်ကိုင် ဖောက်ဖျက်ရန် မောင်းခိုင်းခြင်းကြောင့် ယာဉ်မတော်တဆမှုဖြစ်ပွားပြီးအပြစ်ကျူးလွန်မှုမဖြစ်စေသေးခြင်း။(၆) လမ်းပန်းဆက်သွယ်ရေးထိန်းသိမ်း ကြီးကြပ်မှုဖောက်ဖျက်၍ အတင်းအဓမ္မ ဖြတ်သန်းသွားလာပြီးဖျောင်းဖျကံမြစ်ရန်စကားများနားမထောင်ခြင်း ။ (၇) လမ်းပန်းဆက်သွယ်ရေးအဆောက်အအုံကို ဖျက်ဆီးခြင်း၊ ရွှေ့ပြောင်းခြင်း၊ ဖျက်၍ပြန်ရေးခြင်းများတမင် ပြုလုပ်ပြီး အန္တရာယ်ရှိသော အကျိုးဆက်များကို ဖြစ်စေသော်လည်းအပြစ်ကျူးလွန်မှုမဖြစ်စေသေးခြင်း။ (၈) စက်တပ်ယာဉ်များကို တရားမဝင် ကြားဖြတ်တားဆီးခြင်း၊ထိန်းသိမ်းခြင်းများပြုလုပ်ပြီးဖျောင်းဖျကံမြစ်ခြင်း ကိုနာမထောင်ခြင်းကြောင့် ဆိုးရွားစွာ ယာဉ်ကြောပိတ်ဆို့မှု သို့မဟုတ် ကြီးကြီးမားမား စည်းစိမ်ဥစ္စာများ ပျက်စီးဆိုးရွံးစေခြင်းဖြစ်သည်။ ပြုလုပ်သူသည် ရှေ့အပိုဒ်၂ နှင့်၄ ပါ အခြေအနေတစ်ခုခုရှိလျှင်စက်တပ်ယာဉ် ယာဉ်မောင်းလိုင်စင်ကို တပြိုင်တည်း ရုတ်သိမ်းနိုင်သည်၊ အကယ်၍ ပြုလုပ်သူသည် ပုဒ်မ ၁၊ ၃၊၅ မှအ ထိ တွင် အခြေအနေတစ်ခုခုရှိလျှင် တပြိုင်နက်တည်း၁၅ ရက်ထက်မပိုဖမ်းဆီးထိန်းသိမ်းထားရန် အပြစ်ပေးခံရ ပါသည်။

（十四）驾驶拼装的机动车或者已达到报废标准的机动车上道路行驶的，公安机关交通管理部门应当予以收缴，强制报废。对驾驶前款所列机动车上道路行驶的驾驶人，处二百元以上二千元以下罚款，并吊销机动车驾驶证。出售已达到报废标准的机动车的，没收违法所得，处销售金额等额的罚款，对该机动车依照本条第一款的规定处理。

(ပ) ပေါင်းစပ်ထားသောစက်တပ်ယာဉ်သို့မဟုတ်ငင်ပျက်ပြားသော စံချိန်စံညွှန်းပြည့်မီသောစက်တပ်ယာဉ် များဖြင့်လမ်းပေါ်တွင်မောင်းနှင်လျှင် ပြည်သူ့လုံခြုံရေးဌာနရှိ လမ်းပန်းဆက်သွယ်ရေးစီမံခန့်ခွဲမှုရုံး အဖွဲ့ အစည်းများ သည် သိမ်းဆည်းပြီး အတင်းအကြပ် ဖျက်သိမ်းသင့်သည်။ ရှေ့အပိုဒ်တွင်ဖော်ပြထားသော စက် တပ်ယာဉ်မောင်းနှင်သည့် ယာဉ်မောင်းအား ယွမ် ၂၀၀ အထက်မှ၂၀၀၀အောက် ဒဏ်ငွေ ဆောင်ရန်ချမှတ်ပေး ရမည်ဖြစ်ပြီး စက်တပ်ယာဉ် ယာဉ်မောင်းလိုင်စင်ကို ရုပ်သိမ်းရမည်။ ပျက်ပြားသွားသောစံချိန်စံညွှန်းပြည့်မီ သော စက်တပ်ယာဉ်ကို ရောင်းချလျှင် တရားမဝင်ရရှိသော အမြတ်ငွေများ ကို သိမ်းဆည်းရမည်ဖြစ်ပြီး ရောင်းရငွေနှင့် ညီမျှသော ဒဏ်ကြေးငွေ ချမှတ်ရမည်ဖြစ်ပြီး အဆိုပါ စက်တပ်ယာဉ်အား ၌ပထမအပိုဒ်ပါ ပြဋ္ဌာန်းချက်များနှင့်အညီ အရေးယူရန်ဆောင်ရွက်ရမည်။

（十五）违反道路交通安全法律、法规的规定，发生重大交通事故，构成犯罪的，依法追究刑事责任，并由公安机关交通管理部门吊销机动车驾驶证。造成交通事故后逃逸的，由公安机关交通管理部门吊销机动车驾驶证，且终生不得重新取得机动车驾驶证。

(ဃ) ယာဉ်အန္တရာယ် ကင်းရှင်းရေး ဥပဒေ နှင့် စည်းမျဉ်းစည်းကမ်းများကို ဖောက်ဖျက်၍ ကြီးမားသော မတော်တဆမှု ဖြစ်ပွားပြီး ပြစ်မှု ကျူးလွန်လျှင် ဥပဒေအရ ရာဇဝတ်မှုတာဝန်ကိုအရေးယူ ခံရမည်ဖြစ်ပြီး စက်တပ်ယာဉ် ယာဉ်မောင်း လိုင်စင်ကို ပြည်သူ့လုံခြုံရေးဌာနရှိ လမ်းပန်းဆက်သွယ်ရေးစီမံခန့်ခွဲမှုရုံး အဖွဲ့ အစည်းများမှ ရုပ်သိမ်း စေရမည်။ ယာဉ်မတော်တဆမှုဖြစ်ပွားပြီးနောက် ထွက်ပြေးသွားလျှင် ၎င်း၏ စက်တပ် ယာဉ် ယာဉ်မောင်းလိုင်စင်ကို ပြည်သူ့လုံခြုံရေးဌာနရှိ လမ်းပန်းဆက်သွယ်ရေးစီမံခန့်ခွဲမှုရုံး အဖွဲ့အစည်းများမှ ရုပ်သိမ်းပြီး မော်တော်ယာဉ် ယာဉ်မောင်းလိုင်စင်ကို တစ်သက်တာ ပြန်လည်ရယူခြင်း မပြုရပါ။

（十六）对六个月内发生二次以上特大交通事故负有主要责任或者全部责任的专业运输单位，由公安机关交通管理部门责令消除安全隐患，未消除安全隐患的机动车，禁止上道路行驶。

(စ) ခြောက်လအတွင်း ပြင်းထန်သော ယာဉ်မတော်တဆမှု နှစ်ကြိမ်သို့မဟုတ် ထို့ထက်ပို၍ ဖြစ်ပွား ခြင်းအတွက် အဓိကတာဝန် သို့မဟုတ်အပြည့် အဝ တာဝန်ရှိသော ကျွမ်းကျင်သော သယ်ယူပို့ဆောင်ရေး ဌာနများအား ပြည်သူ့လုံခြုံရေးဌာနရှိ လမ်းပန်းဆက်သွယ်ရေးစီမံခန့်ခွဲမှုရုံး အဖွဲ့အစည်းများမှ ဖြစ်ပေါ်လာ နိုင်သော ဘေးကင်းရေး အန္တရာယ်များကို ဖယ်ရှားရှင်းလင်းရန် အမိန့် ချပြီး လမ်းတွင်ယာဉ်မောင်းရန်ခွင့်မပြု

ရပါ။

（十七）国家机动车产品主管部门未按照机动车国家安全技术标准严格审查，许可不合格机动车型投入生产的，对负有责任的主管人员和其他直接责任人员给予降级或者撤职的行政处分。机动车生产企业经国家机动车产品主管部门许可生产的机动车型，不执行机动车国家安全技术标准或者不严格进行机动车成品质量检验，致使质量不合格的机动车出厂销售的，由质量技术监督部门依照《中华人民共和国产品质量法》的有关规定给予处罚。擅自生产、销售未经国家机动车产品主管部门许可生产的机动车型的，没收非法生产、销售的机动车成品及配件，可以并处非法产品价值三倍以上五倍以下罚款；有营业执照的，由工商行政管理部门吊销营业执照，没有营业执照的，予以查封。

(ဃ) နိုင်ငံတော် စက်တပ်ယာဉ် ထုတ်ကုန်ပစ္စည်းများတာဝန်ယူစီမံခန့် ခွဲရေးဌာနသည် စက်တပ်ယာဉ် များအတွက် နိုင်ငံတော် ဘေးကင်းရေး နည်းပညာ စံနှုန်းများနှင့်အညီ တင်းကြပ်စွာ ပြန်လည် သုံးသပ်ရန် ပျက်ကွက်ပြီး အရည်အချင်း မပြည့်မီသော စက်တပ်ယာဉ် မော်ဒယ်လ်များကို ထုတ်လုပ်ခွင့် ပြုလျှင် တာဝန်ခံ နှင့် အခြား တိုက်ရိုက် တာဝန်ရှိ ပုဂ္ဂိုလ်များကို ရာထူးလျှော့ချခြင်း သို့မဟုတ် ရာထူးမှအုပ်ချုပ်ရေးဆိုင်ရာ ဒဏ်ခတ်အရေးယူမှုများပေးအပ်ရပါသည်။နိုင်ငံတော် စက်တပ်ယာဉ် ထုတ်ကုန်ပစ္စည်းများတာဝန်ယူစီမံခန့် ခွဲရေးဌာန မှ ထုတ်လုပ်ရန်ခွင့်ပြုသောစက်တပ်ယာဉ်အမျိုးအစားများအတွက်နိုင်ငံတော်လုံခြုံရေးနည်းပညာ ဆိုင်ရာ စံချိန်စံညွှန်းများကို လုပ်ဆောင် ခြင်း သို့မဟုတ် စက်တပ်ယာဉ်အချောထည်ပစ္စည်းများ အရည်အသွေး စစ်ဆေးခြင်းကို တင်းကြပ်စွာ မဆောင်ရွက်ခြင်းကြောင့် အရည်အချင်းမပြည့်မီသော စက်တပ်ယာဉ်များ ကို စက်ရုံမှထွက်ပြီး ရောင်းချလျှင် အရည်အသွေးနှင့် နည်းပညာကြီးကြပ်ရေးဌာနသည် "တရုတ်ပြည်သူ့ သမ္မတနိုင်ငံ ကုန်ပစ္စည်းအရည်အသွေးဥပဒေ" ပါ သက်ဆိုင်ရာပြဌာန်းချက်များနှင့်အညီ ပြစ်ဒဏ်များချမှတ်ရ မည်။ နိုင်ငံတော် စက်တပ်ယာဉ် ထုတ်ကုန်ပစ္စည်းများတာဝန်ယူစီမံခန့် ခွဲရေးဌာန ၏ခွင့်ပြုချက်မရှိဘဲစက်တပ် ယာဉ်ကို ကိုယ်ထင်သလိုထုတ်လုပ်ရောင်းချလျှင် တရားမဝင် ထုတ်လုပ်ရောင်းချနေသည့် စက်တပ်ယာဉ် ချော ထည်ပစ္စည်းများနှင့်ဆက်စပ်ပစ္စည်းများကို သိမ်းဆည်းရမိကာ တစ်ပြိုင်နက် တရားမဝင် ထုတ် ကုန်ပစ္စည်း တန်ဖိုး၏သုံးဆအထက်မှ ငါးဆအောက် ဒဏ်ငွေများ ချမှတ်နိုင် သည်။ လုပ်ငန်းလိုင်စင်ရှိလျှင် လုပ်ငန်း လိုင်စင်ကို စက်မှုနှင့်ကူးသန်းရောင်းဝယ်ရေး စီမံခန့်ခွဲရေးဦးစီးဌာနမှ ရုပ်သိမ်းရမည်။ လုပ်ငန်းလိုင်စင်မရှိလျှင် စစ်ဆေးပြီးဝရန်းကပ်ရသည်။

（十八）未经批准，擅自挖掘道路、占用道路施工或者从事其他影响道路交通安全活动的，由道路主管部门责令停止违法行为，并恢复原状，可以依法给予罚款；致使通行的人员、车辆及其他财产遭受损失的，依法承担赔偿责任。有前款行为，影响道路交通安全活动的，公安机关交通管理部门可以责令停止违法行为，迅速恢复交通。

(၃) ခွင့်ပြုချက်မရှိဘဲ ကိုယ်ထင်သလိုလမ်းများ တူးဖော်ခြင်း၊ လုပ်ငန်းဆောက်လုပ်ရန် လမ်းများ သိမ်းပိုက်ခြင်း သို့မဟုတ် လမ်းအန္တရာယ် ကင်းရှင်းရေး ထိခိုက်စေသည့် အခြားလုပ်ငန်းများကို ဆောင်ရွက်လျှင် လမ်းတာဝန်ယူစီမံခန့်ခွဲရေးဌာနမှ တရားမဝင် လုပ်ရပ်ကို ရပ်တန့်ရန်နှင့် မူလအခြေအနေအတိုင်း ဆောင်ရွက်ရန် အမိန့်ချမှတ်ကာ ဥပဒေအရငွေဒဏ် ချမှတ်နိုင်သည်။ ဖြတ်သန်းသွားလာသောသူများ၊ ယာဉ်များနှင့်၎င်းတို့၏ အခြာပစ္စည်းဥစ္စာများ ဆုံးရှုံးသွားစေလျှင် ဥပဒေ နှင့်အညီလျော်ကြေးပေး ဆောင်ရမည်။ ရှေ့အပိုဒ်ပါ လုပ်ရပ်များရှိလျှင် လမ်းအန္တရာယ်ကင်းရှင်းရေး လုပ်ငန်းများကို ထိခိုက်စေလျှင် ပြည်သူ့လုံခြုံရေး ဌာနရှိ လမ်းပန်းဆက်သွယ်ရေးစီမံခန့်ခွဲမှုရုံး အဖွဲ့အစည်းများမှ တရားမဝင်သော လုပ်ရပ်ကို ရပ်တန့်ရန်နှင့် ယာဉ်ကြောကို အမြန်ပြန်လည်ရယူရန် အမိန့်ပေးနိုင်သည်။

（十九）道路施工作业或者道路出现损毁，未及时设置警示标志、未采取防护措施，或者应当设置交通信号灯、交通标志、交通标线而没有设置或者应当及时变更交通信号灯、交通标志、交通标线而没有及时变更，致使通行的人员、车辆及其他财产遭受损失的，负有相关职责的单位应当依法承担赔偿责任。

(၆) လမ်းဖောက်လုပ်ခြင်းလုပ်ငန်းဆောင်ရွက်ခြင်း သို့မဟုတ် လမ်းပျက်စီး ခြင်း၊ သတိပေးဆိုင်းဘုတ်များ အချိန်မီမတပ်ဆင်ခြင်း၊ အကာ အကွယ် အစီအမံများမလုပ်ဆောင်ခြင်း သို့မဟုတ်လမ်းပန်းဆက်သွယ်ရေး အချက်ပြမီးများ၊ လမ်းပန်းဆက်သွယ်ရေး အမှတ်အသားဆိုင်းဘုတ်များ၊ လမ်းပန်းဆက်သွယ်ရေး အမှတ်အသားလိုင်းများတပ်ဆင်ထားသင့် သော်လည်း တပ်ဆင်မှုမရှိခြင်းသို့မဟုတ် လမ်းပန်းဆက်သွယ်ရေး အချက်ပြမီးများ၊ လမ်းပန်း ဆက်သွယ်ရေးအမှတ်အသားဆိုင်းဘုတ်များ၊လမ်းပန်းဆက်သွယ် ရေး အမှတ်အသားလိုင်များပြောင်းလဲသင့်သော်လည်း အချိန်မီမပြောင်းဘဲ ဖြတ်သန်းသွားလာနေသူများ၊ ယာဉ် နှင့် အခြားပစ္စည်းဥစ္စာများ ဆုံးရှုံးစေလျှင် သက်ဆိုင်ရာ တာဝန်ရှိ ဌာနမှ လျော်ကြေးငွေများ ပေးဆောင်ရမည် ဖြစ်သည်။

（二十）在道路两侧及隔离带上种植树木、其他植物或者设置广告牌、管线等，遮挡路灯、交通信号灯、交通标志，妨碍安全视距的，由公安机关交通管理部门责令行为人排除妨碍；拒不执行的，处二百元以上二千元以下罚款，并强制排除妨碍，所需费用由行为人负担。

(န) လမ်း၏တစ်ဖက်တစ်ချက်စီနှင့် လမ်းအကာအရံနယ်မြေတွင် သစ်ပင်များ၊ အခြားအပင်များ စိုက်ပျိုးခြင်း သို့မဟုတ် ကြော်ငြာဘုတ်များ၊ ပိုက်လိုင်းများ စသည်တို့ကို တပ်ဆင်ခြင်း၊ လမ်းမီးများ၊ လမ်းပန်းဆက်သွယ် ရေး အချက်ပြမီးများ၊ လမ်းပန်းဆက်သွယ်ရေးအမှတ်အသားဆိုင်းဘုတ်များ ဖုံးအုပ် ခြင်းပြုလုပ်လျှင် ပြည်သူ့လုံခြုံရေးဌာနရှိလမ်းပန်းဆက်သွယ်ရေး စီမံခန့်ခွဲမှုရုံး အဖွဲ့အစည်းများသည်ပြုလုပ် သူကို အဟန့်အတားမှ ဖယ်ထုတ်ရန် အမိန့်ပေးရမည်။ အပြစ်ဒဏ်ပေးရန် ငြင်းဆိုလျှင် ယွမ် ၂ဝဝ အထက်မှ ၂ဝဝဝအောက် ဒဏ်ငွေကို ချမှတ်ရမည်ဖြစ်ပြီး အဆိုပါ အဟန့်အတားကို အတင်းအဓမ္မရှင်းလင်းခိုင်းစေပြီး ၄င်းအတွက်လိုအပ်သောကုန်ကျစရိတ်များ ကို ပြုလုပ်သူမှ ကျခံစေရမည်။

（二十一）对道路交通违法行为人予以警告、二百元以下罚款，交通警察可以当场作出行政处罚决定，并出具行政处罚决定书。行政处罚决定书应当载明当事人的违法事实、行政处罚的依据、处罚内容、时间、地点以及处罚机关名称，并由执法人员签名或者盖章。

(ပ) လမ်းစည်းကမ်းဖောက်ဖျက်သောသူအား သတိပေးချခြင်း၊ ယွမ် ၂ဝဝ အောက် ဒဏ်ငွေပေးဆောင် ခြင်းအတွက် ယာဉ်ထိန်းရဲသည် ပွဲချင်းပြီး အုပ်ချုပ်ရေးဆိုင်ရာ ပြစ်ဒဏ် ဆုံးဖြတ်ချက်ချနိုင်ပြီး စာဖြင့်အုပ်ချုပ် ရေး ဆိုင်ရာ ပြစ်ဒဏ် ဆုံးဖြတ်ချက်ကို ထုတ်ပြန်နိုင်သည်။ အုပ်ချုပ်ရေးဆိုင်ရာ ပြစ်ဒဏ်ဆုံးဖြတ်ချက်တွင် အမှုသည်၏ဥပဒေဖောက်ဖျက်သောဖြစ်ရပ်များ၊ ပြစ်ဒဏ် ဆုံးဖြတ်ချက်ချသောအထောက်အကိုးများ၊ ပြစ်ဒဏ်ဆုံးဖြတ်ချက်ချ သောအချက်အလက်များ၊ အချိန်၊ နေရာနှင့်ပြစ်ဒဏ်ဆုံးဖြတ်ချက်ချပေး သောဌာန အမည်များကိုရှင်းလင်းအောင်ဖော်ပြရမည်ဖြစ်ပြီး ဥပဒေဆောင်ရွက်သောဝန်ထမ်းများမှ လက်မှတ်ရေးထိုး ခြင်း သို့မဟုတ်တံဆိပ်ခတ်နှိပ်ခြင်း ပြုလုပ်ရမည်။

（二十二）当事人应当自收到罚款的行政处罚决定书之日起十五日内，到指定的银行缴纳罚款。对行人、乘车人和非机动车驾驶人的罚款，当事人无异议的，可以当场予以收缴罚款。罚款应当开具省、自治区、直辖市财政部门统一制发的罚款收据；不出具财政部门统一制发的罚款收据的，当事人有权拒绝缴纳罚款。

(ဖ) အမှုသည်မှ ဒဏ်ကြေးပေးအုပ်ချုပ်ရေးဆုံးဖြတ်စာကို လက်ခံရရှိ သည့်နေ့မှ (၁၅)ရက်အတွင်း သတ်မှတ်ထားသော ဘဏ်သို့ဒဏ်ကြေးပေး ဆောင်ရမည်။ လမ်းသွားလမ်းလာများ၊ ခရီးသည်များနှင့် စက် မဲ့ယာဉ် ယာဉ်မောင်းများကို ဒဏ်ကြေးပေးရန်အတွက် အမှုသည်များကန့်ကွက်ခြင်း မရှိလျှင် ပွဲချင်းပြီးဒဏ်

ကြေးများ ကောက်ခံနိုင်မည်ဖြစ်ပါသည်။ ဒဏ်ကြေးများ ကောက်ခံခြင်းသည် ပြည်နယ်၊ ကိုယ်ပိုင်အုပ်ချုပ်ခွင့် ရဒေသ သို့မဟုတ် ဗဟိုမှတိုက်ရိုက်အုပ်ချုပ်သောမြို့မှ လက်အောက်ရှိဘဏ္ဍာရေး ဌာနမှ တိုက်ရိုက်ထုတ်ပေး သည့်ဒဏ်ကြေးပြေစာအား ထုတ်ပေး ရမည်။ ဘဏ္ဍာရေးဌာနမှ တိုက်ရိုက်ထုတ်ပေးသည့်ဒဏ်ကြေးပြေစာ အားပေးခြင်း မရှိလျှင် သက်ဆိုင်အမှုသည်များတွင် ဒဏ်ကြေးပေးဆောင်ရန်ငြင်းဆိုခြင်း အခွင့်ရှိသည်။

（二十三）当事人逾期不履行行政处罚决定的，作出行政处罚决定的行政机关可以采取下列措施：①到期不缴纳罚款的，每日按罚款数额的百分之三加处罚款。②申请人民法院强制执行。

（ဇ） အမှုသည် အချိန်ကန့်သတ်ချက်အတွင်း အုပ်ချုပ်ရေးဆိုင်ရာ ပြစ်ဒဏ်ဆုံးဖြတ်ချက်ကို ဆောင်ရွက် ရန် ပျက်ကွက်လျှင် အောက်ပါအစီအမံ များ ကို ဆောင်ရွက်နိုင်သည်။（၁）သတ်မှတ်ရက်တွင် ဒဏ်ကြေးမ ပေးဆောင် လျှင် ဒဏ်ကြေးငွေ၏ ၃ ရာခိုင်နှုန်းကို နေ့စဉ်နေ့တိုင်း နောက်ထပ် ဒဏ်ငွေချမှတ်ရမည်ဖြစ်သည်။ （၂）မဖြစ်မနေပေးဆောင်ရန် ပြည်သူ့တရားရုံး သို့ လျှောက်ထားရမည်။

（二十四）执行职务的交通警察认为应当对道路交通违法行为人给予暂扣或者吊销机动车驾驶证处罚的，可以先予扣留机动车驾驶证，并在二十四小时内将案件移交公安机关交通管理部门处理。道路交通违法行为人应当在十五日内到公安机关交通管理部门接受处理。无正当理由逾期未接受处理的，吊销机动车驾驶证。公安机关交通管理部门暂扣或者吊销机动车驾驶证的，应当出具行政处罚决定书。

（ဈ） တာဝန်ထမ်းဆောင်နေသည့်ယာဉ်ထိန်းရဲသည် လမ်းဥပဒေ ဖောက်ဖျက် ကျူးလွန်သူအတွက် ယာဉ်မောင်းလိုင်စင် ယာယီ ဖမ်းချုပ်ခြင်း သို့မဟုတ်ရုပ်သိမ်းခြင်း ပြစ်ဒဏ် ပေးသင့်သည်ဟု ယူဆ လျှင် စက်တပ်ယာဉ် ယာဉ်မောင်းလိုင်စင်ကို ဦးစွာ ဖမ်းချုပ်၍ ၂၄ နာရီအတွင်း ပြည်သူလုံခြုံရေး ဌာနရှိ လမ်းပန်းဆက်သွယ်ရေးစီမံခန့်ခွဲမှုရုံး အဖွဲ့အစည်းသို့ အမှုတွဲလွှဲပြောင်း ပေးအပ်ရန်ဆောင်ရွက် ရမည်ဖြ။ လမ်းစည်းကမ်းဖောက်ဖျက်သူများသည် ၁၅ ရက်အတွင်း ပြည်သူလုံခြုံရေးဌာနရှိ လမ်းပန်းဆက်သွယ်ရေး စီမံခန့်ခွဲမှုရုံး အဖွဲ့အစည်းသို့ သွားရောက် ကိုင်တွယ်ရမည်။ ခိုင်လုံသောအကြောင်းပြချက် မရှိဘဲ အချိန် ကန့်သတ်ချက်အတွင်း လုပ်ဆောင်ရန် ပျက်ကွက်လျှင် ၎င်းတို့၏ စက်တပ်ယာဉ် ယာဉ်မောင်းလိုင်စင်ကို ရုပ်သိမ်းရမည်။ ပြည်သူလုံခြုံရေးဌာနရှိ လမ်းပန်းဆက်သွယ်ရေးစီမံခန့်ခွဲမှုရုံး အဖွဲ့အစည်းမှ စက်တပ်ယာဉ် ယာဉ်မောင်းလိုင်စင်အား ယာယီဖမ်းချုပ်ခြင်း သို့မဟုတ် ရုပ်သိမ်းခြင်းပြုလုပ် လျှင် အုပ်ချုပ်ရေးဆိုင်ရာ

ပြစ်ဒဏ် ဆုံးဖြတ်ချက်ကို စာဖြင့် ထုတ်ပေးရမည်။

（二十五）对违反本法规定予以拘留的行政处罚，由县、市公安局、公安分局或者相当于县一级的公安机关裁决。

(မ) ဤဥပဒေပါ ပြဋ္ဌာန်းချက်များကို ဖောက်ဖျက်၍ထိန်းချုပ်ရန် ပြစ်ဒဏ်များကို မြို့နယ် သို့မဟုတ် မြို့ ပြည်သူ့လုံခြုံရေးဌာန၊ ပြည်သူ့လုံခြုံရေးဌာနခွဲ သို့မဟုတ် မြို့နယ်အဆင့်နှင့် ညီမျှသော ပြည်သူ့လုံခြုံရေး ဆိုင်ရာ ဌာနများက စီရင်ဆုံးဖြတ်ရမည်။

（二十六）公安机关交通管理部门扣留机动车、非机动车，应当当场出具凭证，并告知当事人在规定期限内到公安机关交通管理部门接受处理。公安机关交通管理部门对被扣留的车辆应当妥善保管，不得使用。逾期不来接受处理，并且经公告三个月仍不来接受处理的，对扣留的车辆依法处理。

(ယ) ပြည်သူ့လုံခြုံရေးဌာနရှိ လမ်းပန်းဆက်သွယ်ရေးစီမံခန့်ခွဲမှုရုံး အဖွဲ့အစည်းသည် စက်တပ်ယာဉ်၊ စက်မဲ့ယာဉ်ကို ဖမ်းချုပ်သည့်အချိန်တွင် ပွဲချင်းပြီးသက်ဆိုင်ရာသက်သေခံလက်မှတ်ထုတ်ပေးပြီး သတ်မှတ် ထားသော အချိန်ကန့်သတ်ချက်အတွင်းအရေးယူခြင်းလက်ခံရန် အတွက်ပြည်သူ့ လုံခြုံရေးဌာနရှိ လမ်းပန်းဆက်သွယ်ရေးစီမံခန့်ခွဲမှုရုံးအဖွဲ့အစည်းသို့ ရောက် လာရန် အမှုသည်အား အသိပေးရမည်။ ပြည်သူ့ လုံခြုံ ရေးဌာနရှိလမ်းပန်းဆက်သွယ်ရေးစီမံခန့်ခွဲမှုရုံးအဖွဲ့အစည်းသည် ထိန်းသိမ်း ထားသော ယာဉ်များကို စနစ်တကျ သိမ်းဆည်းထားပြီး အသုံးမပြုရပါ။ အချိန်ကန့်သတ်ချက်အတွင်း လာရောက်လက်ခံရန် ပျက်ကွက် ပြီး သုံးလကြာအတွင်း ကြေငြာပြီးနောက် ပြန်လည်လက်ခံခြင်းမပြုသေးလျှင် ဖမ်းဆီးထားသော ယာဉ်အား ဥပဒေနှင့်အညီအရေးယူဖြေရှင်းသွားမည် ဖြစ်သည်။

（二十七）暂扣机动车驾驶证的期限从处罚决定生效之日起计算；处罚决定生效前先予扣留机动车驾驶证的，扣留一日折抵暂扣期限一日。吊销机动车驾驶证后重新申请领取机动车驾驶证的期限，按照机动车驾驶证管理规定办理。

(ရ) စက်တပ်ယာဉ် ယာဉ်မောင်းလိုင်စင်ကို ယာယီထိန်းချုပ်ထားရမည့် အချိန်ကန့်သတ်ချက်ကို ပြစ်ဒဏ် ချမှတ်သည့်နေ့မှစ၍ တွက်ချက်ရမည်ဖြစ် သည်။ ပြစ်ဒဏ်ဆုံးဖြတ်ချက်အတည်မပြုခင် စက်တပ်ယာဉ် ယာဉ် မောင်းလိုင်စင်ကို ကြိုတင်ဖမ်းဆီးထိန်းသိမ်းရန်ပြုလုပ်လျှင် ထိန်းသိမ်း ထား သည့်နေ့တစ်နေ့သည် ယာယီ ထိန်းချုပ်ထားရသည့်နေ့တစ်နေ့အဖြစ် နုတ်ယူ ပေးရမည်။ စက်တပ်ယာဉ် ယာဉ်မောင်းလိုင်စင် ရုပ်သိမ်းပြီး နောက် စက်တပ်ယာဉ် ယာဉ်မောင်းလိုင်စင်ပြန်လည်လျှောက်ထားမည့်အချိန် ကန့်သတ်ချက် ကို စက်တပ်

ယာဉ် ယာဉ်မောင်းလိုင်စင် စီမံခန့်ခွဲရေးဆိုင်ရာ စည်းကမ်းသတ်မှတ်ချက်များနှင့်အညီ ဆောင်ရွက်ပေးရမည်။

（二十八）公安机关交通管理部门根据交通技术监控记录资料，可以对违法的机动车所有人或者管理人依法予以处罚。对能够确定驾驶人的，可以依照本法的规定依法予以处罚。

（လ) ပြည်သူ့လုံခြုံရေးဌာနရှိ လမ်းပန်းဆက်သွယ်ရေးစီမံခန့်ခွဲမှုရုံးအဖွဲ့ အစည်းသည် သယ်ယူပို့ဆောင်ရေးနည်းပညာမော်နီတာမှတ်တမ်းများနှင့် အညီ စည်းကမ်းဖောက်ဖျက်သည့် စက်တပ်ယာဉ်ပိုင်ရှင် သို့မဟုတ် စီမံခန့်ခွဲသူအား ဥပဒေနှင့်အညီ ပြစ်ဒဏ်ချမှတ်နိုင်သည်။ ယာဉ်မောင်းကို သေချာနိုင်မည် ဆိုလျှင် ဤဥပဒေပါ ပြဋ္ဌာန်းချက်များနှင့်အညီ အရေးယူနိုင်သည်။

（二十九）交通警察有下列行为之一的，依法给予行政处分：①为不符合法定条件的机动车发放机动车登记证书、号牌、行驶证、检验合格标志的。②批准不符合法定条件的机动车安装、使用警车、消防车、救护车、工程救险车的警报器、标志灯具，喷涂标志图案的。③为不符合驾驶许可条件、未经考试或者考试不合格人员发放机动车驾驶证的。④不执行罚款决定与罚款收缴分离制度或者不按规定将依法收取的费用、收缴的罚款及没收的违法所得全部上缴国库的。⑤举办或者参与举办驾驶学校或者驾驶培训班、机动车修理厂或者收费停车场等经营活动的。⑥利用职务上的便利收受他人财物或者谋取其他利益的。⑦违法扣留车辆、机动车行驶证、驾驶证、车辆号牌的。⑧使用依法扣留的车辆的。⑨当场收取罚款不开具罚款收据或者不如实填写罚款额的。⑩徇私舞弊，不公正处理交通事故的。⑪故意刁难，拖延办理机动车牌证的。⑫非执行紧急任务时使用警报器、标志灯具的。⑬违反规定拦截、检查正常行驶的车辆的。⑭非执行紧急公务时拦截搭乘机动车的。⑮不履行法定职责的。公安机关交通管理部门有前款所列行为之一的，对直接负责的主管人员和其他直接责任人员给予相应的行政处分。

（၀) ယာဉ်ထိန်းရဲများအား အောက်ဖော်ပြပါအပြုအမူရှိလျှင် တရားဥပဒေနှင့်အညီ အုပ်ချုပ်ရေးဆိုင်ရာ အရေးယူမှုများ ဆောင်ရွက် ပေးရမည်။ (၁) ဥပဒေသတ်မှတ်ချက်များနှင့် မကိုက်ညီသောစက်တပ်ယာဉ် အတွက်ယာဉ်မှတ်ပုံတင်လက်မှတ်၊ ယာဉ်နံပါတ်ပြား၊ ယာဉ်မောင်းလိုင်စင်၊ စံချိန်မီစစ်ဆေးရေးအမှတ်အသားများ ထုတ်ပေးခြင်း။ (၂) တရားဥပဒေ သတ်မှတ်ချက်များနှင့်မကိုက်ညီသောစက်တပ်ယာဉ်များ အတွက်ရဲယာဉ်များ၊ မီးသတ်ယာဉ်များ၊ လူနာတင်ယာဉ်များနှင့် အင်ဂျင်နီယာကယ်ဆယ်ရေး ယာဉ်များ၏သတိပေး ကရိယာများ၊ အမှတ်အသားမီးများ၊ ဆေးဖြန်းလိုဂိုပုံစံများ ကိုအသုံးပြုရန်ခွင့်ပြုပေးခြင်း။ (၃) ယာဉ်မောင်း လိုင်စင်အခြေအနေ များနှင့် မကိုက်ညီသူများ၊ စာမေးပွဲမဖြေဆိုရသေးသူများ သို့မဟုတ် စာမေးပွဲမ

အောင်မြင်သူများကို စက်တပ်ယာဉ် ယာဉ်မောင်းလိုင်စင် ထုတ်ပေးခြင်း။(၄) ဒဏ်ငွေပေးဆုံးဖြတ်ခြင်း နှင့် ဒဏ်ကြေးကောက်ခံခြင်း ဆိုင်ရာ ခွဲထွက်ခြင်းစနစ်အား မလုပ်ဆောင်ခြင်းသို့မဟုတ်သတ်မှတ်ချက် များနှင့်အညီ သိမ်းဆည်းရမိသော အခြေးငွေများ၊ ကောက်ခံ ရခဲ့သောဒဏ်ငွေအားလုံးကို ဘဏ္ဍာတိုက် သို့လွဲပြောင်းပေးရန် မပြုလုပ်ခြင်း။ (၅) ယာဉ်မောင်းကျောင်းများ သို့မဟုတ် ယာဉ်မောင်းသင်တန်း များ၊ စက်တပ်ယာဉ် ပြုပြင်ရေးဆိုင်များ၊ အခကောက်ခံရန်ယာဉ်ရပ်နားရန်နေရာ များကဲ့သို့သော လုပ်ငန်းများကိုဆောင်ရွက်ခြင်းသို့မဟုတ်ပါဝင်ဆောင်ရွက်ခြင်း ။ (၆) ရာထူးအဆင်ပြေမှုကိုအသုံးပြု ပြီးသူတစ်ပါးထံမှ ပစ္စည်းဥစ္စာကို လက်ခံရယူခြင်း သို့မဟုတ် အခြားအကျိုးအမြတ်များ ရယူခြင်း။ (၇) ယာဉ်များ၊ စက်တပ်ယာဉ်မောင်းနှင်ခွင့်လက်မှတ်များ၊ယာဉ်မောင်း လိုင်စင်များ၊ ယာဉ်နံပါတ်ပြားများကို တရားမဝင် ဖမ်းဆီးသိမ်းဆည်းခြင်း။ (၈) ဥပဒေအရ ထိန်းသိမ်းထားသည့် စက်တပ်ယာဉ်များကို အသုံးပြု ခြင်း။ (၉) ပွဲချင်းဒဏ်ကြေးငွေကို ကောက်ခံပြီးပြေစာမပေးခြင်းသို့မဟုတ်ဒဏ်ကြေးငွေ ပမာဏကိုမှန်အောင် မဖြည့်စွက်ခြင်း။ (၁၀) မျက်နှာလိုက်ဝါဒကို ကစားပြီး မမှန်မကန်လုပ် ခြင်း၊ ယာဉ်မတော်တဆမှုများအားမ တရားကိုင်တွယ် ခြင်း။ (၁၁) မော်တော်ယာဉ်လိုင်စင်လျှောက်ထားရာတွင် ခက်ခဲနှောင့်နှေးကြန့်ကြာ စေခြင်း။ (၁၂) အရေးပေါ်လုပ်ငန်းတာဝန်များ မထမ်းဆောင်သည့်အချိန် သတိပေးကရိယာများနှင့်အမှတ်အသားမီးများ အသုံးပြုခြင်း။(၁၃) စည်းမျဉ်း စည်းကမ်းများကို ဖောက်ဖျက်၍ ပုံမှန်သွားလာနေသောယာဉ်များကိုရပ်စေ ရန် ကြားဖြတ်စစ်ဆေးခြင်း။(၁၄) အရေးပေါ်တာဝန်ထမ်းဆောင်ခြင်းမပြုသည့် အချိန် စက်တပ်ယာဉ်များကို ရပ်တန့်စေရန်၊စီးစေရန်ပြုလုပ်ခြင်း။(၁၅) တရားဥပဒေအရ ဆောင်ရွက်ရန် ပျက်ကွက်ခြင်း။ ပြည်သူ့လုံခြုံရေး ဌာနရှိ လမ်းပန်းဆက်သွယ်ရေးစီမံခန့်ခွဲမှုရုံးအဖွဲ့ အစည်းသည် ရှေ့အပိုဒ်တွင်ဖော်ပြ ထားသည့် လုပ်ရပ် တစ်ခုခုကို ကျူးလွန်လျှင် တိုက်ရိုက်တာဝန်ခံသောအမိက စီမံခန့်ခွဲသူနှင့်အခြားတိုက်ရိုက်တာဝန်ရှိဝန်ထမ်း များအား အတည်တကျ အုပ်ချုပ်ရေးဆိုင်ရာ အရေးယူမှုများ ချမှတ်ပေးရမည်။

（三十）依照本法第一百一十五条的规定，给予交通警察行政处分的，在作出行政处分决定前，可以停止其执行职务；必要时，可以予以禁闭。依照本法第一百一十五条的规定，交通警察受到降级或者撤职行政处分的，可以予以辞退。交通警察受到开除处分或者被辞退的，应当取消警衔；受到撤职以下行政处分的交通警察，应当降低警衔。

（၃၀）ကျူဥပဒေ ပုဒ်မ ၁၁၅ ပါ ပြဋ္ဌာန်းချက်များအရ ယာဉ်ထိန်းရဲအား အုပ်ချုပ်ရေးဆိုင်ရာအရေးယူမှု ချမှတ်ပေးလျှင် အုပ်ချုပ်ရေးဆိုင်ရာအရေးယူ ဆုံးဖြတ်ချက်မချမှတ်ခင် ၎င်းအား တာဝန်ထမ်းဆောင်ရန်

ဆိုင်းငံ့နိုင်သည်။ လိုအပ်လျှင်ချုပ်နှောင်ထားနိုင်သည်။ . ၍ဥပဒေ ပုဒ်မ ၁၁၅ ပါ ပြဋ္ဌာန်းချက်များအရ ယာဉ်ထိန်း ရဲအား ရာထူးအဆင့်လျှော့ချခြင်း သို့မဟုတ် ရာထူးဖြုတ်ချခြင်း ခံရလျှင် နုတ်ထွက်စေနိုင်သည်။ ယာဉ်ထိန်း ရဲအား ထုတ်ပယ်ခြင်း သို့မဟုတ် နုတ်ထွက်ခြင်းခံရလျှင် ၎င်း၏ ရဲနှင့် သက်ဆိုင်သောဘွဲ့ထူးဂုဏ်ထူးအဆင့် ကို ရုပ်သိမ်းခြင်းခံရမည်ဖြစ်သည်။ ရာထူးမှထုတ်ပယ် ခြင်း အောက်အုပ်ချုပ်ရေးဆိုင်ရာ အရေးယူမှုခံရသော ယာဉ်ထိန်းရဲများအား ၎င်း၏ ရဲနှင့် သက်ဆိုင်သောဘွဲ့ထူးဂုဏ်ထူးအဆင့်ကိုလျှော့ချပေးရမည်ဖြစ် သည်။

（三十一）交通警察利用职权非法占有公共财物，索取、收受贿赂，或者滥用职权、玩忽职守，构成犯罪的，依法追究刑事责任。

（ဟ） ယာဉ်ထိန်းရဲများသည် အခွင့်အာဏာကို အသုံးပြုပြီး ပြည်သူပိုင်ပစ္စည်းများကို တရားမဝင် သိမ်းပိုက်ခြင်း၊ တောင်းယူခြင်း၊ လာဘ်ယူခြင်း၊ အာဏာအလွဲသုံးစားလုပ်ခြင်း၊ တာဝန်များကို လစ်လျူရှုခြင်း ပြုလုပ်ကြောင့် အပြစ်ကျူးလွန်မှုဖြစ်လျှင်၎င်းတို့အား ဥပဒေနှင့်အညီ ရာဇဝတ်မှုတာဝန်ကို စုံစမ်းစစ်ဆေးပြီး အရေးယူရမည်။

（三十二）公安机关交通管理部门及其交通警察有本法第一百一十五条所列行为之一，给当事人造成损失的，应当依法承担赔偿责任。

（ဂု） ပြည်သူ့လုံခြုံရေးဌာနရှိ လမ်းပန်းဆက်သွယ်ရေးစီမံခန့်ခွဲမှုရုံးအဖွဲ့ အစည်းများနှင့် ယာဉ်ထိန်းရဲ များသည် ၍ဥပဒေ ပုဒ်မ ၁၁၅ တွင် ဖော်ပြထားသည့် လုပ်ရပ်တစ်ခုခုကို ကျူးလွန်လျှင်အမှုသည်ကို နစ်နာ ဆုံးရှုံးစေလျှင် ဥပဒေနှင့်အညီ လျော်ကြေးပေးတာဝန်ယူရမည်။

第四章 交通事故篇

အခန်း(၄) ယာဉ်မတော်တဆမှုများအပိုင်း

一、交通事故原因分析及典型案例

၁။ ယာဉ်မတော်တဆမှု၏ အကြောင်းရင်းကို လေ့လာသုံးသပ်ခြင်းနှင့် စံထားအမှုပုံစံ

造成道路交通事故的原因多种多样，交通系统是由人、车辆、道路和管理组成的统一系统。每个组成部分出现问题都会造成事故，而组成它的各个组成部分都具有复杂性，所以造成交通事故的原因是多元化的。

ယာဉ်မတော်တဆဖြစ်ရသည့် အကြောင်းအရင်းအမျိုးမျိုးရှိသည်။ လမ်းပန်းဆက်သွယ်ရေးစနစ်သည် လူများ၊ ယာဉ်များ၊ လမ်းများနှင့် စီမံခန့်ခွဲမှုများဖြင့် ဖွဲ့စည်းထားသော စီးရီးစနစ်ဖြစ်သည်။ အစိတ်အပိုင်း တစ်ခုစီပြဿနာပေါ်လာတိုင်းမတော်တဆမှုဖြစ်စေပြီး ၎င်းနှင့်ဖွဲ့စည်းထား သည့်အစိတ်အပိုင်းများသည် ရှုပ်ထွေးသောကြောင့်ယာဉ်မတော်တဆမှု ဖြစ်စေ သော အကြောင်းရင်းများသည် ကွဲပြားသည်။

（一）人的因素

(က) လူ၏အကြောင်းအချက်။

人是交通系统中的主体，如若交通系统中的其他组成部分完善，人这一环节一旦出现问题，整个交通就会瘫痪，就会导致交通事故发生。据统计，每年的交通事故中，因为驾驶人酒驾、疲劳驾驶、超速行驶、玩手机、骑电动车不带头盔、行人随意横穿道路等违章操作造成的交通事故占交通事故总数的 60%。[8] 因此，从人的角度出发通过加强对驾驶人培训、考核、交通安全教育和管理的力度，增强其他交通参与者的交通安全知识和法规的意识，提高整个交通参与者的综合素质，是预防和减少事故发生的有效途径。

လူသည် လမ်းပန်းဆက်သွယ်ရေးစနစ်ရှိ အဓိကအစိတ်အပိုင်းဖြစ်သည်။ အကယ်၍ လမ်းပန်းဆက်သွယ်ရေးစနစ်၏ အခြားအစိတ်အပိုင်းများ ကောင်းမွန်ပြည့်စုံလျှင် လူ၏လင့်ခ်တွင် ပြဿနာတစ်ခုရှိလာသည်နှင့် ယာဉ်ကြောတစ်ခုလုံးရပ်တန့်သွားကာ ယာဉ်မတော်တဆမှုများ ဖြစ်လာနိုင်သည်။ စာရင်းဇယားများအရ နှစ်စဉ် ယာဉ်မတော်တဆမှုများတွင် ယာဉ်မောင်းသည် အရက်မူးမောင်းနှင်ခြင်း၊ မောပန်းနွမ်းနယ်မောင်းနှင်ခြင်း၊ အရှိန်လွန်မောင်းနှင်ခြင်း၊ လက်ကိုင်ဖုန်းဆော့ ခြင်း၊ လျှပ်စစ်ယာဉ်စီးနေစဉ် ဦးထုပ်မဆောင်းခြင်းနှင့်လမ်းသွားလမ်းလာများ စိတ်ကြိုက်သလိုလမ်းဖြတ်ကူးခြင်းစသည့် စည်းကမ်းမဲ့ လုပ်ဆောင်ချက်များ ကြောင့် ဖြစ်ပွားသော ယာဉ်မတော်တဆမှုများသည် ယာဉ်မတော်တဆမှု စုစုပေါင်း အရေအတွက်၏ ၆၀ ရာခိုင်နှုန်းခန့်ရှိသည်။ ထို့ကြောင့် လူ၏အမြင်မှ ယာဉ်မောင်းများအား လေ့ကျင့်ခြင်း၊ စစ်ဆေးခြင်း၊ ယာဉ်အန္တရာယ်ကင်းရှင်းရေး ပညာပေးခြင်းနှင့်စီမံခန့်ခွဲခြင်း လုပ်ဆောင်ရန် အားဖြည့်ပေးခြင်း၊ အခြားလမ်းပန်းဆက်သွယ်ရေးပါဝင်သူ၏ယာဉ်အန္တရာယ် များကင်းရှင်းရေးဆိုင်ရာ အသိပညာနှင့်ဥပဒေများနှင့်စည်းမျဉ်းစည်းကမ်းများ ဆိုင်ရာ အသိပညာများ မြှင့်တင်ပေးခြင်း၊ လမ်းပန်းဆက်သွယ်ရေး တစ်ခုလုံးပါဝင်သူများ၏ အထွေထွေပင်ကိုယ်အရည်အချင်းမြှင်တင်ပေးခြင်း ဖြင့်ဆောင်ရွက်ခြင်းသည် ယာဉ်မတော်တဆမှုကို ထိရောက်စွာတားဆီး ကာကွယ် စေရန်နှင့် လျှော့ချစေရန် ထိရောက်သော နည်းလမ်းဖြစ်သည်။

案例 1：玩手机酿大事故

အမှုပုံစံ(၁)။ မိုဘိုင်းလ်ဖုန်းဖြင့်ဆော့ခြင်းသည် ကြီးမားသောမတော်တဆ မှု ဖြစ်စေ

2020 年 5 月，一辆小型普通客车沿如皋市江安镇迎春路由东向西行。右转弯驶入场地时，因驾驶人开车时使用手机导致没有发现路边的儿童，与其发生碰撞，致儿童受伤经抢救无效于当日死亡。

၂၀၂၀ ခုနှစ် မေလတွင် သာမန်ခရီးသည်တင်ကားငယ်တစ်စီးသည် Yingchun Road, Jiang'an Town, Rugao City တစ်လျှောက် အရှေ့ဘက်မှအနောက်ဘက်သို့ ထွက်ခွာလာကာ ကွင်းထဲဝင်ရန် ညာဘက်သို့ ကွေ့သွားခဲ့သည်။ ယာဉ်မောင်းသည် ကားမောင်းနေစဉ် လက်ကိုင်ဖုန်းကို အသုံးပြုကာ လမ်းဘေးဖက်ရှိ ကလေးငယ်ကို မတွေ့ရှိကြောင့် ၎င်းကို တိုက်မိသဖြင့် ကလေးငယ် ဒဏ်ရာရရှိ၍ ကယ်ဆယ်ရန်ပြုလုပ်ခဲ့ပြီး ထိုနေ့တွင်ပင် သေဆုံးသွားစေခဲ့ပါသည်။

案例 2：醉酒驾驶生命终止

အမှုပုံစံ(၂)။ အရက်မူးပြီး ယာဉ်မောင်းခြင်းကြောင့် ဘဝအဆုံးသတ်

2013 年 1 月 9 日，尹 ×× 饮酒后（经对其血液及含量进行检测，其血液乙醇含量为 249.259 毫克 /100 毫升，已达醉酒驾车标准）驾驶云 N××××× 号普通二轮摩托车沿国道 320 线（瑞丽市姐告路）由北向南行驶。3 时 40 分许，当其行驶至国道 320 线 K3631+800 米处时（瑞丽市姐告路勐巴娜西大酒店前），其车前部与停放于道路西侧慢车道内的云 A××××× 号东风牌重型半挂牵引车尾部相撞，造成尹 ×× 当场死亡、车辆受损的道路交通事故。

၂၀၁၃ ခုနှစ် ဇန်နဝါရီလ ၉ ရက်နေ့တွင် Yin XX သည် အရက်သောက်ပြီးနောက် (၎င်း၏သွေးနှင့် အီသနော ပါဝင်မှု စစ်ဆေးမှုခံယူပြီးနောက်၎င်း၏သွေးထဲတွင်အီသနောပါဝင်သောအရေအတွက်သည်၂၄၉.၂၅၉mg/၁၀၀ml ဖြစ်ပြီး အရက်မူးမောင်းနှင်မှုစံချိန်စံညွှန်းသို့ ရောက်ရှိနေသည်) ယာဉ်နံပါတ်ပြားYunNXXXXXဖြစ်သောသာမန်နှစ်ဘီး ဆိုင်ကယ်ကို နိုင်ငံတော်အဆင့်လမ်းမကြီး၃၂၀လိုင်း(ရွှေလီမြို့ကျယ်ဂန်လမ်း) တစ်လျှောက် မြောက်ဘက်မှတောင်ဘက်သို့ မောင်းနှင်လာခဲ့သည်။ ၎င်းသည် ၀၃း၄၀ အချိန်ခန့်တွင် နိုင်ငံတော်အဆင့်လမ်းမကြီး၃၂၀လိုင်း K၃၆၃၁+၈၀၀ မီတာနေရာ (ရွှေလီမြို့ကျယ်ဂန်လမ်းမွန်ဘာနာစီဟိုတယ်ကြီးရှေ့တွင်) သို့ ရောက်ရှိနေစဉ် ၎င်း၏ယာဉ်၏ရှေ့ပိုင်းသည် အနောက်ဘက်ခြမ်း အနှေးယာဉ်သွားလမ်းတွင်ရပ်နားနေသောယာဉ်နံပါတ်ပြား AXXXXXဖြစ်သော Dongfeng အမှတ်တံဆိပ် အလေးစားနောက်တစ်ပိုင်းတွဲ ဆွဲယာဉ်၏ နောက်ပိုင်းနှင့်တိုက်မိကြောင့်Yin XXသည် ထိုနေရာတွင် ပွဲချင်းပြီး သေဆုံးကာယာဉ်ပျက်စီးသွားခဲ့ကြောင်း ယာဉ်မတော်တဆမှုဖြစ်စေခဲ့ပါသည်။

醉酒驾驶害人害己。《中华人民共和国道路交通安全法》第二十条明确规定，饮酒后禁止驾驶车辆。《刑法修正案（八）》已将醉酒驾驶入刑，醉酒后驾驶机动车将以危险驾驶罪追究刑事责任。

အရက်မူးပြီး ယာဉ်မောင်းခြင်းသည် သူတစ်ပါးနှင့်ကိုယ့်ကိုကိုယ် ထိခိုက်စေသည်။ “တရုတ်ပြည်သူ့သမ္မတနိုင်ငံလမ်းအန္တရာယ်ကင်းရှင်းရေး ဥပဒေ” ပုဒ်မ ၂၀ တွင် အရက်သောက်ပြီး မော်တော်ယာဉ်မောင်းနှင်ခြင်းကို တားမြစ်ထားကြောင်း ရှင်းရှင်းလင်းလင်း ပြဋ္ဌာန်းထားသည်။ “ပြစ်မှုဆိုင်ရာဥပဒေ ပြင်ဆင်ချက် (၈)” တွင် အရက်မူးပြီး မောင်းနှင်ခြင်းအား အပြစ် ကျူးလွန်မှုအဖြစ်ထည့်သွင်းထားပြီး အရက်မူးနေစဉ် စက်တပ်ယာဉ် မောင်းနှင်လျှင် အန္တရာယ်ရှိသော မောင်းနှင်မှုဆိုင်ရာ ရာဇဝတ်မှုဖြင့် အရေးယူရန်ဆောင်ရွက်ပေးရမည်။

案例 3：酒后驾驶撞人逃逸

အမှုပုံစံ(၃)။ အရက်မူးပြီးယာဉ်မောင်းနေစဉ် လူကိုဝင်တိုက်ပြီး ထွက်ပြေ

2009 年 8 月 9 日深夜 11 时左右，一辆面包车在上海浦东云山路、金口路口，将 51 岁行人王某某撞倒在地后加大油门逃逸。这辆面包车从云山路蹿出后，将一辆大众出租车撞飞后继续逃逸，直到再次撞车造成面包车前车轮胎被撞坏，这才被周边市民和司机拦下。浦东警方表示，肇事司机系酒后驾车。

၂၀၀၉ ခုနှစ် သြဂုတ်လ ၉ ရက်နေ့ည ၁၁နာရီခန့်တွင် ပေါင်မုန့်ပုံစံယာဉ်တစ်စီးသည် ရှန်ဟိုင်း Pudong ရှိ Yunshan လမ်းနှင့် Jinkou လမ်းဆုံတွင် အသက် ၅၁ နှစ်အရွယ် လမ်းသွားလမ်းလာ Wang XX ကို မြေပြင် ပေါ်သို့ တိုက်မိပြီးနောက် အရှိန်တိုးပြီးထွက်ပြေးသွားခဲ့သည်။ ၎င်း ပေါင်မုန့်ပုံစံယာဉ်သည် Yunshan လမ်းမှ မောင်းထွက်ပြီးနောက် Volkswagen အငှားယာဉ်အား တိုက်မိကာဆက်လက်ထွက်ပြေးသွားခဲ့ ပါသည်။ နောက် တစ်ကြိမ် ထပ်မံတိုက်မိပြီးပေါင်မုန့်ပုံစံယာဉ်၏ ရှေ့တာယာပျက်စီးသွားသည့် တိုင်အောင် ပတ်ဝန်းကျင်ရှိမြို့သူမြို့သားများနှင့် ယာဉ်မောင်းများမှ ၎င်းကို တားဆီးရပ်တန့်စေခဲ့သည်။ ယာဉ်မတော်တဆ မှုဖြစ်စေသောယာဉ်မောင်း သည် အရက်သေစာသောက်စား၍ မောင်းနှင်နေခဲ့ကြောင်းဟု Pudong ရဲဌာနမှ ပြောပြခဲ့ပါသည်။

根据《道路交通安全法》第九十一条第一款、第二款规定，饮酒后驾驶机动车的，处暂扣六个月机动车驾驶证，并处一千元以上二千元以下罚款。因饮酒后驾驶机动车被处罚，再次饮酒后驾驶机动车的，处十日以下拘留，并处一千元以上二千元以下罚款，吊销机动车驾驶证。醉酒驾驶机动车的，由公安机关交通管理部门约束至酒醒，吊销机动车驾驶证，依法追究刑事责任；五年内不得重新取得机动车驾驶证。

"ယာဉ်အန္တရာယ်ကင်းရှင်းရေးဥပဒေ" ပုဒ်မ ၉၁ ပါ ပထမနှင့် ဒုတိယအပိုဒ်ပါ ပြဋ္ဌာန်းချက်များအရ အရက်သေစာသောက်စားပြီး စက်တပ်ယာဉ် မောင်းနှင်သူ၏စက်တပ်ယာဉ် ယာဉ်မောင်းလိုင်စင်ကို ခြောက် လကြာ ယာယီ ချုပ်ထိန်းခြင်း ပြစ်ဒဏ်နှင့် ငွေဒဏ်ယွမ် ၁၀၀၀အထက် မှ ယွမ် ၂၀၀၀ အောက်ချမှတ်ခဲ့ပါသည် ။အရက်သေစာသောက်စားခြင်း ကြောင့် စက်တပ်ယာဉ်မောင်းနှင်သူကိုပြစ်ဒဏ်ခြင်းခံခဲ့ရပြီးထပ်မံအရက် သေစာ သောက် စားပြီးယာဉ်မောင်းနှင်လျှင် ၁၀ရက်အောက်ဖမ်းဆီးချုပ်နှောင် ပြီး ဒဏ်ငွေ ယွမ် ၁၀၀၀ အထက်မှ ယွမ်၂၀၀၀အောက်ချမှတ်ပြီး စက်တပ်ယာဉ် ယာဉ်မောင်းလိုင်စင်ကို ရုပ်သိမ်းရမည်။ အရက်မူးပြီး

ယာဉ်မောင်းနှင့်လျှင်ပြည်သူ့လုံခြုံရေးဌာနရှိလမ်းပန်းဆက်သွယ်ရေးစီမံခန့်ခွဲမှုရုံးအဖွဲ့အစည်းများမှ ၎င်းစက်
တပ်ယာဉ်မောင်းနှင့်သူအားထိန်းသိမ်းပြီး အရက်မမူးပြေသည့် အထိပြုလုပ်ဆောင်ရွက်ပြီး စက်တပ်ယာဉ်
ယာဉ်မောင်းလိုင်စင် ရုပ်သိမ်းခံရပြီး ရာဇဝတ်မှုတာဝန်များကို ဥပဒေအရ အရေးယူခြင်းချမှတ်ပြီး ၎င်းနှစ်
အတွင်း စက်တပ်ယာဉ် ယာဉ်မောင်းလိုင်စင် ပြန်လည်ရယူရန်မပြုရပါ။

<h3>案例 4：疲劳驾驶惹事故，撞上边坡后侧翻</h3>

**အမှုပုံစံ(၄)။ မောပန်းနွမ်းနယ်စွာ မောင်းနှင်ခြင်းကြောင့် ယာဉ် မတော်တဆမှု
ဖြစ်စေပြီးဘေးနားလျှောစောက်ကို တိုက်မိပြီး တိမ်းမှောက်**

2021 年 4 月 2 日晚，来自云南昭通的李某带着家人连夜从福建出发，准备回云南昭通的老家。为了赶时间，李某通宵驾驶车辆，彻夜未眠，在 4 月 3 日上午，在行驶至杭瑞高速公路湄潭县境内时，由于太困，李某竟然在驾驶时睡着了，车辆在失控状态下径直撞向右侧边坡，并发生了滚翻，如图 4—1。所幸，事故仅造成车内两名乘客受皮外伤。在现场，驾驶人李某承认了自己系因赶时间，连夜驾车后过度疲劳造成交通事故这一事实。最终，遵义高速交警二大队作出事故认定：驾驶人李某在此次事故中承担全部责任，并对李某疲劳驾驶的行为处以一次记 6 分，罚款 100 元的处罚。

၂၀၂၁ ခုနှစ် ဧပြီလ ၂ ရက်နေ့ ညတွင် ယူနန်ပြည်နယ်Zhaotong ၏ LiXX သည် မိသားစုနှင့်အတူ ၎င်း
၏မွေးရပ်မြေသို့ ပြန်ရန် ညတွင်းချင်း Fujian ပြည်နယ် မှယူနန်ပြည်နယ်သို့ထွက်ခွာသွားခဲ့ပြီး LiXXသည်
အချိန်မြန်အောင် အတွက် တစ်ညလုံးမအိပ်ဘဲ ညလုံးပေါက်ယာဉ်မောင်းနှင်ခဲ့သည်။ ဧပြီလ၃ ရက်နေ့ နံနက်
တွင် Hangrui အမြန်မောင်းလမ်းမကြီးမေထမ်မြို့နယ်တွင် ရှိလမ်းပိုင်းသို့ရောက်ရှိနေစဉ် အိပ်ငိုက်လွန်း
သဖြင့် Li XXသည် ယာဉ်ပေါ်တွင် အိပ်ပျော်သွားခဲ့သည်။ ယာဉ်ကိုထိန်းချုပ်မှုမရှိသည့်အခြေအနေအောက်
တွင် ညာဘက်ဘေးလျှောစောက်သို့တိုက်ရိုက်တိုက်မိခဲ့ပြီးမှောက်လို့မ့်သွားစေသည်။ ပုံ၄-၁ တွင်ပြထားသည့်
အတိုင်းဖြစ်သည်။ ကံကောင်းထောက်မစွာဖြင့် ယာဉ်တိုက်မှုကြောင့် ယာဉ်ပေါ်ပါ ခရီးသည်နှစ်ဦးမှာ အရေးပြား
ဒဏ်ရာများသာ ရရှိခဲ့သည်။ အခင်းဖြစ်ပွားရာနေရာတွင် ယာဉ်မောင်းသူ Li XX သည် မြန်အောင်ရောက်ရန်
ညတွင်းချင်းမောင်းနှင်ပြီးနောက် မောပန်းနေခဲ့ကြောင့် ယာဉ်မတော်တဆမှုဖြစ်ပွားစေသောဖြစ်ရပ်မှု
အကြောင်းကို ဝန်ခံခဲ့ပါသည်။ နောက်ဆုံးတွင် ကျွန်ုပ်အမြန်မောင်းလမ်းမကြီးလမ်းပန်းဆက်သွယ်ရေးရဲဌာန
မှ ဒုတိယအဖွဲ့သည် ယာဉ်မတော်တဆမှုအတွက် ဆုံးဖြတ်ချက်ချခဲ့ပြီး ယာဉ်မောင်းဖြစ်သူ Li သည် ယာဉ်

မတော်တဆမှုအတွက် အပြည့်အဝ တာဝန်ယူခဲ့ပြီး Li XX ၏ပင်ပန်းနွမ်းနယ်သောမောင်းနှင်မှုအပြုအမူ အတွက် အမှတ် ၆ မှတ်သွင်းခြင်းနှင့် ဒဏ်ငွေ ယွမ် ၁၀၀ ချမှတ်ခဲ့သည်။

图 4-1　疲劳驾驶交通事故现场

ပုံး၄-၁ ပင်ပန်းနွမ်းနယ်စွာ မောင်းနှင်ကြောင့် ယာဉ်မတော်တဆမှု ဖြစ်ပွားရာနေရာ

　　驾车是一件需要全神贯注的事情，稍有不慎就会造成交通事故，长时间驾驶机动车，更是容易造成因疲劳驾驶，而发生事故。疲劳驾驶，是高速公路上的头号杀手。

　　ယာဉ်မောင်းခြင်းသည် အာရုံစူးစိုက်ရန် လိုအပ်သောကိစ္စတစ်ခု ဖြစ်သည်။ အနည်းငယ်သတိမထား မိလျှင် ယာဉ်မတော်တဆမှု ဖြစ်စေတတ်သည်။ စက်တပ်ယာဉ်ကို အချိန်ကြာမြင့်စွာ မောင်းနှင်ခြင်းသည် ပင်ပန်းစွာ မောင်းနှင်ဖြစ်စေခြင်းကြောင့် ယာဉ်မတော်တဆမှု ဖြစ်ပွားနိုင်ခြေ ပိုများသည်။ ပင်ပန်းနွမ်းနယ် မောင်းနှင်ခြင်းသည် အမြန်မောင်းလမ်းမပေါ်တွင် နံပါတ်တစ် လူသတ်သမားဖြစ်သည်။

案例 5：行人横穿马路、翻越护栏
အမှုပုံစံ(၅)။ လမ်းသွားလမ်းလာများ လမ်းဖြတ်ကူးခြင်း၊ လမ်းဘေး သံတိုင်သံတန်းများဖြတ်ကျော်

　　2021 年 1 月 23 日 14 时 42 分，郝某飞驾驶"陕 KYB×××"号小型轿车，沿国道 337 线由西向东行驶至 K867+50 米处时，与从同向南侧路边所停半挂牵引车的车头部，与由南向北跑步横穿道路的行人张某东相撞，结果致行人张某东受伤，车辆受损的交通事故，如图 4-2。案情分析：第一，行人张某东在没有观察来往车辆的情况下，跑步横穿道路，其行为违反了《中华人民共和国道路交通安全法实施条例》第七十五条之规定。第二，驾驶人郝某飞驾驶机动车上道路行驶时，未能在确保安全、畅通的原则下通行，是造成本次事故的另一方面原因，其行为违反了《中华人民共和国道路交通安全法》第三十八条之规定。

၂၀၂၁ ခုနှစ် ဇန်နဝါရီလ ၂၇ ရက်နေ့ ၁၄ နာရီ ၄၂ မိနစ်တွင် Hao X fei သည် "စန် KYBXXX" အသေးစား ယာဉ်ငယ်တစ်စီးဖြင့် နိုင်ငံတော်အမြန်မောင်း လမ်းမ၃၃၇လိုင်း တစ်လျှောက် အနောက်ဘက်မှ အရှေ့ဘက်သို့ ၈၆၇KM+၅၀ မီတာနေရာတွင်ရောက်ရှိနေစဉ် တူညီသောဦးတည်ရာ တောင်ဘက်လမ်းဘေးတွင် ရပ်နားနေ သည့် တစ်ပိုင်းတွဲဆွဲယာဉ်၏အရှေ့ပိုင်းဘက်၊ တောင်ဘက်မှ မြောက်ဘက်သို့ လမ်းဖြတ်ကူးရန်ပြေးလာသော လမ်းသွားလမ်းလာဖြစ်သူ Zhang XX နှင့်အတူ တိုက်မိခဲ့ပြီး Zhang XXကို ဒဏ်ရာရရှိစေခြင်း ဖြစ်ပြီးယာဉ် ပျက်စီးစေခြင်း ဖြစ်သောယာဉ်မတော်တဆမှုဖြစ်ပွားခဲ့ပါသည်။ ပုံ ၄-၂ တွင်ပြထားသည့်အတိုင်းဖြစ်သည်။ အမှုအကြောင်းအရာလေ့လာ သုံးသပ်ခြင်း။ ပထမတစ်ချက်တွင် လမ်း သွားလမ်းလာဖြစ်သူ Zhang XXသည် သွားလာနေသောယာဉ်များကို စောင့်ကြည့်ခြင်းမပြုလုပ်သည့်အခြေအနေအောက်တွင် ပြေးပြီး လမ်းဖြတ်ကူးရန်ပြု လုပ်ခဲ့ပြီး၄င်း၏အပြုအမူ သည်"တရုတ်ပြည်သူ့သမ္မတနိုင်ငံ၏ လမ်းအန္တရာယ်ကင်းရှင်း ရေးဥပဒေ အကောင်အထည်ဖော်ရေး စည်းမျဉ်း" ပုဒ်မ ၇၅၏သတ်မှတ်ချက် ကို ချိုးဖောက်ခဲ့သည်။ ဒုတိယ တစ်ချက်တွင် ယာဉ်မောင်း သူ Zhang XXသည် လမ်းပေါ် တွင် ယာဉ်မောင်းနေစဉ် ဘေးအန္တရာယ် ကင်း ရှင်းရေး၊ ချောမွေ့ခြင်းသေချာရန် အခြေခံမရှိသည့်အခြေအနေအောက် တွင် ဖြတ်သန်းခြင်းသည် ၄င်းတစ် ကြိမ် မတော်တဆမှုဖြစ်စေသောနောက်ထပ်အကြောင်းရင်းတစ်ခုဖြစ် ပြီး ၄င်းသည် "တရုတ်ပြည်သူ့သမ္မတ နိုင်ငံ၏လမ်းအန္တရာယ်ကင်းရှင်းရေး ဥပဒေ" ပုဒ်မ ၃၈၏သတ်မှတ်ချက်ကိုချိုးဖောက်ခဲ့သည်။

图 4-2 行人横穿马路头部被撞在前挡风玻璃上

ပုံ၄-၂ လမ်းဖြတ်ကူးစဉ် ရှေ့လေကာမှန်ကို လမ်းဖြတ်ကူးသူ ဦးခေါင်းထိမှန်

案例 6：违反标线规定酿惨剧

အမှုပုံစံ(၆)။ အမှတ်အသားမျဉ်းများ၏သတ်မှတ်ချက်ကို ချိုးဖောက်ခြင်း ကြောင့် ကြေကွဲဖွယ် ဖြစ်စေ

2012 年 1 月 12 日上午，蒋×× 驾驶云 N×××××号长城牌小型越野客车（载乘客张
××、胡××、段××）由瑞丽市姐告勒收费站方向往瑞丽市城区方向行驶。9 时 35 分许，
当其驾车沿国道 320 线由东向西行驶至 K3627+0 米前时，越过道路中心双实线驶入对向车道。
此时，恰遇邓×× 驾驶云 M×××××号中型普通客车由省道 233 线左转驶入国道 320 线，
并沿国道 320 线由西向东行驶至该处。在两车相会时，小型越野客车车头左前部与中型普通客
车车头左前部相撞，造成云 N×××××号车上四名驾乘人员当场死亡，两车不同程度损坏的
死亡道路交通事故。道路中漆划的标线是一堵无形的墙，车辆在道路上应当严格按照漆划的标
线行驶，此案中蒋×× 违反标线规定，造成四人死亡的惨剧。交通参与者应引以为戒，遵守
交通安全法律法规，安全驾驶。

၂၀၁၂ခု နှစ် ဇန်နဝါရီလ၂၄ရက်နေ့ နံနက်ပိုင်းတွင် Jiang XX သည် ယာဉ် နံပါတ်ပြား Yun NXXXXX ပါသော Great Wallအမှတ်တံဆိပ်အသေးစား လမ်းကြမ်းမောင်းခရီးသည်တင်ဘတ်စ်ကားငယ်တစ်စီး(ခရီးသည် Zhang XX၊ Hu XX၊ Duan XXပါရှိ) ဖြင့် ရွှေလီမြို့ကျယ်လဲ့အခကောက်ဂိတ်မှ ရွှေလီမြို့ မြို့ပြရိယာသို့ မောင်းနှင်နေသည်။ ည ၉ နာရီ ၃၅ မိနစ်ခန့်တွင် ၄င်းသည် နိုင်ငံတော်အမြန်မောင်းလမ်းမကြီး ၃၂၀လိုင်း တစ်လျှောက်အရှေ့ဘက်မှ အနောက်ဘက်သို့ K၃၆၂၇+0မီတာ တွင်မောင်းနှင်လာစဉ် လမ်းလယ်ခေါင်မှ ပကတိမျဉ်းနှစ်ချောင်းမျဉ်းအား ဖြတ်ကျော်ကာဆန့်ကျင်ဘက်ယာဉ်သွားလမ်း သို့ မောင်းနှင်သွားခဲ့သည်။ ထိုအချိန် တွင် Deng XX သည် ပြည်နယ်အဆင့်လမ်း ၂၃၃လိုင်း မှ ယာဉ်နံပါတ်ပြား Yun MXXXXXXပါအလတ်စား ရိုးရိုးခရီးသည်တင်ဘတ်စ်ကား ဖြင့် နိုင်ငံတော်အမြန်မောင်းလမ်းမကြီး 320လိုင်း သို့ဘယ်ဘက်ကွေ့ကာ ဝင်ရောက်လာခဲ့ပြီးအနောက်ဘက်မှ အရှေ့ဘက်သို့ဝင်းသောနေရာမောင်းနှင် လာပါသည်။ ယာဉ်နှစ်စီး ဆုံမိ ချိန်တွင်အသေးစားလမ်းကြမ်းမောင်းခရီးသည်တင်ဘတ်စ်ကားငယ်၏အရှေ့ဝဲဘက် ပိုင်းသည် အလတ်စား သာမန်ခရီးသည် တင်ယာဉ် ဘယ်ဘက်ရှေ့ပိုင်းနှင့် တိုက်မိခဲ့ရာ ယာဉ်နံပါတ်ပြား Yun NXXXXXXဖြစ်သော ယာဉ်ပေါ်ရှိ ယာဉ်မောင်းနှင် ခရီးသည် လေးဦး ပွဲချင်း သေဆုံးပြီး ယာဉ်နှစ်စီးမှာ ယာဉ်တိုက်မှုဖြစ်ပြီး ယာဉ် နှစ်စီးလုံးအတိုင်းအတာထိခိုက်ပျက်စီးစေခဲ့သော လူသေဆုံးခြင်းယာဉ်မတော်တဆမှုဖြစ်ပွားခဲ့သည်။ လမ်း ပေါ်တွင် ဆေးသုတ်ထားသော အမှတ်အသားမျဉ်းကြောင်းသည် မမြင်နိုင်သော နံရံတစ်ခုဖြစ်သည်။ ယာဉ်

များသည် လမ်းပေါ်ရှိဆေးခြယ်ထားသည့်မျဉ်း အတိုင်း စည်းကမ်းတကျ မောင်နှင်သင့်သည်။ ယင်းအမှု တွင် Jiang XX သည် အမှတ်အသားမျဉ်းသတ်မှတ်ချက်ကို ချိုးဖောက်ပြီးလူလေးဦးသေဆုံးမှု ကြေကွဲဖွယ် အဖြစ်အပျက်ဖြစ်ပွားစေခဲ့ သည်။ ယာဉ်အသွားအလာတွင် ပါဝင်သူများသည် ၄င်းသင်ခန်းစာယူပြီး ကြိုတင် ကာကွယ်မှု၊ ယာဉ်အန္တရာယ်ကင်းရှင်းရေး ဥပဒေနှင့် စည်းကမ်းများကို လိုက်နာကာ အန္တရာယ်ကင်းစွာ မောင်း နှင်သင့်သည်။

案例 7: 违法超车引祸端

အမှုပုံစံ(၇)။ တရားမဝင် ကျော်တက်ခြင်းကြောင့် မတော်တဆမှု ဖြစ်စေ

2012 年 5 月 17 日下午, 杨 ×× 驾驶云 A × × × × × 号红岩牌重型自卸货车沿瑞丽市瑞宏路由西向东行驶。14 时 25 分许, 当其驾车行驶至瑞丽市瑞宏路与勐卯大道交叉口处（瑞丽市糖厂环岛）右转欲转入勐卯大道，并超越前方金 ×× 驾驶的云 N × × × × × 摩托车时，货车右侧中间部位刮擦二轮摩托车的左侧，货车右后轮碾压金 ××, 造成金 ×× 当场死亡、车辆受损的交通事故。此次交通事故正是由于杨 ×× 在交叉路口违法超车造成的。

၂၀၁၂ ခုနှစ် မေလ ၁၇ ရက် ညနေပိုင်းတွင် Yang XX သည် ယာဉ်နံပါတ်ပြားအမှတ်Yun AXXXXX ၏ Hongyan အမှတ်တံဆိပ် အလေးစား အလိုအလျောက်ကုန်ချထရပ်ကားကို ရွှေလီမြို့ရွှေဟုန်လမ်း တစ်လျှောက် အနောက်ဘက်မှ အရှေ့ဘက်သို့ မောင်းနှင်ခဲ့သည်။ ၁၄:၂၅ နာရီခန့်တွင် ၄င်းသည်ရွှေဟုန်လမ်း နှင့် မိုင်းမောင် လမ်းမကြီးလမ်းဆုံရာ(ရွှေလီမြို့၊သကြားစက်ရုံအဝိုင်းပတ်လမ်း) သို့ မောင်းနှင်လာစဉ် ညာဘက် သို့ ကွေ့ကာမိုင်းမောင် လမ်းမကြီးသို့ ဝင်ရောက်ပြီး ရှေ့မှ Jin XX မောင်းနှင်လာသည့် Yun NXXXXX ယာဉ်ကို ကျော်တက်ခဲ့သည်။ ထိုအချိန်တွင် ကုန်တင်ယာဉ်၏ ညာဘက်ခြမ်း အလယ်မှ ဆိုင်ကယ်၏ ဘယ်ဘက်ခြမ်း ခြစ်မိပြီး ကုန်တင်ကား၏ ညာဖက်နောက်ဘီးသည် Jin XX ကိုနင်းမိကာJin XX နေရာတွင် ပွဲချင်းပြီး သေဆုံး ကာ ယာဉ်ပျက်စီးသွားကြောင်း ယာဉ်မတော်တဆမှုဖြစ်ပွားစေခဲ့သည်။ အဆိုပါ ယာဉ်မတော်တဆမှုသည် Yang XX လမ်းဆုံတွင် တရားမဝင်ကျော်တက်ခြင်းကြောင့် ဖြစ်ပွားစေခဲ့သည်။

《中华人民共和国道路交通安全法》及相关法律、法规中，对在什么情况下不能超车作出了严格的规定，如在交叉路口、在与对向车有会车可能时、在前车示意左转弯时等情况均严禁超车。此事故中，若杨 ×× 在进入交叉路口能减速一下，等前方车辆过后再转弯，完全可以避免事故发生。

"တရုတ်ပြည်သူ့သမ္မတနိုင်ငံ၏ လမ်းအန္တရာယ်ကင်းရှင်းရေးဥပဒေ" နှင့် ဆက်စပ်ဥပဒေများနှင့် စည်းမျဉ်း များသည် ကျော်တက်ခြင်းအားတားမြစ်ထား သည့် အခြေအနေများနှင့် ပတ်သက်၍ တင်းကျပ်သော စည်းမျဉ်းများ ပြဋ္ဌာန်းထားပါသည်။ ဥပမာအားဖြင့် လမ်းဆုံ၊ ဆန့်ကျင့်ဘက်မှလာမည့် ယာဉ်နှင့် တွေ့ဆုံရန် ဖြစ်နိုင်ခြေရှိလာသောချိန်၊ ရှေ့မှယာဉ်သည်ဘယ်ဘက် ကွေ့ ရန် အချက်ပြပေးချိန်စသည့် အခြေအနေတွင် ကျော်တက်ခြင်းကိုတင်းကြပ်စွာ တားမြစ်ထားပါသည်။ ၤ၍မတော်တဆမှုတွင် Yang XX သည် အရှိန်လျှော့ နိုင်လျှင်လမ်းဆုံသို့ဝင်၍ မကွေ့မီ ရှေ့မှယာဉ်ကို စောင့်ဆိုင်းလျှင် ယာဉ်မတော်တဆမှုကို လုံးဝရှောင်ရှားနိုင် မည်ဖြစ်သည်။

案例 8 : 无证驾驶害人害己
အမှုပုံစံ(၈)။ လိုင်စင်မရှိဘဲ မောင်းနှင်ခြင်းသည် သူများကိုယ်ပါထိခိုက်

2012 年 1 月 16 日，缅甸籍人员貌 ××× 未取得机动车驾驶证驾驶无号牌普通二轮摩托车，载其父貌 × 沿国道 320 线由东向西行驶。9 时 55 分许，当其车行驶至国道 320 线 K3611+200 米处时，因其驾车技术生疏，车辆在转弯时失控侧翻并滑入对向车道，并与沿国道 320 线由西向东行驶至此的由张 ×× 驾驶的云 E××××× 号重型半挂牵引车左侧相撞，造成貌 × 当场死亡，貌 ××× 受伤，车辆受损的交通事故。

၂၀၁၂ခုနှစ်ဇန်နဝါရီလ ၁၆ ရက်နေ့တွင် မြန်မာနိုင်ငံသားမောင် X X X သည် ယာဉ်မောင်းလိုင်စင်မရရှိဘဲ ယာဉ်နံပါတ်ပြားမပါသောသာမန်နှစ်ဘီးဆိုင်ကယ် ကို မောင်းနှင်ပြီး ဖခင်ဖြစ်သူ ဦးX X ကိုတင်ဆောင်ကာ နိုင်ငံတော်လမ်းမကြီး ၃၂၀ လိုင်းကိုတစ်လျှောက် အရှေ့ဘက်မှ အနောက်ဘက်သို့ မောင်းနှင်ခဲ့သည်။ ၀၉:၅၅ အချိန်ခန့်တွင် ၎င်း၏ယာဉ်သည် နိုင်ငံတော်လမ်းမကြီး ၃၂၀လိုင်း K၃၆၁၁+၂၀၀ မီတာသို့ မောင်းနှင်လာစဉ် ယာဉ်သည် မကျွမ်းကျင်သဖြင့် ယာဉ်အကွေ့ ကွေ့နေစဉ်ဘေးဘက်သို့မှောက်သွားပြီးဆန့်ကျင့်ဘက် ယာဉ်သွား လမ်းသို့လျှောဝင်ပြီး နိုင်ငံတော်လမ်းမကြီး ၃၂၀လိုင်းတစ်လျှောက် အနောက်ဘက်မှ အရှေ့ဘက်သို့၎င်းနေရာ တွင် Zhang XX မောင်းနှင်လာသောယာဉ်နံပါတ်ပြားအမှတ် Yun XXXXXX အလေးစား တစ်ပိုင်းတွဲဆွဲယာဉ် ၏ဘယ်ဘက်ခြမ်းနှင့် တိုက်မိရာ ဦးX X မှာ ပွဲချင်းပြီး သေဆုံးစေခြင်း၊ မောင် XXX တွင်ဒဏ်ရာရရှိစေခြင်းနှင့် ယာဉ်ဖျက်ဆီးစေခြင်းခံခဲ့ရပါသည်ဖြစ်သောလူသေဆုံး မှုယာဉ်မတော်တဆမှုဖြစ်ပွားခဲ့သည်။

《中华人民共和国道路交通安全法》规定，驾驶机动车必须依法取得机动车驾驶证，考取机动车驾驶证的过程是对驾驶人交通安全意识及驾驶技能的检验。此案中，貌 ××× 因无证驾驶且技术生疏，导致车辆在行驶过程中发生侧翻，并因此造成其父亲的死亡及本人的受伤，其不仅要承受丧父之痛，还要接受法律制裁，教训沉痛，值得深思。

"တရုတ်ပြည်သူ့သမ္မတနိုင်ငံ လမ်းအန္တရာယ်ကင်းရှင်းရေးဥပဒေ" တွင် စက်တပ်ယာဉ် မောင်းနှင်ရာတွင် ဥပဒေနှင့်အညီ စက်တပ်ယာဉ် ယာဉ်မောင်းလိုင်စင် ရယူရမည်ဖြစ်ပြီး စက်တပ်ယာဉ် ယာဉ်မောင်းလိုင်စင် ရရှိရေး လုပ်ငန်းစဉ်သည် ယာဉ်မောင်း၏ ယာဉ်အန္တရာယ် ကင်းရှင်းရေး အသိစိတ်နှင့်မောင်းနှင်မှုစွမ်းရည် စမ်းသပ်မှု ဖြစ်သည်ဟုပြဋ္ဌာန်းထားသည်။ ဤအမှုတွင် မောင် XXX သည် လိုင်စင်မရှိဘဲ ယာဉ်မောင်းရန် ကျွမ်းကျင်မှု မရှိသောကြောင့် ယာဉ်မောင်းနေစဉ် လမ်းဘေးဘက်သို့ ယာဉ်မှောက်သွားကာ ၎င်း၏ဖခင်ဖြစ်သူ သေဆုံးစေခြင်းနှင့်ကိုယ်ရေးကိုယ်တာ ဒဏ်ရာများ ရရှိစေခြင်းကြောင့် ၎င်းသည် ကိုယ့်ဖခင်အသက်ဆုံးရှုံးမှု ကြေကွဲနာချည်းခံစားရရုံသာမကတရားဥပဒေအရအရေးယူခြင်းလက်ခံရပြီးသင်ခန်းစာကြီးမားကြောင့် နက် ရှိုင်းစွာစဉ်းစားရကျိုးနပ်သည်။

案例9：逆向行驶二人死亡

အမှုပုံစံ(၉)။ လမ်းပြောင်းပြန်မောင်းနှင်မှုကြောင့် လူနှစ်ဦးသေဆုံး

2012 年 12 月 4 日，周××驾驶豫 C××××× 号重型半挂牵引车沿国道 320 线有龙陵往瑞丽行驶。10 时 45 分许，当其驾车行驶至国道 320 线 K3613+40 米处时，恰遇李××驾驶云 A××××× 号小型普通客车载张××由对向驶来。因李××驾驶机动车违反右侧通行规定，逆向驶入对向车道内，周××驾驶的重型半挂牵引车左前部与李××驾驶的小型普通客车正前部相撞，造成小型普通客车驾驶人李××及车上乘客张××当场死亡，两车损坏的死亡道路交通事故。

၂၀၁၂ ခုနှစ် ဒီဇင်ဘာလ၄ရက်နေ့တွင် Zhou XX သည် နိုင်ငံတော် လမ်းမကြီးအမှတ် ၃၂၀လိုင်း တစ်လျှောက် အလေးစား တစ်ပိုင်းတွဲဆွဲယာဉ် ဖြင့် လုံလင် မှ ရွှေလီ သို့ မောင်းနှင်နေသည်။ ၁၀:၄၅ အချိန် ခန့်တွင် ၎င်းသည် နိုင်ငံတော်လမ်းမကြီး၃၂၀လိုင်း K၃၆၁၃+၄၀ မီတာနေရာသို့မောင်းနှင်လာ စဉ် Li XX သည် မီတာယာဉ်နံပါတ်ပြားအမှတ် YunAXXXXXဖြစ်သောသာမန် ခရီးသည် တင်ယာဉ်ငယ်ကို ဆန့်ကျင်ဘက် ဦးတည်ရာမှမောင်းနှင်လာနေသည် ကိုအတော်ကျကြုံတွေ့နေသည်။Li XX သည် ညာဘက်ယာဉ်စည်းကမ်းများ ကို ချိုးဖောက်ကာ စက်တပ်ယာဉ်အား မောင်းနှင်ပြီး ဆန့်ကျင်ဘက်လမ်းကြားသို့ မောင်းနှင်လာသောကြောင့် Zhou XX မောင်းနှင်နေသည့် အလေးစား တစ်ပိုင်းတွဲဆွဲယာဉ်၏ ဘယ်ဘက်အရှေ့ ပိုင်းမှ Zhou XX မောင်းနှင်

သည့် သာမန်ခရီးသည်တင်ယာဉ်၏ ရှေ့တည့်တည့်အပိုင်းနှင့် တိုက်မိခဲ့သည်။ သာမန်ခရီးသည်တင်ယာဉ်ငယ် ကိုမောင်းနှင်နေသောမောင်နှင်သူLi XX နှင့် ယာဉ်ပေါ် ရှိခရီးသည် Zhang XX မှာ ပွဲချင်းပြီး သေဆုံးသွားပြီး ယာဉ်နှစ်စီးစလုံးပျက်စီးသွားခဲ့သည်ဖြစ်သောလူသေဆုံးမှုယာဉ်မတော်တဆမှု ဖြစ်ပွားခဲ့သည်။

右侧通行是道路交通安全法在车辆通行规定中的第一条，也是通行的基本原则，车辆逆向行驶不仅影响道路通行效率，同时还存在着极大的事故隐患。此案中，李××逆向行驶的行为造成其本人在内两人死亡的后果，教训是深刻的。

ညာဘက်လမ်းကြောင်းအတိုင်းသွားလာခြင်းသည် လမ်းအန္တရာယ် ကင်းရှင်းရေးဥပဒေ၏ ယာဉ်သွားလာ ရေးသက်ဆိုင်ရာသတ်မှတ်ချက်များမှ ပထမတစ်ချက်ဖြစ်ပြီးယာဉ်သွားလာရန်အခြေခံမူလည်းဖြစ်သည်။ ပြောင်းပြန် မောင်းနှင်သွားလာနေသည့် ယာဉ်များသည် လမ်း၏ယာဉ်လမ်းကြောင်း စွမ်းဆောင်ရည်ကို ထိခိုက် စေရုံသာမက ဝှက်ထားသောမတော်တဆအန္တရာယ် ကြီးလည်းရှိသည်။ ဤအမှုတွင် Li XX ၏ ပြောင်းပြန် မောင်းနှင်သည့် အပြုအမူကြောင့် သူကိုယ်တိုင် အပါအဝင် လူနှစ်ဦးသေဆုံးသည့်ရလဒ် ဖြစ်စေခဲ့သည်။ သင်ခန်းစာမှာ လေးနက်ပါသည်။

案例 10: 超载、无证、违反禁令标识四死二伤

အမှုပုံစံ(၁၀)။ ဝန်ပိုတင်ခြင်း၊ လိုင်စင်မဲ့ခြင်း၊ တားမြစ်ဆိုင်းဘုတ် အမှတ်အသား များကို ဖောက်ဖျက်၍ လေးဦး သေဆုံးကာ နှစ်ဦး ဒဏ်ရာရရှိ

2011 年 1 月 1 日，未取得驾驶证的杨××驾驶云 N××××× 号小型客车载排××、李××、玛赛×、玛甲×、玛甲×5 人（该车核载 5 人，实载 6 人），由瑞丽驶往姐告。23 时 23 分许，当车辆行驶至国道 320 线 K3632+50 米竹林花园度假村门前三叉路口处，杨×× 驾车欲从国道往连接国道与人民路的通道左转（该路口禁止左转），此时恰遇李× 驾驶云 N××××× 号小型越野客车从姐告沿该通道往瑞丽市糖厂方向行驶至此，在会车过程中两车正面相撞，造成玛赛×、玛甲×、李×× 当场死亡，排×× 经送医院抢救无效死亡，杨××、玛甲× 受伤，两车受损的交通事故。

၂၀၁၁ခုနှစ်ဇန်နဝါရီလ ၁ ရက်နေ့တွင် ယာဉ်မောင်းလိုင်စင်မရှိသူ Yang XX သည် ယာဉ်နံပါတ်ပြား အမှတ် Yun NXXXXXဖြစ်သောခရီးသည်တင် ယာဉ်ငယ်ဖြင့် Pai XXၢ Li XXၢ Masai Xၢ Ma Jia Xၢ Ma Jia X လူငါးဦး (ဤယာဉ်သည်လူ၅ဦးသာ တင်ဆောင်နိုင်ရန်သတ်မှတ်ပြီးအမှန်တကယ် လူ ၆ ဦးတင်ဆောင်နေသည်)

ကို တင်ဆောင်ပြီး ရွှေလီ မှကျယ်ဂေါင်သို့မောင်းနှင် သွားခဲ့သည်။ ၂၃း၃၃ အချိန်ခန့်တွင် ယာဉ်သည် နိုင်ငံတော် လမ်းမကြီးအမှတ် 320လိုင်းK၃၆၂+၅ဝမီတာတွင်ရှိ ဝါးတောပန်းဥယျာဉ်အပန်းဖြေစခန်းတံခါးဝ ရှေ့၏ သုံး လမ်းဆုံသို့ ရောက်လာသည့်အချိန်တွင် YangXX သည်ယာဉ် မောင်းနှင် ပြီးနိုင်ငံတော် လမ်းမကြီးမှ နိုင်ငံတော် လမ်းမကြီးနှင့် ဇိန်မင်းလမ်းကို ဆက်သွယ်ထားသည့် ပေါက်လမ်းသို့ဘယ်ဘက်ကွေ့ရန် (ကြုလမ်းဆုံတွင် ဘယ် ဘက်ကွေ့ခြင်းကို တားမြစ်ထားသည်) အလိုရှိသည်။ ထိုအချိန်တွင် Li X သည် ကျယ်ဂေါင် မှငှင်းပေါက် လမ်းတစ်လျှောက်ရွှေလီမြို့သကြားစက်ရုံဘက် ဦးတည်ရာ သို့ယာဉ် နံပါတ်ပြားအမှတ်YunNXXXXXဖြစ် သောအသေးစား လမ်းကြမ်းမောင်းဘတ်စ်ကားငယ်ဖြင့် ၄င်းနေရာတွင်မောင်းနှင်နေသည်ကို အတော်ကျ ကြုတွေ့ပြီးယာဉ်ဆုံရာတွင် ယာဉ်နှစ်စီးသည် မျက်နှာချင်းဆိုင် တည့်တည့်တိုက်မိခဲ့ပြီး မဆိုင်X၊ Ma Jia X၊ Li XX တို့အား ပွဲချင်းပြီး သေဆုံးခဲ့ပြီးPai XX မှ ဆေးရုံသို့ ပို့ဆောင်ကာ သေဆုံးခဲ့ပြီး Yang XX၊ Ma Jia X ဒဏ်ရာများရရှိခဲ့ကာ ယာဉ်နှစ်စီးပျက်စီးခဲ့သည်ဖြစ်သောမတော်တဆမှုဖြစ်ပွား ခဲ့သည်။

此事故中，杨××的三个违法行为（超载、无证、违反禁令标识），既独立又存在着联系。原因是杨××未参加过驾驶证培训、考试，交通安全意识淡薄，违规超载和违反禁令标识。因为违反禁令标识造成事故，因为超载加重了事故后果。所有交通参与者在交通活动中，万不能有侥幸心理，"事事无侥幸，侥幸必不幸"。

ကြုမတော်တဆမှုတွင် Yang XX ၏တရားမဝင်သောလုပ်ရပ်သုံးခု (ဝန်ပိုတင်ခြင်း၊ လိုင်စင်မဲ့ခြင်း၊ တားမြစ်အမှတ်အသားဆိုင်းဘုတ်များ ချိုးဖောက်ခြင်း) သည် သီးခြားခြင်းဖြစ်ပြီး ချိတ်ဆက်မှုလည်းရှိသည်။ အကြောင်းရင်းမှာ Yang XX သည် ယာဉ်မောင်းလိုင်စင်သင်တန်းနှင့် စာမေးပွဲတွင် မပါဝင်သည့်အပြင် ယာဉ်အန္တရာယ်ကင်းရှင်းရန်အသိစိတ် အားနည်း ခြင်း၊ တရားမဝင်ဝန်ပိုတင်မှုနှင့်တားမြစ်ရန်အမှတ်အသား ဆိုင်းဘုတ် များကို ချိုးဖောက်မှု ကြောင့် ဖြစ်သည်။ တားမြစ်ရန်အမှတ်အသား ဆိုင်းဘုတ်များ ဖောက်ဖျက် မှုကြောင့် ယာဉ်မတော်တဆမှု ဖြစ်ပွားစေခြင်း၊ ဝန်ပိုတင်ဆောင်ခြင်းကြောင့် ယာဉ်မတော်တဆမှုပိုမိုဆိုးရွားမှု ဖြစ်ပွားစေခြင်း ဖြစ်သည်။ ယာဉ်အသွားအလာတွင် ပါဝင်သူအားလုံးသည် လမ်းပန်း ဆက်သွယ်ရေး ဆိုင်ရာ လှုပ်ရှားမှုများတွင်ကံကောင်းထောက်မစိတ်မရှိနိုင်ရပါ ဖြစ်ပြီး" ဘယ်အရာမျှမဆိုကံကောင်းထောက်မ မဖြစ် ဘူး၊ကံကောင်းထောက်မ စိတ်ရှိလျှင် ကံဆိုးရမယ်။"

案例11: 货车超重冲收费站与大客车相撞

အမှုပုံစံ(၁၁) ကုန်တင်ယာဉ်ကုန်ပိုတင်၍အခကောက်ဂိတ်ကိုထိုးဝင်ပြီး ခရီးသည်တင်ဘတ်စ်ကားကြီးနှင့် တိုက်မိ

2005 年 4 月 18 日，湖北省荆州市一辆重型厢式货车，承载 27.5 吨甘蔗 (核载 5 吨)，由昆明开往重庆，行驶至崇待高速公路 K120+350 米处长坡下坡时制动失效，车辆冲出收费站与停在旁边的一辆卧铺大客车追尾相撞，造成 15 人死亡，16 人受伤。

၂၀၀၅ ခုနှစ် ဧပြီလ ၁၈ ရက်နေ့တွင် ဟူပေ ပြည်နယ် ကျင်ကျွတ်မြို့ရှိ အလေးစားဗင်ထရပ်ယာဉ်တစ်စီးမှ ကြံ ၂၇.၅တန်(ဝင်တင်၍ ၅တန်အတည်ပြု ရှိ) တင်ဆောင်လာ ပြီးကူမင်း မှ ချန်ကင်းသို့ မောင်းနှင်လာပြီး ချန် တိုက်အမြန် မောင်း လမ်းမကြီး၁၂၀km+၃၅၀မီတာ၏ရှည်လျားသော တောင်စောင်းပေါ် တွင် ဆင်းသွားနေ စဉ် ဘရိတ်ချို့ယွင်းသဖြင့် ယာဉ်သည် အခကောက်ဂိတ်မှ အမြန်ထိုးသွားကာ ဇင်းဘေးဘက်တွင် ရပ်ထားသော ဇလီဖားဘတ်စ်ကား ကြီးတစ်စီးနှင့် တိုက်မိရာ လူ ၁၅ ဦး သေဆုံးကာ ၁၆ ဦး ဒက်ရာရရှိခဲ့စေသည်။

厢式货车制动系统本身不符合要求，在长下坡路段，因连续制动而产生热衰退，又因该车超载率达 400%，加剧车辆的制动失效，从而引发事故。大客车因故障在禁止停车的地方停车，没有按照交通法规的规定采取适当的措施，客观上为失控的车辆撞击提供了条件。

ဗင်ထရပ်ယာဉ်၏ ဘရိတ်စနစ်သည် လိုအပ်ချက်များနှင့် မကိုက်ညီပါ။ ရှည်လျားသော တောင်ဆင်းအပိုင်း များတွင်ဆက်တိုက်ဘရိတ်အုပ်ခြင်းကြောင့် အပူပိုင်းကျဆင်းမှု ဖြစ်ပေါ် ပြီး ယာဉ်၏ ဝန်ပိုနှုန်းသည် ၄၀၀% သို့ရောက်ရှိကာ ယာဉ်၏ဘရိတ်ကို ပိုမိုဆိုးရွားစေပြီး မတော်တဆမှုများကို ဖြစ်စေလာသည်။ ဘတ်စ်ကား ကြီးသည် ယာဉ်ချို့ယွင်းမှုကြောင့် ယာဉ်ရပ်နားရန် တားမြစ်ထားသည့် နေရာတွင် ရပ်တန့်တွင် လမ်းစည်းကမ်း ပြဋ္ဌာန်းချက်များနှင့်အညီ သင့်လျော်သော အစီအမံများ မဆောင်ရွက်ဘဲ ထိန်းမနိုင်သိမ်းမရသည့် ယာဉ် တိုက် မှုများအတွက်ပကတိအခြေအနေများ ကို ပေးထားသည်။

驾驶人应该树立良好的安全意识，遵守道路交通法规，严禁超载行驶。在行驶过程中发生故障，应当采取适当的措施疏散乘客和警示来车，确保安全。

ယာဉ်မောင်းများသည် လမ်းစည်းကမ်းများကို လိုက်နာကာ ယာဉ်ဝန်ပိုတင်ခြင်းကို တင်းကြပ်စွာ တားမြစ် ထားသင့်သည်။ ယာဉ်မောင်းစဉ်အတွင်း ချို့ယွင်းမှုတစ်ခုခု ဖြစ်ပေါ်လျှင် ခရီးသည်များကို ဘေးကင်းစေရန်နှင့် ဆိုက်ရောက်လာသည့် ယာဉ်များကို ဘေးကင်းစေရန် သတိပေးရန် သင့်လျော်သော အစီအမံများ ပြုလုပ်သင့်

သည်။

事故责任认定：重型厢式货车驾驶人负主要责任，大客车驾驶人负次要责任。

မတော်တဆမှုအတွက် တာဝန်များကို ဆုံးဖြတ်ခြင်း။ အလေးစား ဗင်ထရပ်ယာဉ်၏ ယာဉ်မောင်းသည် အဓိက တာဝန်ထမ်းဆောင်ရန် ဖြစ်ပြီး ဘတ်စ်ကား၏ ယာဉ်မောင်းသည် ဒုတိယတာဝန်ကို ထမ်းဆောင် ပါသည်။

我国《道路交通安全法》规定：任何载物的货车，都要按照核定的载重量来装货，货物超载的话，货物容易丢失、遗漏，严重的会发生交通事故。一旦发生交通事故，有致人重伤或致人死亡的，处七年以下有期徒刑。即使没有发生交通事故，但超载是事实，根据超载的数量，将罚款一千五元以下，并且记六分的处罚。

ကျွန်ုပ်နိုင်ငံ၏ "လမ်းအန္တရာယ်ကင်းရှင်းရေးဥပဒေ" သတ်မှတ်ချက်တွင် ကုန်စည်တင်ဆောင်လာသည့် ကုန်တင်ယာဉ်တိုင်းသည် အတည်ပြုထားသော ဝန်ပမာဏအတိုင်း တင်ဆောင်ရမည်ဟု ပြဌာန်းထားပါသည် ။ ကုန်စည်များ ပိုတင်လျှင် ကုန်ပစ္စည်းများ အလွယ်တကူ ပျောက်ဆုံးသွားခြင်း၊ မွေ့ကျန် သွားခြင်းဖြစ်ကာ ပြင်းထန်လျှင် ယာဉ်မတော်တဆမှုများ ဖြစ်ပေါ်စေနိုင်သည်။ ယာဉ်မတော်တဆဖြစ်မှုဖြစ်ပေါ်စဉ် အပြင်းအထန် ဒက်ရာရစေသော သို့မဟုတ် သေစေသော အခြေအနေရှိလျှင် ခုနစ်နှစ်အောက် ထောင်ဒဏ် ချမှတ်ရမည်။ ယာဉ်မတော်တဆမှု မရှိသော်လည်း ဝန်ပိုတင်ဆောင်ခြင်းသည် ဟုတ်ရာမှန်ရားကြောင့် ဒက်ငွေ ၁၅၀၀အောက် ပေးဆောင်ပြီးအရေးယူရန် အမှတ်၆မှတ် မှတ်တမ်းသွင်းပေးရမည်။

案例 12：逆行超速　超员超速

အမှုပုံစံ(၁၂)။ ပြောင်းပြန်မောင်းနှင်ခြင်းနှင့် သတ်မှတ်ထားသောအရှိန်
ကျော်သွား ခြင်း၊ ဝန်ပိုတင်ခြင်းနှင့်သတ်မှတ်ထားသောအရှိန်ကျော်သွားခြင်း

货车面包车相撞 3 人死亡 5 人受伤。5 月 31 日 15 时许，高某驾驶黑 R3×××福田牌重型栏板货车沿县道 X208（前瓦公路）由南向北行驶至 K21+200 米处驶入对向车道，与由北向南行驶的卢某驾驶的黑 D77×××北京牌小型面包车（核载 8 人，实载 10 人）相撞。相撞后小型面包车失控侧翻坠入道路西侧边沟，造成小型面包车内 2 人当场死亡，1 人经抢救无效死亡，5 人不同程度受伤，两车损坏的重大道路交通事故。经查，事发路段限速 40 千米 / 小时，黑 R34×××福田牌重型栏板货车事发时行驶速度约为 54 千米 / 小时，黑 D77×××北京牌小型面包车事发时行驶速度约为 65.2 千米 / 小时。

ကုန်တင်ယာဉ်နှင့်ပေါင်မုန့်ပုံစံယာဉ်တိုက်မှုတွင်လူ ၃ ဦး သေဆုံးကာ ၅ ဦး ဒဏ်ရာရရှိခဲ့စေပါသည်။ မေလ ၃၁ ရက်နေ့ ၁၅ နာရီအချိန်ခန့်တွင် Gao Xသည် မြို့နယ်အဆင့်လမ်း X၂၀၈ လိုင်း(ချိုင်ဝါလမ်း) တစ်လျှောက် တောင်ဘက်မှ မြောက် ဘက်သို့ အနက်ရောင် R3XXX Futian တံဆိပ်ဖြစ်သောအလေးစား အကာအရံပုံစံ ထရပ်ယာဉ်ကို K၂၁+၂၀၀မီတာတွင်ဆန့်ကျင်ဘက်ယာဉ်လမ်း သို့ ဝင်ရောက်ရန် မောင်းနှင်လာနေစဉ် မြောက် ဘက်မှ တောင်ဘက်သို့ Lu X မောင်းနှင်လာသည့်အနက်ရောင် D77XXXပေဂျင်းမီနီ ပေါင်မုန့်ပုံယာဉ် (လူ ၈ ဦးတင် အတည်ပြုရရှိနှင့် အမှန်တကယ် လူ ၁၀ ဦးတင်) နှင့်တိုက်မိခဲ့သည်။ ယာဉ်တိုက်မှုဖြစ်ပွားပြီးနောက် မီနီ ပေါင်မုန့်ပုံစံယာဉ်သည်ထိန်းမနိုင်သိမ်း မရဖြစ်ကာ လမ်းအနောက်ဘက်ခြမ်းရှိ မြောင်းထဲသို့ ပြုတ်ကျကာ မီနီ ပေါင်မုန့်ပုံစံယာဉ် ထဲပါ လူ ၂ ဦး ပွဲချင်းပြီး သေဆုံးကာ ၁ ဦး ကို ကယ်ဆယ်ရေး မအောင်မြင်သဖြင့် သေဆုံးကာ ၅ ဦးဒဏ်ရာရရှိ ခဲ့စေပြီးယာဉ်နှစ်စီး ပျက်စီးစေခဲ့သော ပြင်းထန်သော ယာဉ်မတော်တဆမှုဖြစ်ပွား စေသည်။ စုံစမ်းစစ်ဆေးမှုအပြီးတွင် ၄င်းလမ်းအပိုင်း၏ကန့်သတ်အမြန်နှုန်းမှာ40km/h ဖြစ်သည်။ အနက်ရောင် R34XXX Futian အမှတ်တံဆိပ်အလေးစား အကာအရံပုံစံထရပ်ယာဉ်၏အမြန်နှုန်းမှာ 54km/h ခန့်ဖြစ်ပြီး D77XXX အနက်ရောင် ပေကျင်းအမှတ်တံဆိပ်မီနီ ပေါင်မုန့်ပုံစံယာဉ် ၏အရှိန်မှာ 65.2km/h ခန့်ဖြစ်သည်။ .

在该起事故中，福田牌重型栏板货车驾驶人高某驾驶逾期未检验且具有安全隐患的机动车，逆向、超速行驶是事故发生的原因之一；北京牌小型面包车驾驶人卢某驾驶具有安全隐患的机动车、超速行驶、超员载客是事故发生的另一原因。

ကျွန်မတော်တဆမှုတွင် Foton အမှတ်တံဆိပ်အလေးစားအကာအရံ ပုံစံထရပ်ယာဉ်ကို မောင်းနှင်သူ Gao X သည်စစ်ဆေးရန်ရက်လွန်ပြီး အန္တရာယ်ရှိနိုင်ခြေရှိသော စက်တပ်ယာဉ်ကို ဦးတည်ရာပြောင်းပြန်ခြင်း သတ်မှတ်သောအရှိန်ကျော်သွားခြင်းဖြင့်မောင်းနှင်ခြင်းသည် ယာဉ်တိုက်မှု ဖြစ်ရသည့် အကြောင်းရင်းများထဲ မှ တစ်ခုဖြစ်သည်။ ပေကျင်းအမှတ်တံဆိပ် မီနီပေါင်မုန့်ပုံစံယာဉ်ကို မောင်းနှင်သူ Lu X သည် ဘေးအန္တရာယ် ကင်းရှင်းရေး ရှိနိုင်ခြေရှိသော စက်တပ်ယာဉ်များ၊ သတ်မှတ်ထားသောအရှိန်ကျော်မောင်းနှင် ခြင်းနှင့် ခရီးသည် များ ပိုတင်ဆောင်ခြင်း တို့သည် ယာဉ်တိုက်မှု ၏ နောက် အကြောင်းရင်း တစ်ခု ဖြစ်သည်။

案例13：逃逸后找人"顶包"

အမှုပုံစံ(၁၃)။ ထွက်ပြေးပြီးနောက် သူများကို"အစားထိုး"ပြုလုပ်

2020 年 8 月 2 日 6 时 30 分，任某驾驶重型半挂牵引车沿塔河县沿河路由北向南行驶至龙源宾馆东侧路段时，因操作不当，车辆驶入对向车道，与相对方向周某驾驶的出租车相撞。造成出租车驾驶人周某死亡、1 名乘车人受伤，两车辆损坏的道路交通事故。

နောက်တွဲယာဉ် ယာဉ်မောင်းသည် အငှားယာဉ်နှင့်တိုက်မိပြီး ၁ ဦး သေဆုံးပြီး ၁ ဦး ဒဏ်ရာရရှိခြင်း။ ၂၀၂၀ ခုနှစ် ဩဂုတ်လ၂ ရက်နေ့ နံနက်ရ၆မိနစ်၃၀အချိန်တွင် Ren X သည် ဌာဟိုမြို့နယ်ယွမ်ဟိုလမ်း တစ်လျှောက် မြောက်ဘက်မှတောင်ဘက်သို့အလေးစားတစ်ပိုင်းတွဲဆွဲယာဉ် ကို မောင်းနှင်လာပြီး လုံယွမ်ဟိုတယ် ၏အရှေ့ ဘက်လမ်းပိုင်းသို့ရောက်ရှိ လာနေစဉ် မှားယွင်းသောလုပ်ဆောင်ချက်ကြောင့် ဆန့်ကျင်ဘက်ယာဉ်သွား လမ်း သို့ဝင်ရောက်ပြီးဆန့်ကျင်ဘက်ဦးတည်ရာမှ Zhou X မောင်နှင်လာသည့် အငှားယာဉ်နှင့်တိုက်မိကြောင့် အငှား ယာဉ် ယာဉ်မောင်း Zhou X သေဆုံးခြင်း၊ ခရီးသည်တစ်ဦး ဒဏ်ရာရရှိကာ ယာဉ်နှစ်စီးစလုံးပျက်စီးသွားသော လမ်းပန်းဆက်သွယ်ရေး ယာဉ်မတော်တဆမှုဖြစ်ပွားစေခဲ့သည်။

事故发生后，任某为逃避法律追究，让朋友佟某帮忙找人"顶包"。佟某找到了于某，于某答应"顶包"后，自行到交警大队谎称其本人是重型半挂牵引车驾驶人，因救助伤者所以未在事故现场。经民警深入调查，确认任某为此起事故重型半挂牵引车驾驶人，其行为构成交通肇事逃逸。

မတော်တဆမှုဖြစ်ပွားပြီးနောက် Ren X သည် တရားရေးတရားစွဲဆို ခြင်းမှ ရှောင်လွှဲနိုင်ရန် အခြားလူဖြင့် "အစားထိုး" ရန် သူ့သူငယ်ချင်း Tong X အား ကူညီရှာဖွေပေးရန် တောင်းဆိုခဲ့သည်။ Yu X သည် "အစားထိုး "ရန် သဘောတူညီပြီးနောက် ယာဉ်ထိန်းရဲအဖွဲ့သို့ ကိုယ်တိုင်သွားရောက်ကာ ၎င်းသည်အလေးစားတစ်ပိုင်း တွဲဆွဲယာဉ်၏ယာဉ်မောင်းသူဖြစ်သည်။ဒဏ်ရာရရှိ သူ ကို ကယ်ဆယ်ကူညီခြင်းကြောင့် အခင်းဖြစ်ပွားရာ နေရာသို့မရောက် ခဲ့ပေ ဟု လိမ်လည်ပြောဆိုသည်။ ရဲအဖွဲ့၏ နက်ရှိုင်းသောစုံစမ်းစစ်ဆေး ခြင်းဖြင့် Ren X သည် မတော်တဆမှုတွင် အလေးစားတစ်ပိုင်းတွဲဆွဲယာဉ်၏ ယာဉ်မောင်းဖြစ်ကြောင်း အတည်ပြုခဲ့ပြီး ၎င်း၏ အပြုအမူသည် တိုက်မိပြီး ထွက်ပြေးသည့် မတော်တဆမှု ဖြစ်လာခဲ့သည်။

任某因交通肇事逃逸致 1 人死亡，涉嫌交通肇事罪，依法移送审查起诉；于某、佟某涉嫌包庇罪，已被移送至刑警大队立案侦查。

ယာဉ်တိုက်မှုကြောင့် ထွက်ပြေးပြီးလူတစ်ဦးသေဆုံးသွားစေသည် Ren X အား ယာဉ်မတော်တဆမှု ဖြစ်ပွားစေသောပြစ်မှုကိုသံသယရှိသဖြင့် ပြန်လည် စစ်ဆေးပြီးတရားစွဲဆိုရန်တရားဥပဒေနှင့်အညီ လွှဲပြောင်း ပေးသည်။ Tong X အား ငဲ့ကွက်ပြီးအကာအကွယ်ပြုသောပြစ်မှုကို သံသယရှိသဖြင့်အမှုတင် စုံစမ်းစစ်ဆေး ရန်အတွက် မှုခင်းရဲအဖွဲ့သို့ လွှဲပြောင်းခြင်းခံခဲ့ရပါသည်။

（二）车辆的因素

(ခ) ယာဉ်များ၏ အကြောင်းအချက်

车辆性能因素：车辆的制动性能、操纵稳定性、灯光系统以及安全设备故障。例如刹车失灵、爆胎、转向失灵等。

ယာဉ်စွမ်းဆောင်ရည်ဆိုင်ရာအကြောင်းအချက်များတွင် ယာဉ်ဘရိတ် စွမ်းဆောင်ရည်၊ ထိန်းချုပ် ရန်တည်ငြိမ်မှု၊ အလင်းရောင်စနစ်နှင့်ဘေးကင်းရေး ပစ္စည်းကိရိယာများ ချို့ယွင်းမှုဖြစ်သည်။ ဥပမာအားဖြင့် ဘရိတ်ချို့ယွင်းမှု ဖြစ်ခြင်း၊ တာယာပေါက်ခြင်း၊ စတီယာရင် ချို့ယွင်းမှုဖြစ်ခြင်း စသည်များဖြစ် သည်။

车辆保养与维护因素：车辆检测、保养与维护不及时。

ယာဉ်ပြုစုစောင့်ရှောက်ခြင်း၊ ပြုပြင်ထိန်းသိမ်းခြင်းဆိုင်ရာအကြောင်း အချက်များတွင် ယာဉ်စစ်ဆေး ခြင်း၊ ပြုစုစောင့်ရှောက်ခြင်းနှင့်ပြုပြင် ထိန်းသိမ်း ခြင်း များသည် အချိန်မမီပါ။

预防措施：定期对车辆进行保养，出门前检查胎压、制动和转向系统，必须要对自己的车辆了如指掌。

ကြိုတင်ကာကွယ်မှုအစီအမံများတွင်ယာဉ်ကို ပုံမှန်ထိန်းသိမ်းပါ၊ ခရီးမထွက်ခင် တာယာဖိအား၊ ဘရိတ် နှင့် စတီယာရင်စနစ်ကို စစ်ဆေးပါ၊ လိုအပ်လျှင်ကိုယ့်၏ယာဉ်အခြေအနေကို ကောင်းစွာသိထားရပါမည်။

案例 14：刹车失灵

အမှုပုံစံ(၁၄) ။ ဘရိတ်ချို့ယွင်းခြင်း။

2017 年 3 月 14 日 8 时 37 分许，一辆鲁 VD×××× 号中型普通客车沿山东省潍坊市 X065 县道行至青州市邵庄镇西郭庄村路段时，车辆制动失效导致失控，与一辆小型普通货车、两辆小型普通客车、一辆普通二轮摩托车及集市行人相撞，造成 9 人死亡、14 人受伤。如图 4–3。

၂၀၁၇ခုနှစ်မတ်လ၁၄ရက်နေ့နံနက်၃၇မိနစ်အချိန်ခန့်တွင်ယာဉ်နံပါတ်LuVDXXXXဖြစ်သော အလတ်စား သာမန်ခရီးသည်တင်ယာဉ် တစ်စီးသည် စန်းတုန်း ပြည်နယ် ဝေဖန် မြို့ X၀၆၅မြို့နယ်အဆင့်လမ်းတစ်လျှောက်

ချင်ချွတ်မြို့ ရှောင်ကျုကျေးရွာအုပ်စု ရှိကောင်ရွာလမ်းပိုင်းသို့ရောက်ရှိနေစဉ် ဘရိတ်ချို့ယွင်းခြင်းကြောင့်မ ထိန်ချုပ်နိုင်ပြီး သာမန်ကုန်တင်ယာဉ်ငယ်တစ်စီး၊သာမန်ခရီးသည်တင်ယာဉ်ငယ်နှစ်စီး၊ သာမန်နှစ်ဘီးတပ် ဆိုင်ကယ်တစ်စီး၊ ဈေးကွက်၏ လမ်းသွားလမ်းလာများနှင့် တိုက်မိခဲ့ရာ ၉ ဦးသေဆုံးကာ ၁၄ ဦး ဒဏ်ရာရရှိ စေသည်။ပုံ ၄-၃ တွင် ဖော်ပြထားသည့်အတိုင်းဖြစ်သည်။

图 4-3 刹车失灵车祸现场

ပုံ၄-၃ ဘရိတ်ချို့ယွင်းကား မတော်တဆမှု ဖြစ်ပွားရာနေရာ

案例 15：车辆爆胎

အမှုပုံစံ(၁၅)။ ယာဉ်များတာယာပေါက်ခြင်း

2020 年 5 月 7 日，青岛西海岸新区司机李某驾驶面包车时车胎突然爆胎，导致车辆失控冲破护栏 50 多米，乘坐副驾驶的老人由于未系安全带被"甩"出车外。经现场勘查，事故发生时，面包车的左前轮胎突然爆胎，导致车身失去控制，撞向中央隔离护栏。

၂၀၂၀ ခုနှစ် မေလ၇ ရက်နေ့တွင် ချိန်ဒေါင်အနောက်ဘက်ကမ်းရိုးတန်းမြို့သစ်မှ ယာဉ်မောင်း Li X သည် ပေါင်မုန့်ပုံစံယာဉ်ကိုမောင်းနှင်နေစဉ် တာယာ ရုတ်တရက်ပေါက်ခဲ့ပြီး ယာဉ်ကို ထိန်းမနိုင်သိမ်းမရကာ လမ်း ဘေးသံတိုင် သံတန်း မီတာ၅၀ကျော်ကိုထိုးဖောက်ဝင်ရောက်ပြီးရှေ့ခန်းထိုင်လူအိုတစ်ဦးကို လုံခြုံရေးခါးပတ်မ ပတ်ထားသည့်အတွက်ကြောင့် ယာဉ်အပြင်ဘက်သို့"ပစ်"ခြင်းခံခဲ့ရသည်။ အခင်းဖြစ်ပွားရာနေရာကိုစစ်ဆေး ခြင်းအားဖြင့်ယာဉ်တိုက်မှုဖြစ်ပွားချိန်တွင် ယာဉ်၏ဘယ်ဘက်ရှေ့တာယာ ရုတ်တရက်ပေါက်ကွဲ၍ ယာဉ် ကိုယ်ထည်ကိုမထိန်းချုပ်နိုင်ကြောင့် ဗဟိုပလက်ဖောင်းကို တိုက်မိ ခဲ့သည်။

案例 16：货车超载爆胎失控侧翻

အမှုပုံစံ(၁၆)။ ကုန်တင်ယာဉ်ကြီးသည် ဝန်ပိုတင်ခြင်းကြောင့် တာယာ ပေါက်ကွဲပြီးထိန်းမနိုင်သိမ်းမရ ဖြစ်ပြီးလမ်းဘေးဘက်သို့ မှောက်သွား

2021 年 5 月 12 日，驾驶人阮某驾驶满载一车饲料（核载 4.4 吨，实际载重 15 吨，超重 218%）的轻型仓栅式货车，于当天凌晨从贵州省福泉市出发，准备前往凤冈县卸货。在行驶至杭瑞高速公路距离凤冈收费站不到 10 千米处时，车辆轮胎终于发出了"抗议"，不堪"重负"的前后轮先后爆胎，导致车辆严重失控后侧翻在右侧护栏外，一车饲料洒满高速，护栏严重受损。所幸，驾驶人阮某在事故发生时系好了安全带，事故并未造成人员伤亡，如图 4-4。

၂၀၂၁ ခုနှစ် မေလ ၁၂ ရက်နေ့တွင် ယာဉ်မောင်း Ruan X သည် တိရစ္ဆာန်အစာအပြည့်တင်ဆောင်သော အပေါ့စား ဂိုဒေါင် ဂရစ်ထရပ်ယာဉ်ကို (အတည်ပြုဝန် တင်၄.၄တန်၊ အမှန်တကယ် ဝန်တင် ၁၅ တန် ဖြစ်ပြီး တန်ပိုအလေးချိန်မှာ ၂၁၈%ဖြစ်သည်) မောင်းနှင်ရန် ထိုနေ့နံနက်အစောပိုင်းတွင် ကွေ့ချွတ် ပြည်နယ်ဖူချွန် မြို့မှ ထွက်ခွာကာ ဖိန်ကန်မြို့နယ်သို့ ကုန်ချ ရန်သွားပြီးဟန်းရွှေအမြန်မောင်းလမ်းမကြီးပေါ် ရှိ ဖိန်ကန်အခ ကောက်ဂိတ်နှင့် ၁၀ ကီလိုမီတာအကွာအဝေးတွင် ယာဉ်၏တာယာများသည် နောက်ဆုံးတွင် "ကန့်ကွက်" ကာ "လေးလံသောဝန်ထုပ်ဝန်ပိုး"မခံနိုင်သော ရှေ့ဘက်နှင့်နောက် ဘက်တာယာများရှေ့ဆင့်နောက်ဆက်ပေါက်ကွဲ ကြောင့် ယာဉ်ကို ပြင်းထန်စွာ ထိန်းချုပ်မှု ပြတ်တောက်သွားခဲ့ပြီး ညာဘက်ခြမ်း အကာအရံအပြင်ဘက်သို့ မှောက်ကျကာ တစ်စီးလုံးတိရစ္ဆာန်အစာကိုအမြန်မောင်းလမ်းမကြီးပေါ်တွင် ဖြန်းပစ်ခဲ့ပြီးလမ်းဘေးသံတိုင်သံ တန်းများ ပြင်းထန်စွာပျက်စီးခြင်းခံခဲ့ရသည်။ ကံကောင်းကြောင့် ယာဉ်မောင်း Ruan X သည် မတော်တဆ မှုဖြစ်ပွားနေစဉ် ၎င်း၏ ထိုင်ခုံခါးပတ်ကို ပတ်ထားခဲ့ပြီး ထိခိုက်သေဆုံးမှု မရှိခဲ့ပေ။ ပုံ၄-၄တွင်ပြထားသည့် အတိုင်းဖြစ်သည်။

据民警调查，该货车核载仅为 4.4 吨，但实际载货却达到了 15 吨，超重达 218%，是造成车辆爆胎的直接原因，而在车辆爆胎后，驾驶人未能及时正确处置，最终导致车辆侧翻。据估算，此次事故造成的直接经济损失约为 5 万元。

ရဲများ၏စုံစမ်းစစ်ဆေးမှုအရ ၎င်းကုန်တင်ယာဉ်၏ အတည်ပြုဝန်တင်သည်၄.၄ တန်သာရှိသော်လည်း အမှန်တကယ်၁၅ တန်တင်ဆောင်ခြင်းဖြစ်ပြီး ဝန်ပိုတင်၂၁၈%သို့ရောက်ရှိခဲ့ခြင်းသည် တာယာပေါက်ကွဲ

စေသောတိုက်ရိုက် အကြောင်းရင်းဖြစ်သည်။ တာယာပေါက်ကွဲပြီးနောက် ယာဉ်မောင်းသည် အချိန်မီ မှန်ကန်စွာဖြေရှင်းရန်မပြုလုပ်နိုင်သောကြောင့် နောက်ဆုံးတွင် လမ်းဘေးဘက်သို့မှောက်သွားစေခဲ့သည်။ ခန့်မှန်းတွက်ချက်ထားခြင်းအရ ထိုတစ်ကြိမ်. မတော်တဆမှုကြောင့် တိုက်ရိုက်စီးပွားရေး ဆုံးရှုံးမှုမှာ ယွမ် ၅၀၀၀၀ ခန့် ရှိသည်။

图 4-4 货车超载爆胎失控车祸现场

ပုံ၄-၄ ကုန်တင်ယာဉ်ဝန်ပိုတင်ခြင်းကြောင့်တာယာပေါက်ကွဲပြီးယာဉ်မထိန်းမသိမ်းရကာ ယာဉ်မတော်တဆမှုဖြစ်ပွားရာနေရာ

　　最终，民警认定，驾驶人阮某在事故中承担全部责任，并对阮某驾驶货运机动车超过核定载质量 30% 的违法行为进行了处罚。从上述交通事故案例中不难看出，造成事故发生的最直接原因，就是严重超重导致的车辆爆胎。

နောက်ဆုံးတွင် ယာဉ်မောင်း Ruan X သည် ယာဉ်မတော်တဆမှုအတွက် အပြည့်အဝတာဝန်ရှိကြောင်း ရဲမှ ဆုံးဖြတ်ခဲ့ပြီး ခွင့်ပြုထားသည့်ဝန်တင် ပမာဏ၏ ၃၀% ထက်ကျော်လွန်သော ကုန်တင်ယာဉ်ကို တရားမ ဝင် မောင်းနှင်သောလုပ်ရပ်အတွက် Ruan X အား အပြစ်ပေးအရေးယူခဲ့သည်။ အထက်ဖော်ပြပါယာဉ် မတော်တဆမှုပုံစံကိုကြည့်ခြင်းအားဖြင့်ယာဉ်မတော်တဆ မှုဖြစ်ပွားရခြင်း၏ တိုက်ရိုက်အကြောင်းရင်းမှာ ပြင်းထန်သောဝန်ပိုတင်ခြင်း ကြောင့် တာယာပေါက်ကွဲခြင်းဖြစ်သည်ကို သိရန်မခက်ပေ။

案例 17: 货车超载导致 11 人死亡
အမှုပုံစံ(၁၇) ကုန်တင်ယာဉ်ဝန်ပိုတင်ကြောင့် လူ၁၁ဦးသေဆုံးစေ

　　云南省一辆重型半挂牵引车，运载 37 吨（核载 31 吨）水泥由芒市前往瑞丽。当行驶至杭瑞高速公路 K112+600 米长陡下坡路段时，车辆制动失效，与前方同车道行驶的云南省保山市一辆大型卧铺客车追尾碰撞，导致客车失控越过路侧波形护栏侧翻，造成 11 人死亡、34 人受伤。

ယူနန်ပြည်နယ်တွင် အလေးစား တစ်ပိုင်းတွဲဆွဲယာဉ်တစ်စီးသည် ဘီလပ်မြေ ၃၇ တန် (အတည်ပြုဝန်တင် ၃၁ တန်) တင်ဆောင်ပြီး မန်စီမှ ရွှေလီသို့သွားသည်။ ဟန်ရွှေအမြန်မောင်းလမ်းမကြီး၁၁၂ ကီလိုမီတာ +၆၀၀ မီတာရှိ ရှည်လျားသောမတ်စောက်သောကုန်းဆင်းအပိုင်းသို့ မောင်းနှင်လာစဉ် ယာဉ်ဘရိတ်ချို့ယွင်းသဖြင့်ရှေ့ ဘက်မှတူညီသော ယာဉ်သွားလမ်းတွင်မောင်း နှင် နေသောယူနန်ပြည်နယ်ပေါင်စန်မြို့ရှိ ဇလီဖားခရီးသည် တင်ယာဉ်ကြီး တစ်စီးကိုနောက်မှဝင်တိုက်မိသည်ဖြစ်ပြီးခရီးသည်တင်ယာဉ်ကိုထိန်းမနိုင်သိမ်းမနိုင်ရ ဖြစ်ကာ လမ်းဘေးရှိလှိုင်းပုံစံသံတိုင်သံတန်းကိုကျော်ဖြတ်ပြီးဘေးဘက် မှောက်ခြင်းကြောင့် လူ၁၁ ဦး သေဆုံးပြီး၃၄ ဦး ဒဏ်ရာရရှိစေခဲ့သည်။

公安部 2013 年 1 月 1 日起施行的《机动车驾驶证申领和使用规定》(公安部令第 123 号) 规定，驾驶货车载物超过核定载质量 30% 以上的，一次记 6 分；超过核定载质量 30% 以下的，一次记 3 分。同时，第 123 号令还规定牵引车、大型货车在一个记分周期内记满 12 分记录的，注销最高准驾车型驾驶资格，在 30 日内办理降级换证业务。

ပြည်သူ့လုံခြုံရေး ဝန်ကြီးဌာနမှ ၂၀၁၃ ခုနှစ် ဇန်နဝါရီလ ၁ ရက်နေ့မှစ၍ အကောင်အထည်ဖော် ဆောင်ရွက် ခဲ့သော "စက်တပ်ယာဉ် ယာဉ်မောင်း လိုင်စင်များ လျှောက်ထားခြင်းနှင့် သုံးစွဲခြင်းဆိုင်ရာ စည်းမျဉ်းများ" (ပြည်သူ့လုံခြုံရေး ဝန်ကြီးဌာနမှ အမိန့်အမှတ် ၁၂၃) တွင်အတည်ပြုဝန်တင် တန်ချိန်ပမာဏ၏၃၀%ထက်ပို ၍ကုန်စည်တင်သောကုန်တင်ယာဉ်ကို မောင်းနှင် လျှင် တစ်ခါတည်း အမှတ်၆ မှတ် မှတ်တမ်းပေးသွင်းမည် ဖြစ်သည်။ အတည်ပြုဝန်တင်တန်ချိန်ပမာဏ၏၃၀%အောက် တင်မည်ဆိုလျှင်တစ်ခါး တည်း အမှတ်၃မှတ် မှတ်တမ်းပေးသွင်းမည်ဖြစ်သည်ဟု၍သတ်မှတ်ခဲ့သည်။ တစ်ချိန်တည်းမှာပင် အမိန့်အမှတ် ၁၂၃ တွင် ဆွဲယာဉ် များ၊ အကြီးစား ကုန်တင်ယာဉ်များ အမှတ်ပေးကာလတစ်ခုအတွင်း အမှတ် ၁၂မှတ်သွင်းရန် ပြည့်မည်ဆိုလျှင် ခွင့်ပြုထားသည့် အမြင့်ဆုံးယာဉ်အမျိုးအစားအတွက် ယာဉ်မောင်းအရည်အချင်းကို ပယ်ဖျက်ပြီး ရက်ပေါင်း ၃၀ အတွင်း အဆင့်နိမ့်၍ယာဉ်မောင်းလိုင်စင်အစားထိုးမည်ဟု၍သတ်မှတ်သေးသည်။

（三）道路因素

(ဂ) လမ်းအကြောင်းအချက်များ

道路是交通运输的基础和载体，是影响道路交通安全的重要因素之一，对交通安全带来的影响不容忽视。常见为城市道路网结构不合理，交通流混乱，上下班高峰期堵车严重；机动车与非机动车，车辆与行人争道抢行。道路设计不合理致使转弯半径过小，车辆易发生侧滑；下雨天道路湿滑等。

လမ်းများသည် သယ်ယူပို့ဆောင်ရေး၏အခြေခံအုတ်မြစ်နှင့်သယ်ဆောင် ရန် အရာဖြစ်ပြီး လမ်းအန္တရာယ်ကင်းရှင်းရေးကို ထိခိုက်စေသည့်အရေးကြီး သောအချက်များထဲမှ တစ်ခုဖြစ်သည်။ ယာဉ် အန္တရာယ်ကင်းရှင်းရေးအပေါ် သက်ရောက်မှုကို လျစ်လျူရှု၍မရပါ။ မြို့ပြလမ်းကွန်ရက် ဖွဲ့စည်းပုံသည် ကျိုး ကြောင်းဆီလျော်မှုမရှိ၊ လမ်းသွားလာရေးစီးဆင်းမှုရှုထွေးခြင်း၊ ရုံးတက် ရုံးဆင်းလူ များပြားသောအချိန် အတွင်းယာဉ်ကြောပိတ်ဆို့ မှု ပြင်းထန်ခြင်း၊ စက်တပ်ယာဉ်များနှင့်စက်မဲ့ယာဉ်များအကြား၊ ယာဉ်များနှင့်လမ်း သွား လမ်းလာများအကြားသွားလာရန်လမ်းအလုအယက်ပြုလုပ်ခြင်းစသည်များကိုတွေ့တာများသည်။ကျိုး ကြောင်းဆီလျော်မှုမရှိသော လမ်းပုံစံဒီဇိုင်းသည် အလွန်သေးငယ်သော အကွေ့အဝိုင်းကို ဖြစ်ပေါ်စေပြီး ယာဉ် သည် ဘေးတိုက်ချော်တတ်ခြင်း၊ မိုးရွာသောနေ့များတွင် လမ်းချော်ခြင်း စသည်များဖြစ်စေသည်။

案例18：雨天路滑，事故多发

အမှုပုံစံ(၁၈)။ မိုးရွာသည့်နေ့များတွင် လမ်းချော်ပြီး ယာဉ်တိုက်မှုများပြား

2019 年 12 月 30 日，在福建省泉州市泉南高速公路下行（三明往泉州方向）41 千米处，发生了一起小车单方侧滑事故。根据现场痕迹和驾驶员描述，当时司机在驾驶时并没有刻意减速，车速较快。民警判断这起事故是司机车速较快加上雨天路滑所致，如图 4-5。

图 4-5 雨天路滑交通事故现场

ပုံ၄-၅ မိုးရွာသီမှာ လမ်းချော်ပြီး ယာဉ်မတော်တဆမှု ဖြစ်ပွားရာနေရာ

၂၀၁၉ခုနှစ် ဒီဇင်ဘာလ၃၀ ရက်နေ့တွင် ဖူကျုန်ပြည်နယ်ချှန်းချတ်မြို့၊ ချှန်းနန်းအမြန်မောင်းလမ်းမကြီး အောက်ဘက်သို့ဆင်းသော (စန်းမင်း မှ ချှန်းချတ်သို့) ၄၁ ကီလိုမီတာအကွာ၌ရှိ ချှန်းနန်း အမြန်မောင်းလမ်း ပေါ်တွင် ယာဉ်ငယ်တစ်စီးမှ တစ်ဖက်သတ်ချော်တိမ်းမှောက်မှု ဖြစ်ပွားခဲ့သည်။ အခင်းဖြစ်ပွားရာနေရာနှင့် ယာဉ်မောင်း၏ ဖော်ပြချက် များအရ ယာဉ်မောင်း သည် မောင်းနှင်ချိန်တွင် စည်းစားဉာဏ်ထုတ်၍အရှိန်မလျှော့ ဘဲ ယာဉ်အရှိန်မြန်လွန်ခဲ့သည်။ မိုးရာသီတွင် ယာဉ်မောင်း၏ အရှိန်အဟုန်နှင့် ချော်ကျသောလမ်းများကြောင့် မတော်တဆမှုဖြစ်ရခြင်းဖြစ်သည်ဟု ရဲသည် ဆုံးဖြတ်ခဲ့သည်။ ပုံ၄-၅တွင်ပြထားသည့်အတိုင်းဖြစ်သည်။

（四）管理因素

(ဃ) စီမံခန့်ခွဲရေးအကြောင်းအချက်များ

我国的交通管理存在有较多的不足之处，主要表现在交通安全管理部门多，工作责任分散，各部门之间达不到统一的交通安全指导目标，在道路建设环节中出现的不协调因素增加了潜在的安全隐患；对机动车与驾驶人的监管不严格，不能实现对车辆和驾驶人跟踪管理，增加了交通事故的源头可能性。

ကျွန်ုပ်နိုင်ငံ၏ လမ်းပန်းဆက်သွယ်ရေးစီမံခန့်ခွဲမှုဆောင်ရွက်ရာတွင် ဆိုးရွားစွာ ချို့ယွင်းချက်များ ရှိနေ ပါသည်။ အဓိကဖော်ပြချက်များတွင် လမ်းပန်းဆက်သွယ်ရေးလုံခြုံမှုဆိုင်ရာ စီမံခန့်ခွဲမှုဌာနများ အများအပြား ရှိ ခြင်း၊ လုပ်ငန်းတာဝန်များ ပြန့်ကျဲနေခြင်း၊ ဌာနဆိုင်ရာများတစ်စုတစ်စည်း တည်း ယာဉ်အန္တရာယ်ကင်းရှင်း ရေး လမ်းညွှန်မှုပန်းတိုင်ကိုမအောင်မြင်နိုင် ခြင်းနှင့် လမ်းဖေါက်လုပ်မှုချိတ်ဆက်ရာတွင်ညှိနိုင်းဆောင်ရွက် မှုမရှိ သော အကြောင်း အချက်များဖြစ်ပေါ်လာသည့်အတွက်ကြောင့် ဖြစ်နိုင်ခြေရှိသော ဘေးကင်းရေး အန္တရာယ်များကို တိုးလာပါသည်ဖြစ်သည်။ စက်တပ်ယာဉ်များ နှင့် ယာဉ်မောင်းများကို ကြီးကြပ်မှု တင်းကျပ် ခြင်း မရှိသည့်အပြင် ယာဉ်နှင့် ယာဉ်မောင်းများကို ခြေရာခံခြင်းနှင့် စီမံခန့်ခွဲခြင်းတို့ကို အကောင်အထည် ဖော် နိုင်ခြင်း မရှိသည့်အတွက် ယာဉ်မတော်တဆမှု ဖြစ်နိုင်ခြေကို တိုးလာ စေမည်ဖြစ်သည်။

二、交通事故现场的抢救原则

၂။ ယာဉ်မတော်တဆမှုဖြစ်ပွားရာနေရာ၏ ကယ်ဆယ်ရေးမူများ

（一）先抢救人员，后抢救财物；先抢救重伤员，后抢救轻伤员。尤其是驾驶人、乘务员等要积极组织抢救乘客，不能只顾自己。

(က) လူများကို ရှေးဦးစွာ ကယ်ဆယ်ပြီးမှ ဥစ္စာပစ္စည်းများကိုနောက် တွင်ကယ်ဆယ်ပါ။ ပြင်းထန်သော

ဒဏ်ရာရသူများကို ရှေးဦးစွာကယ်ဆယ် ပြီးမှ ဒဏ်ရာအနည်းငယ်ရခဲ့သူများကို နောက်တွင်ကယ်ဆယ်ပါ။ အထူးသဖြင့် ယာဉ်မောင်းများ၊ လေယာဉ်အမှုထမ်းများသည် ခရီးသည်များကို ကယ်ဆယ် ရန် တက်ကြွစွာ စည်းရုံးသင့် ပြီး ကိုယ့်ကိုကိုယ် ဂရုစိုက်လို့ သာမပြုလုပ် ရချေ။

（二）利用附近的电话、手机向公安、交通、医疗部门呼救或就近向工矿企业、部队、机关等单位紧急求援，也可向过往车辆求救。

(ခ) အနီးအနား၍ ရှိ တယ်လီဖုန်းများ၊ မိုဘိုင်းလ်ဖုန်းများကို အသုံးပြု၍ ပြည်သူ့လုံခြုံရေး၊ သယ်ယူပို့ဆောင် ရေးနှင့် ဆေးဘက်ဆိုင်ရာဌာနများ၊ သို့မဟုတ် အနီးနား၍ ရှိ စက်မှုလုပ်ငန်းနှင့် သတ္တုတူးဖော်ရေးလုပ်ငန်းများ၊ တပ်မတော်များ၊ ရုံးအဖွဲ့အစည်းများစသောဌာနများကို အရေးပေါ်ကယ်ဆယ် ရန် တောင်းဆိုနိုင်ပါသည်ဖြစ် ပြီးဖြတ်သန်းသွားလာသောယာဉ်များကို လည်း ကယ်ဆယ်ရန်တောင်းနိုင်ပါသည်။

（三）遇伤员被挤压夹嵌在事故车辆内时，不要生拉硬拖，而应用机械拉开或切开车辆再救出伤员。

(ဂ) ဒဏ်ရာရရှိသူများအား ယာဉ်မတော်တဆမှုယာဉ်ထဲတွင် ဖိညစ်ခြင်း ခံရနေစဉ် ၎င်းကို ပြင်းထန်စွာ မဆွဲပါနှင့်။ စက်ယန္တရားများဖြင့် ယာဉ်ကို ဆွဲထုတ်ရန် သို့မဟုတ် ဖြတ်ရန် ပြုလုပ်ပြီးမှ ဒဏ်ရာရရှိသူ များကို ကယ်ဆယ်ရန်ပြုလုပ်သင့်သည် ။

（四）遇车辆压住伤员，不要轻易开动车辆，应用顶升工具（千斤顶）或者发动群众抬起车辆再救出伤员，伤员救出后应对其进行必要的检查和现场急救（比如止血）再转送医院。

(ဃ) စက်တပ်ယာဉ်မှ ဒဏ်ရာရရှိသူအား ဖိမိသောအချိန်တွင် ယာဉ်ကို ရွှေ့ရန် ပေါ့ပေါ့တန်တန် မမောင်းပါ နှင့်။ တွန်းတင်ကိရိယာများ (ဂျိုက်များ) အသုံးပြုပါ သို့မဟုတ် ဒဏ်ရာရရှိသူ များကိုကယ်ဆယ်ရန် အတွက်ပြည် သူလူတု့ များအား စုစည်း၍ ယာဉ်ကို မြှောက်ရန်ပြုလုပ်ပါ။ ဒဏ်ရာရရှိသူ များကို ကယ်ဆယ်ထွက်လာပြီးနောက် လိုအပ်သော စစ်ဆေးမှုများနှင့်အမှုဖြစ်ပွ ရာနေရာတွင် အရေးပေါ်ကယ်ဆယ်ရေး(ဥပမာ သွေးတိတ်ခြင်း) ပြုလုပ်ပြီးမှ ဆေးရုံသို့ လွှဲပြောင်းပေးသင့်သည် ။

三、车辆遇险时的自救方法
၃။ ယာဉ်အန္တရာယ် ကြုံသည့်အချိန်တွင် ကိုယ်တိုင်ကယ်တင် ခြင်းနည်းလမ်းများ

车辆遇险时，驾车人和乘车人要学会一定的自救知识，以便更好地把人员和财产损失降到最低。

ယာဉ်များယာဉ်အန္တရာယ်ကြုံသည့်အချိန်တွင် ယာဉ်မောင်းနှင့်ခရီးသည် များသည် လူနှင့် ပစ္စည်းဥစ္စာဆုံးရှုံးမှုများကိုအနိမ့်ဆုံးလျှော့ချနိုင်စေရန်အတွက် မိမိကိုယ်ကို ကူညီမှုဆိုင်ရာ အသိပညာများကို သင်ယူရမည်ဖြစ်သည်။

（一）乘车人员

(က) ယာဉ်စီးခရီးသည်များ

对于乘车人员，在发生交通事故的过程中乘车人员可以通过以下方式降低伤害：

ယာဉ်မတော်တဆမှုဖြစ်စဉ်တွင် ယာဉ်စီးခရီးသည်များသည် ထိခိုက်မှု များကို အောက်ဖော်ပြပါနည်းလမ်းများဖြင့် လျှော့ချနိုင်သည် ။

1. 双手紧紧抓住前排座椅、扶杆和把手，低下头，将头部放在两臂中间，利用前排座椅靠背或两手臂保护头部和面部。

(၁) ရှေ့ထိုင်ခုံ၊ လက်တန်းနှင့်လက်ကိုင်များကို လက်နှစ်ဖက်စလုံးဖြင့် တင်းကြပ်စွာ ဆုပ်ကိုင်ထားပြီး ခေါင်းကို နှိမ့်ချကာ ခေါင်းကို လက်နှစ်ဖက် ကြားတွင်တင်ထား၍ ရှေ့ထိုင်ခုံနောက်ကျော သို့မဟုတ် လက်နှစ်ဖက်ကို အသုံးပြုပြီးခေါင်းပိုင်းနှင့်မျက်နှာပိုင်းကိုကာကွယ်ပေးရန်ဖြစ်သည်။

2. 若遇到翻车或坠车时，迅速蹲下身体，紧紧抓住前排座位的座脚，身体尽量固定在两排座位之间，随车翻转。

(၂) ယာဉ်မှောက်ခြင်း သို့မဟုတ် ကြွေကျခြင်းကြုံတွေ့နေစဉ် ချက်ချင်း ဆောင့်ကြောင့်ထိုင်ပြီးရှေ့ထိုင်ခုံ၏ ခြေဖဝါးကို တင်းကြပ်စွာ ဆုပ်ကိုင်ထားပြီး ထိုင်ခုံတန်းနှစ်ခုကြားတွင် ကိုယ်ထည်ကိုတတ်နိုင်သလောက်ပုံသေထားပြီး ယာဉ်နှင့်အလိုက်လူးလိမ့်ရန်ပြုပါသည်။

3. 事故车辆还在行驶中时，乘客不要盲目跳车，应待车辆停下后再快速有序撤离。

(၃) ယာဉ်မတော်တဆ ရွေ့လျားနေချိန်တွင် ခရီးသည်များသည် ယာဉ်ပေါ်မှ မျက်စိစုံမှိတ် ခုန်မချသင့်ဘဲ ယာဉ်ကို ရပ်တန့်ပြီးမှ ရှေ့စဉ်နောက်ဆက် ဘေးကင်းရာသို့ ပြောင်းရွှေ့ပေးသင့်သည်။

（二）汽车掉进水里怎样逃生

(ခ) ရေထဲကျသွားသည့်ယာဉ်မှ ဘယ်လိုလွတ်မြောက်သွားမည်နည်း

汽车掉下水后不会立即下沉，可把握下沉前的一分半钟从车门或车窗及时逃生。即使汽车沉入水底，也有办法逃生，因为车厢注水可能需半小时。车厢注满水的确切时间视车窗是否打开、车身是否密封及水深程度而定。汽车下沉越深，水压越大，注水越快。那我们如何逃生呢?

ယာဉ်သည် ရေထဲသို့ ပြုတ်ကျပြီး ချက်ချင်း နစ်သွားလိမ့်မည် မဟုတ်ပါ။ မနစ်မြုပ်ခင် တစ်မိနစ်ခွဲအခွင့်ယူ ပြီး တံခါး သို့မဟုတ် ပြတင်းပေါက်မှ လွတ်မြောက်နိုင်သည်။ ရေးအောက်သို့ယာဉ် နစ်သွားရင်တောင်မှ ယာဉ် ထဲကိုရေဖြည့်ရန် နာရီဝက်လောက် အချိန်လိုအပ်သည့်အတွက်ကြောင့် လွတ်မြောက်ရန်နည်းလမ်းလည်း ရှိပါသည်။အခန်းအတွင်းရေပြည့်သည့်အချိန် အတိအကျသည် ပြတင်းပေါက်များဖွင့်ထားခြင်းရှိမရှိ၊ ယာဉ် ကိုယ်ထည် အလုံပိတ်ထားခြင်းရှိမရှိနှင့် ရေ၏အတိမ်အနက်ပေါ်မူတည်ပါသည်။ ယာဉ်နစ်နက်လေလေ ရေ ဖိအားမြင့်လေလေ ရေဝင်မြန်လေလေ ဖြစ်သည်။ ဒါဆို ကျွန်တော်တို့ ဘယ်လိုလွတ်မြောက်သွားကြမည်နည်း။

1. 一旦落水，不能惊慌失措，双手抓紧扶手或椅背，让身体后仰，紧贴着靠背，随着车体翻滚。避免汽车在翻滚入水之前，车内人员被撞击昏迷，以致入水后无法自救而死亡。

(၁) ရေထဲကျသွားသည်နှင့် အထိတ်တလန့်မဖြစ်နိုင်ပါ။ လက်နှစ်ဖက်စလုံးဖြင့် လက်ကိုင် သို့မဟုတ် ထိုင်ခုံ ၏ နောက်ကျောကို တင်းကြပ်စွာဆုပ်ကိုင်လိုက်ပါ။ ခန္ဓာကိုယ်ကို နောက်ပြန်မှီထားကာ ထိုင်ခုံ နောက်ကျောကို တင်းကြပ်စွာကပ်ထားပြီး ယာဉ်ကိုယ်ထည်နှင့်အတူ လူးလိမ်ပေးပါ။ ယာဉ်ရေထဲမကျခင်မှာ ယာဉ်ပေါ်ပါလာ သည့်လူများအား ရိုက်ခတ်ခြင်းကြောင့်မေ့မြောပြီးရေထဲကျဆင်းပြီးနောက်ကိုယ့်ကိုကိုယ်မကယ်တင်နိုင်ဘဲ သေဆုံးသွားသည်ကို ရှောင်ရှားရမည်။

2. 坠落过程中，应紧闭嘴唇，咬紧牙齿，以防咬伤舌头。汽车是有一定闭水性能的，汽车入水后，不要急于打开车窗和车门，而应该关闭车门和所有车窗，阻止水快速涌入。如有时间，开亮前灯和车厢照明灯，既能看清四周，也便于救援人员搜救。争取时间关上车窗和通风管道，以保留车厢内的空气。

(၂) ကျဆင်းရာတွင် လျှာကိုက်ဒဏ်ရာရခြင်းမှ ကာကွယ်ရန်နှုတ်ခမ်း တင်းကြပ်စွာ ပိတ်ကာ သွားများကို တင်းကြပ်စွာကိုက်ထားသင့်သည်။ ယာဉ်သည် ရေစိမ့်ဝင်သည့် စွမ်းဆောင်ရည်အတည်တကျရှိသည်။ ယာဉ် ရေထဲသို့ ဝင်သွား ပြီးနောက် ပြတင်းပေါက်များနှင့် တံခါးများကိုအလျင်စလိုဖွင့်ခြင်းမပြုပါနှင့်၊ ယာဉ်ထဲသို့ရေ ဝင်ခြင်းတားဆီးရန် ယာဉ်တံခါးများနှင့် ပြတင်းပေါက်များ အားလုံးကို ပိတ်ထားသင့်သည်။ အချိန်ရှိလျှင်ရှေ့ မီးနှင့် အခန်းမီးများကို ဖွင့်ထားပါ။ ဘေးပတ်ဝန်းကျင်ကို ရှင်းလင်းစွာမြင်နိုင်စေ ရုံသာမကကယ်ဆယ်ရေး သမားများ ရှာဖွေရန်လည်း အဆင်ပြေစေပါသည်။ အခန်းအတွင်း လေကို ထိန်းသိမ်းထားရန် လျင်မြန်စွာယာဉ် ပြတင်းပေါက် များနှင့် လေဝင်လေထွက်ပြွန်များကို ပိတ်ထားပါ။

3. 逐渐下沉时，车身孔隙不断进水，到内外压力相等时，车厢内水位才不再上升。这段时间要保持镇定，耐心等待。内外压力不等时，欲强行打开车门反而会方寸大乱，降低逃生机会。

(၃) တဖြည်းဖြည်းနစ်မြုပ်သွားချိန်တွင် ရေသည် ယာဉ်ခန္ဓာကိုယ်တွင်းရှိ အပေါက်အကြားများမှ ယာဉ်ထဲသို့ အဆက်မပြတ်ဝင်ရောက်လာပါသည်။ အတွင်းပိုင်းနှင့် ပြင်ပဖိအားများ ညီမျှနေသောအခါတွင် ကားအတွင်းရှိ ရေပမာဏသည် မြင့်တက်လာတော့မည်မဟုတ်ပေ။ ဒီအချိန်မှာ စိတ်အေးအေးထားပြီး စိတ်ရှည်လက်ရှည် စောင့်ဆိုင်းပါ။ အတွင်းနှင့် ပြင်ပဖိအားများ မညီမျှသောအချိန် တံခါးကို အတင်းအကျပ်ဖွင့်ရန် ကြိုးစားခြင်းသည် ပရမ်းပတာဖြစ်စေပြီး လွတ်မြောက်ရန် အခွင့်အလမ်းကို လျော့နည်းစေမည်ဖြစ်သည်။

4. 当水位不再上升时，做一个深呼吸，然后打开车门或车窗跳出。外衣需要先脱下，假如车门无法打开，可用工具或在手上缠上衣服后打碎车窗玻璃。

(၄) ရေမြင့်တက်မှုမရှိတော့သည့်အချိန် အသက်ပြင်းပြင်းတစ်ချက်ရှူပြီး ခုန်ထွက်ရန် တံခါး သို့မဟုတ် ပြတင်းပေါက်ကိုဖွင့်ပါ။ အပေါ်အကျီကို ဦးစွာ ချွတ်ထားရန် လိုအပ်ပါသည်။ တံခါးကို မဖွင့်နိုင်လျှင် ယာဉ် ပြင်ကိရိယာများ အသုံးပြုပြီးသို့မဟုတ်အဝတ်များဖြင့် လက်ကိုပတ်ပြီးနောက်ပြတင်းပေါက် မှန်ကို ရိုက်ခွဲ နိုင်သည်။

5. 假如车里不止一人，应手牵着手一起出来，要确定没有留下任何人。

(၅) ယာဉ်ထဲတွင် လူတစ်ဦးထက်ပိုလျှင် လက်ဆွဲပြီး ထွက်လာသင့်ပြီး မည်သူမျှ မကျန်ရစ်စေရပါ။

（三）车祸受伤后的简便自救方法

(ဂ) ယာဉ်မတော်တဆမှုဒဏ်ရာရဖြစ်ပြီးနောက် ကိုယ့်ကိုကိုယ်ကယ်ဆယ်ရန် ရိုးရှင်းသောနည်းလမ်းများ

事故的发生往往是比较突然的，司机平时可在车上备几样急救物品以防不测之需，如木板、绷带以及清洁的毛巾等。万一发生车祸受伤时，在没有专业救护人员在场的情况下，可采用以下方法自救。

မတော်တဆမှုများဖြစ်ပွားခြင်းသည် မကြာခဏဆိုသလို ရုတ်တရက် ဖြစ်သည်။ယာဉ်မောင်းများသည် မထင်မှတ်ဘဲ လိုအပ်ချက်များကာကွယ်ရန် အရေးပေါ်ကယ်ဆယ်ရေးပစ္စည်းများ အနည်းငယ် ယာဉ်အတွင်း ထားရန် ပြင်ဆင်နိုင်သည်။ ဥပမာအားဖြင့် သစ်သားဘုတ်များ၊ ပတ်တီးများနှင့် သန့်ရှင်းသော မျက်နှာသုတ်ပုဝါ များစသည်များဖြစ်သည်။မထင်မှတ်ထားသော ယာဉ်မတော်တဆမှုကြောင့်ဒဏ်ရာရလျှင် ဖြစ်ပွားရာနေရာ တွင် ကျွမ်းကျင် လူနာ တင်ယာဉ်ဝန်ထမ်းမရှိသည့်အခြေအနေအောက်တွင် ကိုယ့်ကိုကိုယ် ကယ်ဆယ်ရန်

အောက်ပါနည်းလမ်းများကို အသုံးပြုနိုင်ပါသည်။

1. 在车祸中，撞击是驾驶人最易受到的伤害。被方向盘撞到胸部后，如果伤者感觉到剧痛和呼吸困难，可能是肋骨发生骨折并刺伤肺部。此时伤者千万不要贸然移动身体，避免碎骨对内脏造成新的伤害。如果手臂仍可以移动接触到手机，可拨打急救电话求救，或者呼喊请别人帮助。

(၁) ယာဉ်မတော်တဆမှုတွင် တိုက်ခတ်မှုသည် ယာဉ်မောင်းအတွက် ထိခိုက်ဒဏ်ရာရအလွယ်ဆုံး ဖြစ်သည်။ ရင်ဘတ်ကို စတီယာရင်ဘီးဖြင့်ထိမှန်ခြင်းခံရပြီးနောက် ဒဏ်ရာရရှိသူသည် ပြင်းထန်သောနာကျင် မှုနှင့် အသက်ရှူရခက်ခဲခြင်းတို့ကို ခံစားရလျှင် နံရိုးကျိုးသွားကာ အဆုတ်တွင် ဓားဒဏ်ရာဖြစ်လိမ်မည်။ ဤ အချိန်တွင် ဒဏ်ရာရသူများသည် ကိုယ်တွင်း အင်္ဂါများကို ထိခိုက်မှုအသစ်ဖြစ်စေသော အရိုးကျိုးခြင်းများ ကို ရှောင်ရှားရန် ခန္ဓာကိုယ်ကို မဆင်မခြင်ကမန်းကတန်းမရွှေ့ပါနှင့်။ အကယ်၍ လက်ကို ရွှေ့နိုင်လျှင် ဖုန်းသို့ ရောက်ရှိရန်ရွှေ့ပြီး အရေးပေါ်ကယ်ဆယ်ရေးခေါ်ဆိုမှု အကူအညီတောင်းဆိုနိုင်ပါသည်။ သို့မဟုတ် သူများကို အော်ဟစ်အကူအညီ တောင်းနိုင်ပါသည်။

2. 大多数小客车的方向盘比较靠下，发生撞击时，肝脏和脾脏等器官也易受到伤害。假如肝、脾破裂，发生大出血时会有腹痛出现。此时最好保持静止，以免加重出血。如果发现车子有起火等隐患，则应缓慢地离开车子转移到安全地带，等待救护人员到来。

(၂) ခရီးသည်တင်ဘတ်စ်ကားငယ်အများစု၏ စတီယာရင်ဘီးသည် အတော်လေးနိမ့်ပြီး တိုက်ခတ်မိ သည့်အချိန်တွင်လည်း အသည်းနှင့် သရက်ရွက်ကဲ့သို့သော အင်္ဂါများ ထိခိုက်ဒဏ်ရာရလွယ်ကူနိုင်ချေရှိသည်။ အကယ်၍ အသည်းနှင့် သရက်ရွက် ပေါက်ပြဲလျှင် ကြီးမားသော သွေးထွက်သည့်အချိန် ဝမ်းဗိုက်နာခြင်း ဖြစ် ပေါ်လာတတ်သည်။ ဒီအချိန်မှာ သွေးထွက်တာကို ပိုဆိုးမသွားအောင် စိတ်ဆန္ဒအတိုင်းမရွှေ့သည် အကောင်း ဆုံးပါပဲ။ ယာဉ်ထဲတွင် မီးလောင်ကျွမ်းမှု သို့မဟုတ် အခြားလျှို့ဝှက်အန္တရာယ်ရှိကြောင်း တွေ့ရှိလျှင် ယာ ဉ်ကို ဖြည်းညင်းစွာ ထွက်ခွာကာ ဘေးကင်းသောနေရာသို့ ပြောင်းရွှေ့သင့်ပြီး ကယ်ဆယ်ရေး ဝန်ထမ်းများ ရောက်လာသည်ကို စောင့်ဆိုင်းပါ။

3. 撞击或其他原因可能会使驾驶人胸部受外伤，如果发现胸部外伤出血时，要用毛巾或其他替代品暂时包扎，以免失血过多。

(၃) တိုက်ခတ်ခြင်း သို့မဟုတ် အခြားအကြောင်းများကြောင့် ယာဉ်မောင်း၏ ရင်ဘတ်တွင် အပြင်ဒဏ်ရာ ရသွားစေနိုင်သည်။ ရင်ဘတ်တွင် အပြင်ဒဏ်ရာသွေးထွက်လာလျှင် သွေးအလွန်ထွက်ခြင်းမဖြစ်စေရန်

မျက်နှာသုတ်ပဝါ သို့မဟုတ် အခြားအစားထိုးပစ္စည်းများကိုယာယီပိတ်တီး ပတ်ထားသင့်သည်။

4. 如果感觉肢体疼痛、肿胀、畸形，则可能是骨折。骨折后不宜乱动伤者，以避免血管和神经在移动时可能受到伤害，而应尽快对伤肢进行简易固定。如果请别人帮助固定伤肢，最好用木板或较直、有一定硬度的树枝。

(၄) အကယ်၍ ခြေလက်များတွင် နာကျင်ခြင်း၊ ရောင်ရမ်းခြင်း၊ ပုံပျက်ခြင်း ခံစားရလျှင် အရိုးကျိုးခြင်း ဖြစ်နိုင်သည်။ အရိုးကျိုးပြီးနောက် ဒဏ်ရာရရှိသူသည် သွေးကြောများနှင့် အာရုံကြောများကို ရွှေ့လျားနေစဉ် ထိခိုက်ဒဏ်ရာရနိုင်သည်ရှောင်ရှားရန်မလှုပ်ရှားသင့်သည်။ ဒဏ်ရာရရှိထား သော ခြေလက်များကို ရိုးရှင်းစွာ ပုံသေရန်အမြန်ဆုံးလုပ်ဆောင်သင့်သည်။ ဒဏ်ရာရနေသော ခြေလက်များကို ပုံသေထားရန် အခြားသူများကို အကူအညီတောင်းလျှင်သစ်သားဘုတ် သို့မဟုတ် မာသောအဖြေ့ဖြင့် အကိုင်းအခက်ကို အသုံးပြုခြင်းသည် အကောင်းဆုံးဖြစ်သည်။

5. 如果感觉颈椎或腰椎受到了冲击，不恰当的搬动可能会造成再次受伤而形成永久性的伤害甚至瘫痪。因此，遇到这样的情况，如果自己没把握就不要乱动，可在原地等待救援人员来救助处理。

(၅) အကယ်၍လည်ရိုးအဆစ် သို့မဟုတ်ခါး ရိုးအဆစ်ကို ရိုက်ခတ်ခြင်း ခံခဲ့ရလျှင် မမှန်ကန်သော ရွှေ့ လှားမှုသည် ပြန်လည် ဒဏ်ရာရသည်နှင့် အမြဲတမ်း ဒဏ်ရာရခြင်း သို့မဟုတ် သွက်ချာပါဒတောင်ဖြစ်စေ နိုင်သည်။ ထို့ကြောင့် ယင်းကဲ့သို့သောအခြေအနေမျိုးကြုံလျှင် မသေချာလျှင် မလှုပ်ပါနှင့်။ ဖြစ်ပွားရာနေရာ တွင်ကယ်ဆယ်ရေးဝန်ထမ်းများလာကယ်ဆယ် ရန် စောင့်ဆိုင်းရပါမည်။

（四）汽车起火时的自救方法

(ဃ) ယာဉ်မီးလောင်နေစဉ်ကိုယ့်ကိုကိုယ်ကူညီရန်နည်းလမ်းများ

汽车起火事故时有发生，给国家和人民的生命财产造成了不小损失，教训是深刻的。下面介绍一些汽车起火的扑救和逃生方法。

မော်တော်ယာဉ် မီးဘေးဒုက္ခမတော်တဆမှု မကြာခဏ ဖြစ်ပွားပြီး နိုင်ငံနှင့် ပြည်သူများ၏ အသက်နှင့် ပစ္စည်းဥစ္စာများ ဆုံးရှုံးနစ်နာမှုများစွာ ဖြစ်စေခဲ့သည်။ သင်ခန်းစာများမှာ လေးနက်ပါသည်။ ယာဉ်မီးဘေးဒုက္ခ၏ ငြိမ်းသတ်ခြင်းနှင့် လွတ်မြောက်ခြင်းနည်းလမ်းများအောက်ပါအတိုင်း မိတ်ဆက် ပေးပါမည်။

1. 当汽车发动机发生起火时，驾驶人应迅速停车，让乘车人员打开车门自己下车，然后切断电源，取下随车灭火器，对准着火部位的火焰正面猛喷，扑灭火焰。

(၁) မော်တော်ယာဉ်အင်ဂျင် မီးလောင်မှုဖြစ်ပွားနေစဉ် ယာဉ်မောင်းသည် ယာဉ်ကို အမြန်ရပ်သင့်ပြီး ခရီးသည်များကို ယာဉ်ထဲမှ ထွက်ရန် တံခါးဖွင့်ခိုင်းကာ ကိုယ့်ဘာသာကိုယ်ယာဉ်ပေါ်မှဆင်းသွားပါမည်။ ပြီး နောက် ပါဝါဖြတ်တောက်ကာ ယာဉ်ပေါ်ရှိ မီးသတ်ဆေးဘူးကို ဖြုတ်ကာ မီးလောင်ရာ နေရာ၏မီးလျှံရှေ့ ဘက်သို့ပြင်းထန်စွာပက်ဖြန်းပြီး မီးလျှံငြိမ်းသတ်စေရန် ပြုလုပ်ပါသည်။

2. 汽车车厢货物发生起火时，驾驶人应将汽车驶离重点要害区域（或人员集中场所）停下，并迅速向消防队报警。同时驾驶人应及时取下随车灭火器扑救火灾，当火短时间内扑灭不了时，应劝围观群众远离现场，以免发生爆炸事故，造成无辜群众伤亡。

(၂) မော်တော်ယာဉ်တွဲရှိ ကုန်ပစ္စည်းများ မီးလောင်မှု ဖြစ်ပွားလျှင် ယာဉ်မောင်းသည် အရေးကြီးသော အစိတ်အပိုင်းများ (သို့မဟုတ် လူများစုဝေးရာနေရာ) မှ ထွက်ခွာရန် ယာဉ်ကို မောင်းနှင်ပြီး ရပ်တန့်ကာ မီးသတ်အဖွဲ့ထံ ချက်ချင်း သတင်းပို့ရမည်။ တစ်ချိန်တည်းတွင် ယာဉ်မောင်းများအနေဖြင့် မီးငြိမ်းသတ်ရန် အတွက် မီးသတ်ဆေးဘူးကို အချိန်တိုအတွင်းဖြုတ်ယူ၍ မီးငြိမ်းသတ်သည်။ အချိန်တိုအတွင်းမီးမငြိမ်းနိုင် လျှင် ပေါက်ကွဲခြင်းမတော်တဆမှုကြောင့် အပြစ်မဲ့ပြည်သူများဒဏ်ရာရ သေဆုံးမှုများနှင့် ဘေးအန္တရာယ်များ တိုးလာခြင်း ရှောင်ရှားစေရန် ကြည့်ရှုနေသောပြည်သူများအား အခင်းဖြစ်ပွားရာနေရာနှင့် ဝေးဝေး နေရန် အကြံပြုအပ်ပါသည်။

3. 当汽车在加油过程中发生火灾时，驾驶人不要惊慌，要立即停止加油，迅速将车驶离加油站（库），用随车灭火器或加油站的灭火器以及衣服等将油箱上的火焰扑灭。如果地面有流散的燃料时，应用库区灭火器或沙土将地面的火焰扑灭。

(၃) မော်တော်ယာဉ်များ ဆီဖြည့်ရာတွင် မီးလောင်မှုဖြစ်ပွားသည့်အချိန် တွင် ယာဉ်မောင်းသည် အထိတ်တလန့်မဖြစ်စေနှင့်၊ ဆီဖြည့်ခြင်းကိုချက်ချင်း ရပ်တန့်ပြီးဆီဆိုင် (ဂိုဒေါင်) မှထွက်ခွာရန် ယာဉ်ကို အမြန်မောင်းနှင်ပြီး ယာဉ်ပါမီးသတ်ဆေးဘူး သို့မဟုတ် ဆီဆိုင်၏ မီးသတ်ဆေးဘူးနှင့်အကျႌ စသည်များ ကို အသုံးပြုပြီးလောင်စာဆီတိုင်ကီပေါ်ရှိ မီးတောက်များကို ငြိမ်းသတ်ပါသည်။ အကယ်၍မြေပြင်ပေါ်တွင် ပြန့်ကျဲနေသောလောင်စာဆီ များရှိလျှင် ရေလျောင်ကန်ရေါယာအတွင်း ရှိမီးသတ်ဆေးဘူး သို့မဟုတ် သဲများကို အသုံးပြု၍ မီးငြိမ်းသတ်သင့်သည်။

4. 当汽车在修理时发生火灾时，修理人员应迅速上车或钻出地沟，迅速切断电源，用灭火器或其他灭火器材扑灭火焰。

(၄) ယာဉ်ပြုပြင်နေစဉ်အတွင်း မီးလောင်မှုဖြစ်ပွားလျှင် ပြုပြင်ရေး ဝန်ထမ်းများသည် ယာဉ်ပေါ်သို့ အမြန် တက်ရန် သို့မဟုတ်ကတုတ်ကျင်း ထဲမှထွက်ကာ ဇာတ်အားအမြန်ဖြတ်ကာ မီးသတ်ဆေးဖူး သို့မဟုတ်အခြား မီးသတ်ကိရိယာများကို အသုံးပြုပြီးမီးတောက်ငြိမ်းသတ်ရန်ပြုလုပ်သင့်သည်။

5. 当汽车被撞后发生火灾时，若被撞车辆零部件损坏，乘车人员伤亡比较严重，首要任务是设法救人。如果车门没有损坏，应打开车门让乘车人员逃离，以上两种方法也可同时进行。同时驾驶人可利用扩张器、切割器、千斤顶、消防斧等工具配合消防队员救人灭火。

(၅) မော်တော်ယာဉ်ကို တိုက်ခတ်ခြင်းခံရပြီးနောက် မီးလောင်မှု ဖြစ်ပွားလျှင် တိုက်ခတ်ခြင်းခံခဲ့ရ သည့်အတွက် ယာဉ်၏အစိတ်အပိုင်းများ ပျက်စီးပြီးခံရီးသည်များ သေဆုံးမှုမှာ အလွန် ပြင်းထန်ပါသည်။ ပထမတာဝန်မှာ လူများကို ကယ်တင်ရန် ဖြစ်သည်။ တံခါးမပျက်စီးလျှင် စီးနင်းသူများ လွတ်မြောက်စေရန် တံခါးဖွင့်ထားသင့်သည်။ အထက်ပါနည်းလမ်း နှစ်ခုကိုလည်း တစ်ချိန်တည်းတွင် လုပ်ဆောင်နိုင်သည်။ တစ် ချိန်တည်းမှာပင် ယာဉ်မောင်းသည် လူများကိုကယ်တင်ရန်နှင့်မီးငြိမ်းသတ် ရန်အတွက် မီးသတ်သမားများနှင့် ပူးပေါင်းပြီး ခဲ့တံများ ဖြတ်တောက် ကိရိယာများ ဂျို့က်များ မီးပုဆိန်များစသည့်ကိရိယာများကိုအသုံးပြုနိုင် သည်။

6. 当停车场发生火灾时，一般应视着火车辆位置，采取合适的扑救措施和疏散措施。如果着火汽车位于停车场中间，应在扑救火灾的同时，组织人员疏散周围停放的车辆。如果着火汽车在停车场的一边时，应在扑救火灾的同时，组织疏散靠近火的车辆。

(၆) ယာဉ်ရပ်နားရန်နေရာ၌ မီးလောင်မှုဖြစ်ပွားသည့်အချိန်တွင် ယေဘုယျ အားဖြင့် မီးလောင်သည့်ယာဉ် ၏တည်နေရာပေါ် မူတည်၍ မီးငြိမ်းသတ်ခြင်းနှင့် ဘေးလွတ်ရာသို့ ရွှေ့ပြောင်းခြင်းများကို ဆောင်ရွက်သင့် သည်။ အကယ်၍ယာဉ်ပါကင်အလယ်တွင် မီးလောင်နေလျှင် မီးငြိမ်းသတ်နေသည့် တချိန်တည်းတွင် အနီးနား ရှိ ရပ်ထားသည့် ယာဉ်များကို ဘေးလွတ်ရာသို့ ရွှေ့ပြောင်းရန် ဝန်ထမ်းများကို စည်းရုံးသင့်သည်။ မီးလောင်နေ သည့်ယာဉ် သည် ယာဉ်ပါကင်၏ တစ်ဖက်ခြမ်းတွင် ရှိနေလျှင် မီးငြိမ်းသတ်ရန် ပြုလုပ်သည့်တချိန်တည်းမှပင် မီးနှင့်ဆက်စပ်နေသော ယာဉ်များကိုဘေးလွတ်ရာသို့ ရွှေ့ပြောင်းရန် စီစဉ်သင့်သည်။

7. 当公共汽车发生火灾时，由于车上人多，要特别冷静果断，首先应考虑到救人和报警，视着火的具体部位而确定逃生和扑救方法。如着火的部位在公共汽车的发动机，驾驶人应开启所有车门，令乘客从车门下车，再组织扑救火灾。如果着火部位在汽车中间，驾驶人开启车门后，乘客应从两头车门下车，驾驶人和乘车人员再扑救火灾、控制火势。如果车上线路被烧坏，车门开启不了，乘客可从就近的窗户跳车。如果火焰封住了车门，而车窗因人多不易下去时，可用衣物蒙住头从车门处冲出去。

(၇) ဘတ်စ်ကားမီးလောင်မှုဖြစ်ပွားလျှင် ဘတ်စ်ကားပေါ် ရှိသည့်လူ များပြားခြင်းကြောင့် စိတ်တည်ငြိမ် ပြီး ပြတ်ပြတ်သားသားဆုံးဖြတ်ရန် လိုအပ်ပါသည်။ ရှေးဦးစွာ လူများကိုကယ်ဆယ်ရေးနှင့် ရဲသို့သတင်းပို့ ရန် ထည့်သွင်းစဉ်းစားသင့်ပြီး မီးလောင်မှု၏တိကျသောအစိတ်အပိုင်းပေါ် မူတည်ပြီး လွတ်မြောက်ရန် နှင့်ကယ်ဆယ်ရန် နည်းလမ်းများကို ဆုံဖြတ် သင့်ပါသည်။အကယ်၍မီးလောင်သည့်အစိတ်အပိုင်းတွင် ဘတ်စ်ကား၏ အင်ဂျင် ဖြစ်လျှင်ယာဉ်မောင်းသည် တံခါးများအားလုံးကို ဖွင့်ထားသင့်ပြီး ခရီးသည်များ ကို ဘတ်စ်ကားပေါ်မှ ဆင်းခိုင်းရန် ပြုလုပ်ပြီးမှ မီးငြိမ်းသတ်ရန် စီစဉ်ပေးသည်။ အကယ်၍မီးလောင်သည့် အစိတ်အပိုင်းတွင် ယာဉ်အလယ်ဖြစ်လျင် ယာဉ်မောင်းသည် တံခါးများဖွင့်ပြီး ခရီးသည်များသည်ယာဉ်တံခါး နှစ်စောက်မှနေ ထွက်သွားရမှာ ဖြစ်ပြီး ယာဉ်မောင်းနဲ့ ခရီးသည်များမှ မီးငြိမ်းသတ်ရန်၊ မီးကိုထိန်းချုပ်ရန် ပြုလုပ်ပါသည်။ အကယ်၍ယာဉ်ရှိ ဝိုင်ယာကြိုးများ မီးလောင်ပျက်သွားကြောင့်တံခါးများ မဖွင့်နိုင်လျှင် ခရီးသည်များသည် အနီးဆုံး ပြတင်းပေါက်မှ ကားပေါ်မှ ဆင်းနိုင်သည်။ အကယ်၍မီးလျှံသည် တံခါးကို ပိတ်ဆို့ပြီး လူအုပ်ကြောင့် ပြတင်းပေါက်မှ ဆင်းဖို့ မလွယ်ဘူးဆိုရင် ကိုယ့်ခေါင်းကို အဝတ်နဲ့ အုပ်ပြီး တံခါးမှ နေ အမြန်ထွက်သွားနိုင်ပါသည်။

8.当驾驶人和乘车人员衣物被火烧着时，如时间允许，可以迅速脱下衣物，用脚将衣物的火踩灭；如果来不及，乘客之间可以用衣物拍打或用衣物覆盖火势以窒息灭火，或就地打滚滚灭衣物上的火焰。

(၈) ယာဉ်မောင်းနှင့်ခရီးသည်၏ အဝတ်အစားများမီးလောင်ခြင်း ခံခဲ့ရသည့်အချိန့်တွင် အချိန်ခွင့်ပြုလျှင် အဝတ်အစားများကို လျင်မြန်စွာ ချွတ်ပြီး ၎င်းတို့၏အဝတ်များကို ခြေထောက်ဖြင့်နင်းပြီးမီးငြိမ်းရန်ပြုလုပ်နိုင် သည်။ အကယ်၍အချိန်မရလျှင်ခရီးသည်များသည် အဝတ်အစားများဖြင့် အချင်းချင်းမီးရှိုက်ခြင်း သို့မဟုတ် မီးငြိမ်းသတ်ရန်အတွက် အဝတ်အစား များဖြင့် မီးကို ဖုံးအုပ်ခြင်းပြုလုပ်နိုင်သည်။ သို့မဟုတ်မြေပေါ်တွင် လူးလိမ့်ပြီး အဝတ်အစားပေါ် ရှိမီးကို ငြိမ်းသတ်အောင်ပြုလုပ်နိုင်ပါသည်။

（五）驾驶汽车时的自救

(c) ယာဉ်မောင်းနေစဉ် ကိုယ့်ကိုကိုယ် ကယ်ဆယ်

1. 冲出路面时的应急自救

(၁) လမ်းပေါ်မှ အပြင်ဘက်သို့ ထိုးဝင်သည့်အချိန် အရေးပေါ် ကိုယ့်ကိုကိုယ် ကယ်ဆယ်

严重交通事故最常见的是汽车冲出路面，这时千万不要惊慌乱动，应等驾驶人把车辆停稳之后，再按顺序下车，以免造成翻车事故。需要注意的是这个时候保持车辆的平衡稳定是最关键的。

အတွေ့အများဆုံးသော ပြင်းထန်သော ယာဉ်မတော်တဆမှုမှာ ယာဉ်လမ်းပေါ်မှအပြင်ဘက်သို့ထိုးဝင်သွားခြင်းဖြစ်သည်။ ဤအချိန်တွင် ထိတ်လန့်ကြောက်ရွံ့မှု မဖြစ်ပါနှင့်၊ လျှောက်မလှုပ်ပါနှင့်။ မတော်တဆ တိမ်းမှောက်မှု မဖြစ်စေရန် ယာဉ်မောင်းမှ ယာဉ်ကို တည်ငြိမ်ရပ်တန့်ပြီးမှ စနစ်တကျယာဉ်ပေါ်မှဆင်းသွားနိုင် ပါသည်။ သတိထားရန်လိုအပ်ချက်တွင် ဤအချိန်တွင် ယာဉ်၏ ဟန်ချက်ညီမှုနှင့် တည်ငြိမ်မှုကို ထိန်းသိမ်း ခြင်းသည် အရေးအကြီးဆုံးဖြစ် သည်။

不要让乘车者在车身不稳时下车，这会造成危险。前轮悬空时，应先将前面人员逐个接下车；后轮悬空时，则应先让后面的人员逐个下车。车上的人一定要沉着冷静。汽车冲下路基时，首先应使车辆保持平衡，防止翻车；还要切断汽车电路，防止漏油发生火灾。

ယာဉ်ကိုယ်ထည် မတည်မငြိမ်ဖြစ်သောအချိန်တွင် စီးနင်းသူအား ယာဉ်ပေါ်မှ မဆင်းစေနှင့်၊ ယင်းသည် အန္တရာယ်ရှိနိုင်သည်။ ရှေ့ဘီးများ တွဲလွဲမှာရှိတဲ့အချိန်ယာဉ်ရှေ့ပိုင်းရှိသူများကိုတစ်ဦးပြီးတစ်ဦးယာဉ်ပေါ်မှ ဆင်ရန်စီစဉ်သင့်သည်။ နောက်ဘီးများသည် တွဲလွဲမှာ ရှိသည့်အချိန်တော့ ယာဉ်နောက်ပိုင်းရှိသူများကို ယာဉ် ပေါ်မှ ဦးစွာတစ်ဦးပြီးတစ်ဦးဆင်းရန်ပေး သင့်သည်။ ယာဉ်ပေါ် ရှိလူများသည် ငြိမ်သက်နေရမည်။ ယာဉ်သည် လမ်းအခြေခံပေါ်မှ အလျင်အမြန်ဆင်းကျသည့်အချိန် ယာဉ်မှောက်ခြင်း ကာကွယ်ရန် ယာဉ်ကို ဦးစွာဟန်ချက် ညီအောင် ထိန်းသိမ်းထားသင့်သည်။ ဆီယိုစိမ့်ပြီး မီးလောင်ကျွမ်းမှုမဖြစ်စေရန် ယာဉ်ဓါတ်စီးပတ်လမ်းကို လည်း ဖြတ်တောက်ထားသင့်သည်။

汽车冲出路面发生翻滚时，乘车人在意识丧失以前，应用双手紧握前椅握把并紧靠后背；驾驶人可紧握方向盘，与车子保持同轴滚动，使身体不在车内来回碰撞，以免严重撞伤。

မော်တော်ယာဉ်သည် ယာဉ်လမ်းပေါ်မှ အပြင်ဘက်သို့ ထိုးဝင်သွားပြီး လူးလိမ့်မှု ဖြစ်ပွား သည့်အချိန် တွင် ယာဉ်စီးသူသည် သတိလစ် မသွားမီခင်လက်နှစ်ဘက်ဖြင့် တင်းကြပ်စွာဆုပ်ကိုင်ထားရမည်ဖြစ်ပြီး ထိုင်ခုံ

နောက်ကျော ကိုတင်းကြပ်စွာကပ်ထားရမည်။ ယာဉ်မောင်းသည် စတီယာရင်ကို တင်းကြပ်စွာ ဆုပ်ကိုင်ထား နိုင်ကာ ယာဉ်နှင့် တွဲလျက် လူးလိမ့်နေနိုင်သည် ။ ပြင်းထန်သော ဒဏ်ရာများ မဖြစ်စေရန် ကိုယ့်ခန္ဓာကိုယ်ကို ယာဉ်ထဲတွင် အပြန်ပြန်အလှန်လှန် တိုက်မိခြင်းမှ ရှောင်ကြဉ်ပါ။

　2. 刹车失灵时的逃生自救

(၂) ဘရိတ်ချို့ယွင်းမှုရှိသည့်အချိန် လွတ်မြောက်ရန် မိမိကိုယ်ကို ကယ်တင်

　如果行车途中刹车失灵，应立即换挡并启用手刹。必须同时做到几件事：脚从加油踏板上抬起，打开警示灯，快速摇动脚刹，换低挡，手刹制动。不要猛拉手刹，应由轻缓逐渐用力，直至停车。

ယာဉ်မောင်းနေစဉ် ဘရိတ်ချို့ယွင်းမှုဖြစ်ပွားလျှင် ဂီယာကို ချက်ချင်း ရွှေ့ပြောင်းပြီး လက်ဘရိတ်ကို အသုံးပြုသင့်ပါသည်။ တစ်ချိန်တည်းတွင်ပင် လုပ်ဆောင်ရမည့်အချက်များတွင် ခြေထောက်သည် အရှိန်တိုး ခြေနင်း မှရုတ်သိမ်းပြီး သတိပေးမီးကိုဖွင့်ထားပါ၊ ခြေဘရိတ်ကို လျင်မြန်စွာလှုပ်ပြီး အရှိန်နိမ့်ဂီယာသို့ ရွှေ့ ပြောင်းပြီး ရပ်တန့်ရန် လက်ဘရိတ်ကို အသုံးပြုပါ။ လက်ကိုင်ဘရိတ်ကို ပြင်းထန်းစွာ မဆွဲပါနှင့်၊ ဖြည်ဖြည် ချင်းအင်အားတိုးပြီး ရပ်တန့်သည်အထိ ပြုလုပ်သင့်သည်။

　如果来不及做完以上整套动作，可以先从加油踏板上抬脚，再换低挡，抓手刹车制动。除非确定车辆不会失去控制，否则不要用全力。小心地驶离车道，将车停在你能走离公路的地方，最好是边坡，或者松软的上坡。

အကယ်၍ အထက်ဖော်ပြပါ လုပ်ဆောင်ချက်အစုံကို ပြီးမြောက်ရန် အချိန်မလုံလောက်လျှင် အရှိန်တိုး ခြေနင်းမှခြေထောက်ကို ဦးစွာရုတ်သိမ်းနိုင် ပြီး ဂီယာနိမ့်သို့ ပြောင်းကာ ဘရိတ်ကို ကိုင်ထားပြီးဘရိတ်ပြုလုပ် ပါ။ ယာဉ်ကို ထိန်းချုပ်မှု ဆုံးရှုံးမည်မဟုတ်ကြောင်း သေချာခြင်းမှုလွဲ၍အင်အားအပြည့် အသုံးမပြုပါနှင့်။ ယာဉ်သွားလမ်းပေါ်မှ ဂရုတစိုက်မောင်းနှင်ထွက်ခွာပြီး ယာဉ်ကို လမ်းမှသင်သွားနိုင်သည့်နေရာ၊ ဖြစ်နိုင်ရင် ဘေးတစ်ဖက် လျှောစောက် သို့မဟုတ် ပျော့ပျောင်းကုန်းတက်နေရာတွင် ရပ်ထားပါ။

　如果车速始终无法控制，比如遇到了陡下坡，为了减速，可以不断冲撞路边的护栏或护墙。还可利用前面的车辆帮你停车——在距离许可的条件下靠近它，使用警示灯、按喇叭、闪亮前灯等手段，使前面的司机接收到你的求助信号。

အကယ်၍ ယာဉ်၏အရှိန်ကို ထိန်းမနိုင်သိမ်းမရဖြစ်လျှင် ဥပမာအားဖြင့်မတ်စောက်သော ကုန်းဆင်း နှင့် ကြုံတွေ့ရသည့်အခါမျိုးတွင် အရှိန်လျှော့ ရန်အတွက် လမ်းဘေးအကာ သို့မဟုတ် နံရံကို အဆက်မပြတ်

တိုက်ခတ်နိုင် သည်။ ယာဉ်ရပ်တန့်စေရန် ရှေ့ယာဉ် ၏ကူညီမှု ကို အသုံးပြုနိုင်သည်။ အတိအကျလုပ်ဆောင်ချက်မှာ အကွာအဝေးမှ ခွင့်ပြုသည့်အခြေအနေ အောက်တွင် ၎င်းယာဉ်ကို အနီးကပ်ထားပါ။ ရှေ့မှယာဉ်မောင်းကို သင့်၏ ကူညီမှုတောင်းရန်အချက်ပြပေးမှုကိုလက်ခံစေနိုင်ရန် သတိပေးမီးသုံးခြင်း၊ ဟွန်းတီးခြင်း၊ ရှေ့မီးအလင်းလက်ခြင်း စသည့်နည်းလမ်းများကိုအသုံးပြု နိုင်သည်

3. 发生撞车时的应急自救

(၃) ယာဉ်တိုက်မှုဖြစ်ပွားသည့်အချိန် အရေးပေါ် ကိုယ့်ကိုကိုယ် ကယ်ဆယ်

如果撞车已不可避免，作为司机应保持冷静，掌握好方向盘尽可能将自己及他人的损失降至最低。为了减速，可以冲向能够阻挡的障碍物。较软的篱笆比墙要好，灌木丛比参天大树要好，它们可使你逐渐减速直至停车。撞墙和树都很可能是致命的，尽管它们可以使你猛然停车。

ယာဉ်တိုက်မှုဖြစ်ခြင်း ရှောင်လွှဲ၍မရလျှင် ယာဉ်မောင်းတစ်ဦးအနေဖြင့် စိတ်အေးအေးထားပြီး တတ်နိုင်သလောက် မိမိကိုယ်တိုင်နှင့် အခြားသူများကို ထိခိုက်မှုအနည်းဆုံးဖြစ်စေရန် စတီယာရင်ကို ထိန်းချုပ်ထားသင့်သည်။ အရှိန်လျှော့စေရန်အတွက် သင်သည် ၎င်းကို ရပ်တန့်နိုင်သော အတားအဆီးတစ်ခုဆီသို့ ထိုးဝင်တိုင်နိုင်သည်။ ပျော့ပျောင်းသော ခြံစည်းရိုးများသည် နံရံများထက် ပိုကောင်းသည်၊ ချုံပုတ်များသည် မြင့်မားသောသစ်ပင်များထက် ပိုကောင်းသည်၊ ၎င်းတို့သည် သင့်အား ရပ်တန့်သွားသည်အထိ တဖြည်းဖြည်းအရှိန်လျှော့သွားစေနိုင်သည်။ နံရံများနှင့် သစ်ပင်များကို ဝင်တိုက်လျှင် ၎င်းတို့သည် သင့်ကို ရုတ်တရက် ရပ်တန့်သွားစေနိုင်သော်လည်းသေစေနိုင်လိမ့်မည်ဖြစ်သည်။

安全带可阻止你在紧急刹车时冲向挡风玻璃。没系安全带最好不要试图硬撑着去对抗冲撞。这可能比顺其自然受伤更严重，因为减速冲撞更加突然。在倒向冲撞点的瞬间应尽量早地远离方向盘，双臂夹胸，手抱头。

ထိုင်ခုံခါးပတ်များသည် ပြင်းထန်သောဘရိတ်အုပ်နေစဉ်အတွင်း လေကာမှန်ဆီသို့ ထိုးဝင်ခြင်းမှတားဆီးသွားမည်ဖြစ်သည်။ ထိုင်ခုံခါးပတ်မပါဘဲ တိုက်ခတ်ခြင်းကိုထိန်းရန် မကြိုးစားတာ အကောင်းဆုံးပါပဲ။ ယင်းသည် သဘာဝကို သူ့လမ်းကြောင်း လုပ်ဆောင်ခြင်းထက် ဒဏ်ရာပိုပြင်းထန်သည်။ ဘာကြောင့်လဲဆိုတော့ အရှိန်လျှော့တိုက်ခတ်မှုသည် ပိုရုတ်တရက်ဖြစ်သွား သည်။ တိုက်ခတ်သည့်နေရာသို့ ပြုတ်ကျတော့ချိန်တွင် စတီယာရင်ဘီးကို တတ်နိုင်သမျှ ဝေးဝေးနေပါ၊ လက်နှစ်ဖက်ကို ရင်ဘတ်ပေါ်တင်ကာ ခေါင်းကို လက်နှစ်

ဖက်ဖြင့် အုပ်ထားပါ။

经验证明副驾驶位是最危险的座位，如果坐在该处的话，首先要抱住头部躺在座位上，或者双手握拳，用手腕护住前额，同时屈身抬膝护住腹部和胸部。

ရှေ့ခရီးသည်ထိုင်ခုံသည် အန္တရာယ်အရှိဆုံးထိုင်ခုံဖြစ်ကြောင်း အတွေ့အကြုံမှ ပြသခဲ့သည်။ အကယ်၍ သင်သည် ထိုနေရာတွင်ထိုင်လျှင် ဦးခေါင်းကိုကိုင်ထား၍ ထိုင်ခုံပေါ်တွင် လှဲလျောင်းပါ၊ သို့မဟုတ် လက်နှစ်ဖက်လုံးကို လက်သီးဆုပ်ပြီး လက်ကောက်ဝတ်ဖြင့်သင်၏နဖူးကို ဖုံးရန်ပြုလုပ်ကာ တစ်ချိန်တည်းမှာပင် ဝမ်းဗိုက်နှင့် ရင်ဘတ် ဖုံးရန် ခန္ဓာကိုယ်ကွေးခြင်းနှင့်ဒူးကိုမလိုက်ပါ။

后座的人最好的防护办法就是迅速向前伸出一只脚，顶在前面坐椅的背面，并在胸前屈肘，双手张开，保护头面部，背部后挺，压在坐椅上。

နောက်ထိုင်ခုံရှိလူကို ကာကွယ်ရန် အကောင်းဆုံးနည်းလမ်းမှာ လျင်မြန်စွာ ရှေ့သို့ ခြေတစ်ချောင်း ဆန့်ကာ ရှေ့ထိုင်ခုံနောက်ဘက်သို့ ဖိထားကာ ဦးခေါင်းနှင့် မျက်နှာကို ကာကွယ်ရန် ရင်ဘတ်ရှေ့ တံတောင်ဆစ်ကို ကွေးထားကာ လက်နှစ်ဖက်လုံးကို ဖွင့်ကာ နောက်ကျောသည်နောက်ဘက်သို့ တည့်တည့် ဖိ၍ ထိုင်ခုံပေါ်တွင် ဖိချလိုက်ပါ။

即使没有时间，平时也要准备好，车祸时迅速用双手用力向前推扶手或椅背，两脚一前一后用力向前蹬，这样，撞击力消耗，缓冲身体前冲的速度，从而减轻受害的程度。

သင့်မှာ အချိန်မရှိလျှင်တောင် ခါတိုင်းမှာ ပြင်ဆင်ထားသင့်ပါသည်။ ယာဉ်မတော်တဆဖြစ်တဲ့အချိန် လက်နှစ်ဖက်ဖြင့်လက်ကိုင်များ မဟုတ် သို့ထိုင်ခုံနောက်ကျောကို ရှေ့သို့ တွန်းလိုက်ပြီးခြေနှစ်ချောင်းသည် ရှေ့ ၊နောက်တစ်ချောင်းစီထားပြီးရှေ့သို့ကန်လိုက်ပါ။ ဤနည်းအားဖြင့်၊ တိုက်ခတ်မှုအားကို သက်သာစေပြီး ခန္ဓာကိုယ်၏ ရှေ့သို့ အလျင်စလို အရှိန်ကို လျော့ချကာ ပျက်စီးမှုအတိုင်းအတာကို လျှော့ချပေးသည်။

相撞时切忌喊叫，应该紧闭嘴唇，咬紧牙齿，以免相撞时咬坏舌头。汽车相撞发生火灾的可能性极大，所以撞击一停止，所有人要尽快设法离开汽车。

တိုက်မိတဲ့အချိန် မအော်ပါနှင့်။ နှုတ်ခမ်းကိုတင်းကြပ်စွာပိတ်ပြီး သွားများကို ကိုက်ထားသင့်ပြီး တိုက်မိတဲ့ အခါ လျှာကို မကိုက်စေရပါ။ ယာဉ်တိုက်မှုနှင့် မီးလောင်ကျွမ်းမှုဖြစ်နိုင်ခြေ အလွန်မြင့်မားသောကြောင့် ယာဉ် တိုက်မှုရပ်သွားသည်နှင့် တတ်နိုင်သမျှအမြန်ဆုံး ရှန်းထွက်နိုင်ရန် လူတိုင်းကြိုးစားသင့်သည်။

（六）发生事故时跳车的技巧

(၈) မတော်တဆမှုဖြစ်ပွားနေစဉ် ခုန်ချခြင်းအတွက် နည်းလမ်းများ

除非车辆即将冲出悬崖，留在车上必死无疑，否则不要企图从疾驶的车辆中跳下。跳车前要做好必要的准备：解开安全带，打开车门，身体抱成团——头部紧贴胸前，脚膝并紧，肘部紧贴于胸侧，双手捂住耳部，腰部弯曲，从车上滚出。可以顺势滚动，不要与地面硬抗。

ယာဉ်သည် ချောက်ကမ်းပါးမှ အပြေးအလွှားထွက်ခါနီးတွင် ယာဉ်ပေါ်တွင်ရှိနေလျှင် သင်သေမှာဘဲ ဖြစ်သည်။ သို့မဟုတ်လျှင် အမြန် ရွှေ့လျှား နေသော ယာဉ်ပေါ်မှ ခုန်ချရန် မကြိုးစားပါနှင့်။ခုန်မချခင် လိုအပ် သော ပြင်ဆင်မှုများ ပြုလုပ်ချက်များမှာ ထိုင်ခုံခါးပတ်ကို ချွတ်ပါ၊ တံခါးကိုဖွင့်ကာ သင့်ခန္ဓာကိုယ်ကိုဘောလုံး တစ်လုံးပုံစံအဖြစ်ပွေ့ဖက် ထားပါ။တိကျလုပ်ဆောင် ချက်များမှာ ဦးခေါင်းသည် ရင်ဘတ်နှင့် နီးကပ်နေပြီး ခြေဖဝါးနှင့် ဒူးများသည် နီးကပ်နေပြီး တံတောင်ဆစ်များသည် ရင်ဘတ်နှင့် နီးကပ်နေပါသည်။ နားရွက်ကို လက်နှစ်ဘက်နှင့်အုပ်၍ ခါးကိုကိုင်းကာ ယာဉ်ထဲမှ လိမ့်လိုက်၏။ စီးဆင်းမှုနှင့် အတူလိမ့်နိုင်ပါသည်။ မြေပြင် ကိုတိုက်ခတ်ရန် မကြိုးစားပါနှင့်။

四、交通安全措施

၄။ ယာဉ်အန္တရာယ် ကင်းရှင်းရေး စီမံဆောင်ရွက်ချက်များ

道路交通事故的预防是一个系统工程，应着眼于人、车、路的全过程管理，着眼于环境、信息、技术，教育、法规等管理，以抑制和降低事故的发生率，全面提高道路交通安全水平，减少死亡人数和经济损失，最终实现整个道路交通系统的安全、通畅和高效。具体可以采取以下措施：

ယာဉ်မတော် တဆမှု တားဆီးကာကွယ်ရေးသည် စနစ်ကျသော ပရောဂျက်ဖြစ်ပြီး လူများ၊ ယာဉ်များနှင့် လမ်းများအတွက် စီမံခန့်ခွဲရေး လုပ်ငန်းစဉ် တစ်ခုလုံးကို အာရုံစိုက် ဆောင်ရွက်သွားမည်ဖြစ်ပြီး သဘာဝ ပတ်ဝန်းကျင်၊ သတင်းအချက်အလက်၊ နည်းပညာ၊ ပညာရေး၊ တရားဥပဒေစည်းမျဉ်းစည်းကမ်းများစသည် များအား စီမံခန့်ခွဲရန် အာရုံစိုက် ဆောင်ရွက်သွားမည်ဖြစ်ပါသည်။ ယာဉ်မတော်တဆမှုဖြစ်ပွားရေးကိုတားဆီး ရန်နှင့်လျှော့ချရန်ဖြစ်ပြီး လမ်းအန္တရာယ်ကင်းရှင်းရေးအဆင့်ကိုပြည့်စုံ ကောင်းမွန်အောင် မြှင့်တင်ပေးပါသည်။ သေဆုံးမှုများနှင့်စီးပွားရေးဆုံးရှုံးမှု များကို လျှော့ချကာ နောက်ဆုံးတွင် ဘေးကင်း၊ ချောမွေ့ပြီးထိရောက်သော တစ်ခုလုံးယာဉ်လမ်းပန်း ဆက်သွယ်ရေး စနစ်ကို ရရှိစေပါသည်။ အတိအကျအားဖြင့် အောက်ပါအစီအမံများ

အတိုင်း ဆောင်ရွက်နိုင်သည်။

（一）学习交通安全知识，积累交通实践经验，建立交通事故救援系统，可以有效地降低事故伤亡率；

（က） ယာဉ်အန္တရာယ်ကင်းရှင်းရေးဆိုင်ရာ အသိပညာကို သင်ယူခြင်း၊ ယာဉ်သွားလာမှုတွင် လက်တွေ့ ကျသော အတွေ့အကြုံများ စုဆောင်းခြင်းနှင့် ယာဉ်မတော်တဆမှု ကယ်တင်ရေးစနစ် ထူထောင်ခြင်းသည် မတော်တဆ ထိခိုက်သေဆုံးမှုနှုန်းကို ထိရောက်စွာ လျှော့ချနိုင်သည်။

（二）加强交通安全知识宣传力度，保证人人知法懂法，严格遵循交通规则；

（ခ） ယာဉ်အန္တရာယ်ကင်းရှင်းရေးဆိုင်ရာအသိပညာများကိုဝါဒဖြန့်ချီရေး အားဖြည့်ပြီး တရားဥပဒေ စည်းမျဉ်းစည်းကမ်းများကို လူတိုင်းသိအောင် အာမခံပြီး လမ်းစည်းကမ်းများကိုတင်းကြပ်စွာ လိုက်နာ ဆောင်ရွက်ရမည်။

（三）大力发展交通基础设施建设，应用新技术与交通，将交通实现智能化；

（ဂ） လမ်းပန်းဆက်သွယ်ရေးအခြေခံအဆောက်အအုံများတည်ဆောက် ရေး ကိုအရှိန်အဟုန်ဖွံ့ဖြိုးရန် ဆောင်ရွက်ပြီး နည်းပညာသစ်များနှင့်လမ်းပန်း ဆက်သွယ်ရေးကို အသုံးပြုပြီး သယ်ယူပို့ဆောင်ရေးကိုဉာဏ် ရည်ထက်မြက် အောင် ဆောင်ရွက်ရမည်ဖြစ်သည်။

（四）完善道路交通安全体系。

（ဃ) လမ်းအန္တရာယ်ကင်းရှင်းရေးစနစ် ကောင်းမွန်အောင်ဆောင်ရွက် ရမည်ဖြစ်သည်။

第五章　交通标识篇

အခန်း(၅)　လမ်းပန်းဆက်သွယ်ရေးဆိုင်ရာ
အမှတ်အသားဆိုင်ဘုတ်များအပိုင်း

一、交通标志

၁။ လမ်းပန်းဆက်သွယ်ရေးဆိုင်ရာအမှတ်အသားဆိုင်းဘုတ်

交通标志按其作用分为主标志和辅助标志两大类。其中，主标志包括：警告标志、禁令标志、指路标志、旅游区标志、指示标志等（见表5-1-1）。禁令标志和指示标志为道路使用者必须遵守的标志，其他标志仅提供信息。[6]

လမ်းပန်းဆက်သွယ်ရေးဆိုင်ရာအမှတ်အသားဆိုင်းဘုတ်များကို ၄င်း၏ အကျိုးစွမ်းဆောင်မှုအလိုက် ပင်မအမှတ်အသားဆိုင်းဘုတ်များနှင့် အရန် အမှတ်အသားဆိုင်းဘုတ်များဟူ၍အမျိုးအစား နှစ်မျိုးခွဲခြားထားပါသည်။ ၄င်းအနက်တွင် သတိပေးရန် အမှတ်အသားဆိုင်းဘုတ်များ၊ တားမြစ် ရန်အမှတ်အသားဆိုင်းဘုတ် များ၊ လမ်းညွှန်ရန် အမှတ်အသားဆိုင်းဘုတ်များ၊ခရီးသွား ရေိယာ အမှတ်အသားဆိုင်းဘုတ်များ၊ ကြော်ြငာစာ အမှတ်အသား ဆိုင်းဘုတ် များစသည်တို့ပါဝင်သည် (ဇယား၅-၁-၁ ကို ကြည့်ပါ)။ တားမြစ် ရန်အမှတ်အသား ဆိုင်းဘုတ်များနှင့် လမ်းညွှန်ရန်အမှတ်အသားဆိုင်းဘုတ် များ သည် လမ်းအသုံးပြုသူများ လိုက်နာရမည့် အမှတ်အသားဆိုင်းဘုတ်များ ြဖစ်ပြီး အြခားသော ဆိုင်းဘုတ်များသည် သတင်းအချက်အလက်အတွက်သာ ြဖစ်သည်။ [6]

表 5-1-1　交通标志类型和作用

ဇယား၅-၁-၁　လမ်းပန်းဆက်သွယ်ရေးအမှတ်အသားဆိုင်းဘုတ်များ၏အမျိုးအစားနှင့်အကျိုးစွမ်းဆောင်မှု

标线类型 အမှတ်အသား မျိုး၏အမျိုး အစာ	作用 အကျိုးစွမ်ဆောင်မှု	图例示意 ရုပ်ပြပုံစံ အညွှန်း	
		标线名称 အမှတ်အသားမျိုး၏အမည်	样式 ပုံစံ
指示标线 လမ်းညွှန် အမှတ်အသား များ	指示车行道、行车方向、路面边缘，人行道、停车位、用靠站及减速丘等 ယာဉ်သွားလမ်း၊ မောင်းနှင်ရန်ဦးတည်ရာ၊ လမ်းမျက်နှာပြင်အစွန်း၊ လူသွားလမ်း၊ ယာဉ်ရပ်နား ရန်နေရာ၊ ဂိတ်သို့ကပ်ရန်နှင့် အရှိန်လျှော့ရန်အဘုများစသည်တို့ ညွှန်ပြခြင်း။	左弯待转区 ဘယ်ဘက်ကွေ့ရန်စောင့်ဆိုင်းသောနေရာ	
		导向车道线 လမ်းပြရန်ယာဉ်သွားလမ်းများ	
		人行横道线 လူကူးမျိုးကြာမျိုး	
禁止标线 တားဆီးရန် အမှတ်အသား များ	告示道路交通的遵行、禁止、限制等特殊规定的标线 လမ်းပန်းဆက်သွယ်ရေး၏ ဖြတ်သန်းသွားလာခြင်း၊တားမြစ်ခြင်း၊ကန့်သတ်ခြင်းစသည့်အထူးသတ်မှတ်ထားသည့်အမှတ်အသားမျိုးများကိုကြော်ခြာပေးခြင်း။	停车让行 ယာဉ်ရပ်တန့်ပြီးလမ်းပေးခြင်း	
		导流线 လမ်းညွှန်မျိုး	
		公交专用车道线 ဘတ်စ်ကားအတွက်သီးသန့်ယာဉ်သွားလမ်း	

续表:

标线类型 အမှတ်အသားများ၏အမျိုးအစား	作用 အကျိုးစွမ်းဆောင်မှု	图例示意 ရုပ်ပြပုံစံ အညွှန်း	
		标线名称 အမှတ်အသားများ၏အမည်	样式 ပုံစံ
警告标线 သတိပေး အမှတ်အသား များ	促使道路使用者了解道路上特殊情况，提高警觉准备应变防范措施的表线 လမ်းအသုံးပြုသူများလမ်းပေါ်ရှိအထူးအခြေအနေများကို သိရှိနားလည်စေရန်၊သတိကြီးထားပြီးအရေးပေါ်အခြေအနေအတွက်စီမံဆောင်ရွက်မှုကို ကြိုတင်ပြင်ဆင်ထားသောလမ်းမျက်နှာပြင်များ	车行道横向减速标线 ဘေးတိုက် အရှိန်လျှော့ခြင်း အမှတ်အသားများ	
		立面标记 မျက်နှာစာအမှတ်အသား	
		铁路平交道口标线 မီးရထားလမ်းကူးအမှတ်အသား	
注: 图中的图例仅举例说明。 မှတ်ချက်။ ပုံများတွင်ရှိသောပုံစံများသည် ပုံဥပမာအတွက်သာဖြစ်သည်။			

二、交通标线
၂။ လမ်းပန်းဆက်သွယ်ရေးအမှတ်အသားများ

道路标线按照功能可以分为指示标线、禁止标线、警告标线，见表5-2-1。

လမ်းအမှတ်အသားများများကို ၄င်းတို့၏ အကျိုးစွမ်းဆောင်မှုများ အလိုက် လမ်းညွှန်အမှတ်အသားများ၊ တားမြစ်အမှတ်အသားများ၊ သတိပေး အမှတ်အသားများများကို ခွဲခြားနိုင်သည်၊ ဇယား ၅-၂-၁ ကို ကြည့်ပါ။

表 5-2-1　交通标志类型和作用

ဇယား၅-၂-၁　လမ်းပန်းဆက်သွယ်ရေးဆိုင်းဘုတ်များ၏အမျိုးအစားနှင့်အကျိုးစွမ်းဆောင်မှု

标志类型 ဆိုင်းဘုတ်အမျိုးအစား		作用 အကျိုးစွမ်းဆောင်မှု	图例 ရုပ်ပြပုံစံ
主要标志 ပင်မ ဆိုင်းဘုတ်	警告标志 သတိပေးရန် ဆိုင်းဘုတ်	警告车辆、行人注意道路交通 ယာဉ်များကိုသတိပေးခြင်း၊လမ်းသွားလမ်း လာများလမ်းစည်းကမ်းဂရုစိုက်ခြင်း။	
	禁令标志 တားမြစ်ရန် ဆိုင်းဘုတ်	禁止或限制车辆、行人交通行为 ယာဉ်များ၊လမ်းသွားလမ်းလားများအား တားမြစ်ခြင်းသို့မဟုတ်ကန့်သတ်ခြင်းဖြစ် သောလမ်းစည်းကမ်းအပြုအမူ	
	指示标志 လမ်းပြရန် ဆိုင်းဘုတ်	指示车辆、行人应遵循 ယာဉ်များ၊ လမ်းသွားလမ်လမ်းလာများ လိုက်နာရန်ညွှန်ပြခြင်း	
	指路标志 လမ်းညွှန်ရန် ဆိုင်းဘုတ်	传递道路方向、地点、距离信息 လမ်း၏ဦးတည်ရာ၊ နေရာ၊ အကွာအဝေး များနှင့်သက်ဆိုင်သောအချက်အလက် များပေးခြင်း	
	旅游区标志 ခရီးသွားရေးရာ ဆိုင်းဘုတ်	提供旅游景点方向、距离 ခရီးသွားရန်ဦးတည်ရာ၊ အကွာအဝေးများ လမ်းညွှန်ခြင်း	
	作业区标志 လုပ်ငန်းရေးရာ ဆိုင်းဘုတ်	告知道路作业区通行 လမ်းဆိုင်ရာလုပ်ငန်းလုပ်ဆောင်ရေး ရေရာယာသွားလာရန်အသိပေးခြင်း	
	告示标志 ကြေညာစာ ဆိုင်းဘုတ်	告知路外设施、安全行驶信息及其他 信息 လမ်းအပြင်ဘက်ရှိအဆောက်အအုံများ၊ ဘေးကင်းစွာ မောင်းနှင်ရန်ဆိုင်ရာသတင်း အချက်အလက်များနှင့်အခြားသတင်း အချက်အလက်များအသိပေးခြင်း	

续表：

标志类型 ဆိုင်းဘုတ်အမျိုးအစား	作用 အကျိုးစွမ်းဆောင်မှု	图例 ရုပ်ပြပုံစံ
辅助标志 အရန်ဆိုင်းဘုတ်	设置在主标志下、对其他进行辅助说明 ပင်မဆိုင်းဘုတ်အောက်တွင်တပ်ဆင်ထားခြင်း၊အခြားအရာကိုအရန်ရှင်းပြခြင်း	考试路线　学校
注：图中的图例仅举例说明。 မှတ်ချက်။ ပုံများတွင်ရှိသောပုံစံများသည် ပုံဥပမာအတွက်သာဖြစ်သည်။		

三、交通限制管理相关

၃။ သက်ဆိုင်လမ်းပန်းဆက်သွယ်ရေးကန့်သတ်ချက်စီမံခန့်ခွဲမှု

（一）禁止通行

(က) ဖြတ်သန်းသွားလာရန်တားမြစ်

相关标志标线，见表5-3-1。

သက်ဆိုင်ရာအမှတ်အသားများ၊ ဇယား၅-၃-၁ကိုကြည့်ပါ။

表5-3-1　与禁止通行相关的交通标志标线

ဇယား၅-၃-၁　ဖြတ်သန်းသွားလာရန်တားမြစ်ခြင်းနှင့်ပတ်သက်သောလမ်းပန်း ဆက်သွယ်ရေးအမှတ်အသားများ

序号 စဉ်	名称 အမည်	说明 ရှင်းပြချက်	图例 ရုပ်ပြပုံစံ
1 ၁	禁止通行 ဖြတ်သန်းခြင်းမပြုရ	表示禁止一切车辆和行人通行 ယာဉ်များနှင့်လမ်းသွား လမ်းလာအားလုံးကို ဖြတ်သန်းခြင်းမပြုရန် တားမြစ်ထားကြောင်း ဟူ၍ ဆိုလိုသည်။	

续表：

序号 စဉ်	名称 အမည်	说明 ရှင်းပြချက်	图例 ရုပ်ပြပုံစံ
2 ၂	禁止驶入 မောင်းနှင်ဝင်ရောက်ခြင်းမ ပြုရ	表示禁止一切车辆驶入，但是行人可以通行 ယာဉ်အားလုံးကို ဝင်ရောက်ခြင်းတားမြစ်ထား သော်လည်း လမ်းသွားလမ်းလာများ ဖြတ်သန်းနိုင်သည် ဟူ၍ဆိုလိုသည်။	
3 ၃	禁止机动车驶入 စက်တပ်ယာဉ်များ ဝင် ရောက်ခြင်း မပြုရ	表示禁止各类机动车驶入，应注意已禁止通行和 禁止驶入标志的区别 စက်တပ်ယာဉ်အမျိုး အစားအားလုံးကိုဝင် ရောက်ခြင်း မပြုရဖြစ် သန်းရန်တားမြစ်ခြင်းနှင့်ဝင်ရောက်ခြင်း မပြုရဖြစ်သောအမှတ်အသား ဆိုင်းဘုတ်များကြား ကွာခြားချက်ကို ဂရုပြုသင့်သည်ဟူ၍ဆိုလိုပါသည်။	
4 ၄	禁止载货汽车驶入 ကုန်တင်ယာဉ်များဝင် ရောက်ခြင်းမပြုရ	表示禁止货车驶入 ကုန်တင်ယာဉ်များဝင်ရောက်ခြင်းမပြုရဟူ၍ဆိုလို ပါသည်။	
5 ၅	禁止大型客车驶入 အကြီးစားခရီးသည်တင်ယာ ဉ်များမဝင်ရ	表示禁止大型客车驶入 အကြီးစားခရီးသည်တင်ယာဉ်များမဝင်ရဟူ၍ ဆိုလိုသည်။	
6 ၆	禁止小型客车驶入 အသေးစားခရီးသည်တင် ယာဉ်မဝင်ရ	表示禁止小型客车驶入 အသေးစားခရီးသည်တင်ယာဉ်မဝင်ရဟူ၍ဆိုလိုသည်။	
7 ၇	禁止挂车半挂车驶入 ဆွဲယာဉ်များ၊တစ်ပိုင်းဆွဲယာ ဉ်များမဝင်ရ	表示禁止挂车，半挂车驶入 ဆွဲယာဉ်များ၊တစ်ပိုင်းဆွဲယာဉ်များမဝင်ရဟူ၍ ဆိုလိုသည်	

续表：

序号 စဉ်	名称 အမည်	说明 ရှင်းပြချက်	图例 ရုပ်ပြပုံစံ
8 ၈	禁止拖拉机驶入 ထော်လာဂျီများမဝင်ရ	表示禁止拖拉机驶入 ထော်လာဂျီများမဝင်ရဟူ၍ဆိုလိုသည်။	
9 ၉	禁止三轮汽车低速货车驶入 သုံးဘီးမော်တော်ယာဉ်များ၏အရှိန်နိမ့်ကုန်တင်ယာဉ်များမဝင်ရ	表示禁止三轮汽车低速货车驶入 သုံးဘီးမော်တော်ယာဉ်များ၏အရှိန်နိမ့်ကုန်တင်ယာဉ်များမဝင်ရဟူ၍ဆိုလိုသည်။	
10 ၁၀	禁止摩托车驶入 မော်တော်ဆိုင်ကယ်များမဝင်ရ	表示禁止摩托车驶入 မော်တော်ဆိုင်ကယ်များမဝင်ရဟူ၍ဆိုလိုသည်။	
11 ၁၁	禁止电动三轮车驶入 လျှပ်စစ်သုံးဘီးဆိုင်ကယ်များမဝင်ရ	表示禁止电动三轮车驶入 လျှပ်စစ်သုံးဘီးဆိုင်ကယ်များမဝင်ရဟူ၍ဆိုလိုသည်။	
12 ၁၂	禁止黄标车驶入 အဝါရောင်တံဆိပ်ယာဉ်များမဝင်ရ	表示禁止没有绿色环保检验合格标志的车辆驶入 အစိမ်းရောင် ပတ်ဝန်းကျင် ကာကွယ်ရေး စစ်ဆေးရေး အရည်အချင်း လက္ခဏာများ မပါသော ယာဉ်များ ဝင် ရောက်ခြင်း မပြုဟူ၍ဆိုလိုသည်။	无绿色环保 检验合格标志
13 ၁၃	禁止运输危险物品车辆驶入 အန္တရာယ်ရှိသော ကုန်ပစ္စည်းများ သယ်ဆောင်သည့် ယာဉ်များ မဝင်ရ	表示禁止运输危险物品车辆驶入 အန္တရာယ်ရှိသော ကုန်ပစ္စည်းများ သယ်ဆောင်သည့် ယာဉ်များမဝင်ရ ဟူ၍ဆိုလိုသည်	

续表：

序号 စဉ်	名称 အမည်	说明 ရှင်းပြချက်	图例 ရုပ်ပြပုံစံ
14 ၁၄	禁止某两种车驶入 အချို့သော ယာဉ်နှစ်မျိုးကို မဝင်ရ	表示禁止标志中显示的两种车辆驶入 ဆိုင်းဘုတ်ထဲပြထားသောယာဉ်နှစ်မျိုးကို မဝင်ရဟူ၍ ဆိုလိုသည်။	
15 ၁၅	禁止非机动车进入 စက်မဲ့ယာဉ်များမဝင်ရ	表示禁止非机动车进入 စက်မဲ့ယာဉ်များမဝင်ရဟူ၍ဆိုလိုသည်။	
16 ၁၆	禁止畜力车进入 တိရစ္ဆာန်သုံးယာဉ်များမဝင်ရ	表示禁止蓄力车进入 တိရစ္ဆာန်သုံးယာဉ်များမဝင်ရဟူ၍ဆိုလိုသည်။	
17 ၁၇	禁止人力客运三轮车 进入 လူအင်းအားသုံးခရီးသည် တင်သုံးဘီးယာဉ်များမဝင်ရ	表示禁止人力客运三轮车进入 လူအင်းအားသုံးခရီးသည်တင်သုံးဘီးယာဉ်များမဝင် ရဟူ၍ဆိုလိုသည်။	
18 ၁၈	禁止人力货运三轮车 进入 လူအင်းအားသုံးကုန်တင်သုံး ဘီးယာဉ်များမဝင်ရ	表示禁止人力货运三轮车进入 လူအင်းအားသုံးကုန်တင်သုံးဘီးယာဉ်များမဝင်ရဟူ၍ ဆိုလိုသည်။	
19 ၁၉	禁止人力车进入 လူအင်းသုံးယာဉ်များမဝင်ရ	表示该道路禁止人力车进入 ဤလမ်းပေါ်တွင် လူအင်းသုံးယာဉ်များမဝင်ရဟူ၍ ဆိုလိုသည်။	
20 ၂၀	禁止电动车驶入 လျှပ်စစ်ယာဉ်များမဝင်ရ	表示该道路禁止电动车驶入 ဤလမ်းပေါ်တွင် လျှပ်စစ်ယာဉ်များမဝင်ရဟူ၍ ဆိုလိုသည်။	

续表：

序号 စဉ်	名称 အမည်	说明 ရှင်းပြချက်	图例 ရုပ်ပြပုံစံ
21 ၂၁	禁止车辆向某方向通行 ယာဉ်များကို ဦးတည်ရာ တစ်ခုခုသို့ဖြတ်သန်းခြင်းမ ပြုရ	图例中仅给出禁止向左转弯的标志，如需要禁止其他方向通行，将图中左转箭头改为其他方向箭头 ပုံစံ တားမြစ်သည် ဆိုင်းဘုတ်ကိုသာ ပြသထားသည်။ အခြားဦးတည်ချက်များသို့ သွားလာခြင်းကို တားမြစ်ရန် လိုအပ်ပါက ပုံတွင် ပါရှိသည့် ဘယ်ဘက်ကွေ့မြှားကို အခြား ဦး တည်ချက် မြှား သို့ပြောင်း ပါ။	
22 ၂၂	禁止某一种车辆向某方向通行标志 ယာဉ်တစ်မျိုးမျိုးကို ဦးတည်ရာတစ်ခုခုသို့ ဖြတ်သန်းခြင်းကိုမပြုရဆိုင် ဘုတ်	图例中给出的是禁止货车左转的示例如需禁止其他车种向某方向通行，参考此样式设置 ပုံစံရုပ်ပြတွင်ကုန်တင်ယာဉ်များကိုဘယ်ဘက်သို့ကွေ့ ခြင်းမပြုရသာပြထားသည်။ဥပမာအားဖြင့်အခြားသော ယာဉ်အမျိုးအစားများဦးတည်ရာတစ်ခုခုသို့မဖြတ်သန်း ရဆိုသောဆိုင်ဘုတ်သည်၎င်းပုံစံကိုကိုးကား၍တပ်ဆင် ထားသည်။	
23 ၂၃	禁止两种及以上车辆向某方向通行标志 နှစ်မျိုးနှင့်နှစ်မျိုးထက် ယာဉ်များကိုဦးတည်ရာ တစ်ခုခုသို့ဖြတ်သန်းခြင်းမ ပြုရဖြစ်ဆိုင်းဘုတ်	图例中给出的是禁止货车拖拉机左转的事例，如需禁止其他两种及以上侧重向某方向通行，参考此样式设置 ပုံစံရုပ်ပြထဲတွင်ပြထားသောကုန်တင်ယာဉ်များ၊ထော လာဂျီများဘယ်ဘက်သို့မကွေ့ရဖြစ်သောပုံစံဖြစ်သည် ။အကယ်၍နှစ်မျိုးနှင့်နှစ်မျိုးထက်ယာဉ်များဦးတည်ရာ တစ်ခုခုသို့ဖြတ်သန်းခြင်းမပြုရဆိုသောဆိုင်ဘုတ်တပ် ဆင်လျှင်၎င်းပုံစံကိုးကားပြီးတပ်ဆင်ထားပါ။	
24 ၂၄	绕行标志 လမ်းရှောင်မောင်းနှင်သော ဆိုင်းဘုတ်	用于预告前方道路的交通管制措施，提示车辆行人提前绕行 ရှေ့မှလမ်း၏လမ်းပန်းဆက်သွယ်ရေးထိန်းချုပ်မှုအစီအမံ များကြိုတင်အကြောင်းကြားရန်အသုံးပြုသည်။ သွားလာသောယာဉ်များနှင့်လူများအားကြိုတင်လမ်း ရှောင်မောင်းနှင်ရန်ပြုလုပ်ခြင်းကိုသတိပေးသည်။	

续表:

序号 စဉ်	名称 အမည်	说明 ရှင်းပြချက်	图例 ရုပ်ပြပုံစံ
25 ၂၅	禁止向某方向通行图形标记 ဦးတည်ရာတစ်ခုခုသို့ ဖြတ်သန်းသွားလာရန် တားမြစ်ခြင်းဖြစ်သောပုံ ဆိုင်းဘုတ်	图例中给出的是禁止向右转弯的标记，其他方向禁止标记参考，此样式设置地面标记可根据车道宽度路面平整度等实际情况设置 ပုံထဲတွင်ပြထားခြင်းသည်ညာဘက်သို့မကွေ့ရဖြစ်သောဆိုင်းဘုတ်ဖြစ်သည်။အခြားဦးတည်ရာတားမြစ်ထားသောဆိုင်းဘုတ်များကိုကိုးကားရပါသည်။၎င်းမြေမျက်နှာပြင်အမှတ်အသားပုံစံကိုတပ်ဆင်လျှင်ယာဉ်သွားလမ်း၏အကျယ်၊လမ်းမျက်နှာပြင်၏ညီညာမှုအတိုင်းတာများစသောပကတိအခြေအနေများနှင့်အတိုင်းတပ်ဆင်နိုင်ပါသည်။	

应注意禁止通行、禁止驶入、禁止机动车驶入以及禁止小型客车驶入四类标志之间的区别，不可混淆使用。各标志的含义如下：

ဖြတ်သန်းခြင်းမပြုရ၊ မောင်းနှင်ဝင်ရောက်ခြင်းမပြုရ၊ စက်တပ်ယာဉ်များမောင်းနှင်ဝင်ရောက်ခြင်းမပြုရနှင့် အသေးစားခရီးသည်တင်ယာဉ်များ မောင်းနှင် ဝင်ရောက်ခြင်းမပြုရသော အမှတ်အသားဆိုင်းဘုတ်လေးမျိုးအကြားကွာခြားချက်ကိုသတိပြု သင့်သည်။ ရောနှောပြီးအသုံးပြုရန်မပြုရ။ အမှတ်အသားဆိုင်းဘုတ်များ၏ အဓိပ္ပါယ်မှာ အောက်ပါအတိုင်းဖြစ်သည်။

1. 禁止通行标志：表示禁止一切车辆和行人通行。

(၁) ဖြတ်သန်းခြင်းမပြုရဆိုင်းဘုတ်။ ယာဉ်များနှင့်သွားလာသူများ အားလုံးဖြတ်သန်းခြင်းမပြုရဟု၍ ဆိုလိုသည်။

2. 禁止驶入标志：表示禁止一切车辆驶入，但是行人可以通行。

(၂) မောင်းနှင်ဝင်ရောက်ခြင်းမပြုရဆိုင်းဘုတ်။ ယာဉ်အားလုံးမောင်းနှင်ဝင်ရောက်ခြင်းမပြုရသော်လည်း လမ်းသွားလမ်းလာများဖြတ်သန်း နိုင်သည်ဟု၍ဆိုလိုသည်။

3. 禁止机动车驶入标志：禁止各类机动车驶入，但是非机动车和行人可以通行。

(၃) စက်တပ်ယာဉ်မောင်းနှင်ဝင်ရောက်ခြင်းမပြုရဆိုင်းဘုတ်။ စက်တပ်ယာဉ်အမျိုးမျိုးရှိသမျှမောင်းနှင်

ဝင်ရောက်ခြင်းမပြုရသော်လည်း စက်မဲ့ယာဉ်များနှင့်လမ်းသွားလမ်းလာများဖြတ်သန်းနိုင်သည်။

4.禁止小型客车驶入标志：小型客车是指车长小于6米且乘坐人数小于或等于9人的载客，但是不包括微型载客汽车（微型载客汽车是指车长小于或等于3.5米且发动机气缸总排量小于或等于1升的载客汽车）。该标志仅对此类车辆通行进行限制，其他机动车、非机动车及行人可以通行。

(၄) အသေးစားခရီးသည်တင်ယာဉ်များ မောင်းနှင်ဝင်ရောက်ခြင်း မပြုရဆိုင်ဘုတ်များ။ အသေးစားခရီးသည်တင်ယာဉ်များဆိုသည်မှာ အလျား၆ မီတာအောက်ရှိသောခရီးသည်တင်ယာဉ်များဖြစ်ပြီး ခရီးသည်အရေအတွက် ၉ဦးအောက်သို့မဟုတ်ညီမျှ၍တင်နိုင်ခြင်းဆိုလိုသည်။ သို့သော် မီနီခရီးသည် တင်မော်တော်ယာဉ်(မီနီခရီးသည်တင်မော်တော်ယာဉ်ဆိုသည်မှာယာဉ်အလျား၃.၅မီတာအောက်သို့မဟုတ်ညီမျှ၍ဆလင်ဒါအငွေ့ထုတ် ပမာဏစုစုပေါင်း ၁ၬအောက်သို့မဟုတ်ညီမျှသောခရီးသည်တင်မော်တော်ယာဉ်ဆိုလိုသည်)မ ပါဝင်ပါ။အဆိုပါအမှတ်အသားဆိုင်းဘုတ်သည် ၎င်းအမျိုးအစား ယာဉ်များဖြတ်သန်းရေးကိုကန့်သတ်ပါသည်။ အခြားစက်တပ်ယာဉ်များ၊ စက်မဲ့ယာဉ်များနှင့်လမ်းသွားလမ်းလာများအတွက်ဖြတ်သန်းနိုင်ပါသည်။

（二）禁止方向性通行

(၁) ဦးတည်ရာဖြတ်သန်းရေးတားမြစ်

相关标志标线，见表5-3-2。

သက်ဆိုင်ရာအမှတ်အသားမျဉ်းများ၊ဇယား၅-၃-၂ကိုကြည့်ပါ။

表5-3-2　与禁止方向性通行相关的交通标志标线

ဇယား၅-၃-၂　တားမြစ်သောဦးတည်ရာနှင့်ပတ်သက်သောလမ်းပန်းဆက်သွယ်ရေးအမှတ်အသားမျဉ်းများ

序号 စဉ်	名称 အမည်	说明 ရှင်းပြချက်	图例 ရုပ်ပြပုံစံ
1 ၁	禁止向左转转弯 ဘယ်ဘက်ကွေ့ခြင်းမပြုရ	表示禁止车辆向左转转弯 ယာဉ်များကိုဘယ်ဘက်ကွေ့ခြင်းမပြုရဟု၍ ဆိုလိုသည်။	

续表：

序号 စဉ်	名称 အမည်	说明 ရှင်းပြချက်	图例 ရုပ်ပြပုံစံ
2 ၂	禁止向右转弯 ညာဘက်ကွေ့ခြင်းမပြုရ	表示禁止车辆向右转弯 ယာဉ်များကိုညာဘက်ကွေ့ခြင်းမပြုရဟူ၍ ဆိုလိုသည်။	
3 ၃	禁止直行 တည့်တည့်သွားခြင်းမပြုရ	表示禁止车辆直行 ယာဉ်များကိုတည့်တည့်သွားခြင်းမပြုရဟူ၍ ဆိုလိုသည်။	
4 ၄	禁止向左向右转弯 ဘယ်ဘက်၊ညာဘက်သို့ကွေ့ ခြင်းမပြုရ	表示禁止车辆向左向右转弯 ယာဉ်များကိုဘယ်ဘက်၊ညာဘက်ကွေ့ခြင်းမ ပြုရဟူ၍ဆိုလိုသည်။	
5 ၅	禁止直行和向左转弯 တည့်တည့်သွားခြင်းနှင့်ဘယ် ဘက်ကွေ့ခြင်းမပြုရ	表示禁止车辆直行和向左转弯 ယာဉ်များကိုတည့်တည့်သွားခြင်းနှင့်ဘယ် ဘက်ကွေ့ခြင်းမပြုရဟူ၍ဆိုလိုသည်။	
6 ၆	禁止直行和向右转弯 တည့်တည့်သွားခြင်းနှင့် ညာဘက်သို့ကွေ့ခြင်းမပြုရ	表示禁止车辆直行和向右转弯 ယာဉ်များကိုတည့်တည့်သွားခြင်းနှင့်ဘယ် ဘက်ကွေ့ခြင်းမပြုရဟူ၍ဆိုလိုသည်။	
7 ၇	禁止某一种车辆向某方向 通行标志 ယာဉ်တစ်မျိုးမျိုးသည်ဦး တည်ရာတစ်ခုခုသို့ဖြတ်သန်း ခြင်းမပြုရဆိုင်ဘုတ်	图例中给出的是禁止货车左转的示例， 例如需禁止其他车种向某方向通行，参 考此样式设置 ပုံစံရုပ်ပြတွင်ပြထားခြင်းသည်ကုန်တင်ယာဉ် အားဘယ်ဘက်ကွေ့ခြင်းမပြုရပုံစံဖြစ်သည် ။ဥပမာအားဖြင့်အခြားယာဉ်အမျိုးမျိုးဦး တည်ရာတစ်ခုခုသို့ဖြတ်သန်းခြင်းမပြုရဆိုင် ဘုတ်တပ်ဆင်လျှင်၎င်းပုံစံကိုးကားပြီးတပ်ဆင် နိုင်သည်။	

续表：

序号 စဉ်	名称 အမည်	说明 ရှင်းပြချက်	图例 ရုပ်ပြပုံစံ
8 ၈	禁止两种及以上车辆向某方向通行标志 နှစ်မျိုးနှင့်အထက်ယာဉ်အားဦးတည်ရာတစ်ခုခုသို့ဖြတ်သန်းခြင်းမပြုရဆိုင်းဘုတ်	图例中给出的是禁止货车拖拉机左转的事例，如需禁止其他两种及以上侧重向某方向通行，参考此样式设置 ပုံစံ ရုပ်ပြတွင်ပြထားခြင်းသည်ကုန်တင်ယာဉ်များ၊ ထော်လာဂျီများဘယ်ဘက်ကွေ့ခြင်မပြုရပုံဖြစ်သည်။ အကယ်၍အခြားနှစ်မျိုးနှင့်အထက်ယာဉ်များကိုအဓိကထားသောဦးတည်ရာတစ်ခုခုသို့ဖြတ်သန်းခြင်းမပြုရဆိုင်းဘုတ်တပ်ဆင်လျှင်၎င်းပုံကိုကားပြီးတပ်ဆင် နိုင်သည်။	
9 ၉	绕行标志 လမ်းရှောင်မောင်းနှင့်ပြီးဖြတ်သန်းခြင်းအမှတ်အသား	用于预告前方道路的交通管制措施，提示车辆行人提前绕行 ရှေ့မှလမ်း၏လမ်းပန်းဆက်သွယ်ရေးထိန်းချုပ်မှုအစီအမံများကြိုတင်အကြောင်းကြားရန်အသုံးပြုသည်။ သွားလာသောယာဉ်များနှင့်လူများအားကြိုတင်လမ်းရှောင်မောင်းနှင့်ရန်ပြုလုပ်ခြင်းကိုသတိပေးသည်။	
10 ၁၀	禁止向某方向通行图形标记 ဦးတည်ရာတစ်ခုခုသို့ဖြတ်သန်းသွားလာရန်ဖြစ်သောပုံဆိုင်းဘုတ်	图例中给出的是禁止向右转弯的标记，其他方向禁止标记参考，此样式设置地面标记可根据车道宽度路面平整度等实际情况设置 ပုံထဲတွင်ပြထားခြင်းသည်ညာဘက်သို့မကွေ့ရဖြစ်သောဆိုင်းဘုတ်ဖြစ်သည်။ အခြားဦးတည်ရာတားမြစ်ထားသောဆိုင်းဘုတ်များကိုကိုးကားရပါသည်။ ၎င်းမြေမျက်နှာပြင်အမှတ်အသားပုံစံကိုတပ်ဆင်လျှင်ယာဉ်သွားလမ်း၏အကျယ်၊ လမ်းမျက်နှာပြင်၏ညီညာမှုအတိုင်းတာများစသောပကတိအခြေအနေများနှင့်အတိုင်းတပ်ဆင်နိုင်ပါသည်။	

（三）限高、限宽、限重

（၈）အမြင့်ကန့်သတ်ခြင်း၊ အကျယ်ကန့်သတ်ခြင်း၊ အလေးကန့်သတ်ခြင်း

相关标志，见表 5-3-3。

သက်ဆိုင်ရာအမှတ်အသားဆိုင်းဘုတ်များ၊ ဇယား၅-၃-၃ကိုကြည့်ပါ။

表 5-3-3　与限高、限宽、限重相关的交通标志

ဇယား၅-၃-၃　အမြင့်ကန့်သတ်ခြင်း၊ အကျယ်ကန့်သတ်ခြင်း၊ အလေးကန့်သတ်ခြင်း

များနှင့်ပတ်သက်သောလမ်းပန်း ဆက်သွယ်ရေးအမှတ်အသားဆိုင်းဘုတ်များ

序号 စဉ်	名称 အမည်	说明 ရှင်းပြချက်	图例 ရုပ်ပြပုံစံ
1 ၁	限制宽度 အကျယ်ကန့်သတ် ခြင်း	表示超过标志所示宽度的车辆禁止驶入 ဆိုင်းဘုတ်ပြထားသည့်အကျယ်ကျော်လွန်သောယာဉ်များ မောင်းနှင်ဝင်ရောက်ခြင်းမပြုရဟူ၍ဆိုလိုသည်။	
2 ၂	限制高度 အမြင့်ကန့်သတ် ခြင်း	表示超过标志所示高度的车辆禁止驶入 ဆိုင်းဘုတ်ပြထားသည့်အမြင့်ကျော်လွန်သောယာဉ်များ မောင်းနှင်ဝင်ရောင်ခြင်းမပြုရဟူ၍ဆိုလိုသည်။	
3 ၃	限制质量 အရည်အသွေး ကန့်သတ်ခြင်း	表示超过标志所示质量的车辆禁止驶入 ဆိုင်းဘုတ်ပြထားသည့်အရည်အသွေးကျော်လွန်သောယာဉ် များမောင်းနှင်ဝင်ရောက်ခြင်းမပြုရဟူ၍ဆိုလိုသည်။	
4 ၄	限制轴重 ဝင်ရိုးအလေးချိန် ကန့်သတ်ခြင်း	表示超过标志所示轴重的车辆禁止驶入 ဆိုင်းဘုတ်ပြထားသည့်ဝင်ရိုးအလေးချိန်ကျော်လွန်သော ယာဉ်များမောင်းနှင်ဝင်ရောက်ခြင်းမပြုရဟူ၍ဆိုလိုသည်။	
5 ၅	绕行标志 လမ်းရှောင်မောင်းနှင် ခြင်းအမှတ်အသား	用以预告前方道路的交通管制措施，提示车辆行人 提前绕行 ရှေ့မှလမ်း၏လမ်းပန်းဆက်သွယ်ရေးထိန်းချုပ်မှုအစီအမံ များကြိုတင်အကြောင်းကြားရန်အသုံးပြုသည်။သွားလာ သောယာဉ်များနှင့်လူများအားကြိုတင်လမ်းရှောင်မောင်းနှင် ရန်ပြုလုပ်ခြင်းကိုသတိပေးသည်။	

在桥梁、隧道、涵洞等特殊路段需要对车辆的通行高度、宽度、重量等进行限制。对于车辆如未提前绕行则无法通行的禁令标志路段，一般在进入禁令路段的路口或适当位置，设置相应的预告或绕行标志。

တံတားများ၊ ဥမင်လိုဏ်ခေါင်းများနှင့် ရေမြောင်းများကဲ့သို့သော အထူးလမ်းအပိုင်းများတွင် ယာဉ် ဖြတ်သန်းသွားလာသည့် အမြင့်၊ အနံနှင့် အလေးချိန်တို့ကို ကန့်သတ်ရန် လိုအပ်ပါသည်။ယာဉ်များအကယ် ၍ ကြိုတင်လမ်းရှောင်၍မောင်းနှင်ခြင်းမပြုလုပ်လျှင်ဖြတ်သန်း၍မရသောတားမြစ်အမှတ်အသားဆိုင်းဘုတ် ရှိ လမ်းအပိုင်းတွင် ယေဘုယျအားဖြင့် တားမြစ်ခြင်းရှိသောလမ်းပိုင်း၏လမ်းဆုံ သို့မဟုတ်သင့်လျော်သော နေရာ တွင်သက်ဆိုင်ရာကြိုတင်ကြေညာစာသို့လမ်းရှောင်မောင်းနှင်ခြင်းဆိုင်ရာအမှတ်အသားဆိုင်ဘုတ်များ ကိုတပ်ဆင်ထားရမည်။

（四）单向交通组织

(ယ) တစ်လမ်းသွားလမ်းပန်းဆက်သွယ်ရေးဖွဲ့စည်းပုံ

相关标志，见表 5-3-4，单行路根据单行方向，在单行路的起点。

သက်ဆိုင်ရာအမှတ်အသားဆိုင်းဘုတ်များ၊ဇယား၅-၃-၄ကိုကြည့်ပါ။တစ်လမ်းသွားလမ်းကို တစ်လမ်း သွားဦးတည်ရာနှင့်အညီတစ်လမ်းသွားလမ်း၏အစမှတ်တွင်ထားရှိရမည်။

表 5-3-4　与单向交通组织相关的交通标志标线

ဇယား၅-၃-၄ တစ်လမ်းသွားလမ်းပန်းဆက်သွယ်ရေးဖွဲ့စည်းပုံနှင့်ပတ်သက်သောလမ်း ပန်းဆက်သွယ်ရေးအမှတ်အသားများ၊အမှတ်အသားမျဉ်းများ

序号 စဉ်	名称 အမည်	说明 ရှင်းပြချက်	图例 ရုပ်ပြပုံစံ
1 ၁	单行路标志 တစ်လမ်းသွားလမ်း ဆိုင်ဘုတ်	表示单行路的单行方向 တစ်လမ်းသွားလမ်း၏တစ်လမ်းသွားဦးတည်ရာ ဟူ၍ဆိုလိုသည်။	

续表：

序号 စဉ်	名称 အမည်	说明 ရှင်းပြချက်	图例 ရုပ်ပြပုံစံ
2 ၂	禁止驶入 မောင်းနှင်ဝင်ရောက် ခြင်းမပြုရ	当单行路禁止所有车辆驶入的时候，应设置该标志 တစ်လမ်းသွားလမ်းတွင်ယာဉ် အားလုံးမောင်းနှင်ဝင်ရောက်ရန်တားမြစ်လျှင်ငွင်းဆိုင်ဘုတ်ကိုတပ်ဆင်ထားသင့်သည်။	
3 ၃	禁止机动车驶入 စက်တပ်ယာဉ်များ မောင်းနှင်ဝင်ရောက် ခြင်းမပြုရ	当单行路禁止机动车驶入时，应设置该标志，如果允许公交车双向通行时，应采用辅助标志进行说明 တစ်လမ်းသွားလမ်းတွင်စက်တပ်ယာဉ်များ မောင်းနှင်ဝင်ရောက်ခြင်းတားမြစ်လျှင်ငွင်းဆိုင်ဘုတ်ကိုတပ်ဆင်ထားသင့်သည်။အကယ်၍ ဘတ်စ်ကား ကိုလမ်းကြောင်းနှစ်ခုစလုံးတွင် ဖြတ်သန်းခွင့်ပြုလျှင် ရှင်းပြရန် အရန်ဆိုင်ဘုတ်များကို အသုံးပြုသင့်သည်။	
4 ၄	禁止车辆向某方向 通行标志 ယာဉ်များကိုဦး တည်ရာတစ်ခုခုသို့ ဖြတ်သန်းခြင်းမပြုရ ဆိုင်ဘုတ်	图例中仅给出禁止向左转弯的标志，如果要禁止其他方向通行，将图中左转箭头改为其他方向箭头 ပုံစံရုပ်ပြတွင်ဘယ်ဘက်ကွေ့ရန်တားမြစ်သော ဆိုင်ဘုတ်သာပြထားသည်။အကယ်၍အခြား သောဦးတည်ရာသို့ဖြတ်သန်းရန်တားမြစ်လျှင်ပုံ ထဲမှဘယ်ဘက်ကွေ့မြားဦးပုံကိုအခြားဦးတည်ရာ မြားဦးပုံကိုအစားထိုရန်ပြုလုပ်ပါ။	
5 ၅	绕行标志 လမ်းရှောင်၍ ဖြတ်သန်းခြင်း အမှတ်အသား	用以预告前方道路的交通管制措施，提示车辆行人提前绕行 ရှေ့မှလမ်း၏လမ်းပန်းဆက်သွယ်ရေးထိန်းချုပ်မှု အစီအမံများကြိုတင်အကြောင်းကြားရန် အသုံးပြုသည်။သွားလာသောယာဉ်များနှင့်လူ များအားကြိုတင်လမ်းရှောင်မောင်းနှင်ရန်ပြုလုပ် ခြင်းကိုသတိပေးသည်။	

续表：

序号 စဉ်	名称 အမည်	说明 ရှင်းပြချက်	图例 ရုပ်ပြပုံစံ
6 ၆	专用车道标志 သီးသန့်ယာဉ်သွား လမ်းအမှတ်အသား	当单行路上对某种特定车辆实施双向通行，并设置了专用车道时，应在专用车道上方设置专用车道标志，在单行路上一般用于公交专用道，快速公交专用道 တစ်လမ်းသွားလမ်းတွင် အထူးသတ်မှတ်ထားသော ယာဉ်များအတွက်နှစ်လမ်းသွားရန် ဆောင်ရွက်ပြီးသီးသန့် ယာဉ်သွားလမ်းကိုသတ်မှတ် သည့်အချိန်သီးသန့်ယာဉ်သွားလမ်းအထက်ပိုင်းတွင်သီးသန့် ယာဉ်သွားလမ်းအမှတ်အသားကိုတပ်ဆင်ထားသင့်သည်။ တစ်လမ်းသွားလမ်းတွင်များသောအားဖြင့် ဘတ်စ်ကားသီးသန့် ယာဉ်သွားလမ်းအမြန်မောင်း ဘတ်စ်ကားသီးသန့်ယာဉ်သွားလမ်းများကိုအသုံးပြုထားပါ သည်။	
7 ၇	车种专用车道线 ယာဉ်အမျိုးအစား သီးသန့်ယာဉ်သွား လမ်းများ	对单行路中可以双向通行的车辆，可根据实际需要设置专用车道线，在单行路中一般用于公交专用道快速公交专用道 တစ်လမ်းသွားလမ်းတွင် အထူးသတ်မှတ်ထားသော ယာဉ်များအတွက်တစ်လမ်းသွား လမ်းတွင် လမ်းကြောင်း နှစ်သွယ်ဖြင့်ဖြတ်သန်းနိုင် သော ယာဉ်များအတွက်၊ အထူးယာဉ်လိုင်းများကို အမှန်တကယ် လိုအပ်ချက်အရ သတ်မှတ်နိုင် ပြီးအများ အားဖြင့်ဘတ်စ်ကားသီးသန့်လမ်း များ အတွက်တစ်လမ်း သွားလမ်းဖြစ်သည့်အမြန် ဘတ်စ်ကားလမ်းကြောင်းများ အတွက် အသုံးပြု ပါသည်။	

续表:

序号 စဉ်	名称 အမည်	说明 ရှင်းပြချက်	图例 ရုပ်ပြပုံစံ
8 ၈	禁止向某方向通行 图形标记 ဦးတည်ရာတစ်ခုခုသို့ ဖြတ်သန်းသွားလာရန် တားမြစ်ခြင်းဖြစ်သော ပုံဆိုင်းဘုတ်	图例中给出的是禁止向右转弯的标记，其他方向进行标记参考，此样式设置地面标记可根据车道宽度路面平整度等实际情况设置 ပုံထဲတွင်ပြထားခြင်းသည်ညာဘက်သို့မကွေ့ရ ဖြစ်သောဆိုင်းဘုတ်ဖြစ်သည်။အခြားဦးတည်ရာ တားမြစ်ထားသောဆိုင်းဘုတ်များကိုကိုးကားရ ပါသည်။ငှင်းမြေမျက်နှာပြင်အမှတ်အသားပုံစံကို တပ်ဆင်လျှင်ယာဉ်သွားလမ်း၏အကျယ်၊လမ်း မျက်နှာပြင်၏ညီညာမှုအတိုင်းတာများစသော ပကတိအခြေအနေများနှင့်အတိုင်းတပ်ဆင်နိုင် ပါသည်။	

四、指路系统相关
၃။ သက်ဆိုင်ရာလမ်းပြခြင်းစနစ်

路径指引系统的构成

လမ်းကြောင်းလမ်းညွှန်စနစ်၏ဖွဲ့စည်းမှု

相关标志标线，见表 5-4-1。

သက်ဆိုင်ရာအမှတ်အသားများ၊အမှတ်အသားမျဉ်းများ၊ ဇယား၅-၄-၁

表5-4-1 与路径指引相关的交通标志标线

ဇယား၅-၄-၁ လမ်းကြောင်းလမ်းညွှန်နှင့်ပတ်သက်သောလမ်းပန်းဆက်သွယ်ရေး

အမှတ်အသားများ၊အမှတ်အသားမျဉ်းများ

序号 စဉ်	名称 အမည်	说明 ရှင်းပြချက်	图例 ရုပ်ပြပုံစံ
1 ၁	交叉路口预告标志 လမ်းဆုံလမ်းခွ ကြိုတင်သတိပေးဆိုင် ဘုတ်	预告前方交叉路口行驶交叉道路的名称通往方 向信息地理方向信息以及距前方交叉路口的 距离 ရှေ့လမ်းဆုံမောင်းနှင်ရန်လမ်းဆုံလမ်း၏အမည်၊ ဦးတည်ရာအချက်အလက်၊ပထဝီဦးတည်ရာနှင့် ရှေ့လမ်းဆုံနှင့် အကွာအဝေးများကြိုတင်သတိပေး ပါသည်။	
2 ၂	交叉路口告知标志 လမ်းဆုံတွင်အသိပေး ဆိုင်းဘုတ်	告知前方交叉路口行驶交叉道路的名称通往方 向信息地理方向信息 ရှေ့လမ်းဆုံမောင်းနှင်ရန်လမ်းဆုံလမ်း၏အမည်၊ ဦးတည်ရာအချက်အလက်၊ပထဝီဦးတည်ရာ အသိပေး	
3 ၃		告知相交道路名称 လမ်းဆုံ၏လမ်းအမည်အသိပေး	
4 ၄	街道名称 စျေးလမ်းအမည်	指示当前街道名称 လက်ရှိစျေးလမ်းအမည်ဟူ၍ဆိုလိုသည်။	
5 ၅	道路名称 လမ်းအမည်	指示城市道路名称地点方向道路沿线门牌号码 မြို့လမ်းအမည်၊နေရာဦးတည်ရာလမ်းတစ်လျှောက် အိမ်အမှတ်လမ်းပြခြင်း	
6 ၆	地点距离 နေရာနှင့်အကွာ အဝေး	指示前方途经的重要公路编号到路名，地名和 距离 ရှေ့မှဖြတ်သန်းသွားမည့်အရေးကြီးယာဉ်လမ်းအမှတ် မှလမ်းအမည်၊နေရာအမည်နှင့်အကွာအဝေး	

续表：

序号 စဉ်	名称 အမည်	说明 ရှင်းပြချက်	图例 ရုပ်ပြပုံစံ
7 ၇	地面文字标记 မြေမျက်နှာပြင်ရှိစာ သားအမှတ်အသား	指示车道所能到达的目的地 ယာဉ်လမ်းမှသာ ရောက်နိုင်မည့်နေရာ	中 山 路

设置位置：在主干路与主干路、主干路与次干路、次干路与次干路相交的位置。主干路与支路相交、次干路与支路相交、支路与支路相交的位置都有指示标志。

တည်နေရာသတ်မှတ်ခြင်း။ အဓိကလမ်းမကြီးနှင့်အဓိကလမ်းမကြီးများ၊ အဓိကလမ်းမကြီးနှင့် အလယ်တန်းလမ်းများ၊ အလယ်တန်းလမ်းနှင့် အလယ်တန်းလမ်းဆုံရာနေရာများ။ အဓိကလမ်းမကြီးနှင့် လမ်းခွဲလမ်ဆုံများ၊ အလယ်တန်းလမ်းနှင့် လမ်းခွဲများ၊ လမ်းခွဲနှင့်လမ်းခွဲဆုံရာနေရာများတွင် လမ်းညွှန် အမှတ်အသားဆိုင်းဘုတ်များ ရှိပါသည်။

五、信息选取
၅။ သတင်းအချက်အလက်ရွေးချယ်

城市道路交通信息的分类

မြို့ပြလမ်းအသွားအလာအချက်အလက် အမျိုးအစားခွဲခြားခြင်း။

城市道路需要指示的交通信息量较大，但是受到标志版面尺寸的限制以及驾驶人在短时间内识别信息的限制，指路标志主要指示相对重要的交通信息，如图5-1。因此，需要依据信息的重要程度、道路的服务对象，对交通的信息进行筛选。

မြို့ပြလမ်းများပေါ်တွင် ညွှန်ပြရမည့် ယာဉ်အသွားအလာ အချက်အလက် ပမာဏသည် များပြား သော်လည်း ဆိုင်းဘုတ်၏အရွယ်အစား ကန့်သတ်ချက် နှင့် အချိန်တိုအတွင်း ယာဉ်မောင်းသူ၏ အချက်အလက် သိမြင်ရန် ကန့်သတ်ချက်များကြောင့် လမ်းညွှန်ဆိုင်းဘုတ်များသည် အဓိက အားဖြင့် အတော်လေး အရေးကြီး သော ယာဉ်ကြောဆိုင်ရာ အချက်အလက်များကို ဖော်ပြပါသည်။ ပုံ၅-၁တွင်ပြထားသည့်အတိုင်း ဖြစ်သည်။ ထို့ကြောင့် လမ်း၏ သတင်းအချက်အလက်၏အရေးပါမှုနှင့် လမ်း၏ဝန်ဆောင်မှုအရာဝတ္ထုများအရ လမ်းပန်းဆက်သွယ်ရေးဆိုင်ရာသတင်းအချက်အလက်များကို စံရွေးရန် လိုအပ်ပါသည်။

图 5-1　标志板多，指示信息内容多

ပုံ၅-၁ ဆိုင်းဘုတ်ပြားများခြင်း၊ လမ်းညွှန်သည့်သတင်းအချက်အလက်များခြင်း

信息选择方法：

သတင်းအချက်အလက်ရွေးချယ်ရန်နည်းလမ်းများ။

根据相交道路等级，来确定选择的信息层，即不同路口应该优先选择不同层级的信息。

လမ်းဆုံအဆင့်အရ ရွေးချယ်ထားသော အချက်အလက်အလွှာကို ဆုံးဖြတ်သည်၊ ဆိုလိုသည်မှာ မတူညီ သောလမ်းဆုံများတွင် သတင်း အချက်အလက်အဆင့်များကို ဦးစားပေးရွေးချယ်သင့်သည်။

表 5-5-1　信息要素选择配置表

ဇယား၅-၅-၁　သတင်းအချက်အလက် အရေးပါသည့်အကြောင်းအရပ် ရွေးချယ်ရန် ဖွဲ့စည်းမှု ဇယား

标志位置 ဆိုင်းဘုတ် နေရာ / 道路等级 လမ်းအဆင့်	主线道路 ပင်မလမ်းမကြီး	被交道路 လမ်းဆုံခြင်းခံရသောလမ်း		
		主干路 အဓိကလမ်းမကြီး	次干路 အလယ်တန်းလမ်း	支路 လမ်းသွယ်
主干路 အဓိကလမ်းမကြီး	（A层）、B层、C层 (Aလွှာ)၊ Bလွှာ ၊ Cလွှာ	（A层）、B层、C层 (Aလွှာ)၊ Bလွှာ ၊ Cလွှာ	（A层）、B层、C层 (Aလွှာ)၊ Bလွှာ ၊ Cလွှာ	（B层）、C层 (Bလွှာ) ၊ Cလွှာ
次干路 အလယ်တန်းလမ်း	（A层）、B层、C层 (Aလွှာ)၊ Bလွှာ ၊ Cလွှာ	（A层）、B层、C层 (Aလွှာ)၊ Bလွှာ ၊ Cလွှာ	（A层）、B层、C层 (Aလွှာ)၊ Bလွှာ ၊ Cလွှာ	（B层）、C层 (Bလွှာ) ၊ Cလွှာ
支路 လမ်းသွယ်	（B层）、C层 (Bလွှာ) ၊ Cလွှာ	（A层）、B层、C层 (Aလွှာ)၊ Bလွှာ ၊ Cလွှာ	（A层）、B层、C层 (Aလွှာ)၊ Bလွှာ ၊ Cလွှာ	（B层）、C层 (Bလွှာ) ၊ Cလွှာ

注意：1. 表中不带括号的信息为优先选择的信息；带括号的信息适用于优先信息时，可根据需要作为选择的信息。2. 当接近首选信息所指示的地点时，该信息作为第一个信息；如需选取第二个，则仍按本表的顺序筛选。

မှတ်ချက်။ (၁) ဇယားအတွင်းရှိ ကွင်းစဉ်မပါသော အချက်အလက်များသည် ဦးစွာရွေးချယ်ရန် အချက်အလက်ဖြစ်သည်၊ ကွင်းအတွင်းပါရှိသော အချက်အလက်သည် ဦးစွာအချက်အလက်ရွေးချယ်နေစဉ် လိုအပ်သလို အချက်အလက်အဖြစ် ရွေးချယ်နိုင်ပါသည်။ (၂) ဦးစွာရွေးချယ်ရန် အချက်အလက်ညွှန်ပြသည့် တည်နေရာသို့ ချဉ်းကပ်သောအချိန် ၍အချက်အလက်ကို ပထမအချက်အလက်များအဖြစ် အသုံးပြုမည် ဖြစ်ပြီး ဒုတိယတစ်ခုကို ရွေးချယ်ရန် လိုအပ်လျှင်ငှင်းကိုအထက်ပါဇယား၏အစီအစဉ်အတိုင်း စံရွေးဖြစ်ရပါ မည်။

1. 当同一方向有同层多类信息时，按照表 5-5-1 中的信息类型由上至下进行选取。

(၁) တူညီသောဦးတည်ချက်တွင် တူညီသောအလွှာရှိအချက်အလက် အမျိုးအစားများစွာရှိသောအချိန် ဇယား ၃-၅-၁ ရှိအချက်အလက်အမျိုးအစား များအလိုက် အပေါ်မှအောက်ခြေကိုရွေးချယ်ပါ။

2. 当同一方向有多个 C 层信息时，应综合考虑交通吸引量等因素选取相对重要的信息。如：某一支路与支路相交的路口，前方所到达的目的地，有同为 C 层信息的支路公园路和区政府，两个信息相比较而言，区政府的信息相对重要，因此选择区政府作为告知信息。

(၂) တူညီသောဦးတည်ချက်တွင် C လွှာအချက်အလက်အများအပြား ရှိသည့်အချိန် အရေးပါသော အချက်အလက်များကို ယာဉ်သွားလာမှု ဆွဲဆောင်မှုကဲ့သို့သော အကြောင်းရင်းများကို အထွေထွေထည့်သွင်း စဉ်းစားရန် ရွေးချယ်သင့်သည်။ ဥပမာအားဖြင့်လမ်းသွယ်တစ်ခုခုနှင့်လမ်သွယ် လမ်းဆုံ၊ ရှေ့ရောက်ရမည် နေရာတွင် တူညီသောC လွှာအချက်အလက်၏ လမ်းသွယ် ပန်းခြံလမ်းနှင့်ဒေသအစိုးရဖြစ်ပြီးအချက်အလက် နှစ်ခုစုလုံး နှိုင်းယှဉ်ကြည့်လျှင်ဒေသအစိုးရ၏သတင်းအချက်အလက်သည် အတော်လေး အရေးကြီးပါသည်။ ထို့ကြောင့် ဒေသအစိုးရအားအသိပေးရန်အချက်အလက် အဖြစ် ရွေးချယ်ထားပါသည်။

3. 当同一方向有同层同类信息时，按照由近到远顺序选择。如：某主干路与主干路相交的路口，前方到达的有同属于 B 层信息的主干路湖滨路、建筑路，其中湖滨路距离路口较近，则选择湖滨路作为告知信息。

(၃) တူညီသောဦးတည်ရာရှိ တူညီသော အလွှာပေါ်တွင် တူညီသောအချက်အလက်များရှိလျှင် အနီးမှ အဝေးသို့အစဉ်လိုက်ရွေးချယ်ပါ။ ဥပမာ အားဖြင့် အဓိကလမ်းမကြီးတစ်ခုခုနှင့် အဓိကလမ်းမကြီးလမ်းဆုံ

တွင် ရှေ့ရောက်ရမည့်နေရာတွင် B လွှာ အချက်အလက်နှင့်သက်ဆိုင်သည့်အဓိက လမ်းမကြီးများဟူပင် လမ်း၊ ကျိန်ကျ၊ လမ်း နှစ်ခုလုံးရှိသည်။ ၎င်းအနက်ဟူပင် လမ်းသည် လမ်းဆုံနှင့်ပိုနီးကပ်ပြီးဟူပင်လမ်းကိုအသိပေး ရန် သတင်းအချက် အလက်အဖြစ် ရွေးချယ်ထားသည်။

4. 当同一方向有多层同类信息时。按照由近到远顺序选择。例如，某主干路与主干路相交 的路口，前方到达的有属于 B 层信息的主干路湖滨路，C 层信息的支路团结路。两个信息均为 路线名称信息，参照表 3–14 同为优选信息。其中团结路距离路口较近，则选择团结路作为告 知信息。

(၄) တူညီသောဦးတည်ရာတွင် တူညီသောသတင်းအချက်အလက်အလွှာ များစွာရှိသောအချိန် အနီးမှ အဝေးသို့ အစဉ်လိုက်ရွေးချယ်ပါ။ ဥပမာအားဖြင့်အဓိကလမ်းမကြီးတစ်ခုခုနှင့်အဓိကလမ်းမကြီးလမ်းဆုံ ရာတွင် ရှေ့ရောက်မည့်နေရာသည် B လွှာအချက်အလက်ရှိသောဟူပင်လမ်းနှင့် C လွှာအချက်အလက် ရှိသော လမ်းသွယ်ထွန်ကျယ်လမ်းရှိပါသည်။ အချက်အလက်နှစ်ခုစလုံးသည် လမ်းကြောင်းအမည် အချက်အလက် ဖြစ်ပြီး ဇယား ၃-၁၄ ကို ကိုးကားပြီး နှစ်ခုစလုံးသည် ဦးစွာရွေးချယ်သော အချက်အလက်များပင်ဖြစ်သည်။ ၎င်းတို့အနက် ထွန်ကျယ် လမ်းသည် လမ်းဆုံနှင့် ပိုနီးပြီး ထွန်ကျယ်လမ်း ကို အသိပေးရန် အချက်အလက် အဖြစ် ရွေးချယ်ထားသည်။

5. 当同一方向有多层多类信息时，应根据信息类型，由上至下顺序选择。然后对同一类信 息，再由近到远顺序选择。例如，某一主干路与主干路相交路口前方到达的有属于 A 层路线名 称信息类的 312 国道，B 层路线名称信息类的主干路湖滨路，属于 B 层交通枢纽信息的云锦立 交，属于 C 层的次干路建筑路。且该支路的交通流量相对较大。由于主干路的版面需要设置远 点信息和近点信息，在这四类信息中，A 层信息相对重要且距离最远，因此选择 A 层信息 312 国道为远点信息。B 层信息和 C 层信息中，遵循按照信息类型由上至下选择的原则，首选 B 层 信息湖滨路和 C 层信息建筑路，其次，在这两类信息中，由于建筑路距离路口较近，因此选择 C 层信息建筑路为近点信息。

(၅) တူညီသောဦးတည်ရာတွင် အလွှာများစွာနှင့် အချက်အလက်အမျိုးအစားများစွာရှိသည့် အချိန် သတင်းအချက်အလက် အမျိုးအစားအလိုက် အပေါ်မှအောက်သို့ အစဉ်လိုက်ရွေးချယ်သင့် သည်။ ထို့နောက် တူညီသောအချက်အလက်အတွက် အနီးမှအဝေးသို့ အစဉ်လိုက် ရွေးချယ်ပါ။ ဥပမာအားဖြင့် အဓိကလမ်းမကြီးတစ်ခုခုနှင့် အဓိကလမ်းမကြီးလမ်းဆုံ တွင်ရှေ့ရောက်မည့်နေရာတွင်

Aလွှာလမ်းကြောင်းအမည်သတင်အချက် အလက်မျိုးဖြစ်သော အမှတ်၃၁နိုင်ငံတော်အဆင့်လမ်းမကြီးရှိ ခြင်း၊ Bလွှာလမ်းကြောင်းအမည်သတင်းအချက်အလက်မျိုးဖြစ် သော အဓိကလမ်းမကြီး ဟူပင်လမ်းရှိခြင်း၊ Bလွှာလမ်းပန်းဆက်သွယ်ရေး သော့ချက် သတင်းအချက် အလက်ဖြစ်သောယွင်ကျင်ဖလိုင်အိုဖာရှိခြင်း၊ Cလွှား၏အလယ်တန်းလမ်းကျိန်ကျူလမ်းရှိပြီး၄င်းလမ်းသွယ်၏ လမ်းပန်းဆက် သွယ်ရေးစီးဆင်းမှုအတော် လေးကြီးတယ်။ လမ်းမကြီး၏ဖောင်သည်မူလအချက်အလက်နှင့်အနီးဆုံးအချက်အလက်များကို တပ်ဆင် ထားရန်လိုအပ်သောကြောင့် ၄င်းသတင်းအချက်အလက် အမျိုးအစားလေးမျိုးတွင် A အလွှာအချက်အလက် သည် အလွန်အရေးကြီးဖြစ်ပြီး အကွာအဝေးသည် အဝေးဆုံးဖြစ်သောကြောင့် A အလွှာအချက်အလက် ၃၁နိုင်ငံအဆင့်လမ်းကို မူရင်းအချက်အလက်အဖြစ် ရွေးချယ်ထားသည်။ Bလွှာရှိ အချက်အလက်များနှင့် Cလွှာရှိ အချက်အလက်များတွင် အချက်အလက်အမျိုးအစားအလိုက် အပေါ်မှအောက်ခြေကိုရွေးချယ်ခြင်း ဆိုင်ရာ နိယာမအရ ပထမရွေးချယ်မှုမှာ Bလွှာသတင်းအချက်အလက် ဟူပင်လမ်း နှင့် Cလွှာသတင်းအချက်အ လက်ကျိန်ကြူလမ်းများကို ဦးစား ရွေးချယ်ထားပါသည်။ ဒုတိယအချက်မှာ ၄င်းသတင်းအချက်အလက် နှစ် မျိုးတွင် ကျိန်ကျူလမ်းသည် လမ်းဆုံနှင့် ပိုနီးသောကြောင့် Cလွှာရှိ သတင်းအချက်အလက် ကျိန်ကျူလမ်းကို အနီးဆုံးအချက်အဖြစ် ရွေးချယ်ထားပါသည်။

六、快速路入口标志
၆။ အမြန်လမ်းဝင်ပေါက် ဆိုင်းဘုတ်

（一）入口指引

(က) ဝင်ပေါက်လမ်းညွှန်

主要标志标线，见表 5-6-1。识别标志方法：

အဓိကအမှတ်အသားများ၊အမှတ်အသားမျဉ်များ၊ ဇယား၅-၆-၁ကိုကြည့်ပါ။ အမှတ်အသားဆိုင်းဘုတ် များကို သိမြင်ရန် နည်းလမ်းများအောက်ပါအတိုင်းဖြစ်သည်။

表 5-6-1　与快速路入口指引相关的交通标志标线

ဇယား 5-6-1　အမြန်လမ်းဝင်ပေါက် လမ်းညွှန်ချက်နှင့် သက်ဆိုင်သည့် ယာဉ်အသွားအလာ ဆိုင်းဘုတ်များနှင့် အမှတ်အသားများ

序号 စဉ်	名称 အမည်	说明 ရှင်းပြချက်	图例 ရုပ်ပြပုံစံ
1 ၁	入口预告标志 ဝင်ပေါက်ကြိုတင်သတိပေး ဆိုင်းဘုတ်	预告前方有快速路入口 ရှေ့သို့အမြန်လမ်းဝင်ပေါက်ရှိခြင်းကြိုတင် သတိပေး	
2 ၂	入口标志 ဝင်ပေါက်ဆိုင်းဘုတ်	告知所在位置为快速路入口 တည်ရှိနေသည့်နေရာသည်အမြန်လမ်း ဝင်ပေါက်ဖြစ်ကြောင်းအသိပေး	
3 ၃	入口处地点方向标志 ဝင်ပေါက်ဝင်သည့်နေရာ၏ ဦးတည်ရာဆိုင်းဘုတ်	告知行驶方向所能到达的目的地 မောင်းနှင်နေသောဦးတည်ရာအတိုင်းရောက် နိုင်မည့်နေရာကိုအသိပေး	
4 ၄	地点距离标志 နေရာအကွာအဝေး ဆိုင်းဘုတ်	告知前方所能到达的目的地和距离 ရှေ့သို့ရောက်နိုင်မည့်နေရာနှင့်အကွာအဝေး ကိုအသိပေး	
5 ၅	路名标志 လမ်းအမည်ဆိုင်းဘုတ်	告知当前所在快速路的名称 ရှေ့တွင်ရှိအမြန်လမ်းဝင်ပေါက်တည်နေရာ အမည်ကိုအသိပေး	
6 ၆	注意左侧合流标志 လမ်း၏ဘယ်ဘက်ယာဉ်ဆုံ ရှိ သတိထားဆိုင်းဘုတ်	表示注意，道路左侧有车流汇入主路 လမ်း၏ဘယ်ဘက်တွင်အဓိကလမ်းမကြီးသို့ ဝင်ရောက်မည့်ယာဉ်ဆုံရှိကြောင်းသတိထား ဟူ၍ဆိုလိုသည်။	

续表：

序号 စဉ်	名称 အမည်	说明 ရှင်းပြချက်	图例 ရုပ်ပြပုံစံ
7 ၇	注意右侧合流标志 လမ်း၏ညာဘက်ယာဉ်ဆုံရှိ သတိထားဆိုင်းဘုတ်	表示注意，道路右侧有车流汇入主路 လမ်း၏ညာဘက်တွင်အမိကလမ်းမကြီးသို့ ဝင်ရောက်မည့်ယာဉ်ဆုံရှိကြောင်းသတိထား ဟူ၍ဆိုလိုသည်။	
8 ၈	道路入口标线 လမ်းဝင်ပေါက်အမှတ်အ သားမျဉ်း	规范驶入车辆的运行轨迹 စည်းကမ်းရှိရှိဝင်ရောက်သောယာဉ်များ၏ မောင်းနှင်အမှတ်လမ်း	
9 ၉	减速让行标志标线 အရှိန်လျှော့ပြီး လမ်းပေး ရန်အမှတ်အသားမျဉ်း	表示车辆在路口处要减速慢行，让干路 车辆先行 လမ်းဆုံတွင် ယာဉ်များသည် အရှိန်လျှော့ ပြီးလမ်းမကြီး များရှိယာဉ်များကို ဦးစွာ လမ်းပေးခြင်းဟူ၍ဆိုလိုပါသည်။	

　　城市快速路设置入口预告标志，一般在快速路入口 2~10 千米的范围内进行预告。在距离入口连接线前适当位置设置入口预告标志，例如：在前方 500 米处、200 米处的预告标志，如图 5-2。

　　မြို့တွင်းအမြန်လမ်းများတွင် ဝင်ပေါက်သတိပေးဆိုင်းဘုတ်များ တပ်ဆင်ထားပြီး ယေဘုယျအားဖြင့် အမြန်လမ်းဝင်ပေါက်မှ ၂ ကီလိုမီတာမှ ၁၀ ကီလိုမီတာအတွင်း သတိပေးချက်များ ထုတ်ပြန်ထားသည်။ အဝင် ပေါက်ဆက်သွယ်မှုလိုင်းရှေ့တွင် သင့်လျော်သောနေရာတွင် ဝင်ပေါက် သတိပေးအမှတ်အသားဆိုင်းဘုတ်များ ကို တပ်ဆင်ထားပါ။ ဥပမာ အားဖြင့်ရှေ့သို့ မီတာ ၅၀၀အကွာအဝေးနေရာ နှင့် မီတာ၂၀၀နေရာ တွင်သတိပေး ရန်ဆိုင်းဘုတ်ကိုတပ်ဆင်ထားပါသည်။ ပုံ ၅-၂တွင်ပြထားသည်-အတိုင်းဖြစ် သည်။

图 5-2　出口预告标志样式示例

ပုံ၅-၂ ထွက်ပေါက်ကြိုတင်သတိပေးဆိုင်းဘုတ်ပုံစံ

（二）出口指引

(ခ) ထွက်ပေါက်လမ်းညွှန်

主要标志线，见表 5-6-2。

အမိုကအမှတ်အသားမျဉ်း၊ ဇယား၅-၆-၂ကိုကြည့်ပါ။

快速路出口设置预告标志。一般至少设置了 4 级预告方式，即在距离出口匝道渐变起点处的 2 千米、1 千米、500 千米和起点处设置相应的预告标志。如图 5-3。

အမြန်လမ်းထွက်ပေါက်များတွင် သတိပေးဆိုင်းဘုတ်များတပ်ဆင်ပါ။ ယေဘုယျအားဖြင့်၊ အနည်းဆုံး ၄ အဆင့်သတိပေးပုံစီကိုတပ်ဆင်ထားပါသည်။ ဆိုလိုသည်မှာ အကွာအဝေးတွင် အောက်ပါအတိုင်းတပ်ဆင် ထားသည်။ ထွက်ပေါက်လွဲလမ်း၏တဖြည်းဖြည်းပြောင်းလဲခြင်း အစမှတ်နေရာရှိ ၂km၊ ၁km၊ ၅၀၀km နှင့် အစမှတ်နေရာတွင်သက်ဆိုင်ရာ သတိပေးဆိုင်းဘုတ်များကို တပ်ဆင်ရမည်။ ပုံ၅-၃တွင်ပြထားသည့်အတိုင်း ဖြစ်သည်။

表 5-6-2 以快速路出口指令相关的交通标志标线

ဇယား 5-6-2　အမြန်လမ်းထွက်ပေါက်လမ်းညွှန်များနှင့် သက်ဆိုင်သည့်

ယာဉ်အသွားအလာ ဆိုင်းဘုတ်များနှင့် အမှတ်အသားမျဉ်းများ

序号 စဉ်	名称 အမည်	说明 ရှင်းပြချက်	图例 ရုပ်ပြပုံစံ
1 ၁	出口预告标志 ထွက်ပေါက်ကြိုတင် သတိပေးဆိုင်းဘုတ်	预告前方出口匝道及距离 ရှေ့သို့ထွက်ပေါက်လွှဲလမ်းနှင့်အကွာအဝေး	南北高架路 复兴路 北京路 500m ↗
2 ၂	出口标志 ထွက်ပေါက်ဆိုင်းဘုတ်	告知所在出口的目的地 တည်ရှိနေသည့်ထွက်ပေါက်မှသွားနိုင်မည့်နေရာ အသိပေး	罗山路 ↗
3 ၃	下一出口标志 နောက်ထွက်ပေါက် ဆိုင်းဘုတ်	预告下一出口到达的目的地及与距当前所在 出口的目的地 နောက်ထွက်ပေါက်၏သွားနိုင်မည့်နေရာနှင့်လက်ရှိ ထွက်ပေါက်နှင့်ကွာဝေးသောသွားနိုင်မည့်နေရာ	下一出口 江苏路 3km
4 ၄	出口处地点方向标志 ထွက်ပေါက်နေရာ၏ဦး တည်ရာဆိုင်းဘုတ်	设在二级分流点的出口匝道处，告知行驶方 向能到达的目的地 ဒုတိယစီးဆင်းမှုအမှတ်၏ထွက်ပေါက်လွှဲ လမ်းတွင်တပ်ဆင် ထားပြီး မောင်းနှင်သည့် ဦးတည်ရာသို့ရောက်ရှိ နိုင်မည့်နေရာကို အသိပေး	南北高架路 北京路方向 ↗
5 ၅	地面文字标记 မြေမျက်နှာပြင်စာသား အမှတ်အသား	驾驶人当前车道所能到达的目的地告知 လက်ရှိလမ်းကြောင်းတွင် ယာဉ်မောင်းသူရောက်ရှိ နိုင်သည့်နေရာကိုယာဉ်မောင်း အား အသိပေ	路 江 长
6 ၆	道路出口标线 လမ်းထွက်ပေါက်အမှတ်အ သားများ	规范驶入车辆的运行轨迹 စည်းကမ်းရှိရှိမောင်းနှင်ဝင်ရောက်သောယာဉ်၏ အမှတ်လမ်း	

图 5-3　高速路出口 2 千米、1 千米、500 米及出口预告标志样式示例

ပုံ၅-၃ အမြန်မောင်းလမ်းမကြီးထွက်ပေါက်၂km 、၁km 、၅၀၀mနေရာနှင့်ထွက်ပေါက်သတိပေးဆိုင်းဘုတ်များပုံစံ

七、速度控制相关
၇။ သက်ဆိုင်ရာအရှိန်ထိန်ချုပ်

限速路段：标志牌有限速值，在路段限速的起点设置限制速度标志，在结束点设置解除限制速度标志或设置新限速值的限制速度标志。有时在高速路上对最低行驶速度有要求，设置了最低限制速度时也设置了最高限制速度，如图 5-4。

အရှိန်ကန့်သတ်လမ်းအပိုင်း။ ဆိုင်းဘုတ်ပေါ်တွင် အမြန်နှုန်းကန့်သတ် တန်ဖိုးကို သတ်မှတ်ထားသည်၊ အမြန်နှုန်းကန့်သတ် အစမှတ်တွင် အရှိန် ကန့်သတ်ခြင်းဆိုင်းဘုတ်ကို တပ်ဆင်ထားပြီးအဆုံးအမှတ်တွင် အရှိန် ကန့်သတ်ခြင်း ဆိုင်းဘုတ်ရုတ်သိမ်းကြောင်းသို့မဟုတ် အမြန်နှုန်းကန့်သတ် တန်ဖိုးအသစ်အတွက် အရှိန် ကန့်သတ်ခြင်းဆိုင်းဘုတ်ကို ပြန်လည် တပ်ဆင်ထား ပါသည်။ တစ်ခါတစ်ရံတွင် အမြန်လမ်းပေါ်တွင်အနိမ့်ဆုံး မောင်းနှင်သည့် အမြန်နှုန်းအတွက် လိုအပ်ချက်တစ်ခုရှိပြီး အနိမ့်ဆုံးအမြန်နှုန်းကန့်သတ်ချက် ကို သတ်မှတ် ထားသည့်အချိန် အမြင့်ဆုံးအမြန်နှုန်းကိုလည်းသတ်မှတ်ထား ပါသည်။ ပုံ ၅-၄ တွင်ပြထားသည့်အတိုင်း ဖြစ်သည်။

图 5-4　最低限制速度路段标志设置示例

ပုံ၅-၄ အနိမ့်ဆုံးအရှိန်ကန့်သတ်သောလမ်းပိုင်းတွင်အမှတ်အသားတပ်ဆင်ခြင်းပုံစံ

相关标志线设置新的限速值的限制速度标志，见表 5-7-1。

သက်ဆိုင်ရာအမှတ်အသားမျဉ်းတပ်ဆင်ထားသည့်အမြန်နှုန်းကန့်သတ် တန်ဖိုးအသစ်၏အရှိန် ကန့်သတ် ခြင်း ဆိုင်းဘုတ်၊ ဇယား၅-၇-၁ကိုကြည့်ပါ။

限速路段采用非现场执法。一般在限速路段上游 50~200 米范围内设置交通监控设备标志，同时采用了辅助标志告知驾驶人"超速抓拍"，如图 5-5。

အရှိန်ကန့်သတ်ထားသောလမ်းပိုင်းတွင်ဖြစ်ပွားရာနေရာရောက်မဟုတ်သော ဥပဒေ စိုးမိုးရေးကို လက်ခံ ကျင့်သုံးသည်။ ယေဘုယျအားဖြင့်အရှိန် ကန့်သတ် ထားသောလမ်း၏ရှေ့သို့ မီတာ ၅၀မှ ၂၀၀အတွင်း ယာဉ်ကြောစောင့်ကြည့်ရေးကိရိယာဆိုင်းဘုတ်များကိုတပ်ဆင်ထားပြီးတစ်ချိန်တည်းမှာ ပင် အရန်ဆိုင်းဘုတ် များကိုအသုံးပြုပြီး ယာဉ်မောင်းအား "အမြန်နှုန်းဖမ်းခြင်း" အသိပေးပါသည်။ ပုံ ၅-၅ တွင်ပြထားသည့် အတိုင်း ဖြစ်သည်။

表 5-7-1　与路段限速相关的交通标志标线

ဇယား၅-၇-၂　လမ်းပိုင်းအရှိန်ကန့်သတ်ချက်နှင့်ပတ်သက်သောလမ်းပန်းဆက်သွယ်ရေးအမှတ်အသားများ

序号 စဉ်	名称 အမည်	说明 ရှင်းပြချက်	图例 ရုပ်ပြပုံစံ
1 ၁	限制速度标志 အမြန်နှုန်ကန့်သတ်ခြင်း ဆိုင်းဘုတ်	表示该标志至前方解除限制速度标志或另一块不同限速值的限制速度标志的路段内机动车行驶速度（单位为千米/小时），不准超过标志所示 ၎င်းဆိုင်းဘုတ်မှရှေ့သို့အမြန်နှုန်း ကန့်သတ်ဆိုင်းဘုတ် ကိုရုတ်သိမ်းခြင်း သို့မဟုတ် မတူညီသော အမြန်နှုန်း ကန့်သတ်တန်ဖိုးရှိသောအခြားအမြန်နှုန်းကန့်သတ် ဆိုင်းဘုတ်ရှိလမ်းပိုင်းတွင် စက်တပ်ယာဉ် မောင်း နှင်အရှိန်(ယူနစ်တွင်ကီလိုမီတာ/နာရီအတွင်း)သည် ဆိုင်းဘုတ် တွင်ပြထားသည့်အရှိန်ကိုမကျော်လွန် ရဟူ၍ဆိုလိုပါသည်။	
2 ၂	解除限制速度标志 အမြန်နှုန်းကန့်သတ်ရန်ရုတ် သိမ်းခြင်းဆိုင်းဘုတ်	表示限速路段结束 အမြန်နှုန်းလမ်းပိုင်းတွင်အဆုံးသတ်ခြင်းဟူ၍ ဆိုလိုသည်။	
3 ၃	区域限制速度标志 ရေရိယာအတွင်းအမြန်နှုန်း ကန့်သတ်ခြင်းဆိုင်းဘုတ်	表示该标志至前方解除区域限制速度标志或另一块不同限速值的限制速度标志的区域内机动车行驶速度（单位为千米/小时），不准超过标志所示 ၎င်းဆိုင်းဘုတ်မှရှေ့သို့ရေရိယာအတွင်းအမြန်နှုန်း ကန့်သတ်ဆိုင်းဘုတ် ကိုရုတ်သိမ်းခြင်း သို့မဟုတ် မ တူညီသော အမြန်နှုန်းကန့်သတ်တန်ဖိုးရှိသောအခြား အမြန်နှုန်းကန့်သတ်ဆိုင်းဘုတ်ရှိလမ်းပိုင်းတွင် စက် တပ်ယာဉ် မောင်းနှင်အရှိန်(ယူနစ်တွင်ကီလိုမီတာ/နာရီ အတွင်း)သည်ဆိုင်းဘုတ်တွင်ပြထား သည့်အရှိန်ကို မ ကျော်လွန်ရဟူ၍ဆိုလိုပါသည်။	
4 ၄	区域解除限制速度标志 ရေရိယာအတွင်းအမြန်နှုန်း ကန့်သတ်ဆိုင်းဘုတ်	表示限速区域结束 အမြန်နှုန်းကန့်သတ်ထားသောရေရိယာအဆုံးသတ်	

续表:

序号 စဉ်	名称 အမည်	说明 ရှင်းပြချက်	图例 ရုပ်ပြပုံစံ
5 ၅	交通监控设备标志 ယာဉ်အသွားအလာ စောင့်ကြည့်ရေးကိရိယာ ဆိုင်းဘုတ်များ	告知驾驶人前方实施交通监控执法 ယာဉ်မောင်းများအား ရှေ့တွင် ယာဉ်ကြောကြပ်မတ် ရေးနှင့် တရားဥပဒေစိုးမိုးရေး ဆောင်ရွက်သွားရန် အသိပေး	
6 ၆	地面限速标记 မြေမျက်နှာပြင်အမြန်နှုန်း ကန့်သတ်ခြင်းဆိုင်းဘုတ်	告知驾驶人当前道路实施限速管理和相应的限 速值 လက်ရှိလမ်းသည်အမြန်နှုန်း ကန့်သတ်စီမံခန့်ခွဲမှု နှင့်သက်ဆိုင် သောအမြန်နှုန်းကန့်သတ်တန်ဖိုးကို လုပ်ဆောင်နေကြောင်း ယာဉ်မောင်းအား အသိပေး	

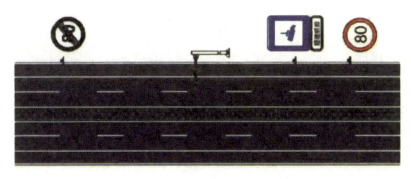

图 5-5 超速抓拍标志设置示例

ပုံ၅-၅ သတ်မှတ်ထားသောအရှိန်ကျော်လွန်ခြင်း အမြန်နှုန်းဖမ်းဆိုင်းဘုတ်ပုံစံ

八、设置限速垄或限速丘路段

၈။ အမြန်နှုန်းကန့်သတ်တန်း သို့မဟုတ်မြန်နှုန်းကန့်သတ် အဘုများကို တပ်ဆင်

中国道路上最为常见的是减速垄，见表 5-8-1 所示。

တရုတ်နိုင်ငံ၏လမ်းများပေါ်တွင်အတွေ့အများဆုံးတွင် အရှိန်လျှော့တန်း၊ ဇယား၅-၈-၁တွင်ပြထားသည့်
အတိုင်းဖြစ်သည်။

表 5-8-1　与设置减速垄和减速丘相关的交通标志标线

ဇယား၅-၈-၁　အရှိန်လျှော့တန်းနှင့်အရှိန်လျှော့အဘုများနှင့်ပတ်သက်သောလမ်း
ပန်းဆက်သွယ်ရေးအမှတ်အသားများ

序号 စဉ်	名称 အမည်	说明 ရှင်းပြချက်	图例 ရုပ်ပြပုံစံ
1 ၁	路面高突标志 လမ်းမြေမျက်နှာပြင်မို့ မောက်ထွက်ဆိုင်းဘုတ်	提醒驾驶人前方路面高突、减速行驶 ရှေ့လမ်းသည်မို့မောက်ထွက်နေပြီး အရှိန် လျှော့မောင်းနှင်ရန်ယာဉ်မောင်းအား အသိပေး	
2 ၂	大型减速丘标线 အကြီးစားအရှိန်လျှော့အ ဘုအမှတ်အသားများ	采用反光标线，设置在减速丘上 ရောင်ပြန်အမှတ်အသားများများကို အသုံးပြုပြီးအရှိန်လျှော့အဘုတွန်တပ်ဆင် ထားခြင်း	
3 ၃	小型减速丘标线 အသေးစားအရှိန်လျှော့အ ဘုအမှတ်အသားများ	采用反光标线，设置在减速丘边缘 ရောင်ပြန်အမှတ်အသားများများကို အသုံးပြုပြီးအရှိန်လျှော့အဘုအစွန်းဘက် တွင်တပ်ဆင်	
4 ၄	减速丘预告标线 အရှိန်လျှော့အဘုကြိုတင် အသိပေးအမှတ်အသား များ	采用反光标线，设置在减速丘前 ရောင်ပြန်အမှတ်အသားများများကို အသုံးပြုပြီးအရှိန်လျှော့အဘုရှေ့တွင်တပ် ဆင်ထား	

在设置减速垄路段前方，设置路面高突标志，提醒驾驶人减速慢行，如图 5-6。

တပ်ဆင်ထားသောအရှိန်လျှော့အဘုလမ်းပိုင်းရှေ့ဘက်တွင်လမ်းမြေမျက်နှာပြင်မို့မောက်ထွက်ဆိုင်းဘုတ်
တပ်ဆင်ပြီး အရှိန်လျှော့မောင်းနှင်ရန် ယာဉ်မောင်း အားအသိပေးခြင်း၊ ပုံ၅-၆တွင် ပြထားသည့်အတိုင်း
ဖြစ်သည်။

a. 减速垄标志

 က။အရှိန်လျှော့တန်းအမှတ်အသား

b. 减速垄

ခ။ အရှိန်လျှော့တန်း

c. 减速垄提示

ဂ။သတိပေးရန်အရှိန်လျှော့တန်း

图 5-6 减速垄及路面高突标志设置示例

ပုံ၅-၆ အရှိန်လျှော့တန်းနှင့် လမ်းမြေမျက်နှာပြင်မို့မောက်ထွက်ဆိုင်းဘုတ်ပုံစံ

九、安全警告相关

၉။ သက်ဆိုင်ရာလုံခြုံရေးသတိပေးချက်

（一）弯道处信号灯控制路口

(က) အကွေ့လမ်းတွင် အချက်ပြမီးဖြင့်လမ်းဆုံထိန်းချုပ်

弯道前方为一信号灯控制路口时，由于视距不足，驾驶人不易发觉前方路口为信号控制路口，如图 5-7。因此设置了注意信号标志，提醒驾驶人注意观察信号灯，见表 5-9-1。

အကွေ့လမ်း၏ရှေ့တွင် အချက်ပြမီးဖြင့် လမ်းဆုံကို ထိန်းချုပ်ထားသောအချိန်တွင် မြင်ကွင်းအကွာ အဝေးမလုံလောက်ခြင်းကြောင့်ယာဉ်မောင်းသူ အတွက် ရှေ့လမ်းဆုံ၏အချက်ပြမီးဖြင့် လမ်းဆုံ ထိန်းချုပ် ခြင်းကိုတွေ့ရှိရန် ခက်ခဲသောလမ်းဆုံဖြစ်သည် ။ ပုံ ၅-၇တွင်ပြထားသည့်အတိုင်းဖြစ်သည်။ ထို့ကြောင့် အချက်ပြမီးအာရုံစူးစိုက်ကြည့်ရှုအကဲခတ်ရန် ယာဉ်မောင်းအားသတိ ပေး ရန် အချက်ပြမီးဆိုင်းဘုတ်ကိုတပ် ဆင် ထားပါသည်။

弯道信号灯控制路口设置的相关交通标志标线 见表 5-9-1

အကွေ့လမ်းအချက်ပြမီးဖြင့် လမ်းဆုံကို ထိန်းချုပ်ရန်တပ်ဆင်ထား သော သက်ဆိုင်ရာ လမ်းပန်းဆက်သွယ်ရေးအမှတ်အသားများ ဇယား၅-၉-၁ ကိုကြည့်ပါ။

序号 စဉ်	名称 အမည်		说明 ရှင်းပြချက်	图例 ရုပ်ပြပုံစံ
1 ၁	注意信号灯标志 အချက်ပြမီးအာရုံစိုက်ဆိုင်းဘုတ်		提醒驾驶人前方有信号灯控制路口 လမ်းဆုံကို ထိန်းချုပ်ရန် ရှေ့တွင် အချက်ပြမီးရှိနေ ကြောင်း ယာဉ်မောင်းအား သတိပေး	
2 ၂	车行道减速标线 ယာဉ်သွားလမ်း အရှိန်လျှော့ အမှတ်အသားမျ ဉ်း	横向减速标线 အလျားလိုက်အရှိန် လျှော့အမှတ်အ သားမျဉ်း	横向布置于车行道内 အလျားလိုက်ယာဉ်သွားလမ်း အတွင်းတပ်ဆင်ထားခြင်း	
		纵向减速标线 ဒေါင်လိုက်အရှိန် လျှော့အမှတ်အ သားမျဉ်း	纵向布置于车行道边缘内侧 ဒေါင်လိုက်ယာဉ်သွားလမ်းအစွန် အတွင်းဘေးဘက်တွင်တပ်ဆင် ထားခြင်း	

图 5-7 弯道信号灯控制路口标志设置示例

ပုံ၅-၇ အကွေ့လမ်းအချက်ပြမီးဖြင့်လမ်းဆုံထိန်းချုပ်သောဆိုင်းဘုတ်တပ်ဆင်မှုပုံစံ

（二）急弯路段

(ə) ကြောင်လိမ်အကွေ့လမ်းပိုင်း

在急弯路段前方设置了警告标志，有时在设置辅助标志上对弯道长度和弯道半径等进行了说明，如图 5-8。急弯路处设置了禁止车辆在弯道处超车标志。地面标线也设置禁止跨越对向车道分界线和禁止跨越同向车行道分界线。

သတိပေးဆိုင်းဘုတ်များကို ကြောင်လိမ်အကွေ့များရှေ့တွင်ထားရှိပြီး တစ်ခါတစ်ရံတွင် အရန်ဆိုင်းဘုတ် တပ်ဆင်ရာတွင် ကွေ့လမ်းများ၏ အရှည်နှင့် အချင်းဝက်ကို ပုံ၅-၈ တွင်ပြထားသည့်အတိုင်း အရန် ဆိုင်းဘုတ်များတွင် ရှင်းပြထားသည်။ ကြောင်လိမ်အကွေ့တွင် ယာဉ်များကျော်တက်ခြင်းမှ တားမြစ်ထား သော ဆိုင်းဘုတ်ကို တပ်ဆင်ထားသည်။မြေပြင်အမှတ်အသား မျဉ်းများသည် ဆန့်ကျင်ဘက်လမ်းကြားများ အား ဖြတ်ကျော်ခြင်း နှင့် လမ်းကြောင်းတူလမ်းကြားများအား ဖြတ်ကျော်ခြင်းတို့ကို တားမြစ်ထား သည်။

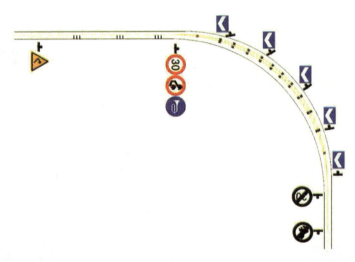

图 5-8 弯道处标志标线设置示例

ပုံ၅-၈ ကွေ့လမ်းနေရာအမှတ်အသားမျဉ်းတပ်ဆင်ရေးပုံစံ

（三）陡坡路段

(ဂ) ကုန်းစောင်းမတ်လမ်းပိုင်း

在下陡坡路段起点前方设置警告标志，告知驾驶人前方为下陡坡路段，如图 5-9。下陡坡路段对车辆驾驶速度进行限制，在陡坡结束处设置解除限制速度标志，或设置新限速值的的限制速度标志。上陡坡路段起点设置禁止超车标志和大型车辆辅助标志，表示上坡途中禁止大型车辆超车，驾驶人不易观察到坡顶对向来车，一般在坡顶前方约 200 米处，设置禁止超车标志禁止所有车辆超车，同时在坡顶处配套设置解除超车标志。

ကုန်းစောင်းမတ်ဆင်းသော လမ်းပိုင်းရှိ အစမှတ်ရှေ့တွင်သတိပေး ဆိုင်းဘုတ် တပ်ဆင်ထားပြီး ရှေ့တွင် ကုန်းစောင်းမတ်လမ်းပိုင်းရှိနေကြောင်း ယာဉ်မောင်းအား အသိပေးရန်ဖြစ်သည်။ပုံ ၅-၉ တွင်ပြထားသည့် အတိုင်းဖြစ်သည်။ ကုန်းစောင်းမတ်ဆင်းသော လမ်းပိုင်းတွင် ယာဉ်၏မောင်းနှင်သည့် ကန့်သတ်ထားပြီး ကုန်းစောင်းမတ်အဆုံးသတ်နေရာတွင် အမြန်နှုန်း ကို ကန့်သတ်ခြင်းရုတ်သိမ်းဆိုင်းဘုတ်တပ်ဆင်ထားသည်။ သို့မဟုတ် အမြန်နှုန်းကန့်သတ်ချက်တန်ဖိုးအသစ်ဖြင့်အမြန်နှုန်းကန့်သတ်သည့်ဆိုင်းဘုတ် ကို တပ်ဆင် ထားသည်။ကုန်းစောင်းမတ်ဆင်းလမ်းပိုင်းအစမှတ်ရှေ့တွင် သတိပေးဆိုင်းဘုတ်တပ်ဆင်ထားပြီးရှေ့တွင် ကုန်းစောင်းမတ်ဆင်းလမ်းအဆုံးကုန်းစောင်းမတ်တက်သော အစမှတ်နေရာတွင် ယာဉ်မကျော်တက်ခြင်း ဆိုင်းဘုတ်နှင့်ယာဉ်ကြီးများ အတွက်အရန်ဆိုင်းဘုတ်များတပ်ဆင်ထားရန် ယာဉ်မောင်းကိုအသိပေးထား သည်။ တောင်စောင်းအတက်လမ်းတွင် ယာဉ်ကြီးများကို ကျော်တက်ခြင်းမှ တားမြစ်ထားပြီး ဆင်ခြေလျှော ထိပ်မှ ဆန့်ကျင်ဘက်လာသောယာဉ်များကို ယာဉ်မောင်းသည် သတိပြုရန် မလွယ်ကူကြောင်းဟူ၍ဆိုလို ပါသည်။ ယေဘုယျအားဖြင့်ဆင်ခြေလျှောထိပ် ရှေ့ မီတာ၂၀၀ ခန့်အကွာတွင် မကျော်တက်စေရန် ဆိုင်းဘုတ် ကို တပ်ဆင်ထားပြီး ယာဉ်အားလုံးကိုယာဉ်ကျော်တက်ခြင်းတားမြစ်သည်။ တစ်ချိန်တည်းတွင်ဆင်ခြေလျှော ထိပ် တွင် ကျော်တက်ခြင်း ဆိုင်းဘုတ်ကို ရုတ်သိမ်းရန် တပ်ဆင်ထာပါ။

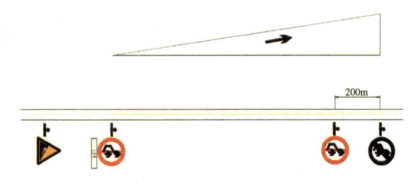

图 5-9　上陡坡标志标线设置示例

ပုံ၅-၉ ကုန်းစောင်းမတ်တက်ခြင်းအမှတ်အသားမျဉ်းတပ်ဆင်ခြင်းပုံစံ

（四）弯道变窄路段

(ဃ) ကွေ့လမ်းကျဉ်းမြောင်သွားသောလမ်းပိုင်း

相关标志标线（见表 5-9-1）

သက်ဆိုင်ရာအမှတ်အသားမျဉ်းများ

车道数发生变化，同向 2 车道以上路段车道减少时，设置车道数变少标志，车道数增加时，设置车道数增加标志。设置路面（车行道）渐变段标线，同时设置导向箭头，对车辆行驶方向进行引导。

ယာဉ်သွားလမ်းအရေအတွက် ပြောင်းလဲပြီး ဦးတည်ရာတူညီသော ယာဉ်သွားလမ်းနှစ်လမ်းထက်ပိုသော လမ်းပိုင်းတွင် ယာဉ်သွားလမ်းလျော့သွားလျှင် ယာဉ်သွားလမ်းအရေအတွက်ကို လျော့သွားရန် ဆိုင်းဘုတ်ကို တပ်ဆင်ကာ ယာဉ်သွားလမ်းအရေအတွက် တိုးလာလျှင် ယာဉ်သွားလမ်း တိုးလာရန် ဆိုင်းဘုတ်ကို တပ်ဆင်ထားပါသည်။ လမ်းမြေမျက်နှာပြင် (ယာဉ်သွားလမ်း)တဖြည်းဖြည်းပြောင်းလဲသောလမ်းပိုင်းတွင် အမှတ်အသားမျဉ်း ကို တပ်ဆင်ပြီး တစ်ချိန်တည်းမှာပင်ယာဉ်၏မောင်းနှင်မှုဦးတည်ရာကို လမ်းညွှန်ရန် လမ်းညွှန်မြားဦးပုံ တပ်ဆင်ထားပါသည်။

表 5-9-1　道路变窄设置的相关交通标志标线

ဇယား၅-၉-၁　လမ်းကျဉ်းမြောင်းသွားရန်သက်ဆိုင်ရာအမှတ်အသားမျဉ်းများတပ်ဆင်ခြင်း

序号 **စဉ်**	名称 **အမည်**	说明 **ရှင်းပြချက်**	图例 **ရုပ်ပြပုံစံ**
1 ၁	窄路标志 ကျဉ်းမြောင်းသောလမ်း အမှတ်အသား	提醒驾驶人注意前方车型道或路面狭窄 ရှေ့ယာဉ်သွားလမ်း သို့မဟုတ် လမ်းမြေမျက်နှာပြင် ကျဉ်းမြောင်းသည်ကို သတိထားရန် ယာဉ်မောင်းအား သတိပေး	
2 ၂		提醒驾驶人注意前方右侧车型道或路面狭窄 ရှေ့ညာဘက်ယာဉ်သွားလမ်းသို့မဟုတ်လမ်းမြေမျက်နှာပြင်ကျဉ်းမြောင်းသည်ကို သတိထားရန် ယာဉ်မောင်းအား သတိပေး	
3 ၃		提醒驾驶人注意前方左侧车型道或路面狭窄 ရှေ့ဘယ်ဘက်ယာဉ်သွားလမ်းသို့မဟုတ်လမ်းမြေမျက်နှာပြင်ကျဉ်းမြောင်းသည်ကို သတိထားရန် ယာဉ်မောင်းအား သတိပေး	
4 ၄	窄桥标志 ကျဉ်းမြောင်းသော တံတားအမှတ်အသား	提醒驾驶人前方桥面宽度变窄 ရှေ့တံတားကုန်းပတ်အကျယ် ကျဉ်းမြောင်းသွားသွားရန်ယာဉ်မောင်းအား သတိပေး	

续表：

序号 စဉ်	名称 အမည်	说明 ရှင်းပြချက်	图例 ရုပ်ပြပုံစံ
5 ၅	建议速度标志 အကြံပေးသောမြန်နှုန်း အမှတ်အသား	提醒驾驶人按照建议的速度行驶 အကြံပေးသောအမြန်နှုန်းအတိုင်းမောင်းနှင်ရန် ယာဉ်မောင်းအား သတိပေး	30km/h
6 ၆	车道数变少标志 ယာဉ်သွားလမ်း အရေအတွက်လျှော့သွား ရန်အမှတ်အသား	告知驾驶人前方道路车道数减少 ရှေ့လမ်းရှိယာဉ်သွားလမ်းအရေအတွက်လျှော့သွား ရန်ယာဉ်မောင်းအား အသိပေး	
7 ၇	车道数增加标志 ယာဉ်သွားလမ်း အရေအတွက်တိုးလာရန် အမှတ်အသား	告知驾驶人前方道路车道数增加 ရှေ့လမ်းရှိယာဉ်သွားလမ်းအရေအတွက်တိုးလာရန် ယာဉ်မောင်းအား အသိပေး	
8 ၈	路面（车行道）宽度 渐变段标线 လမ်းမြေမျက်နှာပြင် （ယာဉ်သွားလမ်း） အကျယ်တဖြည်းဖြည်း ပြောင်းလဲသောလမ်းပိုင်း အမှတ်အသားများ	提醒驾驶人道路宽度或车道数发生变化 လမ်းအကျယ် သို့မဟုတ် လမ်းကြောင်း အရေအတွက် ပြောင်းလဲ သွားကြောင်း ယာဉ်မောင်း များအား သတိ ပေးပါ	
9 ၉	导向箭头 လမ်းညွှန်မြှားဦးပို	告知驾驶人车道的行驶方向 ယာဉ်သွားလမ်း၏ဦးတည်ရာကိုယာဉ်မောင်းအား အသိပေး	

（五）前方障碍物路段

(c) ရှေ့အတားအဆီးလမ်းပိုင်း

相关标志标线，见表5-9-2。

သက်ဆိုင်ရာအမှတ်အသားများ၊ဇယား၅-၉-၂ကိုကြည့်ပါ။

障碍物在道路中心时，在接近障碍物的前方，设置靠右侧绕行的注意障碍物标志，提醒驾驶人前方道路中心有障碍物。障碍物为桥墩、路灯灯杆、广告牌立柱、古树木、安全岛等设置有画黄色接近道路中心障碍物标线，在障碍物上设立有立面标记，指引驾驶人绕过障碍物。在障碍物端头处，设置车辆行驶方向标志，道路线形发生改变的，根据通行方向，设置有竖向安装的线形诱导标和立面标记，如图 5-10。

အတားအဆီးသည် လမ်းလယ်၌ရှိသော အချိန် အတားအဆီးသို့ ချဉ်းကပ် လာ သောရှေ့ဘက်တွင် ရှေ့ဘက်လမ်းလယ်တွင် အတားအဆီးရှိနေ ကြောင်းယာဉ်မောင်းအားသတိပေးရန်အတွက် ညာဖက်ခြမ်းသို့ကပ်၍ လမ်းလွဲ သတိပေးသည့် ဆိုင်းဘုတ် ကို တပ်ဆင်ထားပါ။ အတားအဆီးများမှာ တံတားဆိပ်ခံများ၊ လမ်းမီးတိုင်များ၊ ကြော်ငြာ ဘုတ်တိုင်များ၊ ရှေးဟောင်းသစ်ပင်များ၊ ခိုလှုံကျွန်းများ စသည်များဖြစ်ပြီး တပ်ဆင်ခြင်းထားသော လမ်းလယ်အတားအဆီးသို့ ချဉ်းကပ်ရန် အဝါရောင်ခြယ်ထားသော အမှတ်အသားမျိုးရှိ ပြီး အတားအဆီးများပေါ် တွင် အတားအဆီးများကို ကွေ့၍သွားရန်အတွက် ယာဉ်မောင်းအား လမ်းညွှန်ပေး မျက်နှာစာအမှတ်အသားဆိုင်းဘုတ်တပ်ဆင် ထားပါသည်။ အတားအဆီး၏အဆုံးတွင် ယာဉ်မောင်းနှင်သော ဦးတည်ရာ အမှတ်အသား တပ်ဆင်ထားပြီးယာဉ်သွားလမ်းမျိုးပုံပြောင်းသွားလျှင် ယာဉ်မောင်းနှင်သော ဦးတည်ရာအလိုက် ဒေါင်လိုက် တပ်ဆင်ထားသော မျိုးပုံဖျောင်းဖျ အမှတ်အသားနှင့်မျက်နှာစာအမှတ်အသားများရှိပါသည်။ ပုံ ၅-၁၀တွင်ပြထားသည့် အတိုင်း ဖြစ်သည်။

图 5-10 道路障碍物标志

ပုံ၅-၁၀ လမ်းအတားအဆီးအမှတ်အသား

表 5-9-2　前方障碍物路段设置的相关交通标志标线

ဇယား၅-၉-၂　ရှေ့ဘက်အတားအဆီးရှိလမ်းပိုင်းတွင် တပ်ဆင်ထားသောလမ်း
ပန်းဆက်သွယ်ရေးအမှတ်အသားမျဉ်းများ

序号 စဉ်	名称 အမည်		说明 ရှင်းပြချက်	图例 ရုပ်ပြပုံစံ
1 ၁	线形诱导标 မျဉ်းပုံဖျောင်းဖျ အမှတ်အသား	两侧通行 လမ်းနှစ်ဘက် ခြမ်းတွင် ဖြတ်သန်း သွားလာ	提示驾驶人道路线形变化，引导车辆 避让障碍物靠两侧通行 ယာဉ်မောင်းအားလမ်းမျဉ်း ကြောင်း ပြောင်းလဲခြင်းကိုသတိပေးပြီးအတားအဆီး များရှောင် ရှားရန်နှစ်ဖက်စလုံး သို့ကပ်ကာ ဖြတ်သန်းသွား လာရန်ယာဉ်ကိုလမ်းညွှန် ပေး	
2 ၂		右侧通行 ညာဘက်တွင် ဖြတ်သန်း သွားလာ	提示驾驶人道路线形变化，引导车辆 避让障碍物靠右侧通行 ယာဉ်မောင်းအားလမ်းမျဉ်း ကြောင်း ပြောင်းလဲခြင်းကိုသတိပေးပြီး နှစ်ဖက် စလုံးရှိ အတားအဆီးများကိုရှောင် ရှားရန် ညာဘက်သို့ကပ်ကာဖြတ်သန်းသွားလာရန် ယာဉ်ကို လမ်းညွှန်ပေး	
3 ၃		左侧通行 ဘယ်ဘက် တစ်လျှောက် ဖြတ်သန်း သွားလာ	提示驾驶人道路线形变化，引导车辆 避让障碍物靠左侧通行 ယာဉ်မောင်းအားလမ်းမျဉ်း ကြောင်း ပြောင်းလဲခြင်းကိုသတိပေးပြီး နှစ်ဖက်စလုံး ရှိ အတားအဆီးများကိုရှောင် ရှားရန်ဘယ် ဘက်သို့ကပ်ကာဖြတ်သန်းသွားရန် ယာဉ်ကို လမ်းညွှန်ပေး	
4 ၄	车道行驶方向 ယာဉ်သွားလမ်း မောင်းနှင်သော ဦးတည်ရာ	两侧通行 နှစ်ဘက်စလုံး တွင်ဖြတ်သန်း သွားလာ	告知驾驶人道路两侧均可通行 လက်နှစ်ဘက်စလုံးတွင်ဖြတ်သန်းသွားလာ နိုင်သည် ကိုယာဉ်မောင်းအားအသိ ပေး	

续表：

序号 စဉ်	名称 အမည်		说明 ရှင်းပြချက်	图例 ရုပ်ပြပုံစံ
5 ၅		右侧通行 ညာဘက်တွင် ဖြတ်သန်းသွား လာ	告知驾驶人只允许靠道路右侧通行 ယာဉ်မောင်းများအား လမ်းညာဘက်ခြမ်း တွင်သာ သွားလာခွင့်ပြုရန် အသိပေးအပ်	
6 ၆		左侧通行 ဘယ်ဘက်တွင် ဖြတ်သန်းသွား လာ	告知驾驶人只允许靠道路左侧通行 ယာဉ်မောင်းများအား လမ်းဘယ်ဘက်ခြမ်း တွင်သာ သွားလာခွင့်ပြုရန် အသိပေးအပ်	
7 ၇	注意障碍物 အတားအဆီး များသတိထား	左侧绕行 ဘယ်ဘက်သို့ လမ်းလွဲမောင်း နှင်	提醒驾驶人前方有障碍物，需要减速 从左侧绕行 ရှေ့တွင်အတားအဆီးများရှိကြောင်းကြောင့် အမြန်နှုန်းလျှော့ပြီးဘယ်ဘက်သို့လမ်းလွဲ မောင်းနှင်ရန်ယာဉ်မောင်းအားသတိပေး	
8 ၈		右侧绕行 ညာဘက်သို့ လမ်းလွဲမောင်း နှင်	提醒驾驶人前方有障碍物，需要减速 从右侧绕行 ရှေ့တွင်အတားအဆီးများရှိကြောင်းကြောင့် အမြန်နှုန်းလျှော့ပြီးညာဘက်သို့လမ်းလွဲ မောင်းနှင်ရန်ယာဉ်မောင်းအားသတိပေး	
9 ၉		左右侧绕行 ဘယ်ဘက်၊ ညာဘက်သို့ လမ်းလွဲမောင်း နှင်	提醒驾驶人前方有障碍物，需要减速 从两侧绕行 ရှေ့တွင်အတားအဆီးများရှိကြောင်းကြောင့် အမြန်နှုန်းလျှော့ပြီးဘယ်ဘက်၊ညာဘက် သို့လမ်းလွဲမောင်းနှင်ရန်ယာဉ်မောင်းအား သတိပေး	
10 ၁၀	禁止驶入标志 မောင်းနှင်ဝင်ရောက်ရန်ခွင့်မပြုရ		表示禁止一切车辆驶入，行人可以通行 ယာဉ်အားလုံးမောင်းနှင်ဝင်ရောက်ရန် တားဆီးခြင်းဆိုလိုပါသည်။လမ်းသွားလမ်း လာများဖြတ်သန်းသွားလာနိုင်သည်။	

续表：

序号 စဉ်	名称 အမည်		说明 ရှင်းပြချက်	图例 ရုပ်ပြပုံစံ
11 ၁၁	接近障碍物 အတားအဆီး များချဉ်းကပ်	接近道路中心 障碍物 လမ်းအလယ်ရှိ အတားအဆီး များချဉ်းကပ်	道路中心有障碍物，引导车辆避开障 碍物行驶 လမ်းအလယ်ရှိအတားအဆီးများရှိလျှင် အတားအဆီးများရှောင်ရှား မောင်းနှင်ရန် ယာဉ်များကိုလမ်းညွှန်ပေးခြင်း	
12 ၁၂		接近车行道中 障碍物 ယာဉ်သွားလမ်း ရှိအတားအဆီး များချဉ်းကပ်	车道中心有障碍物，引导车辆避开障 碍物行驶 ယာဉ်သွားလမ်းအလယ်ရှိအတားအဆီးများ ရှိလျှင်အတားအဆီးများရှောင်ရှားမောင်းနှင် ရန်ယာဉ်များကိုလမ်းညွှန်ပေးခြင်း	
13 ၁၃	立面标记 မျက်နှာစာ အမှတ်အသား		提醒驾驶人注意高处路面的障碍物 မြင့်မားသောလမ်းပေါ်တွင် အတားအဆီး ရှိ ကြောင်း ယာဉ်မောင်း များ အား သတိ ပေး	

（六）涵洞路段

(၈) ပေါင်းကူးရေလွှဲပေါက်လမ်းပိုင်း

相关标志标线。

သက်ဆိုင်ရာအမှတ်အသားများ

涵洞对通行车辆的高度有高度限制，在涵洞洞口的侧墙断面设置立面标记，提醒驾驶人注意。由于被限制车辆如不提前绕行则无法通行，则在涵洞前方的路口或路段适当位置设置相应的预告或绕行标志，如图 5-11。

ပေါင်းကူးရေလွှဲပေါက်များတွင် ဖြတ်သန်းသွားလာသော ယာဉ်များ၏ အမြင့်ကို အမြင့်ကန့်သတ်ချက်များ ရှိသည်။ ယာဉ်မောင်းများ သတိပြုရန် ပေါင်းကူးရေလွှဲပေါက်ဝင်ပေါက်၏ ဘေးဘက်နံရံများတွင် မျက်နှာစာ အမှတ်အသားများ တပ်ဆင်ထားသည်။ ကန့်သတ်ထားသောယာဉ်များသည် ကြိုတင်လမ်းလွှဲခြင်း မပြုဘဲ ဖြတ်သန်း၍မရသောကြောင့် ပေါင်းကူးရေလွှဲပေါက်ရှေ့ဘက်လမ်းဆုံ သို့မဟုတ် လမ်းအပိုင်း၏

သင့်လျော်သောနေရာတွင် သက်ဆိုင်ရာသတိပေးချက် သို့မဟုတ်လမ်းလွဲဆိုင်းဘုတ်များတပ်ဆင်ထား ထား ပါသည်။ ပုံ ၅-၁၁ တွင်ပြထားသည့်အတိုင်းဖြစ်သည်။

图 5-11 桥下涵洞标志线设置示例

ပုံ၅-၁၁ တံတားအောက်ရှိပေါင်းကူးရေလွဲပေါက်အမှတ်အသားမျဉ်းတပ်ဆင်ရန်ရုပ်ပြပုံစံ

十、路口交通渠化相关

၁၀။ သက်ဆိုင်ရာလမ်းဆုံများတွင် ယာဉ်သွားလာရန် Canalization ပြုလုပ်

（一）设置渠化岛路口

(က) Canalization ကျွန်းလမ်းဆုံကို တပ်ဆင်

相关标志标线，见表 5-10-1。导流线表示车辆按照规定的路线行驶，不得压线或越线行驶。一般情况下，导流线分隔同向车流时，用的是白色；分隔对向车流采用的是黄色。导流线有单实线、斜纹线、"V" 形线三种，如图 5-12。

သက်ဆိုင်ရာ အမှတ်အသားမျဉ်းများ၊ ဇယား၅-၁၀-၁ကို ကြည့်ပါ။ လမ်းညွှန်မျဉ်းဆိုသည်မှာ ယာဉ်သည် သတ်မှတ်ထားသော လမ်းကြောင်းအတိုင်း သွားလာရမည်ဖြစ်ပြီး မျဉ်းအား ဖိခြင်း သို့မဟုတ် ဖြတ်ကျော်ခြင်း မပြုရဟု ဆိုသည်။ သာမန်အခြေအနေများတွင် လွဲမျဉ်းသည် ဦးတည်ရာတူ လမ်းကြောင်းကို ပိုင်းခြားသည့် အချိန် အဖြူ‌ရောင်ကို အသုံးပြုပြီး ဆန့်ကျင်ဘက်လမ်းကြောင်းကို အဝါရောင်ဖြင့် ပိုင်းခြားထားသည်။ လမ်း ညွှန်မျဉ်းများတွင် တစ်ခုတည်းသော အစိုင်အခဲမျဉ်း၊ twill မျဉ်း၊ V ပုံသဏ္ဌာန်မျဉ်းများ၃မျိုးရှိသည်။ ပုံ၅-၁၂ တွင်ပြထားသည့်အတိုင်းဖြစ်သည်။

表 5-10-1　渠化岛设置相关的标志标线

ဇယား-၅-၁၀-၁　Canalization ကျွန်းတပ်ဆင်ရန်အမှတ်အသားများများ

序号 စဉ်	名称 အမည်		说明 ရှင်ပြချက်	图例 ရုပ်ပြပုံစံ
1 ၁	导流线 လမ်းညွှန် များ	单实线 တစ်ခုတည်းသော ပကတိမျဉ်း	用于渠化岛外围的标线 Canalizationကျွန်း၏ အပြင်ပတ်လည်အမှတ်အသားများအတွက်အသုံးပြုခြင်း	
2 ၂		斜纹线 twill မျဉ်း	用于渠化岛内围的填充标线 Canalizationကျွန်းအတွင်းပတ်လည်၏ ဖြည့်စွက်အမှတ်အသားမျဉ်းအတွက် အသုံးပြုခြင်း	
3 ၃		V 型线 V ပုံသဏ္ဌာန်မျဉ်း	用于渠化岛内围的填充标线 Canalizationကျွန်းအတွင်းပတ်လည်၏ ဖြည့်စွက်ရန်အမှတ်အသားများအတွက် အသုံးပြုခြင်း	
4 ၄	减速让行标志标线 အရှိန်လျှော့ပြီး လမ်ပေးရန်အမှတ်အသားများ		表示车辆在路口处要减速慢行，让干路车辆先行 လမ်းဆုံတွင် ယာဉ်များကို အရှိန်လျှော့ဖြည်းနှေးစွာမောင်းနှင်ပြီးလမ်းမကြီးများရှိယာဉ်များကို ဦးစွာ လမ်းပေးသင့်သည်ဟု ဆိုလိုသည်။	
5 ၅	车辆行驶方向标志 ယာဉ်မောင်းနှင်သောဦးတည်ရာအမှတ်အသား	靠两侧通行 ဘေးနှစ်ဘက်ကပ်၍ ဖြတ်သန်းသွားလာ	告知驾驶人道路两侧均可通行 လမ်းနှစ်ဖက်စလုံး ဖြတ်သန်းသွားလာနိုင်သည်ဟု ယာဉ်မောင်းအား အသိပေး	
6 ၆		靠右侧通行 ညာဘက်သို့ကပ်၍ ဖြတ်သန်းသွားလာ	告知驾驶人仅允许靠道路右侧通行 လမ်းညာဘက်ခြမ်းကိုသာ မောင်းနှင်ခွင့်ပြုရန် ယာဉ်မောင်းများအား အသိပေး	
7 ၇		靠左侧通行 ဘယ်ဘက်သို့ကပ်၍ ဖြတ်သန်းသွားလာ	告知驾驶人仅允许靠道路左侧通行 လမ်းဘယ်ဘက်ခြမ်းကိုသာ မောင်းနှင်ခွင့်ပြုရန် ယာဉ်မောင်းများအား အသိပေး	

图 5-12　渠化岛导流线示例

ပုံ၅-၁၂ Canalization ကျွန်းလမ်းညွှန်မျဉ်းကြောင်းရုပ်ပြပုံစံ

渠化岛标志线：在渠化岛汇流点设置减速让行标志和标线，渠化岛内侧的车辆应避让主线车辆，如图 5-13。车辆与人行横道存在交织时，应在人行横道前设置停止线和人行横道前变道。

Canalization ကျွန်း အမှတ်အသားများ။ Canalization ကျွန်း လမ်းဆုံရာနေရာအမှတ်တွင် အရှိန်လျှော့ လမ်းပေး အမှတ်အသားနှင့် အမှတ်အသား မျဉ်းတပ်ဆင်ထားပါသည်။ Canalizationကျွန်း အတွင်းဘက်တွင် ရှိယာဉ်များသည် ပင်မမျဉ်းယာဉ်များကိုရှောင်ပေးသင့်ပါ သည်။ ပုံ ၅-၁၃ တွင်ပြထားသည့်အတိုင်းဖြစ်သည်။ ယာဉ်များသည် လူကူးမျဉ်းကျားနှင့် ရောယှက်နေလျှင် လူကူးမျဉ်းကျားရှေ့တွင် ရပ်တန့်မျဉ်း နှင့်လူကူး မျဉ်းကျားရှေ့ယာဉ်သွားလမ်း ပြောင်းလဲရန်တပ်ဆင်ထားသင့်သည်။

图 5-13　渠化岛的人行横道处设置信号灯示例

ပုံ၅-၁၃ Canalizationကျွန်းရှိလူကူးမျဉ်းကျားတည်နေရာတွင်အချက်ပြမီးတပ်ဆင်ရန်ရုပ်ပြပုံစံ

（二）道路出入口

(ခ) လမ်းထွက်ပေါက်ဝင်ပေါက်များ

相关标志标线，见表表 5-10-2。一般在道路等级相差较大、车速相差 30 千米 / 小时以上、视距不足、容易发生交通事故的非信号控制路口，在次要道路方向上设置停车让行标志线。实施了右进右出控制的道路沿线出入口或非信号灯控制路口，在次要道路上设置减速让行或停车让行标志、标线。为防止出入口处的进出车辆过多而占用路口空间，或为防止非灯控支路的路口被停车占用等原因造成交通拥堵或秩序混乱，在路口内部设置网状线，禁止在路口内停车。

သက်ဆိုင်ရာ အမှတ်အသားမျဉ်းများ၊ ဇယား ၅-၁၀-၂ ကို ကြည့်ပါ။ ယေဘုယျအားဖြင့် လမ်းအဆင့် ကွာခြားချက် ကြီးမားခြင်း၊ အမြန်နှုန်း ကွာခြားချက်တစ်နာရီ ကီလိုမီတာ၃၀ ထက်ပိုခြင်း၊ အမြင်အကွာအဝေး မလုံလောက်ခြင်း၊ ယာဉ်မတော်တဆမှုဖြစ်ရန်လွယ်ကူခြင်းဖြစ်သောအချက်ပြ ထိန်းချုပ်မှု မရှိသော လမ်းဆုံ များတွင်၊ အလယ်တန်းလမ်းများဦးတည်ရာတွင် ရပ်တန့်ခြင်း၊လမ်းပေးခြင်းအမှတ်အသားမျဉ်းများတပ်ဆင် ထားပါသည်။ညာ အဝင်နှင့် ညာအထွက် ထိန်းချုပ်မှုဆောင်ရွက်သည့် လမ်းတစ်လျှောက် ဝင်ပေါက်များနှင့် ထွက်ပေါက်များတွင် သို့မဟုတ် အချက်ပြမထိန်းနိုင်သော လမ်းဆုံများတွင်၊ အလယ်တန်းလမ်းများပေါ်တွင် အရှိန်လျှော့ပြီး လမ်းပေးခြင်းသို့မဟုတ်ယာဉ်ရပ်တန့်ပြီးလမ်းပေးခြင်း အမှတ်အသားမျဉ်းများ တပ်ဆင်ထား ပါသည်။ ဝင်ပေါက်နှင့် ထွက်ပေါက်လမ်းများတွင် ဝင်ထွက်သောယာဉ်အစီးရေ များလွန်ပြီးလမ်းဆုံနေရာအား နေရာယူထားခြင်း ကို တားဆီးကာကွယ်ရန် သို့မဟုတ် မီးထိန်းခြင်းမရှိသော လမ်းဆုံလမ်းခွဲကို ယာဉ်ရပ်နား ခြင်း စသည့် အခြားအကြောင်းများကြောင့်ယာဉ်ကြောပိတ်ဆို့မှု သို့မဟုတ်ဖရိုဖရဲဖြစ်ခြင်း ကို တားဆီးကာ ကွယ်ရန်လမ်းဆုံအတွင်း ဂရစ်ပုံမျဉ်းတပ်ဆင်ထားပြီး လမ်းဆုံတွင် ရပ်နားခြင်းကို တားမြစ်ထားသည်။

表 5-10-2　道路出入口设置相关的交通标志标线

ဇယား၅-၁၀-၂　လမ်းအဝင်အထွက်ပေါက်တွင် သက်ဆိုင်ရာလမ်းပန်း

ဆက်သွယ်ရေးအမှတ်အသားများတပ်ဆင်ခြင်း

序号 စဉ်	名称 အမည်	说明 ရှင်းပြချက်	图例 ရုပ်ပြပုံစံ
1 ၁	停车让行标志标线 ယာဉ်ရပ်တန့်ပြီး လမ်းပေးရန်အမှတ် အသားများ	表示车辆在入口处要停车让干路车辆让行 ယာဉ်များသည်အဝင်အထွက်ပေါက်တွင်ရပ်တန့်ပြီးအဓိကလမ်းမကြီးရှိယာဉ်များကိုလမ်းပေးသည်ဟုဆိုလိုပါသည်။	
2 ၂	减速让行标志标线 အမြန်နှုန်းလျှော့ပြီး လမ်းပေးရန်အမှတ် အသားများ	表示车辆在入口处要减速慢行，让干路车辆让行 ယာဉ်များသည်အဝင်အထွက်ပေါက်တွင်အမြန်နှုန်းလျှော့ပြီးအဓိကလမ်းမကြီးရှိယာဉ်များကိုလမ်းပေးသည်ဟုဆိုလိုပါသည်။	
3 ၃	向右转弯标志 ညာဘက်ကွေ့ရန် အမှတ်အသား	表示车辆只能向右转弯同行 ယာဉ်များသည်ညာဘက်သို့သာကွေ့ပြီးတူညီသောဦးတည်ရာနှင့်မောင်းနှင်သည်ဟုဆိုလိုပါသည်?	
4 ၄	网状线 ဂရစ်ပုံမျဉ်း	表示禁止车辆以任何原因在该区域停车 ကြိုရီးယာအတွင်း မည်သည့်အကြောင်းကြောင့်ယာဉ်များရပ်နားရန်တားမြစ်သည်ဟုဆိုလိုပါသည်။	

（三）进出口车道设置

(ဂ) အဝင်နှင့်အထွက်ယာဉ်သွားလမ်းများကိုတပ်ဆင်

导向车道的是根据实际的车辆长度、道路几何线形、路口间距、交通管理措施等因素确定。当进口道的车道数比路段车道数多时，设置路面渐变段标线，引导车辆行驶，见表5-10-3。

လမ်းညွှန်ရန်ယာဉ်သွားလမ်းကို အမှန်တကယ်ယာဉ်အလျား၊ လမ်းကျိုးသေတြီ၊ လမ်းဆုံအကွာအဝေး၊ လမ်းပန်းဆက်သွယ်ရေးစီမံခန့်ခွဲမှု အစီအမံများစသော အကြောင်းအချက်များအလိုက် ဆုံးဖြတ်သည်။ ဝင်ပေါက်လမ်းပေါ် ရှိယာဉ်သွားလမ်းအရေအတွက်သည် လမ်းအပိုင်းရှိ ယာဉ်သွားလမ်းအရေအတွက်ထက် ပိုများနေလျှင် ယာဉ်များကို လမ်းညွှန်ရန်အတွက် လမ်းမြေမျက်နှာပြင်တဖြည်းဖြည်းပြောင်းလဲရန်အပိုင်း အမှတ်အသားမျဉ်းများကို တပ်ဆင်ထားပါသည်၊ ဇယား၅-၁၀-၃ကိုကြည့်ပါ။

表 5-10-3　进出口车道相关的交通标志标线
ဇယား၅-၁၀-၃　အဝင်၊အထွက်ပေါက်ယာဉ်သွားလမ်းသက်ဆိုင်ရာလမ်းပန်း ဆက်သွယ်ရေးအမှတ်အသားမျဉ်းများ

序号 စဉ်	名称 အမည်		说明 ရှင်းပြချက်	图例 ရုပ်ပြပုံစံ
1 ၁	车道行驶方向标志 ယာဉ် သွားလမ်း မောင်းနှင် သောဦး တည်ရာ	分向行驶车道标志 ဦးတည်ရာခွဲပြီးမောင်းနှင်ရန်ယာဉ်သွားလမ်းအမှတ်အသားများ	表示车道的行驶方向 ယာဉ်သွားလမ်း၏မောင်းနှင်သောဦးတည်ရာကိုဆိုလိုသည်။	
2 ၂		左转、右转、直行 ဘယ်ဘက်ကွေ့ခြင်း၊ညာဘက် ကွေ့ခြင်း၊တည့်တည့်သွားခြင်း	表示车辆可左转、右转和直行 ယာဉ်များသည်ဘယ်ဘက်ကွေ့ခြင်း၊ညာဘက်ကွေ့၊ တည့်တည့်သွားခြင်းပြုလုပ်နိုင်သည်ဟုဆိုလိုသည်။	
3 ၃		直行左转、直行右转 组合 တည့်တည့်သွား၍ဘယ်ဘက်ကွေ့ခြင်း၊တည့်တည့်သွား၍ညာဘက်ကွေ့ခြင်း ပေါင်းစပ်	表示车辆可直行左转，直行右转 တည့်တည့်သွား၍ဘယ်ဘက်ကွေ့ခြင်း၊တည့်တည့်သွားခ၍ညာဘက်ကွေ့ခြင်းများပြုလုပ်နိုင်သည်ဟုဆိုလိုသည်	
4 ၄		掉头、掉头左转组合 ဂယ်ကွေ့ခြင်း၊ဂယ် ကွေ့၍လက်ဝဲကွေ့ခြင်း ပေါင်းစပ်	表示车辆可掉头，掉头左转 ယာဉ်သည်ဂယ်ကွေ့ခြင်း၊ ဂယ်ကွေ့၍ဘယ်ဘက်ကွေ့ခြင်းပြုလုပ်နိုင်သည်ကိုဆိုလိုသည်။	

续表：

序号 စဉ်	名称 အမည်	说明 ရှင်းပြချက်	图例 ရုပ်ပြပုံစံ
5 ၅	导向车道线 ဦးတည်ရာလမ်းညွှန်ရန် ယာဉ်သွားလမ်း	指示驶入导向车道的车辆按照导向方向行驶 ဦးတည်ရာလမ်းညွှန်ရန်ယာဉ်သွားလမ်းသို့မောင်းဝင် လာသောယာဉ်များသည်လမ်းညွှန်သောဦးတည်ရာ အတိုင်းမောင်းနှင်သည်ဟုဆိုလိုသည်။	
6 ၆	可变导向车道线 ပြောင်းလဲနိုင်သောဦး တည်ရာလမ်းညွှန်ရန် ယာဉ်သွားလမ်း	指示驶入导向车道的同行方向可根据交通流量 变化而变化 ဦးတည်ရာလမ်းညွှန်ရန်ယာဉ်သွားလမ်းသို့မောင်း ဝင်လာသောဦးတည်ရာတူညီသောယာဉ်များသည် ယာဉ်စီးဆင်းမှုပြောင်းလဲခြင်းအလိုက်ပြောင်းလဲလာ ပါသည်ဟုဆိုလိုသည်။	
7 ၇	导向线 ဦးတည်ရာလမ်းညွှန်မျဉ်း	连接对向车道分界线，辅助车辆行驶和转向 ယာဉ်မောင်းနှင်ခြင်းနှင့် စတီယာရင်ကို အထောက်အကူပြုရန် ဆန့်ကျင်ဘက်လမ်းနယ်နိမိတ် များကို ချိတ်ဆက်	
8 ၈		连接同向车道分界线，辅助车辆行驶和转向 ယာဉ်မောင်းနှင်ခြင်းနှင့် စတီယာရင်ကိုအထောက် အကူဖြစ်စေရန်အတွက် ဦးတည်ရာတူညီသောလမ်း နယ်နိမိတ်များကို ချိတ်ဆက်	
9 ၉	左弯待转区 ဘယ်ဘက်ကွေ့ရန် စောင့်ဆိုင်းသောဧရိယာ	车辆可在指示时段进入左弯待转区等候左转 ယာဉ်များသည်သတ်မှတ်ထားသောအချိန်ကာလ အတွင်းဘယ်ဘက်ကွေ့ရန်စောင့်ဆိုင်းနေရာသို့ ဝင် ရောက်နိုင်ပြီး ဘယ်ဘက်ကွေ့ခြင်းကို စောင့်ဆိုင်း နိုင်သည်။	
10 ၁၀	直行待行区 တည့်တည့်သွားရန် စောင့်ဆိုင်းသောဧရိယာ	车辆可在指示时段进入直行待行区等候直行 ယာဉ်များသည်သတ်မှတ်ထားသောအချိန်ကာလ အတွင်းဘယ်တည့်တည့်သွားရန်စောင့်ဆိုင်းနေရာသို့ ဝင်ရောက်နိုင်ပြီး တည့်တည့်သွားခြင်းကို စောင့်ဆိုင်း နိုင်သည်။	

续表：

序号 စဉ်	名称 အမည်	说明 ရှင်းပြချက်	图例 ရုပ်ပြပုံစံ
11 ၁၁	导向箭头 ဦးတည်ရာမြားဦးပုံ	告知驾驶人车道的行驶方向 ယာဉ်သွားလမ်း၏ မောင်းနှင်မှုဦးတည်ရာကို ယာဉ်မောင်းအတွက် အသိပေး	
12 ၁၂	路面（车行道）宽度渐变段标线 လမ်းမြေမျက်နှာပြင် （ယာဉ်သွားလမ်း)၏ အကျယ်သည်တ ဖြည်းဖြည်းပြောင်းလဲခြင်း အပိုင်းအမှတ်အသားမျဉ်း	提醒驾驶人路宽或车道数发生变化 လမ်းအကျယ်သို့မဟုတ်ယာဉ်သွားလမ်းအရေ အတွက်ပြောင်းလဲခြင်းကိုယာဉ်မောင်းအတွက် အသိပေး	

（四）环形路口

(ပ) အဝိုင်းလမ်းဆုံ

在进岛处的渠化岛或环岛中心面对来车方向，设置环岛行驶标志，根据需要对环形路口进行预告，在上游路段的适当位置设置环岛行驶标志，见表5-10-4。

ကျွန်းအဝင်ဝရှိ canalizationကျွန်း သို့မဟုတ် အဝိုင်းပတ်လမ်း၏ အလယ်ဗဟိုတွင် မျက်နှာချင်းဆိုင်မှ လာသည့်ဦးတည်ရာဘက်တွင် အဝိုင်းပတ်လမ်းမောင်းနှင်ရန် ဆိုင်းဘုတ်ကို တပ်ဆင်ထားပါသည်။ လိုအပ်ချက် အရ အဝိုင်းပတ်လမ်းဆုံအတွက် ကြိုတင်အသိပေးအကြောင်းကြားပြီးအထက် လမ်းပိုင်း၏ သင့်လျော်သည့် နေရာတွင် အဝိုင်းပတ်လမ်းမောင်းနှင်ရန် အမှတ်အသားဆိုင်းဘုတ်များတပ်ဆင်ထားပါသည်။ ဇယား ၅-၁၀-၄ ကို ကြည့်ပါ။

表 5-10-4　环形路口相关的交通标志标线

ဇယား၅-၁၀-၄　အဝိုင်းပတ်လမ်းဆုံနှင့်ပတ်သက်သောလမ်းပန်းဆက်သွယ်ရေးအမှတ်အသားမျိုးများ

序号 စဉ်	名称 အမည်	说明 ရှင်းပြချက်	图例 ရုပ်ပြပုံစံ
1 ၁	环岛行驶标志 အဝိုင်းပတ်လမ်းမောင်း နှင်ရန်အမှတ်အသား	表示车辆靠右环形 ယာဉ်များသည်ညာဘက်အဝိုင်းကပ်သည်ဟု ဆိုလိုသည်။	
2 ၂	减速让行 标志标线 အရှိန်လျှော့လမ်းပေး ရန်အမှတ်အသားများ	表示车辆在路口处要减速慢行，让干路车辆先行 ယာဉ်များသည်လမ်းဆုံတွင်အရှိန်လျှော့နှေးကွေးစွာ မောင်းနှင်ပြီးအဓိကလမ်းမကြီးရှိယာဉ်များကိုဦးစား ပေးသည်ဟုဆိုလိုသည်။	
3 ၃	线型诱导标 မျဉ်းပုံဖျောင်းဖျခြင်း အမှတ်အသား	引导行车方向，提示道路线型变化 ယာဉ်မောင်းနှင်သောဦးတည်ရာကိုလမ်းညွှန်ပြီးလမ်း မျဉ်းပုံပြောင်းလဲခြင်းကိုသတိပေးသည်။	

（五）有隔离设施的路口

(c)အကာအရံအဆောက်အဦများရှိ လမ်းဆုံများ

采用永久性物理设施分隔对向交通流时，在设施的两侧施划了白色车行道边缘线。同时在设施起点，设置机动车靠右侧道路行驶标志。

ဆန့်ကျင်ဘက်မှယာဉ်သွားလားရေးစီးဆင်းမှုကို ပိုင်းခြားရန် အမြဲတမ်း ရုပ်ပိုင်းဆိုင်ရာ အထောက်အကူ ပြုပစ္စည်းများကို အသုံးပြုသည့်အချိန် ၎င်းအဆောက်အအုံ၏ တစ်ဖက်တစ်ချက်စီတွင် အဖြူရောင်ယာဉ်သွား

လမ်း အစွန်းမျဉ်းများကို ရေးဆွဲထားပြီး တစ်ချိန်တည်းမှာပင်အဆောက်အအုံ၏ အစတွင် စက်တပ်ယာဉ် များသည် လမ်းညာဘက်ကပ် မောင်းနှင်ရန် ဆိုင်းဘုတ်ကိုတပ်ဆင်ထားသည်။

采用永久性物理设施分隔机动车与同向非机动车交通流时，在设施的两侧施划白色车行道边缘线。同时在设施起点，设置机动车行驶标志和非机动车行驶标志，标志内可分别附加靠左侧行驶箭头和靠右侧行驶箭头，在非机动车道施划非机动车路面标记。

စက်တပ်ယာဉ်များနှင့်ဦးတည်ရာတူညီသောစက်မဲ့ယာဉ်များသွားလာရေးစီးဆင်းမှု ကို ပိုင်းခြားရန် အမြဲတမ်း အထောက်အကူပြုအဆောင်အအုံများကို အသုံးပြုသောအချိန် ၎င်းအဆောင်းအအုံ၏ တစ်ဖက်တစ်ချက်စီ တွင် အဖြူရောင်လမ်းအစွန်းမျဉ်းကို ရေးဆွဲရမည်ဖြစ်ပြီးတစ်ချိန်တည်းမှာပင် အဆောက်အအုံ၏ အစမှတ် တွင် စက်တပ်ယာဉ်မောင်းနှင်သည့် အမှတ်အသားဆိုင်းဘုတ်နှင့်စက်မဲ့ယာဉ်မောင်းနှင်သည့်အမှတ်အသား ဆိုင်းဘုတ်ကို တပ်ဆင်ထားရမည်။ အမှတ်အသားအတွင်းတွင်ဘယ်ဘက် ကပ်မောင်းနှင်ရန်မြှားဦးပုံ နှင့် ညာဘက်ကပ် မောင်းနှင်ရန်မြှားဦးပုံကို အသီးသီးတွဲပြီး ထည့်နိုင်ပြီး စက်မဲ့ယာဉ် ယာဉ်သွားလမ်းတွင် စက်မဲ့ ယာဉ် လမ်းမျက်နှာပြင်အမှတ်အသားများကိုရေးဆွဲရမည်။

采用活动护栏等可移动隔离设施分离格对向交通时，在隔离设施两侧施划黄色车行道边缘线，同时在护栏端部设置靠右侧道路行驶标志。

ဆန့်ကျင်ဘက်ယာဉ်စီးဆင်းမှုကို ပိုင်းခြားရန် ရွှေ့ပြောင်းနိုင်သော အကာအရံများစသောအဆောက်အအုံများ အသုံးပြုသည့်အချိန်တွင် ပိုင်းခြား အဆောက်အအုံ တစ်ဖက်တစ်ချက်စီတွင်အဝါရောင်လမ်းသွားအစွန်း မျဉ်းကို ရေးဆွဲရမည်ဖြစ်ပြီးတစ်ချိန်တည်းမှာပင် အကာအရံ၏အဆုံးတွင် ညာဘက်ကပ် မောင်းနှင်ရန် အမှတ်အသားများတပ်ဆင်ထားပါသည်။

相关标志标线，见表5-10-5。

သက်ဆိုင်ရာအမှတ်အသားမျဉ်းများ၊ဇယား၅-၁၀-၅ကိုကြည့်ပါ။

表 5-10-5　与有隔离设施的路口交通渠道相关的交通标志标线

ဇယား၅-၁၀-၅ အကာအရံအဆောက်အအုံများရှိလမ်းဆုံယာဉ်သွားလာရေး

မြောင်းများနှင့်သက်ဆိုင်သောလမ်းပန်းဆက်သွယ်ရေးအမှတ်အသားများ

序号 စဉ်	名称 အမည်	说明 ရှင်းပြချက်	图例 ရုပ်ပြပုံစံ
1 ၁	靠右侧道路行驶标志 ညာဘက်ကပ်လမ်းတွင်မောင်းနှင်ရန် အမှတ်အသား	表示一切车辆只允许靠右侧行驶 ယာဉ်အားလုံးကို ညာဘက်တွင်သာ မောင်းနှင်ခွင့်ရှိကြောင်း ဆိုလိုသည်။	
2 ၂	机动车行驶标志 (附加左侧行驶 箭头) စက်တပ်ယာဉ်မောင်းနှင်ခြင်း အမှတ်အသား ဆိုင်းဘုတ်များ (ဘယ် ဘက်မောင်းမြှားဦးပုံတွဲပြီးထည့်ထား)	表示机动车只允许靠左侧行驶 စက်တပ်ယာဉ်များကို ဘယ်ဘက် တွင်သာ မောင်းနှင်ခွင့်ရှိကြောင်း ဆိုလိုသည်။	
3 ၃	非机动车行驶标志 (附加右侧行 驶箭头) စက်မဲ့ယာဉ်မောင်းနှင်ခြင်း အမှတ်အသားဆိုင်းဘုတ်(ညာဘက် မောင်းမြှားဦးပုံတွဲပြီးထည့်ထား)	表示机动车只允许靠右侧行驶 စက်တပ်ယာဉ်များကို ညာဘက် တွင်သာ မောင်းနှင်ခွင့်ရှိကြောင်း ဆိုလိုသည်။	
4 ၄	车行道边缘线 ယာဉ်သွားလမ်းအစွန်းမျဉ်း	表示禁止车辆跨越车行道 ယာဉ်များကို လမ်းဖြတ်ကူးခြင်းမှ တားမြစ်ထားကြောင်း ဆိုလိုသည်။	
		表示禁止车辆跨越车行道行驶或 机非分界 ယာဉ်သွားလမ်းဖြတ်ကူး ခြင်း သို့မဟုတ် စက်တပ်ယာဉ်များနှင့် စက်မဲ့ယာဉ်နယ်နိမိတ်လမ်းဖြတ်ကူး ခြင်း ယာဉ်များတားမြစ်ထားကြောင်း ဆိုလိုသည်။	

（六）路口掉头

(ၐ)လမ်းဆုံတွင်ဂငယ်ကွေ့

允许车辆在左转车道越过停车线掉头时，可不设允许调图标志线，见表5-10-6。机动车在没有停止掉头或者没有禁止左转弯标志，标线的地点可以掉头，但不得妨碍正常行驶的其他车辆和行人的通行。

ဘယ်ဘက်ကွေ့ယာဉ်သွားလမ်းကြားတွင် ယာဉ်ရပ်မျဉ်းအားဖြတ်ကျော် ပြီး ဂငယ်ကွေ့ရန် ယာဉ်အား ခွင့်ပြုသောအချိန် ဂငယ်ကွေ့နိုင်ခြင်း အမှတ်အသား မတပ်ဆင်ရန်ရနိုင်ပါသည်။ ဇယား ၅-၁၀-၆ကိုကြည့်ပါ။ စက်တပ်ယာဉ်များသည်ဂငယ်ကွေ့ ရပ်တန့်ခြင်း သို့မဟုတ် ဘယ်ဘက်ကွေ့ တားမြစ်ခြင်းအမှတ်အသား ဆိုင်းဘုတ်များ၊အမှတ်အသားမျဉ်းများမရှိသည့်နေရာတွင်ဂငယ်ကွေ့နိုင်သော်လည်း ပုံမှန်မောင်းနှင်နေသော အခြားယာဉ်များနှင့် လမ်းသွားလမ်းလာများကို အနှောင့်အယှက်ပေးရန်မရှိစေရပါ။

表5-10-6　与路口掉头相关的交通标志标线

ဇယား၅-၁၀-၆　လမ်းဆုံတွင်ဂငယ်ကွေ့ခြင်းနှင့်သက်ဆိုင်သောလမ်းပန်းဆက်သွယ်ရေးအမှတ်အသားများ

序号 စဉ်	名称 အမည်		说明 ရှင်းပြချက်	图例 ရုပ်ပြပုံစံ
1 ၁	允许掉头标志 ဂငယ်ကွေ့ခွင့် ရှိအမှတ်အသား		表示该初处允许车辆掉头，设在允许车辆掉头的起点 ကနဦးတည်နေရာတွင်ယာဉ်အား ဂငယ်ကွေ့ခွင့် ရှိကြောင်းဆိုလိုပြီး ယာဉ်အား ဂငယ်ကွေ့ခွင့် ရှိ အမှတ်အသားများအစ မှတ်တွင် တပ်ဆင်ထားသည်	
2 ၂	车道行驶方向标志 ယာဉ်သွားလမ်း ဦးတည်ရာ မောင်းနှင်ခြင်း အမှတ်အသား	掉头、掉头左转组合标志 ဂငယ်ကွေ့ခြင်း ၊ဂငယ်ကွေ့ ပြီးဘယ်ဘက် ကွေ့ပေါင်းစပ် အမှတ်အသား	表示车辆可掉头、掉头左转 ယာဉ်များသည်ဂငယ်ကွေ့ခြင်း၊ဂငယ်ကွေ့ပြီးဘယ်ဘက်ကွေ့ခြင်းပြုလုပ် နိုင်သည်ဟုဆိုလိုသည်။	

续表:

序号 စဉ်	名称 အမည်	说明 ရှင်းပြချက်	图例 ရုပ်ပြပုံစံ
3 ၃	车道行驶方向标志 ယာဉ်သွားလမ်းဦးတည်ရာမောင်း နှင်ခြင်းအမှတ်အသား	表示车辆可在左转车道掉头 ယာဉ်များသည်ဘယ်ဘက်ကွေ့ ယာဉ်သွားလမ်းဂယ်ကွေ့နိုင်သည်ဟု ဆိုလိုသည်။	
5 ၅	允许调头导向箭头 ဂယ်ကွေ့နိုင်ခြင်းလမ်းညွှန်များ ဦးပုံ	指示前方掉头 ရှေ့ဘက်တွင်ဂယ်ကွေ့သည်ဟု ဆိုလိုသည်။	
6 ၆	黄色虚实线 အဝါရောင်မျဉ်းပြတ်မျဉ်း၊ပကတိ မျဉ်း	允许虚线侧的车辆越线变换车道 行驶 မျဉ်းပြတ် မျဉ်းဘေးရှိယာဉ်များကို လမ်း မျဉ်းကျော်၍ယာဉ်သွားလမ်းပြောင်းရန် ခွင့်ပြုထားသည်။	
7 ၇	禁止掉头标志 ဂယ်မကွေ့ရအမှတ်အသား	表示禁止机动车掉头，设置禁止机 动车掉头的起点及路口前适当位置 စက်တပ်ယာဉ်များ ဂယ်ကွေ့ခြင်းအား တားမြစ်ထားကြောင်း ဆိုလိုပြီးဂယ် ကွေ့ခြင်း အားတားမြစ်ထားသော အစ မှတ်နှင့်သင့်လျော်သောနေရာ သတ်မှတ် ထားသည်။	
8 ၈	禁止掉头标志 ဂယ်မကွေ့ရအမှတ်အသား	表示该车道禁止车辆掉头 ဤယာဉ်သွားလမ်းတွင်ယာဉ်များဂယ် မကွေ့ရဟုဆိုလိုသည်။	

十一、非机动车通行管理相关

၁၁။ စက်မဲ့ယာဉ်သွားလာရန်သက်ဆိုင်ရာစီမံခန့်ခွဲမှု

路段非机动车通行管理。机动车和非机动车无隔离的，除机动车和非机动车混行道路，均设置非机动车道。同向机动车和非机动车之间施划白色车行道边缘线。机动车和非机动车也有采用绿化带等永久性设施进行隔离。当路口空间足够时，可在路口内设置非机动车等候区，如图 5-14 至 5-17。

လမ်းပိုင်းရှိစက်မဲ့ယာဉ်များသွားလာရန် စီမံခန့်ခွဲခြင်း။ စက်တပ်ယာဉ်များ နှင့်စက်မဲ့ယာဉ်များအကြား အကာအရံမရှိလျှင် စက်တပ်ယာဉ်များနှင့် စက်မဲ့ယာဉ်ရောနှောထားသောလမ်းများမှလွဲ၍ စက်မဲ့ယာဉ်သွား လမ်းတပ်ဆင်ထား သည်။ ဦးတည်ရာတူညီသော စက်တပ်ယာဉ်များနှင့် စက်မဲ့ယာဉ်များအကြား အဖြူရောင် ယာဉ်သွားလမ်းအစွန်းများကို ရေးဆွဲထားသည်။ စက်တပ်ယာဉ်များနှင့် စက်မဲ့ယာဉ်များတွင် စိမ်းလန်းစိုပြေ ရေးယာကိုလည်း အသုံးပြုခြင်း စသည့်အမြဲတမ်း အထောက်အကူပစ္စည်းများဖြင့် ခွဲခြားထားသည်။ လမ်းဆုံ တွင် နေရာအလုံအလောက်ရှိသောအချိန် လမ်းဆုံအတွင်း စက်မဲ့ယာဉ်များအတွက် စောင့်ဆိုင်းရေးယာကို တပ် ဆင်ထားနိုင်သည်။ ပုံ၅-၁၄ မှ ၅-၁၇ တွင်ပြထားသည့်အတိုင်းဖြစ်သည်။

相关标志标线，见表 5-11-1。

သက်ဆိုင်ရာအမှတ်အသားများ၊ ဇယား၅-၁၁-၁ကိုကြည့်ပါ။

表 5-11-1　路段非机动车通行管理相关的交通标志标线

ဇယား၅-၁၁-၁　လမ်းပိုင်းရှိစက်မဲ့ယာဉ်များသွားလာရန် စီမံခန့်ခွဲခြင်းသက်ဆိုင်ရာအမှတ်အသားများ

序号 စဉ်	名称 အမည်	说明 ရှင်းပြချက်	图例 ရုပ်ပြပုံစံ
1 ၁	机动车行驶标志 （附加左侧行驶箭头） စက်တပ်ယာဉ်မောင်းနှင့် အမှတ်အသား(ဘယ်ဘက်မောင်း နှင့်ရန်မြှားဦးပုံတွဲ၍ထည့်ထားခြင်း)	表示机动车只允许靠左侧行驶 စက်တပ်ယာဉ်များကို ဘယ်ဘက်တွင် သာ မောင်းနှင်ခွင့်ရှိကြောင်း ဆိုလိုသည်။	

续表：

序号 စဉ်	名称 အမည်	说明 ရှင်းပြချက်	图例 ရုပ်ပြပုံစံ
2 ၂	机动车行驶标志 (附加左侧行驶箭头) စက်မဲ့ယာဉ်မောင်းနှင်အမှတ်အသား (ဘယ်ဘက်မောင်းနှင်ရန်မြှားဦးပုံတွဲ၍ထည့်ထားခြင်း)	表示机动车只允许靠右侧行驶 စက်တပ်ယာဉ်များကို ညာဘက်တွင်သာ မောင်းနှင်ခွင့်ရှိကြောင်း ဆိုလိုသည်။	
3 ၃	非机动车路面标记 စက်မဲ့ယာဉ်လမ်းမျက်နှာပြင် အမှတ်အသား	表示该条车道为非机动车道 ဤယာဉ်သွားလမ်းသည်စက်မဲ့ယာဉ်သွား လမ်းဖြစ်သည်ဟုဆိုလိုသည်။	
4 ၄	黄色车行道边缘线 အဝါရောင်ယာဉ်သွားလမ်းအစွန်း မျဉ်း	禁止车辆跨越对向机非分界 ယာဉ်များသည် ဆန့်ကျင်ဘက်စက်တပ် ယာဉ်များ၊စက်မဲ့ယာဉ်များ၏ နယ်နိမိတ် ဖြတ်ကျော်ခြင်းမပြုရ။	
5 ၅	白车行道边缘线 စက်ဘီးယာဉ်သွားလမ်းအစွန်းမျဉ်း	禁止车辆跨越同向机非分界 ယာဉ်များသည်တူညီသောဦးတည်ရာ စက်တပ်ယာဉ်၊စက်မဲ့ယာဉ်များ၏ နယ်နိမိတ် ဖြတ်ကျော်ခြင်းမပြုရ။	

图 5-14　非机动车待转标志标线示例图

ပုံ၅-၁၄ စက်မဲ့ယာဉ်ကွေ့ရန်စောင့်ဆိုင်းခြင်းအမှတ်အသားမျဉ်းပုံစံရုပ်ပြ

图 5-15　非机动车待转标志标线示例图

ပုံ၅-၁၅ စက်မဲ့ယာဉ်ကွေ့ရန်စောင့်ဆိုင်းခြင်းအမှတ်အသားမျဉ်းရုပ်ပြပုံစံ

图 5-16　非机动车待转标志标线示例图

ပုံ၅-၁၆ စက်မဲ့ယာဉ်ကွေ့ရန်စောင့်ဆိုင်းခြင်းအမှတ်အသားမျဉ်းရုပ်ပြပုံစံ

图 5-17　行人等候区标志标线示例

ပုံ၅-၁၇ လမ်းသွားလမ်းလာများစောင့်ဆိုင်းခြင်းရေိယာအမှတ်အသားမျဉ်း

十二、停车管理相关

၁၂။ ယာဉ်ရပ်နားရန်သက်ဆိုင်ရာစီမံခန့်ခွဲမှု

城市道路范围内，在不影响行人、车辆通行的情况下，政府有关部门会施划停车泊位。并规定停车泊位的使用时间。

မြို့တွင်းလမ်းများပေါ်တွင် သက်ဆိုင်ရာ အစိုးရဌာနများသည် လမ်းသွားလမ်းလာများနှင့် ယာဉ်များ ဖြတ်သန်းသွားလာမှု မထိခိုက်စေဘဲ ယာဉ်ရပ်နားရန်နေရာများ ချထားပေးမည်ဖြစ်သည်။ ယာဉ်ရပ်နားရန် နေရာများ အသုံးပြုချိန်ကို သတ်မှတ်ထားပါသည်။

（一）相关标志标线，见表 5-12-1。

(က) သက်ဆိုင်ရာအမှတ်အသားမျဉ်း၊ ဇယား၅-၁၂-၁ကိုကြည့်ပါ။

表 5-12-1　与允许路内停车相关的交通标志标线

ဇယား ၅-၁၂-၁　လမ်းပေါ်တွင်ယာဉ်ရပ်နားခွင့်နှင့်သက်ဆိုင်ရာလမ်းပန်းဆက်သွယ်ရေးအမှတ်အသား များ

序号 စဉ်	名称 အမည်	说明 ရှင်းပြချက်	图例 ရုပ်ပြပုံစံ
1 ၁	机动车停车位标志 စက်တပ်ယာဉ်ရပ်နားရန် နေရာအမှတ်အသား	表示可以停放机动车，需要和停车位标线配合使用 စက်တပ်ယာဉ်များ ရပ်ထားနိုင်သည်ကို ဆိုလို ပြီး ယာဉ်ရပ်နားနေရာ အမှတ်အသားမျိုးများ နှင့် တွဲဖက်အသုံးပြုရန် လိုအပ်သည်။	
2 ၂		表示从表志处向箭头指示方向机动车可以停放，需要和停车位标线配合使用 စက်တပ်ယာဉ်အား ဆိုင်းဘုတ်မှများဦး ပို တည်ရာအထိရပ်နိုင်သည် ကိုဆိုလိုပြီး ယာဉ်ရပ်နား နေရာအမှတ်အသားမျိုး နှင့် တွဲဖက်အသုံးပြုရန် လိုအပ်ပါသည်။	
3 ၃	机动车停车位标志 စက်တပ်ယာဉ်ရပ်နားရန် နေရာအမှတ်အသား	表示占用部分人行道边缘停放机动车，需要和停车位标线配合使用 ယာဉ်ရပ်နားရန်နေရာ အမှတ်အသားနှင့် တွဲဖက် အသုံးပြုရန် လိုအပ်သည် လမ်းစကြို ၏အစိတ်အပိုင်း ၏အစွန်းတွင်စက်တပ် ယာဉ် ရပ်ထားကြောင်း ဆိုလိုသည်	
4 ၄	限时段停车位标志 ယာဉ်ရပ်နားအချိန် ကန့်သတ်ခြင်း အမှတ်အသားဆိုင်း ဘုတ်	表示机动车只能在标志允许的时段停放，需要和机动车限时停车位标线配合使用 စက်တပ်ယာဉ်များအတွက် အချိန် အကန့်အသတ်ရှိသော ယာဉ်ရပ်နားနေရာ အမှတ်အသားများနှင့် တွဲဖက်အသုံးပြုရန် လိုအပ်သည် ဆိုင်းဘုတ်မှ ခွင့်ပြုထားသည့် အချိန်ကာလအတွင်းသာ စက်တပ်ယာဉ်များ ရပ်နိုင်သည်ဟုဆိုလိုပါ သည်။	

续表：

序号 စဉ်	名称 အမည်	说明 ရှင်းပြချက်	图例 ရုပ်ပြပုံစံ
5 ၅	限时长停车位标志 ယာဉ်ရပ်နားအချိန် ကန့်သတ်ခြင်း အမှတ်အသားဆိုင်းဘုတ်	表示车辆停放的时长不应超过标志规定的时间，可以不划停车位标线 ယာဉ်ရပ်နားချိန်သည် ဆိုင်းဘုတ်မှသတ်မှတ်ထားသည့် အချိန်ထက် မကျော်လွန်သင့်ကြောင်း ဆိုလိုပြီး ယာဉ်ရပ်နားနေရာ အမှတ်အသားများကို ရေးဆွဲခြင်းမလိုချေ။	
6 ၆	残疾人专用停车位标志 မသန်စွမ်း အတွက်သီးသန့်ယာဉ်ရပ်နား ရန်နေရာ အမှတ်အသားဆိုင်းဘုတ်များ	表示此处仅允许残疾人驾驶的车辆停放洗，需配合残疾人专用停车位标线使用 ဤနေရာတွင်မသန်စွမ်း ယာဉ်များကိုသာ ရပ်ရန်နှင့် ဆေးကြောရန်ခွင့်ပြုထား ကြောင်း ဆိုလိုပြီး မသန်စွမ်းသူများအတွက် ယာဉ်ရပ်နားရန်နေရာ အမှတ်အသားများများနှင့် တွဲဖက်အသုံးပြုရမည်၊	
7 ၇	校车专用停车位标志，校车停靠站点标志 ကျောင်းကားသီးသန့်ရပ်နားရန်နေရာ အမှတ်အသားဆိုင်းဘုတ်များ၊ကျောင်းကားရပ်ရန် မှတ်တိုင်အမှတ် အသား ဆိုင်းဘုတ်	表示此处仅允许校停放，需配合校车专用停车位表现或校车停靠站标线使用 ဤနေရာတွင် ကျောင်းကား ကိုသာရပ်နားရန် ခွင့်ပြု ထားကြောင်းဆိုလိုပြီး ၎င်းအားကျောင်းကားရပ်နားရန်နေရာ သို့မဟုတ် ကျောင်းကားမှတ်တိုင်အမှတ်အသားပြုခြင်း၏ စွမ်းဆောင်ရည်နှင့် တွဲဖက်အသုံးပြုရမည်ဖြစ်ပါသည်။	
8 ၈	出租车专用停车位标志 အငှားယာဉ်ရပ်နားရန် နေရာ အမှတ်အသား ဆိုင်းဘုတ်	表示此处仅允许出租车停放，需配合出租车专用停车位标线使用 ဤနေရာတွင်တက္ကစီများ သာ ရပ်နားခွင့်ရှိ ကြောင်း ဆိုလိုပြီး တက္ကစီရပ်နား ရန်နေရာအမှတ်အသား မျဉ်းများနှင့်တွဲဖက် အသုံး ပြုရပါမည်	

续表：

序号 စဉ်	名称 အမည်	说明 ရှင်းပြချက်	图例 ရုပ်ပြပုံစံ
9 ၉	非机动专用停车位标志 စက်မဲ့ယာဉ်သီးသန့်ရပ်နား ရန်နေရာအမှတ်အသား ဆိုင်းဘုတ်	表示此处仅允许非机动车停放，需配合 非机动车专用停车位标线使用 ဤနေရာတွင် စက်မဲ့ယာဉ် များကိုသာရပ်နား ခွင့်ပြု ထားကြောင်းဆိုလိုပြီး စက်မဲ့ယာဉ် သီးသန့်ရပ်နားရန်နေရာအမှတ်အသားများနှင့် တွဲဖက်အသုံးပြု ရပါမည်	
10 ၁၀	公交车专用停车位标志 ဘတ်စ်ကားသီးသန့်ရပ်နား ရန်နေရာအမှတ်အသား ဆိုင်းဘုတ်	表示此处仅允许公交车停放，需配合公 交车专用停车位标线使用 ဤနေရာတွင် ဘတ်စ်ကားများကိုသာရပ်နား ခွင့်ပြု ထားကြောင်းဆိုလိုပြီး ဘတ်စ်ကား သီးသန့်ရပ်နားရန်နေရာအမှတ်အသားမျဉ်း များနှင့်တွဲဖက်အသုံးပြု ရပါမည်	
11 ၁၁	专属停车位标志 သီးသန့်ရပ်နားရန်နေရာ အမှတ်အသား ဆိုင်းဘုတ်	表示此车位为专属（单位或个人）车辆 停放，需要配专属停车位标线使用 ဤယာဉ်ရပ်နားရန်နေရာသည် သီးသန့် (ဌာန သို့မဟုတ် တစ်ဦးချင်း) ယာဉ်ရပ်နားရန်နေရာ ဖြစ်ပြီးသီးသန့်ရပ်နားရန်နေရာ အမှတ်အ သားများများနှင့် တွဲဖက်အသုံးပြုရပါမည် ဟု ဆိုလိုသည်။	
12 ၁၂	注意非机动车标志 စက်မဲ့ယာဉ်ကိုသတိထား အမှတ်အသားဆိုင်းဘုတ်	用于提醒驾驶人减速慢行，在停车、倒 车和开启车门时，注意周边非机动车 ယာဉ်ရပ်နားနေခြင်း၊ နောက်ဆုတ်နေခြင်းနှင့် တံခါးဖွင့်သည့်အချိန် ဘေးပတ်ပတ်လည် ရှိ စက်မဲ့ယာဉ်များကို အရှိန်လျှော့ရန်နှင့် အာရုံစိုက်ရန် ယာဉ်မောင်းများအား သတိပေးရန် အသုံးပြုသည်။	

续表：

序号 စဉ်	名称 အမည်	说明 ရှင်းပြချက်	图例 ရုပ်ပြပုံစံ
13 ၁၃	机动车停车位标线 စက်တပ်ယာဉ်ရပ်နားရန် နေရာအမှတ်အသားများ	表示机动车只能在标示的停车位内停放 စက်တပ်ယာဉ်အား အမှတ်အသားတပ်ဆင် ထားသောယာဉ်ရပ်နားရန် နေရာ၌သာ ရပ် နိုင်သည်ဟု ဆိုလိုသည်။	
14 ၁၄	限时停车位标线 အချိန်ကန့်သတ်ထားသော ယာဉ်ရပ်နားရန်နေရာ အမှတ် အသားများများ	表示机动车只能在标示的停车位内在限 定时段培训 သတ်မှတ်ထားသော ယာဉ်ရပ်နားရန် နေရာတွင် မော်တော်ယာဉ်အား ကန့်သတ် အချိန်အတွင်းသာ လေ့ကျင့်နိုင်သည်ဟု ဆိုလိုသည်။	
15 ၁၅	出租车专用停车位标线 အငှားယာဉ်ရပ်နားရန်နေရာ အမှတ်အသားများများ	表示出租车专用待客停车位 တက္ကစီ ညှေ့ကြိုသီးသန့် ရပ်နားရန်နေရာကို ဆိုလိုသည်။	
16 ၁၆	出租车专用上下客停车 位标线 တက္ကစီသီးသန့် ခရီးသည် တက်ခြင်းနှင့်ဆင်းခြင်း ယာဉ်ရပ်နားရန်နေရာ အမှတ်အသားများများ	表示出租车专用上下客车位线 တက္ကစီ၏ သီးသန့် ခရီးသည်တက်ခြင်းနှင့် ဆင်းခြင်းယာဉ်ရပ်နားရန်နေရာ အမှတ်အသား များကို ဆိုလိုသည်။	
17 ၁၇	残疾人专用停车位标线 မသန်စွမ်းသီးသန့်ယာဉ် ရပ်နားရန်နေရာအမှတ်အ သားများ	表示残疾人专用车辆或载有残疾人车辆 的停车位 မသန်စွမ်းယာဉ် သို့မဟုတ် မသန်စွမ်း ယာဉ်ပါရှိသော ယာဉ်ရပ်နားရန်နေရာကို ဆိုလိုသည်။	
18 ၁၈	非机动车停车位标线 စက်မဲ့ယာဉ်ရပ်နားရန် နေရာအမှတ်အသားများ	表示非机动车专属停车位 စက်မဲ့ယာဉ်သီးသန့်ရပ်နားရန်နေရာကို ဆိုလိုသည်။	

续表：

序号 စဉ်	名称 အမည်	说明 ရှင်းပြချက်	图例 ရုပ်ပြပုံစံ
19 ၁၉	专属停车位标线 သီးသန့်ယာဉ်ရပ်နားရန် အမှတ်အသားများ	表示此车位为专属停车位 ဤယာဉ်ရပ်နားရန်နေရာသည်သီးသန့်ယာဉ် ရပ်နားရန်နေရာကိုဆိုလိုသည်။	
20 ၂၀	收费停车位 အခယူယာဉ်ရပ်နားရန် နေရာ	表示此车位为收费停车位 ဤယာဉ်ရပ်နားရန်နေရာသည်အခယူယာဉ် ရပ်နားရန်နေရာကိုဆိုလိုသည်။	
21 ၂၁	免费停车位 အခမဲ့ယာဉ်ရပ်နားရန် နေရာ	表示此车位为免费停车位 ဤယာဉ်ရပ်နားရန်နေရာသည်အခမဲ့ယာဉ် ရပ်နားရန်နေရာကိုဆိုလိုသည်။	

停车位有垂直式、平行式、倾斜式三种，如图 5-18。停车位标线按两种车型规定尺寸，上线尺寸为 1560 厘米，宽为 325 厘米，适用于大中型车辆；下限尺寸为 600 厘米，宽度为 250 厘米，适用于小型车辆。

ယာဉ်ရပ်နားရန်နေရာတွင်ပုံ ၅-၁၈ တွင်ပြထားသည့်အတိုင်း၊ ဒေါင်လိုက်၊ အပြိုင် နှင့် စောင်းဟူ၍ သုံးမျိုးရှိ သည်။ ယာဉ်ရပ်နားရန်နေရာအမှတ်အသား များ၏ အရွယ်အစားကို မော်ဒယ်နှစ်မျိုးအလိုက် သတ်မှတ်ထား ပါသည်။ အပေါ်လိုင်းအရွယ်အစားမှာ ၁၅၆၀cm နှင့် အကျယ်မှာ ၃၂၅cm ဖြစ်ပြီး အကြီးစားနှင့် အလတ်စား ယာဉ်များအတွက် သင့်လျော်ပြီး၊ အောက်ပိုင်းအရွယ်အစားမှာ ၆၀၀cm နှင့် အကျယ်မှာ ၂၅၀cm၊ ယာဉ်ငယ် များအတွက် သင့်လျော်သည်။

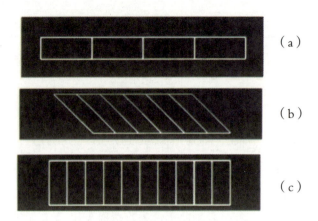

5-18 停车位标线（a.平行式停车位示例 b.倾斜式停车位 c.垂直式停车位）

၅-၁၈ ယာဉ်ရပ်နားရန်နေရာ အမှတ်အသားများ (က။ အပြိုင်ယာဉ်ရပ်နားရန်နေရာ၏ ပုံစံ ခ။ စောင်းသောယာဉ်ရပ်နားရန်နေရာ ဂ။ ဒေါင်
လိုက်ယာဉ်ရပ်နားရန်နေရာ)

（二）禁止路内停车

(ခ) လမ်းပေါ်တွင်ယာဉ်ရပ်နားရန်တားမြစ်

机动车应当在规定地点停放，禁止在人行道上停放机动车。

相关标志标线，见表 5-12-2。

စက်တပ်ယာဉ်များကို သတ်မှတ်ထားသောနေရာများတွင်ရပ်နားထား ရမည်ဖြစ်ပြီး လမ်းဘေးလူးသွား
လမ်းတွင် စက်တပ်ယာဉ်များကို ရပ်နားရန် တားမြစ်ထားသည်။ သက်ဆိုင်ရာ အမှတ်အသားများများအတွက်
ဇယား ၅-၁၂-၂ကို ကြည့်ပါ။

表 5-12-2　与禁止停车相关的标志标线

ဇယား၅-၁၂-၂ ယာဉ်ရပ်နားရန်တားမြစ်ခြင်းနှင့်သက်ဆိုင်သောအမှတ်အသားများများ

序号 စဉ်	名称 အမည်	说明 ရှင်းပြချက်	图例 ရုပ်ပြပုံစံ
1 ၁	禁止停车标志 ယာဉ်ရပ်နားရန်တားမြစ် ခြင်းအမှတ်အသား ဆိုင်းဘုတ်	表示在限定的范围内禁止一切车辆停、放 ယာဉ်အားလုံးကို ကန့်သတ်ဘောင်အတွင်း ရပ်နားခြင်း နှင့် တင်ထားခြင်းတားမြစ်ထားသည်ဟုဆိုလိုပါသည်။	⊘

续表：

序号 စဉ်	名称 အမည်	说明 ရှင်းပြချက်	图例 ရုပ်ပြပုံစံ
2 ၂		表示沿箭头所指方向禁止一切车辆停、放 မြားဦးပုံညွှန်သည့် ဦးတည်ရာအတိုင်း ယာဉ်အားလုံး ကို ရပ်နားခြင်းနှင့်တင်ထားခြင်းတားမြစ်သည်ဟု ဆိုလိုသည်။	
3 ၃	禁止长时停车标志 အချိန်ကြာရှည်စွာ ရပ်နားရန်တားမြစ်ခြင်း အမှတ်အသားဆိုင်းဘုတ်	表示在限定的范围内禁止一切车辆长时停放，临时停车不受限制 ယာဉ်အားလုံးကို ကန့်သတ်ဘောင်အတွင်းအချိန် ကြာရှည်စွာရပ်နားရန် တားမြစ်ပြီး ယာယီရပ်နားခြင်း ကို ကန့်သတ်မထားသည်ဟုဆိုလိုသည်။	
4 ၄	区域禁止停车标志 ရီယာအတွင်းယာဉ် ရပ်နားရန်တားမြစ်ခြင်း အမှတ်အသားဆိုင်းဘုတ်	表示区域内禁止一切车辆停、放 ရီယာအတွင်း ယာဉ်အားလုံးကို ရပ်နားခြင်းနှင့်တင် ထားခြင်းတားမြစ်သည်ဟု ဆိုလိုသည်။	
5 ၅	区域禁止停车标志 ရီယာအတွင်းအချိန် ကြာရှည်စွာယာဉ် ရပ်နားရန်တားမြစ်ခြင်း အမှတ်အသားဆိုင်းဘုတ်	表示区域内禁止一切车辆长时停、放，临时停车不受限制 ရီယာအတွင်းယာဉ်အားလုံးကို အချိန်ကြာရှည်စွာ ရပ်နားရန် တားမြစ်ပြီး ယာယီရပ်နားခြင်းကို ကန့်သတ် မထားသည်ဟုဆိုလိုသည်။	
6 ၆	区域禁止停车解除标志 ရီယာအတွင်းယာဉ် ရပ်နားရန်တားမြစ်ခြင်း ဖျက်သိမ်းအမှတ်အသား ဆိုင်းဘုတ်	表示区域内禁止一切车辆停、放区域结束 ရီယာအတွင်းယာဉ်အားလုံးကို ရပ်နားရန်၊ တင်ထားရန် ရီယာအဆုံးသတ်	

续表:

序号 စဉ်	名称 အမည်	说明 ရှင်းပြချက်	图例 ရုပ်ပြပုံစံ
7 ၇	区域禁止长时停车解除标志 အချိန်ကြာရှည်စွာရပ်နားရန်တားမြစ်ခြင်းဖျက်သိမ်းအမှတ်အသားဆိုင်ဘုတ်	表示区域内禁止一切车辆长时停、放区域结束 ရေယာအတွင်းယာဉ်အားလုံးကို အချိန်ကြာရှည်စွာ ရပ်နားရန်၊တင်ထား ရန် တားမြစ်ခြင်း ရေယာ အဆုံးသတ်	
8 ၈	禁止停车标线 ယာဉ်ရပ်နားရန်တားမြစ်ခြင်းအမှတ်အသားမျဉ်း	表示禁止路边停、放车辆 လမ်းဘေးတွင်ယာဉ်ရပ်နားရန်၊တင်ထားရန်တားမြစ်သည်ဟုဆိုလိုပါသည်။	
9 ၉	禁止长时停车标线 အချိန်ကြာရှည်စွာယာဉ်ရပ်နားရန်တားမြစ်ခြင်းအမှတ်အသားမျဉ်း	表示禁止路边长时停、放车辆，但一般允许装卸货物或上下人员等的临时停放 လမ်းဘေးပေါ်တွင်အချိန်ကြာရှည်စွာယာဉ်ရပ်နားရန်၊တင်ထားရန်တားမြစ်သော်လည်းယေဘုယျအားဖြင့်ကုန်တင်ကုန်ချရန်သို့မဟုတ်အတက်အဆင်းလူများစသည်အတွက်ယာယီရပ်နားရန် ခွင့်ပြုထားသည်ဟုဆိုလိုသည်။	
10 ၁၀	交通监控设备标志 ယာဉ်အသွားအလာစောင့်ကြည့်ရေးကိရိယာအမှတ်အသားဆိုင်ဘုတ်များ	告知驾驶人前方实施交通监控执法 ယာဉ်မောင်းများအား ရှေ့ဘက်ယာဉ်သွားလာရေးစောင့်ကြည့်ရေးဥပဒေစိုးမိုးရေး ဆောင်ရွက်သွားရန်အသိပေးအပ်ပါသည်။	

十三、行人通行管理相关

၁၃။ လမ်းသွားလမ်းလာများဖြတ်သန်းသွားလာခြင်းနှင့်သက်ဆိုင်သောစီးမံခန့်ခွဲမှု

路段人行横道

လမ်းပိုင်းလူကူးမျဉ်းကျား

行人横过道路较为集中的路段中无过街天桥、地下通道等过街设施时，施划有人行横道线，见表5-13-1。行人在人行横道线上安全通过。

လမ်းသွားလမ်းလာများလမ်းဖြတ်ကူးရန်အလွန်စုဆည်းသည့်လမ်းပိုင်းတွင်လမ်းကူးတံတားများ၊ မြေအောက်လမ်းများစသည့်လမ်းကူးအဆောက်အအုံများမရှိလျှင်　လူကူးမျဉ်းကျားမျဉ်းရှိရန်စီမံရေးဆွဲ ရာတွင်　ဇယား ၅-၁၃-၁ ကိုကြည့်ပါ။ လမ်းသွားလမ်းလာများသည် လူကူးမျဉ်းကြားတွင် ဘေးကင်းစွာ ဖြတ်သန်းကြသည်။

表 5–13–1　与路段人行横道相关的交通标志标线

ဇယား၅-၁၃-၁　လမ်းပိုင်းလူကူးမျဉ်းကျားများနှင့်သက်ဆိုင်သောယာဉ်အသွားအလာအမှတ်အသားများ

序号 စဉ်	名称 အမည်	说明 ရှင်းပြချက်	图例 ရုပ်ပြပုံစံ
1 ၁	人行横道标志 လူကူးမျဉ်းကျား အမှတ်အသားဆိုင်းဘုတ်	表示该处为人行横道 ဤနေရာသည်လူကူးမျဉ်းကျားဖြစ်သည်ဟု ဆိုလိုသည်။	
2 ၂	注意行人标志 လမ်းသွားလမ်းလာများ သတိထားဆိုင်းဘုတ်	用于提醒驾驶人减速慢行，注意行人 အရှိန်လျှော့နှေးကွေးစွာမောင်းနှင်ပြီးလမ်းသွားလမ်း လာများကိုသတိထားရန်ယာဉ်မောင်းအားသတိပေး	
3 ၃	人行横道线 လူကူးမျဉ်းကျားမျဉ်း	即表示一定条件下允许行人横穿道路的路径， 又提醒机动车驾驶人注意行人及非机动车过街 အတည်တကျအခြေအနေများအောက်တွင် လမ်းဖြတ် ကူးသူများကို လမ်းကူးခွင့်ပြုသည့် လမ်းကြောင်းဖြစ် ပြီး လမ်းဖြတ်ကူးသူများနှင့် စက်မဲ့ယာဉ်များလမ်းဖြတ် ကူးခြင်းကိုသတိထားရန် ယာဉ်မောင်းများအား လည်း သတိပေးထားသည်ဟုဆိုလိုသည်။	
4 ၄	人行横道预告标识 လူကူးမျဉ်းကျားကို ကြိုတင်အသိပေး အမှတ်အသားဆိုင်းဘုတ်	无信号灯控制路段设置人行横道线时，应在人 行横道线上游设置预告标识 အချက်ပြမီးထိန်းချုပ်မှုမရှိသောလမ်းပိုင်းပေါ်တွင် လူ ကူးမျဉ်းကျားမျဉ်းကိုတပ်ဆင်ထားသည့် အချိန် လူကူး မျဉ်းကျားပေါ်တွင် ကြိုတင်အသိပေးအမှတ်အသား ဆိုင်းဘုတ်ကို တပ်ဆင်ထားသင့်သည်။	

续表：

序号 စဉ်	名称 အမည်	说明 ရှင်းပြချက်	图例 ရုပ်ပြပုံစံ
5 ၅	行人过街安全岛 လမ်းသွားလမ်းလားများ ဘေးကင်းကျွန်းဖြတ်ကူး	图例中的安全岛形式仅为示例，表示行人可在此停留，等候过街 ရုပ်ပြပုံစံထဲရှိလုံခြုံရေးကျွန်းပုံစံသည် ပုံစံသာဖြစ်ပြီး လမ်းသွားလမ်းလာများမှလမ်းဖြတ်ကူးရန်ကြို နေရာတွင် ရပ်နားနိုင်သည်၊စောင့်ဆိုင်းနိုင်သည်ဟု ဆိုလိုသည်။	

十四、学校周边道路相关
၁၄။ ကျောင်းပတ်လည်နှင့်သက်ဆိုင်ရာလမ်း

进入校园周边道路和离开校园周边道路处，应设置限速标志及解除限速标志或新的限速值的限制速度标志，也可根据限速管理范围设置区域限制速度及解除限制速度标志或新的限速值的限制速度标志。并附加"学校区域"辅助标志，见表5-14-1。

ကျောင်းဝင်းအတွင်းရှိ အနီးတစ်ဝိုက်လမ်းများအတွင်းသို့ဝင်ရောက်ခြင်း နှင့် ကျောင်းဝင်းအတွင်းရှိ အနီးတစ်ဝိုက်လမ်းများအတွင်းမှထွက်ခွာသည့် အချိန် အမြန်နှုန်းကန့်သတ်ဆိုင်ဘုတ်များနှင့်အမြန်နှုန်းကန့်သတ် ခြင်း ဖျက်သိမ်းဆိုင်ဘုတ်များ သို့မဟုတ်အမြန်နှုန်းတန်ဖိုးကန့်သတ်ခြင်း အမှတ်အသားဆိုင်ဘုတ်အသစ်များ တပ်ဆင်ထားသင့်သည်။ မြန်နှုန်းကန့်သတ်စီမံခန့်ခွဲမှုအတိုင်းအတာအရဒေသတွင်းအမြန်နှုန်းကန့်သတ်ချက် နှင့် မြန်နှုန်းကန့်သတ်ချက်ဖျက်သိမ်းအမှတ်အသား သို့မဟုတ် မြန်နှုန်းကန့်သတ်ချက်တန်ဖိုးအသစ်၏မြန်နှုန်း ကန့်သတ်ချက်အမှတ်အသားကိုလည်း တပ်ဆင်နိုင်သည်။ ပြီးလျှင် "ကျောင်းရေိယာ" ၏ အရန်ဆိုင်ဘုတ်ကို ထည့်ထားပါသည်။ဇယား ၅-၁၄-၁တွင်ကြည့်ပါ။

表 5-14-1 与学校周边道路相关的交通标志标线

ဇယား-၅-၁၄-၁ ကျောင်းပတ်လည်လမ်းနှင့်သက်ဆိုင်ရာယာဉ်အသွား

အလာအမှတ်အသားဆိုင်းဘုတ်များ

序号 စဉ်	名称 အမည်	说明 ရှင်ပြချက်	图例 ရုပ်ပြပုံစံ
1 ၁	限制速度标志 အမြန်နှုန်းကန့်သတ်ခြင်း အမှတ်အသားဆိုင်းဘုတ်	表示该标志至前方解除限制速度标志或另一块不同限速值的限制速度标志的路段内机动车行驶速度(单位为千米/小时)，不准超过标志所示 ဆိုင်းဘုတ်မှရှေ့ဘက်သို့အမြန်နှုန်းကန့်သတ်ခြင်း ဖျက်သိမ်းအမှတ်အသားဆိုင်းဘုတ်သို့မဟုတ်အခြား အမြန်နှုန်းကန့်သတ်တန်ဖိုး၏အမြန်နှုန်းကန့်သတ်ခြင်း ဆိုင်းဘုတ်၏လမ်းပိုင်းအတွင်းစက်တပ်ယာဉ်၏အ မြန်နှုန်း(ယူနစ်တွင်ကီလိုမီတာ/နာရီ)ကိုအမှတ်အသား ဆိုင်းဘုတ်ပြသထားသောအမြန်နှုန်းကျော်လွန်ခြင်းမ ပြုရဟုဆိုလိုပါသည်။	90 km
2 ၂	解除限制速度标志 အမြန်နှုန်းကန့်သတ်ခြင်း ဖျက်သိမ်းအမှတ်အသား ဆိုင်းဘုတ်	表示限速路段结束 အမြန်နှုန်းကန့်သတ်ခြင်းလမ်းပိုင်းကိုအဆုံးသတ်သည် ဟုဆိုလိုပါသည်။	30
3 ၃	区域限制速度标志 ဒေသအတွင်းအမြန်နှုန်း ကန့်သတ်ခြင်းအမှတ်အသား ဆိုင်းဘုတ်	表示该标志至前方解除限制速度标志或另一块不同限速值的限制速度标志的路段内机动车行驶速度(单位为千米/小时)，不准超过标志所示 ဤဆိုင်းဘုတ်မှရှေ့ဘက်သို့အမြန်နှုန်းကန့်သတ်ခြင်း ဖျက်သိမ်းအမှတ်အသားဆိုင်းဘုတ်သို့မဟုတ်အခြား အမြန်နှုန်းကန့်သတ်တန်ဖိုး၏အမြန်နှုန်းကန့်သတ်ခြင်း ဆိုင်းဘုတ်၏လမ်းပိုင်းအတွင်းစက်တပ်ယာဉ်၏အ မြန်နှုန်း(ယူနစ်တွင်ကီလိုမီတာ/နာရီ)ကိုအမှတ်အသား ဆိုင်းဘုတ်ပြသထားသောအမြန်နှုန်းကျော်လွန်ခြင်းမ ပြုရဟုဆိုလိုပါသည်။	30 区域

续表：

序号 စဉ်	名称 အမည်		说明 ရှင်းပြချက်	图例 ရုပ်ပြပုံစံ
4 ၄	区域限制速度解除标志 ဒေသအတွင်းအမြန်နှုန်း ကန့်သတ်ခြင်းဖျက်သိမ်း အမှတ်အသားဆိုင်းဘုတ်		表示限速区域结束 အမြန်နှုန်းကန့်သတ်ထားသောဒေသကိုအဆုံးသတ် သည်ဟုဆိုလိုသည်။	
5 ၅	减速丘 标线 အရှိန် လျှော့ အဘု အမှတ် အသား များ	大型减速丘标志 အကြီးစားအရှိန် လျှော့အဘု အမှတ်အသား	采用反光标线，设置在减速丘上 ရောင်ပြန်ကာဆာလိုင်းများကို အသုံးပြုပြီးအရှိန် လျှော့အဘုပေါ်တွင်တပ်ဆင်ထားသည်။	
6 ၆		小型减速丘标志 အသေးစားအရှိန် လျှော့အဘု အမှတ်အသား	采用反光标线，设置在减速丘边缘 ရောင်ပြန်ကာဆာလိုင်းများကို အသုံးပြုပြီးအရှိန် လျှော့အဘုအစွန်ပေါ်တွင်တပ်ဆင်ထားသည်။	
7 ၇		减速丘预告标志 အရှိန်လျှော့အဘု ကြိုတင်အသိပေး အမှတ်အသား	采用反光标线，设置在减速丘前 ရောင်ပြန်ကာဆာလိုင်းများကို အသုံးပြုပြီးအရှိန် လျှော့အဘုရှေ့တွင်တပ်ဆင်ထားသည်။	
8 ၈	路面高突标志 လမ်းမျက်နှာပြင်မို့မောက် ထွက်အမှတ်အသား		用以提醒驾驶人减速慢行 အရှိန်လျှော့နေးကွေးစွာမောင်းနှင်ခြင်း ယာဉ်မောင်း အားသတိပေးရန်အသုံးပြုသည်။	
9 ၉	禁止停车标志 ယာဉ်ရပ်နားရန်တားမြစ်ခြင်း အမှတ်အသား		表示在限定的范围内禁止一切车辆停放 ကန့်သတ်ထားသောအတိုင်းအတာအတွင်းယာဉ် အားလုံးကိုရပ်နားရန်၊တင်ထားရန်တားမြစ်သည်ဟု ဆိုလိုသည်။	

续表:

序号 စဉ်	名称 အမည်	说明 ရှင်ပြချက်	图例 ရုပ်ပြပုံစံ
10 ၁၀	禁止长时停车标志 အချိန်ကြာရှည်စွားရပ်နားရန် တားမြစ်ခြင်းအမှတ်အသား ဆိုင်းဘုတ်	表示在限定的范围内禁止一切车辆长时停放，临时停车不受限制 ယာဉ်အားလုံးကို ကန့်သတ်ဘောင်အတွင်း အချိန်ကြာရှည်စွာ ရပ်နားရန် တားမြစ်ထားပြီး ယာယီ ရပ်နားခြင်းကို ကန့်သတ်ခြင်းမရှိသည်ဟုဆိုလိုသည်။	
11 ၁၁	网状线 ကွန်ရက်ပုံမျဉ်း	表示车辆不得以任何原因在此停留 ယာဉ်များသည်မည်သည့် အကြောင်းကြောင့် ဤ နေရာတွင် ရပ်နားခြင်းမပြုရဟုဆိုလိုသည်။	
12 ၁၂	限时长停车标志 အချိန်ကန့်သတ်ချက် အမှတ်အသားဆိုင်းဘုတ်	表示车辆停放的时长不应超过标志限定的时间 ဆိုင်းဘုတ်တွင်ဖော်ပြထားသည့်အချိန်ထက် ယာဉ်ကို အချိန်ကြာမြင့်စွာ မရပ်သင့်ဟု ဆိုလိုသည်။	
13 ၁၃	校车专用停车标志 ကျောင်းကားသီးသန့်ရပ်နား ရန်အမှတ်အသားဆိုင်းဘုတ်	表示此处仅允许校车停放 ဤနေရာတွင်ကျောင်းကားသာရပ်နားခွင့်ရှိသည်ဟု ဆိုလိုသည်။	
14 ၁၄	人行横道标志 လူကူးမျဉ်းကျားမျဉ်း	表示该处为人行横道 ဤနေရာတွင်လူကူးမျဉ်းကျားဖြစ်သည်ဟု ဆိုလိုသည်။	
15 ၁၅	注意儿童标志 ကလေးများသတိထား အမှတ်အသားဆိုင်ဘုတ်	用以提醒车辆驾驶人注意儿童减速行驶 ကလေးများသတိထားရန်အရှိန်လျှော့မောင်းနှင်ခြင်း ယာဉ်မောင်းအားသတိပေးရန်အသုံးပြုသည်။	
16 ၁၆	人行横道线 လူကူးမျဉ်းကျားမျဉ်း	即表示一定条件下允许行人横穿道路的路径，又提醒机动车驾驶人注意行人及非机动车过街 အတည်တကျသောအခြေအနေများအောက်တွင် လမ်းဖြတ်ကူးသူများကို လမ်းကူးခွင့်ပြုသည့် လမ်းကြောင်းဖြစ်ပြီး လမ်းဖြတ်ကူးသူများနှင့် စက်မဲ့ ယာဉ်များကို သတိထားရန် စက်တပ်ယာဉ် ယာဉ်မောင်း များအား သတိပေးထားသည်ဟုလိုသည်။	

续表：

序号 စဉ်	名称 အမည်	说明 ရှင်းပြချက်	图例 ရုပ်ပြပုံစံ
17 ၁၇	注意交通信号灯标志 လမ်းစည်းကမ်းအချက်ပြမီး အမှတ်အသားဆိုင်ဘုတ်	提醒驾驶人前方有信号灯控制路口 ရှေ့ဘက်တွင်အချက်ပြမီးဖြင့်ထိန်းချုပ်ခြင်းလမ်းဆုံရှိ သည်ကိုယာဉ်မောင်းသတိပေးသည်။	
18 ၁၈	交通监控设备标志 ယာဉ်အသွားအလာ စောင့်ကြည့်ရေးကိရိယာ အမှတ်အသားဆိုင်ဘုတ် များ	告知驾驶人前方实施交通监控执法 ယာဉ်မောင်းများအား ရှေ့ဘက်ယာဉ်သွားလာရေး စောင့်ကြည့်ရေးဥပဒေစိုးမိုးရေး ဆောင်ရွက်သွားရန် အသိပေးအပ်ပါသည်။	
19 ၁၉	辅助标志 အရန်အမှတ်အသား ဆိုင်းဘုတ်	表示学校区域 ကျောင်းရေိယာဖြစ်သည်ဟုဆိုလိုသည်။	

参考文献

အကိုးအကားစာတမ်း

［1］《2020 年世界卫生统计：针对可持续发展目标监测卫生状况［World health statistics 2020: monitoring health for the SDGs，sustainable development goals］》（World Health Statistics 2020）．

(၁) "၂၀၂၀ကမ္ဘာ့ကျန်းမာရေးစာရင်းအင်း SDGs၊ စဉ်ဆက်မပြတ်ဖွံ့ဖြိုးတိုးတက်ရေးပန်းတိုင်များ အတွက် ကျန်းမာရေးအခြေအနေမော်နီတာလုပ်ခြင်း၊ " (World Health Statistics 2020)၊

［2］马广文. 交通大辞典［G］. 上海交通大学出版社，2005.01.

(၂)Ma Guangwen ။ လမ်းပန်းဆက်သွယ်ရေးအဘိဓာန် ［G］ ၊ Shanghaiလမ်းပန်းဆက်သွယ်ရေးတက္ကသိုလ်ပုံနှိပ်ထုတ်ဝေရေးဌာန ၊ ၂၀၀၅.၀၁

［3］汽车百科全书编纂委员会. 汽车百科全书［M］. 北京：中国大百科全书出版社，2010.

(၃) မောင်တော်ယာဉ်စွယ်စုံကျမ်းအယ်ဒီတာအဖွဲ့၊ မော်တော်ယာဉ်စွယ်စုံကျမ်း ［M］ ။ ပေကျင်း၊ တရုတ်-စွယ်စုံကျမ်း ထုတ်ဝေရေးဌာန၊ ၂၀၁၀

［4］公安部交通管理局. 交通安全知识系列知识手册——城市新市民篇［G］.

(၄) ပြည်သူ့လုံခြုံရေးဝန်ကြီးဌာန ယာဉ်အသွားအလာစီမံခန့်ခွဲမှုဌာန၊ - "ယာဉ်အန္တရာယ်ကင်းရှင်းရေး အသိပညာစီးရီး အသိပညာလက်စွဲ - မြို့ပြမြို့သူမြို့သားများအပိုင်း" ［G］ ။

［5］张广成. 在乡村路上行车要注意的几种行人［J］. 浙江农村机电，2002（6）：24-25.

(၅) Zhang Guangcheng၊ ကျေးလက်လမ်းများပေါ်တွင် မောင်းနှင်သည့်အခါ အာရုံစိုက်ရန် လမ်းသွားလမ်းလာအမျိုးအစား ［J］ ။ Zhejiang ကျေးလက်လျှပ်စစ်စက်၊ ၂၀၀၂ (၆)၂၄-၂၅

［6］中华人民共和国国家标准 GB/T 23827—2009 道路交通标志板及支撑件［S］.北京：中国标准出版社，2009.

（၆） တရုတ်ပြည်သူ့သမ္မတနိုင်ငံ၏ နိုင်ငံတော်စံနှုန်း (GB/T23827-2009) လမ်းပန်းဆက်သွယ်ရေး အမှတ်အသားဆိုင်းဘုတ်ပြားများနှင့် ထောက်ကန်ပွဲည်းများ［S］။ ပေကျင်း။တရုတ်စံချိန်ပုံနှိပ်ထုတ်ဝေရေး - ဌာန၊ ၂၀၀၉

［7］《中华人民共和国道路交通安全法》［2021 年修订］

（၇） "တရုတ်ပြည်သူ့သမ္မတနိုင်ငံ၏ လမ်းအန္တရာယ်ကင်းရှင်းရေးဥပဒေ" ［၂၀၂၁ ခုနှစ်တွင် ပြန်လည် ပြင်ဆင်ခဲ့သည်］

［8］黄莉莉，展靖华. 我国道路交通安全状况的分析［J］. 交通节能与环保，2016.02.（4.4.1）.

（၈） Huang Lili၊ Zhan Jinghua။ ကျွန်ုပ်နိုင်ငံ၏ လမ်းအန္တရာယ်ကင်းရှင်းရေး အခြေအနေ ကို သုံးသပ် လေ့လာခြင်း［J］။ သယ်ယူပို့ဆောင်ရေး စွမ်းအင်ချွေတာရေးနှင့် သဘာဝပတ်ဝန်းကျင် ကာကွယ်ရေး၊ ၂၀၁၆.၀၂။ ၈၅-၈၇

［9］《道路交通安全违法行为记分管理办法》.2021 年 12 月 27 日公安部令第 163 号发布，自 2022 年 4 月 1 日起施行.

（၉）"လမ်းအန္တရာယ်ကင်းရှင်းရေး ဥပဒေချိုးဖောက်သောလုပ်ရပ်များအတွက် အမှတ်များ စီမံခန့်ခွဲမှုနည်း လမ်း"၊ ၂၀၂၁ ခုနှစ် ဒီဇင်ဘာလ ၂၇ ရက်နေ့တွင် ပြည်သူ့လုံခြုံရေး ဝန်ကြီးဌာန၏ အမိန့်အမှတ် ၁၆၃ ဖြင့် ထုတ် ပြန်ခဲ့ပြီး ၂၀၂၂ ခုနှစ် ဧပြီလ ၁ ရက်နေ့မှ စတင်ကာအတည်ပြုပါသည်။